고난도
집중대비
★

매일

3 개씩 푸는

영 어독해

빈 순 삽
칸 순서 입

'빈칸·순서·삽입'은 수능 영어 1등급의 핵심입니다. 수능 영어에서 고득점을 하려면 '빈칸·순서·삽입'
이라는 큰 산을 넘어야 합니다. 이 세 가지 유형을 얼마나 맞혔는지에 따라 중위권과 상위권이 갈리고,
1등급과 2등급이 갈립니다. **그래서 『매3영 빈칸 순서 삽입』을 기획했습니다.**

• 빈순삽을 정복하여 수능 영어 1등급을 받게 해주는 책

• 빈순삽 유형에 대한 근거 있는 자신감을 키워주는 책

• 빈순삽 유형의 논리적 본질을 낱낱이 파고드는 책

『매3영 빈칸 순서 삽입』과 함께, 다가오는 수능을 꽉 잡으세요!

왜 '매3영 빈·순·삽'인가

1 빈칸·순서·삽입 유형은 어렵습니다.

빈칸·순서·삽입 유형은 수능 영어 전체 45문제 중 8문제밖에 되지 않습니다. 그러나, **오답률 60퍼센트 이상의 고난도 문제들**을 분석해보면, 고난도 문제 중 무려 69%가 빈칸·순서·삽입 유형에 해당합니다.

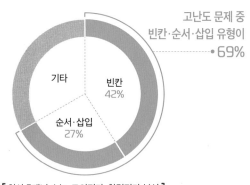

고난도 문제 중 빈칸·순서·삽입 유형이 •69%

기타 빈칸 42% 순서·삽입 27%

[최신 5개년 수능, 모의평가, 학력평가 분석]

2 빈칸·순서·삽입 유형이 어려운 것은 '논리' 때문입니다.

관련 영상

수능 영어의 다른 유형들과 비교했을 때 빈칸·순서·삽입 유형에서 특히 어려운 부분은 바로 '지문에 대한 논리적 이해'입니다. 다른 유형의 지문들보다 **소재들 사이의 논리적 관계가 중요**하고, **문장들 사이의 논리적 연결성이 복잡**합니다. 이를 '정확하게' 이해하지 못하면 빈칸·순서·삽입 문제의 답을 맞힐 수 없습니다.

> " 수능 출제 기관인 한국교육과정평가원에서도 해당 유형과 관련한 논리적 추론 능력을 강조합니다. "

한국교육과정평가원의 [수능 영어 학습 방법 안내] 中
* 글을 읽고 내용의 논리적 관계를 파악…
* 글의 논리적 흐름을 고려하여 문맥상 빈칸에 들어갈 가장 적절한 표현을 추론…
* 단락이나 문장 간의 관계를 정확히 파악하여 글의 논리적 흐름을 완성…

3

그래서 <매3영 빈·순·삽>은 '논리적 풀이 과정'에 초점을 맞춥니다.

지문을 논리적으로 이해하는 것이 중요하다면, 바로 그 '논리적 풀이 과정'을 반복적으로 훈련하면 됩니다. <매3영 빈·순·삽>은 최신 기출문제에 자주 등장하는 지문의 논리에 따라 유형별 세부 케이스를 분류하고, 각각에 맞는 '논리적 풀이 과정'을 반복적으로 훈련합니다.

본 교재는 답에 맞춰 결과론적으로 내용을 설명하지 않습니다. 문제와 지문 그 자체에서 출발하여, 어떤 사고 과정(풀이 과정)을 통해 답에 도달할 수 있는지 단계적으로 안내합니다.

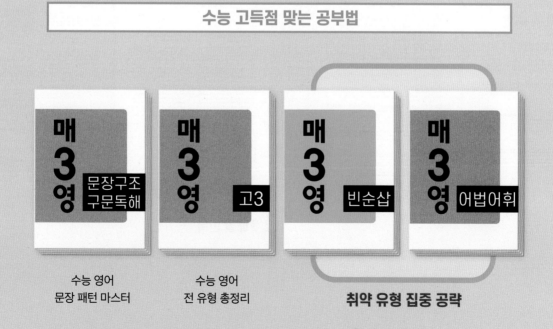

수능 고득점 맞는 공부법

매3영 문장구조 구문독해	매3영 고3	매3영 빈순삽	매3영 어법어휘
수능 영어 문장 패턴 마스터	수능 영어 전 유형 총정리	취약 유형 집중 공략	

'매3영 빈·순·삽' 이렇게 공부하세요

1 | 대표 예제 학습

엄선된 대표 예제와 함께, 유형의 **논리적 풀이 과정을 학습**합니다.

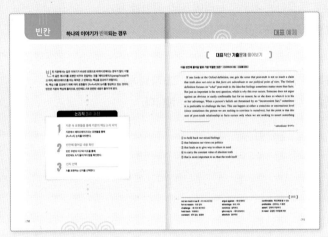

2 | 3문항 실전 훈련

매일 3개의 기출 문제를 통해, **논리적 풀이 과정을 스스로 적용해** 봅니다. 이때, 논리에만 집중할 수 있도록 어휘는 미리 학습합니다.

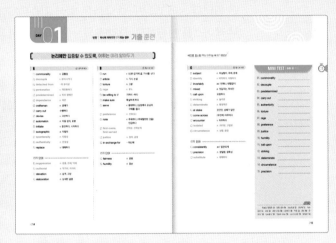

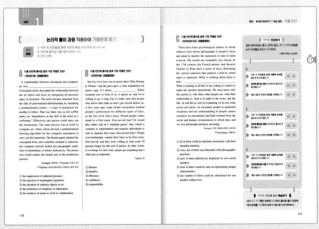

2, 3 매일 반복

3 | 클리닉 해설로 복습

클리닉 해설을 통해, **자신의 답과 풀이 과정이 모두 적절했는지 확인**합니다. 그리고 취약했던 부분에 유의하여 문제를 복습합니다.

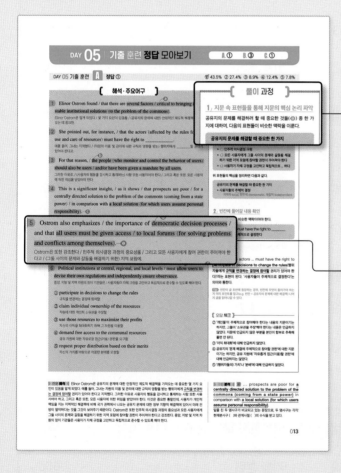

자세하고 꼼꼼한 풀이 과정 해설

● 모든 문제의 풀이 과정을 **대표 예제만큼 자세하고 꼼꼼하게, 단계별로** 해설하였습니다.

● **스스로의 풀이 과정과 비교**하며 문제를 복습하면 큰 학습 효과를 거둘 수 있습니다.

직독직해에 적합한 끊어 읽기 해석

● 길고 복잡한 영어 문장을 직독직해할 수 있도록 끊어 읽기 방식의 해석을 제공합니다.

● 단, 의미 단위를 너무 짧게 끊어 읽으면 내용을 통합하여 이해하는 데 오히려 방해가 됩니다. 본 교재는 수능을 앞둔 고3·N수생의 수준에 맞추어, **내용의 이해도를 높일 수 있도록 대체로 긴 호흡으로 의미 단위를 구분**하였습니다.

*끊어 읽기 기호 안내

/ : 문장 내에서 의미 단위 구분

// : 문장과 문장 구분

( ), { } : 관계절, 부사어 등 수식어

예시 As he chose the one (that I chose), / I was …
그가 (내가 고른) 것을 골랐을 때, / 나는…

목차 Contents

**1달만에 완성하는
수능 영어 고난도 독해**

좋은 기출 문제와
논리력 향상을
확실히 도와주는
영어 공부법의 만남

최신 5개년 고난도 기출 Case별 상세 분석

문항별 클리닉 해설과
Case별 맞춤 풀이법으로
수능 1등급 완전 정복!

빈칸

DAY 01~11

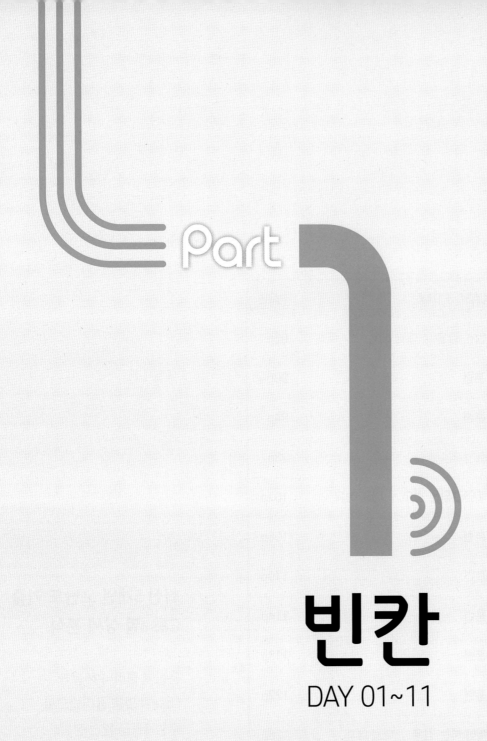

Level of difficulty | 난이도

빈칸 유형
평균 오답률
63.6%

고난도 문제 중
42.3%가
빈칸 유형

빈칸 유형 문제 중
67.1%가
고난도 문제

[최신 5개년 수능, 모의평가, 학력평가 분석]

8-13p 내용
강의로 만나보기

논리로 접근하는 공통 풀이 과정

1 지문 속 표현들을 통해 지문의 핵심 논리 파악

지문에서 반복되는, 혹은 대비되는 표현들을 통해
어떤 이야기가 무슨 논리로 서술되고 있는지 파악한다.

2 빈칸에 들어갈 내용 확인

빈칸 주변의 어구와 어조를 통해,
빈칸에 어떤 이야기가 들어가야 하는지 확인한다.

3 선지 선택

빈칸에 들어가야 할 내용과 가장 잘 통하는 선지를 선택한다.

Contents | 목차

빈칸 지문에서는 같은 이야기가 비슷한 표현으로 바뀌어 반복되는 경우가 많다. 이렇게 같은 메시지를 표현만 바꾸어 전달하는 것을 '패러프레이즈(paraphrase)'라고 하며, 패러프레이즈를 하는 목적은 그 반복되는 핵심을 강조하기 위함이다.

즉, 핵심 A를 강조하기 위해 여러 표현들이 [A=A=A]의 논리를 형성하고 있는 것이다. 빈칸은 지문의 핵심에 뚫리므로, 빈칸에도 A와 관련된 내용이 들어가게 된다.

논리적 풀이 과정

1 지문 속 표현들을 통해 지문의 핵심 논리 파악

지문에서 패러프레이즈되는 표현들을 통해
[A=A=A] 논리를 파악한다.

2 빈칸에 들어갈 내용 확인

빈칸 주변의 어구와 어조를 통해,
빈칸에도 A가 들어가야 함을 확인한다.

3 선지 선택

A를 표현하는 선지를 선택한다.

[대표적인 기출문제 풀어보기]

다음 빈칸에 들어갈 말로 가장 적절한 것은? 2020학년도 9월 오답률 58%

If one looks at the Oxford definition, one gets the sense that post-truth is not so much a claim that truth *does not exist* as that *facts are subordinate to our political point of view*. The Oxford definition focuses on "*what*" post-truth is: the idea that feelings sometimes matter more than facts. But just as important is the next question, which is *why* this ever occurs. Someone does not argue against an obvious or easily confirmable fact for no reason; he or she does so when it is to his or her advantage. When a person's beliefs are threatened by an "inconvenient fact," sometimes it is preferable to challenge the fact. This can happen at either a conscious or unconscious level (since sometimes the person we are seeking to convince is ourselves), but the point is that this sort of post-truth relationship to facts occurs only when we are seeking to assert something _____.

*subordinate: 종속하는

① to hold back our mixed feelings

② that balances our views on politics

③ that leads us to give way to others in need

④ to carry the constant value of absolute truth

⑤ that is more important to us than the truth itself

not so much A as B A가 아니라 B인	**argue against** ~에 반대하다	**confirmable** 확인(확증)할 수 있는
for no reason 이유 없이	**advantage** 유리, 이익	**preferable** 선호되는, 더 좋은
challenge ~에 이의 제기하다	**convince** 설득하다	**assert** 강력히 주장하다
hold back 억제하다	**give way to** ~에게 양보하다	**in need** 궁핍한, 어려움에 처한
constant 변치 않는, 일정한	**absolute** 절대적인	

〔 해석하며 주요 어구 체크하기 〕

문장 1 If one looks at the Oxford definition, / one gets the sense / that post-truth is / not so much a claim (that
Tip ▸ not so much ~ as ... (~가 아니라 ...인)
a claim
truth *does not exist*) / as (that *facts are subordinate to our political point of view*).
= 개인의 주관

Oxford 사전의 정의를 보면, / 알게 된다 / post-truth란 / (진실이 '존재하지 않는다'는) 주장이라기보다는 /
('사실이 우리의 정치적 관점에 종속되어 있다'는) 주장이라는 것을.

문장 2 The Oxford definition focuses on "*what*" post-truth is: / the idea (that feelings sometimes matter
= 개인의 주관
more than facts).

Oxford 사전의 정의는 post-truth가 '무엇인지'에 초점을 둔다: / 그것은 (때로는 감정이 사실보다 더 중요하다는) 생각이다.

● 주요 어구 ● 'post-truth'라는 생소한 용어가 등장하는데, 이를 ⓐ, ⓑ로 정의 및 설명한다.

문장 3 But just as important is the next question, / which is / *why* this ever occurs.

하지만 다음 질문이 그에 못지않게 중요한데, / 그 다음 질문은 바로 / 도대체 '왜' 이런 일이 일어나는가이다.

문장 4 Someone does not argue (against an obvious or easily confirmable fact) (for no reason); / he or she
does so / when it is to his or her advantage.

어떤 사람이 (분명하거나 쉽게 확인할 수 있는 사실에) (아무런 이유 없이) 반대하는 게 아니다; / 그 사람은 그렇게 한다 / 그것이 자신의 이익에 부합할 때.

문장 5 When a person's beliefs are threatened by an "inconvenient fact," / sometimes it is preferable to
= 개인의 주관
challenge the fact.

어떤 사람의 믿음이 어떤 '불편한 사실'에 의해 위협받을 때, / 때로는 그 사실에 이의를 제기하는 것이 선호된다.

● 주요 어구 ● ⓒ, ⓓ를 통해, 'post-truth'가 왜, 어떤 상황에서 발생하는지 설명한다.

문장 6 This can happen at either a conscious or unconscious level (since sometimes the person we are
seeking to convince is ourselves), / but the point is / that this sort of post-truth relationship to facts occurs /
only when we are seeking to assert something _____.

이것은 의식적인 수준이나 무의식적인 수준에서 일어날 수 있다 (왜냐하면 때로는 우리가 설득하려 하는 사람이 우리 자신이기 때문에), / 하지만 핵심은 / 사실에 대한 이러한 종류의 post-truth 관계가 발생한다는 것이다 / 우리가 _____한 무언가를 주장하려 할 때만.

● 주요 어구 ● ⓔ를 통해 지금까지 서술한 내용의 핵심을 재진술하고 있음을 알 수 있다.

〔 전문 해석 〕

Oxford 사전의 정의를 보면, post-truth란 진실이 '존재하지 않는다'는 주장이라기보다는 '사실이 우리의 정치적 관점에 종속되어 있다'는 주장이라는 것을 알게 된다. Oxford 사전의 정의는 post-truth가 '무엇인지'에 초점을 두는데, 그것은 때로는 감정이 사실보다 더 중요하다는 생각이다. 하지만 다음 질문이 그에 못지않게 중요한데, 그 다음 질문은 바로, 도대체 '왜' 이런 일이 일어나는가이다. 어떤 사람이 아무런 이유 없이 분명하거나 쉽게 확인할 수 있는 사실에 반대하는 게 아니다. 그 사람은, 그것이 자신의 이익에 부합할 때 그렇게 한다. 어떤 사람의 믿음이 어떤 '불편한 사실'에 의해 위협받을 때, 때로는 그 사실에 이의를 제기하는 것이 선호된다. 이것은 의식적인 수준이나 무의식적인 수준에서 일어날 수 있지만 (왜냐하면 때로는 우리가 설득하려 하는 사람이 우리 자신이기 때문에), 핵심은, 사실에 대한 이러한 종류의 post-truth 관계가, <u>우리가 진실 그 자체보다 우리에게 더 중요한 무언가</u>를 주장하려고 할 때만 발생한다는 것이다.

〔 **논리적** 풀이 과정 **적용**하기 〕

1 지문 속 표현들을 통해 지문의 핵심 논리 파악

지문에서 'post-truth'에 대한 표현들이 다음과 같이 비슷한 맥락으로 반복되고 있음을 파악한다.

> **'post-truth'의 의미와 발생 상황**
>
> = ⓐ *facts are subordinate to our political point of view*
>   사실이 우리의 정치적 관점에 종속되어 있다
>
> = ⓑ *feelings sometimes matter more than facts*
>   때로는 감정이 사실보다 더 중요하다
>
> = ⓒ *he or she does so when it is to his or her advantage*
>   그 사람은 그것이 자신의 이익에 부합할 때 그렇게 한다
>
> = ⓓ *When a person's beliefs are threatened by an "inconvenient fact," ... challenge the fact.*
>   어떤 사람의 믿음이 어떤 '불편한 사실'에 의해 위협받을 때, 때로는 그 사실에 이의를 제기하는 것이 선호된다

위 표현들이 공통적으로 전달하는 핵심 메시지를 다음과 같이 정리한다.

> **post-truth의 의미와 발생 상황**
>
> = 주관적 생각과 사실이 대립할 때, 본인에게 유리하도록 주관적 생각을 우선시함

2 빈칸에 들어갈 내용 확인

빈칸 주변, 즉 문장⑥ 의 ⓔ 또한 'this sort of **post-truth** relationship to facts'에 대한 서술임을 확인한다.
앞서 파악한 핵심 내용이 빈칸에서도 드러나야 한다.

> **post-truth의 의미와 발생 상황**
>
> = 주관적 생각과 사실이 대립할 때, 본인에게 유리하도록 주관적 생각을 우선시함
> = we are seeking to assert something _____

3 선지 선택

빈칸에 들어가야 할 내용과 가장 통하는 선지를 고른다. ⑤를 넣으면 'we are seeking to assert something **that is more important to us than the truth itself** (진실 그 자체보다 우리에게 더 중요한 무언가를 주장하다)'라는 표현이 된다. 진실보다 본인의 주관적 생각(본인에게 더 중요한 것)을 우선시한다는 의미와 통한다.

〔 **정오답** 체크 〕

① 13.9%　② 13.5%　③ 12.7%　④ 16.6%　⑤ 41.8%

① **to hold back our mixed feelings** 우리의 혼재된 감정들을 억제하는
　해설 '혼재된 감정'에 대해 언급하지 않았고, 감정을 '억제'하기보다는 우선시한다는 내용이다.

② **that balances our views on politics** 정치에 대한 우리 시각의 균형을 잡아주는
　해설 '시각의 균형을 잡아주는' 무언가를 주장하는 것은 '개인 주관을 우선시'하는 것과 상반된다.

③ **that leads us to give way to others in need** 우리로 하여금 어려운 처지의 다른 사람에게 양보하게 하는
　해설 '어려운 처지의 다른 사람들'에 대해 언급하지 않았다.

④ **to carry the constant value of absolute truth** 절대적 진리의 변치 않는 가치를 갖는
　해설 '절대적 진리의 변치 않는 가치를 갖는' 무언가를 주장하는 것은 '주관을 우선시'하는 것과 상반된다.

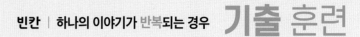

논리에만 집중할 수 있도록, 어휘는 미리 알아두기

A
☑ 암기 후 체크

☐ commonality	*n.* 공통점
☐ decouple	*v.* 분리시키다
☐ detached from	~와 분리된
☐ personalize	*v.* 개인화하다
☐ predetermined	*a.* 미리 정해진
☐ dependence	*n.* 의존
☐ craftsman	*n.* 공예가
☐ carry out	수행하다
☐ devise	*v.* 고안하다
☐ automaton	*n.* 자동 장치, 로봇
☐ initiate	*v.* 창안하다, 시작하다
☐ autographic	*a.* 자필의
☐ spontaneity	*n.* 자발성
☐ authenticity	*n.* 진정성
☐ replace	*v.* 대체하다

선지 단어

☐ suppression	*n.* 감춤, 은폐, 억제
☐ authorial	*a.* 작가의, 저자의
☐ elevation	*n.* 승격, 고양
☐ elaboration	*n.* 상세한 설명

B
☑ 암기 후 체크

☐ run	*v.* (신문·잡지에 글, 기사를) 싣다
☐ article	*n.* 기사, 논설
☐ torture	*n.* 고문
☐ rage	*n.* 분노
☐ be willing to V	기꺼이 ~하다
☐ make sure	확실하게 하다
☐ serve	*v.* 응대하다, (상점에서 손님의 구매를) 돕다
☐ preference	*n.* 선호(도)
☐ note	*v.* 주목하다, (주목할만한 것을) 언급하다
☐ first-come, first-served	선착순; 선착순의
☐ justice	*n.* 정의, 공정
☐ in exchange for	~ 대신에

선지 단어

☐ fairness	*n.* 공평
☐ humility	*n.* 겸손

C

☑ 암기 후 체크

☐ subject	n. 피실험자, 주제, 문제
☐ identify	v. 파악하다, 식별하다
☐ invariably	ad. 언제나, 변함없이
☐ mixed	a. 엇갈리는, 뒤섞인
☐ call upon	요청하다
☐ striking	a. 놀라운
☐ determinate	a. 확정적인
☐ at stake	관건인, 성패가 달린
☐ come across	(우연히) 마주치다
☐ encounter	v. 마주하다
☐ isolated	a. 괴리된, 고립된
☐ circumstance	n. 상황, 환경

선지 단어

☐ consistently	ad. 일관되게
☐ precision	n. 정밀함, 정확성
☐ substitute	v. 대체하다

DAY 01

MINI TEST | 어휘 뜻 적기

01. commonality _____

02. decouple _____

03. predetermined _____

04. carry out _____

05. authenticity _____

06. torture _____

07. rage _____

08. preference _____

09. justice _____

10. humility _____

11. call upon _____

12. striking _____

13. determinate _____

14. circumstance _____

15. precision _____

정답

01. 공통점 02. 분리시키다 03. 미리 정해진 04. 수행하다 05. 진정성, 진짜임 06. 고문 07. 분노 08. 선호(도) 09. 정의 10. 겸손 11. 요청하다 12. 놀라운 13. 확정적인 14. 상황, 환경 15. 정밀함, 정확성

논리적 풀이 과정 적용하여 기출문제 풀기

풀이 과정

1 지문 속 표현들을 통해 지문의 핵심 논리 파악 (A＝A＝A)
2 빈칸에 들어갈 내용 확인 (빈칸＝A)
3 선지 선택

A 다음 빈칸에 들어갈 말로 가장 적절한 것은?

2023년 7월　오답률 76%

A commonality between conceptual and computer art was _____. Conceptual artists decoupled the relationship between the art object and artist by mitigating all personal signs of invention. The artist became detached from the idea of personalized draftsmanship by installing a predetermined system — a type of instruction for another to follow. That way there was, as Sol LeWitt states, no "dependence on the skill of the artist as a craftsman." Effectively any person could carry out the instructions. The same process was at work in computer art, where artists devised a predetermined drawing algorithm for the computer automaton to carry out the instruction. The human agent initiated the conceptual form, and a machine actuated it. Likewise, the computer artwork lacked any autographic mark, trace of spontaneity, or artistic authenticity. The plotter arm would replace the human arm in the production process.

*mitigate: 완화하다 **actuate: 작동시키다
***plotter: 플로터(데이터를 도면화하는 출력 장치)

① the suppression of authorial presence
② the rejection of meaningless repetition
③ the elevation of ordinary objects to art
④ the preference of simplicity to elaboration
⑤ the tendency of artists to work in collaboration

B 다음 빈칸에 들어갈 말로 가장 적절한 것은?

2020년 4월　오답률 62%

The *New York Times* ran an article titled "Why Waiting Is Torture," and the piece gave a clear explanation for queue rage: It's about _____. When someone cuts in front of us, it upsets us, and we're willing to go a long way to make sure that people who arrive later than us don't get served before us. A few years ago, some Israeli researchers studied people's preferences for different types of lines, as the *New York Times* notes. Would people rather stand in a first-come, first-served line? Or would they rather wait in a "multiple queue" line, which is common in supermarkets and requires individuals to wait in separate first-come, first-served lines? People overwhelmingly wanted their lines to be first-come, first-served, and they were willing to wait some 70 percent longer for this sort of justice. In other words, in exchange for their time, people got something that's often just as important.

*queue: 줄

① fairness
② humility
③ efficiency
④ confidence
⑤ responsibility

C 다음 빈칸에 들어갈 말로 가장 적절한 것은?

`2024학년도 수능` `오답률 86%`

There have been psychological studies in which subjects were shown photographs of people's faces and asked to identify the expression or state of mind evinced. The results are invariably very mixed. In the 17th century the French painter and theorist Charles Le Brun drew a series of faces illustrating the various emotions that painters could be called upon to represent. What is striking about them is that _____.
What is missing in all this is any setting or context to make the emotion determinate. We must know who this person is, who these other people are, what their relationship is, what is at stake in the scene, and the like. In real life as well as in painting we do not come across just faces; we encounter people in particular situations and our understanding of people cannot somehow be precipitated and held isolated from the social and human circumstances in which they, and we, live and breathe and have our being.

*evince: (감정 따위를) 분명히 나타내다

**precipitate: 촉발하다

① all of them could be matched consistently with their intended emotions

② every one of them was illustrated with photographic precision

③ each of them definitively displayed its own social narrative

④ most of them would be seen as representing unique characteristics

⑤ any number of them could be substituted for one another without loss

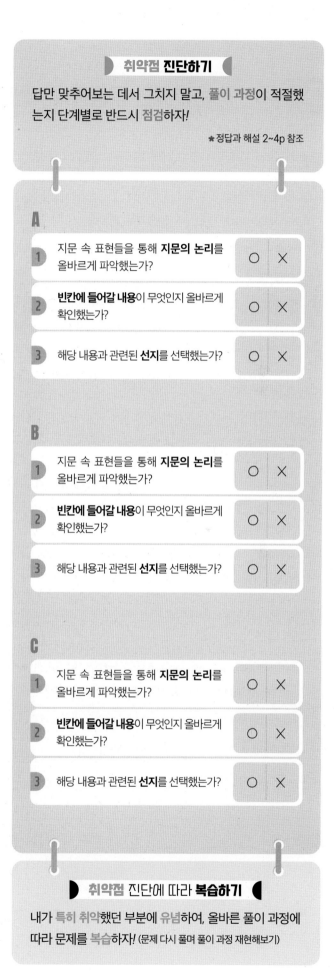

취약점 진단하기

답만 맞추어보는 데서 그치지 말고, 풀이 과정이 적절했는지 단계별로 반드시 점검하자!

★정답과 해설 2~4p 참조

DAY 01

A

1 지문 속 표현들을 통해 **지문의 논리**를 올바르게 파악했는가? ○ ✕

2 **빈칸에 들어갈 내용**이 무엇인지 올바르게 확인했는가? ○ ✕

3 해당 내용과 관련된 **선지**를 선택했는가? ○ ✕

B

1 지문 속 표현들을 통해 **지문의 논리**를 올바르게 파악했는가? ○ ✕

2 **빈칸에 들어갈 내용**이 무엇인지 올바르게 확인했는가? ○ ✕

3 해당 내용과 관련된 **선지**를 선택했는가? ○ ✕

C

1 지문 속 표현들을 통해 **지문의 논리**를 올바르게 파악했는가? ○ ✕

2 **빈칸에 들어갈 내용**이 무엇인지 올바르게 확인했는가? ○ ✕

3 해당 내용과 관련된 **선지**를 선택했는가? ○ ✕

▶ **취약점** 진단에 따라 **복습하기** ◀

내가 특히 취약했던 부분에 유념하여, 올바른 풀이 과정에 따라 문제를 복습하자! (문제 다시 풀며 풀이 과정 재현해보기)

논리에만 집중할 수 있도록, 어휘는 미리 알아두기

A
☑ 암기 후 체크

□ chemist	*n.* 화학자
□ compound	*n.* 혼합물, 화합물
□ juicy	*a.* 즙(수분)이 많은
□ microbe	*n.* 균, 미생물
□ deter	*v.* 억제하다, 저지하다
□ pest	*n.* 해충, 유해 생물
□ predator	*n.* 포식자
□ reproduce	*v.* 번식하다
□ combat	*n.* 전투, 결투
□ construct	*v.* 건설하다, 구성하다
□ pollinator	*n.* 꽃가루 매개자
□ intoxicate	*v.* 취하게 하다
□ scent	*n.* 향기
□ nectar	*n.* 과즙
□ pheromone	*n.* 페로몬

선지 단어

□ dazzling	*a.* 눈부신, 휘황찬란한
□ an array of	많은, 한 무리의
□ substance	*n.* 물질
□ primitive	*a.* 원시의, 원시적인

B
☑ 암기 후 체크

□ entrance	*n.* 입구
□ colony	*n.* 군집, 집단, 군체
□ refer to A as B	A를 B라고 부르다
□ state	*n.* 상태
□ hive	*n.* 벌집, 꿀벌통
□ illustrative	*a.* 분명히(구체적으로) 보여주는, 실례(실제 예시)가 되는
□ in response to	~에 대한 반응으로, ~에 반응하여, ~에 맞춰서
□ upon ~ing	~하자마자
□ unload	*v.* (짐을) 내리다
□ recruit	*v.* 모집하다
□ conversely	*ad.* 반대로
□ correlated with	~와 상관 관계가 있는
□ overall	*a.* 전반적인, 종합적인
□ regulate	*v.* 조절하다

선지 단어

□ workforce	*n.* 노동 인구, 노동자
□ workload	*n.* 작업량, 업무량
□ respective	*a.* 각자의
□ talent	*n.* 재능
□ acquire	*v.* 습득하다

색으로 표시된 핵심 어휘는 꼭 암기하자!

C

☐ insightful	*a.* 통찰력 있는
☐ strategic	*a.* 전략적인
☐ ignorance	*n.* 무지, 모름
☐ excuse	*n.* (~하기 위한) 핑계, 구실
☐ engage in	~에 참여하다
☐ excessively	*ad.* 과도하게
☐ present-biased	*a.* 현재에 편향된
☐ trade-off	*n.* 절충, 균형, 거래
☐ counsel against	~을 하지 말라고 충고하다
☐ agent	*n.* 행위자
☐ delay	*v.* 연기하다, 미루다
☐ receipt	*n.* 수령, 수신

선지 단어

☐ highlight	*v.* 강조하다
☐ attractive	*a.* 매력적인
☐ attachment	*n.* 애착
☐ potentially	*ad.* 잠재적으로

MINI TEST | 어휘 뜻 적기

01. compound _____

02. predator _____

03. reproduce _____

04. pheromone _____

05. substance _____

06. colony _____

07. in response to _____

08. unload _____

09. overall _____

10. respective _____

11. excuse to V _____

12. engage in _____

13. delay _____

14. attractive _____

15. attachment _____

논리적 풀이 과정 적용하여 기출문제 풀기

풀이 과정

1 지문 속 표현들을 통해 지문의 핵심 논리 파악 (A=A=A)
2 빈칸에 들어갈 내용 확인 (빈칸=A)
3 선지 선택

A 다음 빈칸에 들어갈 말로 가장 적절한 것은?

2021년 3월　오답률 63%

Plants are genius chemists. They rely on their ability to manufacture chemical compounds for every single aspect of their survival. A plant with juicy leaves can't run away to avoid being eaten. It relies on its own chemical defenses to kill microbes, deter pests, or poison would-be predators. Plants also need to reproduce. They can't impress a potential mate with a fancy dance, a victory in horn-to-horn combat, or a well-constructed nest like animals do. Since plants need to attract pollinators to accomplish reproduction, they've evolved intoxicating scents, sweet nectar, and pheromones that send signals that bees and butterflies can't resist. When you consider that plants solve almost all of their problems by making chemicals, and that there are nearly 400,000 species of plants on Earth, it's no wonder that the plant kingdom is _____.

① a factory that continuously generates clean air
② a source for a dazzling array of useful substances
③ a silent battlefield in which plants fight for sunshine
④ a significant habitat for microorganisms at a global scale
⑤ a document that describes the primitive state of the earth

B 다음 빈칸에 들어갈 말로 가장 적절한 것은?

2023학년도 수능　오답률 60%

The entrance to a honeybee colony, often referred to as the dancefloor, is a market place for information about the state of the colony and the environment outside the hive. Studying interactions on the dancefloor provides us with a number of illustrative examples of how individuals changing their own behavior in response to local information _____. For example, upon returning to their hive honeybees that have collected water search out a receiver bee to unload their water to within the hive. If this search time is short then the returning bee is more likely to perform a waggle dance to recruit others to the water source. Conversely, if this search time is long then the bee is more likely to give up collecting water. Since receiver bees will only accept water if they require it, either for themselves or to pass on to other bees and brood, this unloading time is correlated with the colony's overall need of water. Thus the individual water forager's response to unloading time (up or down) regulates water collection in response to the colony's need.

*brood: 애벌레 **forager: 조달자

① allow the colony to regulate its workforce
② search for water sources by measuring distance
③ decrease the colony's workload when necessary
④ divide tasks according to their respective talents
⑤ train workers to acquire basic communication patterns

C 다음 빈칸에 들어갈 말로 가장 적절한 것은?

2022학년도 6월 | 오답률 60%

Some of the most insightful work on information seeking emphasizes "strategic self-ignorance," understood as "the use of ignorance as an excuse to engage excessively in pleasurable activities that may be harmful to one's future self." The idea here is that if people are present-biased, they might avoid information that would _____ — perhaps because it would produce guilt or shame, perhaps because it would suggest an aggregate trade-off that would counsel against engaging in such activities. St. Augustine famously said, "God give me chastity — tomorrow." Present-biased agents think: "Please let me know the risks — tomorrow." Whenever people are thinking about engaging in an activity with short-term benefits but long-term costs, they might prefer to delay receipt of important information. The same point might hold about information that could make people sad or mad: "Please tell me what I need to know — tomorrow."

*aggregate: 합계의 **chastity: 정결

① highlight the value of preferred activities
② make current activities less attractive
③ cut their attachment to past activities
④ enable them to enjoy more activities
⑤ potentially become known to others

논리에만 집중할 수 있도록, 어휘는 미리 알아두기

A
☑ 암기 후 체크

☐ minute hand	분침
☐ second hand	초침
☐ unprecedented	a. 전례 없는
☐ gradually	ad. 점진적으로
☐ pace	n. 속도
☐ swiftly	ad. 빠르게
☐ fire	v. 해고하다
☐ utilitarian	a. 실리주의의
☐ depict	v. 묘사하다
☐ contain	v. 담고 있다
☐ deadly	a. 죽음의, 치명적인
☐ statistical	a. 통계의

선지 단어 ~~~~~~~~~~~~~~~~~~~~~~~~~~~~~~~~~

☐ ladder	n. 사다리
☐ liberate	v. 해방시키다
☐ imprison	v. 감금하다
☐ authoritarian	a. 권위주의의
☐ veil	v. 감추다, 가리다
☐ nature	n. 속성, 특성
☐ discipline	n. 규율, 자제
☐ pave the way	길을 닦다

B
☑ 암기 후 체크

☐ era	n. 시대
☐ element	n. 원소, 성분
☐ seemingly	ad. 겉보기에
☐ witness	v. 목격하다
☐ fundamental	a. 근본적인
☐ shift	n. 변화
☐ resource	n. 자원
☐ demand	n. 수요
☐ refined	a. 정밀한, 정련된
☐ outpace	v. 앞지르다
☐ supply	n. 공급
☐ defining moment	결정적인 순간
☐ reliance	n. 의존
☐ fortunately	ad. 다행히
☐ ingredient	n. 성분, 재료
☐ convert A into B	A를 B로 전환하다
☐ alternative	a. 대체의, 대안의

선지 단어 ~~~~~~~~~~~~~~~~~~~~~~~~~~~~~~~~~

☐ secure	v. 확보하다, 획득하다
☐ distribution	n. 보급, 유통
☐ constant	a. 지속적인, 끊임없는

색으로 표시된 핵심 어휘는 꼭 암기하자!

C

☐ state	*n.* 상태
☐ destination	*n.* 목적지
☐ mode	*n.* 방식, 양식
☐ mild	*a.* 가벼운, 온건한, 순한
☐ stem from	~에서 비롯되다, 유래하다
☐ notion	*n.* 생각, 개념
☐ subtle	*a.* 미묘한
☐ dramatic	*a.* 극적인
☐ generate	*v.* 발생시키다, 야기하다
☐ technological	*a.* 기술적인
☐ circular	*a.* 순환의, 순환적인
☐ expansion	*n.* 확장, 팽창
☐ the Enlightenment	계몽주의
☐ manage to V	~를 해내다, 간신히(용케) ~하다
☐ civilization	*n.* 문명
☐ star	*v.* 주연을 맡다

선지 단어

☐ conceal	*v.* 감추다
☐ accumulation	*n.* 축적, 누적
☐ net benefit	순이익
☐ considerable	*a.* 상당한, 꽤 많은

DAY
03

MINI TEST | 어휘 뜻 적기

01. minute hand _____

02. unprecedented _____

03. utilitarian _____

04. depict _____

05. authoritarian _____

06. shift _____

07. outpace _____

08. reliance _____

09. ingredient _____

10. secure _____

11. mild _____

12. notion _____

13. dramatic _____

14. circular _____

15. accumulation _____

정답

01. 분침 02. 전례 없는 03. 공리주의의, 실리적인 04. 묘사하다 05. 권위주의적인
이 06. 변동 07. 앞지르다 08. 의존 09. 성분, 재료 10. 확보하다, 획득하다, 확보
하다 11. 가벼운, 온건한 12. 생각, 개념 13. 극적인 14. 순환의
수환적인 15. 축적, 누적

논리적 풀이 과정 적용하여 기출문제 풀기

풀이 과정

1 지문 속 표현들을 통해 지문의 핵심 논리 파악 (A=A=A)
2 빈칸에 들어갈 내용 확인 (빈칸=A)
3 선지 선택

A 다음 빈칸에 들어갈 말로 가장 적절한 것은?

2022년 4월 | 오답률 70%

While early clocks marked only the hour or quarter-hour, by 1700 most clocks had acquired minute hands, and by 1800 second hands were standard. This unprecedented ability to measure time precisely _____, which became a prime weapon of the Industrial Revolution. As the historian of technology Lewis Mumford argued, "the clock, not the steam engine, is the key-machine of the modern industrial age." Soon factory workers were clocking in, filling out timesheets, and being punished for lateness. With time sliced into smaller and smaller periods, business owners could measure the speed of their workers down to the second, and gradually increase the pace of the production line. Workers who tried to reject this strict control by "going slow" were swiftly fired. The cruel power of the clock fed the growing culture of utilitarian efficiency, so brilliantly depicted by Charles Dickens in his 1854 novel *Hard Times,* where the office of Mr. Gradgrind contained "a deadly statistical clock in it, which measured every second with a beat like a rap upon a coffin-lid."

*rap: 두드림 **coffin-lid: 관 뚜껑

① allowed workers to climb up the ladder of social class
② liberated workers but imprisoned employers in a time trap
③ found its most authoritarian expression in the factory clock
④ veiled the violent nature and the discipline of measured time
⑤ paved the way for workers to control manufacturing machines

B 다음 빈칸에 들어갈 말로 가장 적절한 것은?

2020학년도 수능 | 오답률 61%

The future of our high-tech goods may lie not in the limitations of our minds, but in _____. In previous eras, such as the Iron Age and the Bronze Age, the discovery of new elements brought forth seemingly unending numbers of new inventions. Now the combinations may truly be unending. We are now witnessing a fundamental shift in our resource demands. At no point in human history have we used more elements, in more combinations, and in increasingly refined amounts. Our ingenuity will soon outpace our material supplies. This situation comes at a defining moment when the world is struggling to reduce its reliance on fossil fuels. Fortunately, rare metals are key ingredients in green technologies such as electric cars, wind turbines, and solar panels. They help to convert free natural resources like the sun and wind into the power that fuels our lives. But without increasing today's limited supplies, we have no chance of developing the alternative green technologies we need to slow climate change.

*ingenuity: 창의력

① our ability to secure the ingredients to produce them
② our effort to make them as eco-friendly as possible
③ the wider distribution of innovative technologies
④ governmental policies not to limit resource supplies
⑤ the constant update and improvement of their functions

C 다음 빈칸에 들어갈 말로 가장 적절한 것은?

2021학년도 9월 | 오답률 70%

Protopia is a state of becoming, rather than a destination. It is a process. In the protopian mode, things are better today than they were yesterday, although only a little better. It is incremental improvement or mild progress. The "pro" in protopian stems from the notions of process and progress. This subtle progress is not dramatic, not exciting. It is easy to miss because a protopia generates almost as many new problems as new benefits. The problems of today were caused by yesterday's technological successes, and the technological solutions to today's problems will cause the problems of tomorrow. This circular expansion of both problems and solutions _____. Ever since the Enlightenment and the invention of science, we've managed to create a tiny bit more than we've destroyed each year. But that few percent positive difference is compounded over decades into what we might call civilization. Its benefits never star in movies.

*incremental: 증가의 **compound: 조합하다

① conceals the limits of innovations at the present time
② makes it difficult to predict the future with confidence
③ motivates us to quickly achieve a protopian civilization
④ hides a steady accumulation of small net benefits over time
⑤ produces a considerable change in technological successes

★ 정답과 해설 8~10p 참조

취약점 진단하기

답만 맞추어보는 데서 그치지 말고, 풀이 과정이 적절했는지 단계별로 반드시 점검하자!

A

1 지문 속 표현들을 통해 **지문의 논리**를 올바르게 파악했는가? ○ ✕

2 **빈칸에 들어갈 내용**이 무엇인지 올바르게 확인했는가? ○ ✕

3 해당 내용과 관련된 **선지**를 선택했는가? ○ ✕

B

1 지문 속 표현들을 통해 **지문의 논리**를 올바르게 파악했는가? ○ ✕

2 **빈칸에 들어갈 내용**이 무엇인지 올바르게 확인했는가? ○ ✕

3 해당 내용과 관련된 **선지**를 선택했는가? ○ ✕

C

1 지문 속 표현들을 통해 **지문의 논리**를 올바르게 파악했는가? ○ ✕

2 **빈칸에 들어갈 내용**이 무엇인지 올바르게 확인했는가? ○ ✕

3 해당 내용과 관련된 **선지**를 선택했는가? ○ ✕

취약점 진단에 따라 **복습하기**

내가 특히 취약했던 부분에 유념하여, 올바른 풀이 과정에 따라 문제를 복습하자! (문제 다시 풀며 풀이 과정 재현해보기)

DAY
03

논리에만 집중할 수 있도록, 어휘는 미리 알아두기

A
☑ 암기 후 체크

☐ life expectancy	기대 수명
☐ credit A to B	A를 B의 공이라고 하다
☐ public health	공중 보건
☐ medical care	의료, 건강 관리
☐ requirement	n. (필요) 조건, 요구
☐ vaccinate	v. ~에게 예방 접종을 하다
☐ attend	v. 출석하다, 참석하다
☐ occurrence	n. 발생
☐ deadly	a. 치명적인
☐ eliminate	v. 제거하다, 퇴치하다
☐ hemisphere	n. (지구의) 반구
☐ extensive	a. 광범위한, 폭넓은
☐ vehicle	n. 수송 수단, 탈 것
☐ roughly	ad. 대략, 대충

선지 단어

☐ birth control	산아제한
☐ diagnosis	n. 진단
☐ intervention	n. 개입

B
☑ 암기 후 체크

☐ fanciful	a. 장식적인, 화려한
☐ fugue	n. [음악] 푸가, 둔주곡
☐ illustrate	v. (구체적으로) 설명하다
☐ a handful of	소수의
☐ composer	n. 작곡가
☐ exceptional	a. 특출난, 이례적일 정도로 우수한
☐ get the mileage out of ~	~로부터 이익을 얻다
☐ note	n. [음악] 음, 음표
☐ movement	n. [음악] 악장
☐ motto	n. [음악] 주제 악구, 반복 악구
☐ thread	n. 실, 끈, (이야기 등의) 연속, 맥락
☐ cohesive	a. 응집력 있는
☐ mighty	a. 위대한
☐ stem from	~로부터 비롯되다

선지 단어

☐ contradictory	a. 모순적인
☐ extensive	a. 광범위한
☐ associated with	~와 연관된

색으로 표시된 핵심 어휘는 꼭 암기하자!

C
☑ 암기 후 체크

☐ acquisition	n. 습득, 획득
☐ subsequent	a. 차후의, 그 후 이어지는
☐ adaptive	a. 적응의
☐ millennium (pl. millennia)	n. 천 년
☐ hunter-gatherer	n. 수렵 채집인
☐ abandon	v. 버리다, 포기하다
☐ as to	~에 관해(about)
☐ diminishing	a. 감소하는
☐ contemporary	a. 현대의, 동시대의
☐ descendent	n. 후손 = descendant
☐ readopt	v. 다시 채택하다
☐ dietary deficiency	식량 부족
☐ discard	v. 버리다, 폐기하다
☐ occasion	n. 경우, 일
☐ abundance	n. 풍부(함)

선지 단어

☐ necessarily	ad. 반드시, 꼭
☐ irreversible	a. 되돌릴 수 없는
☐ coincidence	n. 우연
☐ subject to	~(의 영향)을 받아야 하는

DAY 04

MINI TEST | 어휘 뜻 적기

01. life expectancy _____

02. credit A to B _____

03. attend _____

04. eliminate _____

05. diagnosis _____

06. composer _____

07. exceptional _____

08. cohesive _____

09. mighty _____

10. extensive _____

11. acquisition _____

12. abandon _____

13. diminishing _____

14. discard _____

15. coincidence _____

논리적 풀이 과정 적용하여 기출문제 풀기

풀이 과정

1 지문 속 표현들을 통해 지문의 핵심 논리 파악 (A=A=A)
2 빈칸에 들어갈 내용 확인 (빈칸=A)
3 선지 선택

A 다음 빈칸에 들어갈 말로 가장 적절한 것은?
2019년 3월 | 오답률 69%

In the 20th century, average life expectancy in the United States rose by nearly 30 years. The vast majority of that increase is credited to advances in public health, rather than advances in medical care, and ＿＿＿＿＿＿＿＿ played a critical role in these advances. For example, requirements that children be vaccinated before they attend school played a central role in reducing occurrence of vaccine-preventable diseases. Smallpox and polio, which were once feared and deadly diseases, were eliminated from the Western Hemisphere (with smallpox eliminated worldwide), while the number of new measles cases dropped from more than 300,000 in 1950 to fewer than 100 in 2000. Likewise, following the introduction of extensive vehicle and roadway safety laws starting in the mid-1960s, the number of highway deaths decreased from roughly 51,000 in 1966 to 42,000 in 2000, even as the number of miles driven per year increased nearly 300%.

*polio: 소아마비 **measles: 홍역

① birth control
② balanced diets
③ early diagnosis
④ scientific research
⑤ legal interventions

B 다음 빈칸에 들어갈 말로 가장 적절한 것은?
2023학년도 6월 | 오답률 73%

Development can get very complicated and fanciful. A fugue by Johann Sebastian Bach illustrates how far this process could go, when a single melodic line, sometimes just a handful of notes, was all that the composer needed to create a brilliant work containing lots of intricate development within a coherent structure. Ludwig van Beethoven's famous Fifth Symphony provides an exceptional example of how much mileage a classical composer can get out of a few notes and a simple rhythmic tapping. The opening da-da-da-DUM that everyone has heard somewhere or another ＿＿＿＿＿＿＿＿＿ throughout not only the opening movement, but the remaining three movements, like a kind of motto or a connective thread. Just as we don't always see the intricate brushwork that goes into the creation of a painting, we may not always notice how Beethoven keeps finding fresh uses for his motto or how he develops his material into a large, cohesive statement. But a lot of the enjoyment we get from that mighty symphony stems from the inventiveness behind it, the impressive development of musical ideas.

*intricate: 복잡한 **coherent: 통일성 있는

① makes the composer's musical ideas contradictory
② appears in an incredible variety of ways
③ provides extensive musical knowledge creatively
④ remains fairly calm within the structure
⑤ becomes deeply associated with one's own enjoyment

C 다음 빈칸에 들어갈 말로 가장 적절한 것은?

2020년 7월 | 오답률 69%

Both the acquisition and subsequent rejection of agriculture are becoming increasingly recognized as adaptive strategies to local conditions that may have occurred repeatedly over the past ten millennia. For example, in a recent study of the Mlabri, a modern hunter-gatherer group from northern Thailand, it was found that these people had previously been farmers, but had abandoned agriculture about 500 years ago. This raises the interesting question as to how many of the diminishing band of contemporary hunter-gatherer cultures are in fact the descendents of farmers who have only secondarily readopted hunter-gathering as a more useful lifestyle, perhaps after suffering from crop failures, dietary deficiencies, or climatic changes. Therefore, the process of what may be termed the 'agriculturalization' of human societies was _____, at least on a local level. Hunter-gatherer cultures across the world, from midwestern Amerindians to !Kung in the African Kalahari, have adopted and subsequently discarded agriculture, possibly on several occasions over their history, in response to factors such as game abundance, climatic change, and so on.

*!Kung: !Kung족(族)

① not necessarily irreversible
② met with little resistance
③ essential for adaptation
④ started by pure coincidence
⑤ rarely subject to reconsideration

취약점 진단하기

답만 맞추어보는 데서 그치지 말고, 풀이 과정이 적절했는지 단계별로 반드시 점검하자!

★정답과 해설 11~13p 참조

A

1 지문 속 표현들을 통해 **지문의 논리**를 올바르게 파악했는가? ○ ✕

2 **빈칸에 들어갈 내용**이 무엇인지 올바르게 확인했는가? ○ ✕

3 해당 내용과 관련된 **선지**를 선택했는가? ○ ✕

B

1 지문 속 표현들을 통해 **지문의 논리**를 올바르게 파악했는가? ○ ✕

2 **빈칸에 들어갈 내용**이 무엇인지 올바르게 확인했는가? ○ ✕

3 해당 내용과 관련된 **선지**를 선택했는가? ○ ✕

C

1 지문 속 표현들을 통해 **지문의 논리**를 올바르게 파악했는가? ○ ✕

2 **빈칸에 들어갈 내용**이 무엇인지 올바르게 확인했는가? ○ ✕

3 해당 내용과 관련된 **선지**를 선택했는가? ○ ✕

DAY 04

취약점 진단에 따라 복습하기

내가 특히 취약했던 부분에 유념하여, 올바른 풀이 과정에 따라 문제를 복습하자! (문제 다시 풀며 풀이 과정 재현해보기)

논리에만 집중할 수 있도록, 어휘는 미리 알아두기

A ☑ 암기 후 체크

- ☐ bring about — 가져오다, 초래하다
- ☐ stable — *a.* 안정적인
- ☐ institutional — *a.* 제도적인
- ☐ actor — *n.* 행위자, 주체(장본인)
- ☐ significant — *a.* 중요한, 상당한
- ☐ insight — *n.* 통찰(력)
- ☐ prospect — *n.* 미래 전망, 가망
- ☐ state — *n.* 국가, 정부
- ☐ assume — *v.* (책임을) 지다
- ☐ democratic — *a.* 민주적인, 민주주의의
- ☐ forum — *n.* 포럼, 공개 토론
- ☐ political institution — 정치 기관
- ☐ devise — *v.* 고안하다
- ☐ regulation — *n.* 규제, 규정
- ☐ independently — *ad.* 독립적으로
- ☐ ensure — *v.* 보장하다
- ☐ observance — *n.* (법의) 준수

선지 단어

- ☐ communal — *a.* 공용의
- ☐ distribution — *n.* 분배, 배분
- ☐ merit — *n.* 가치, 장점

B ☑ 암기 후 체크

- ☐ regarding — *prep.* ~에 관한, ~에 관하여
- ☐ forbid — *v.* 금지하다
- ☐ split — *v.* 쪼개다, 나누다
- ☐ decade — *n.* 10년
- ☐ composition — *n.* 작문
- ☐ acknowledge — *v.* 인정하다
- ☐ position paper — 정책 방침서, 성명서
- ☐ convince A of B — A에게 B를 납득시키다, 설득하다
- ☐ city council — 시의회
- ☐ security personnel — 보안 요원
- ☐ compel — *v.* 강제하다
- ☐ accompany — *v.* 동행하다
- ☐ recollection — *n.* 회상, 상기
- ☐ offend — *v.* 불쾌하게 하다
- ☐ notion — *n.* 생각, 의견
- ☐ competence — *n.* 능력

선지 단어

- ☐ reveal — *v.* 밝히다, 드러내다
- ☐ distort — *v.* 왜곡하다
- ☐ prejudice — *v.* 편견을 갖게 하다
- ☐ comprehension — *n.* 이해(력)

색으로 표시된 **핵심** 어휘는 꼭 암기하자!

C

☑ 암기 후 체크

☐ challenge	v. ~에 이의를 제기하다	
☐ conventional	a. 관습적인, 전통적인	
☐ reaction	n. 반작용, 반동, 반발	
☐ transmit	v. 전하다	
☐ impact	n. 충격, 충돌	
☐ extremely	ad. 극도로, 대단히	
☐ gradually	ad. 점차, 점진적으로	
☐ subconsciously	ad. 잠재의식적으로	
☐ adjust	v. 조절하다	
☐ stiffness	n. 경직성, 단단함	
☐ prior to	~ 이전에, ~에 앞서	
☐ strike	n. 타격, 차기	
☐ based on	~를 기반(바탕)으로	
☐ perception	n. 인식	
☐ soak up	빨아들이다	
☐ yield	v. 양보하다, 내어주다	
☐ strikingly	ad. 현저하게, 눈에 띄게	

선지 단어

☐ vary	v. 변하다, 다르다
☐ peak	v. 최고점에 달하다
☐ generate	v. 발생시키다, 만들어내다

MINI TEST | 어휘 뜻 적기

01. stable _____

02. prospect _____

03. democratic _____

04. independently _____

05. merit _____

06. forbid _____

07. decade _____

08. compel _____

09. offend _____

10. distort _____

11. reaction _____

12. adjust _____

13. strike _____

14. strikingly _____

15. peak _____

DAY
05

정답

01. 안정적인 02. 미래 전망, 가망 03. 민주적인, 민주주의의 04. 독립적으로, 독립해서 05. 가치, 장점 06. 금지하다 07. 10년 08. 강제하다 09. 불쾌하게 하다 10. 왜곡하다 11. 반작용, 반동, 반발 12. 조정하다 13. 타격, 차기 14. 현저하게, 눈에 띄게 15. 최고점에 달하다

논리적 풀이 과정 적용하여 기출문제 풀기

풀이 과정
1 지문 속 표현들을 통해 지문의 핵심 논리 파악 (A=A=A)
2 빈칸에 들어갈 내용 확인 (빈칸=A)
3 선지 선택

A 다음 빈칸에 들어갈 말로 가장 적절한 것은?

2022학년도 수능　오답률 56%

Elinor Ostrom found that there are several factors critical to bringing about stable institutional solutions to the problem of the commons. She pointed out, for instance, that the actors affected by the rules for the use and care of resources must have the right to _____. For that reason, the people who monitor and control the behavior of users should also be users and/or have been given a mandate by all users. This is a significant insight, as it shows that prospects are poor for a centrally directed solution to the problem of the commons coming from a state power in comparison with a local solution for which users assume personal responsibility. Ostrom also emphasizes the importance of democratic decision processes and that all users must be given access to local forums for solving problems and conflicts among themselves. Political institutions at central, regional, and local levels must allow users to devise their own regulations and independently ensure observance.

*commons: 공유지 **mandate: 위임

① participate in decisions to change the rules
② claim individual ownership of the resources
③ use those resources to maximize their profits
④ demand free access to the communal resources
⑤ request proper distribution based on their merits

B 다음 빈칸에 들어갈 말로 가장 적절한 것은?

2021학년도 6월　오답률 74%

One of the great risks of writing is that even the simplest of choices regarding wording or punctuation can sometimes _____ in ways that may seem unfair. For example, look again at the old grammar rule forbidding the splitting of infinitives. After decades of telling students to never split an infinitive (something just done in this sentence), most composition experts now acknowledge that a split infinitive is not a grammar crime. Suppose you have written a position paper trying to convince your city council of the need to hire security personnel for the library, and half of the council members — the people you wish to convince — remember their eighth-grade grammar teacher's warning about splitting infinitives. How will they respond when you tell them, in your introduction, that librarians are compelled "to always accompany" visitors to the rare book room because of the threat of damage? How much of their attention have you suddenly lost because of their automatic recollection of what is now a nonrule? It is possible, in other words, to write correctly and still offend your readers' notions of your language competence.

*punctuation: 구두점 **infinitive: 부정사(不定詞)

① reveal your hidden intention
② distort the meaning of the sentence
③ prejudice your audience against you
④ test your audience's reading comprehension
⑤ create fierce debates about your writing topic

C 다음 빈칸에 들어갈 말로 가장 적절한 것은?
2021학년도 6월 | 오답률 74%

Research with human runners challenged conventional wisdom and found that the ground-reaction forces at the foot and the shock transmitted up the leg and through the body after impact with the ground _____ as runners moved from extremely compliant to extremely hard running surfaces. As a result, researchers gradually began to believe that runners are subconsciously able to adjust leg stiffness prior to foot strike based on their perceptions of the hardness or stiffness of the surface on which they are running. This view suggests that runners create soft legs that soak up impact forces when they are running on very hard surfaces and stiff legs when they are moving along on yielding terrain. As a result, impact forces passing through the legs are strikingly similar over a wide range of running surface types. Contrary to popular belief, running on concrete is not more damaging to the legs than running on soft sand.

*compliant: 말랑말랑한 **terrain: 지형

① varied little
② decreased a lot
③ suddenly peaked
④ gradually appeared
⑤ were hardly generated

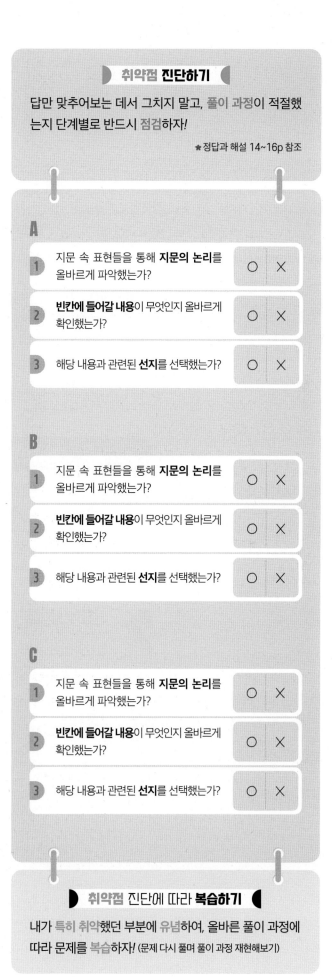

▶ 취약점 진단하기 ◀

답만 맞추어보는 데서 그치지 말고, 풀이 과정이 적절했는지 단계별로 반드시 점검하자!

★정답과 해설 14~16p 참조

A

1 지문 속 표현들을 통해 **지문의 논리**를 올바르게 파악했는가?   ○ X

2 **빈칸에 들어갈 내용**이 무엇인지 올바르게 확인했는가?   ○ X

3 해당 내용과 관련된 **선지**를 선택했는가?   ○ X

B

1 지문 속 표현들을 통해 **지문의 논리**를 올바르게 파악했는가?   ○ X

2 **빈칸에 들어갈 내용**이 무엇인지 올바르게 확인했는가?   ○ X

3 해당 내용과 관련된 **선지**를 선택했는가?   ○ X

C

1 지문 속 표현들을 통해 **지문의 논리**를 올바르게 파악했는가?   ○ X

2 **빈칸에 들어갈 내용**이 무엇인지 올바르게 확인했는가?   ○ X

3 해당 내용과 관련된 **선지**를 선택했는가?   ○ X

▶ 취약점 진단에 따라 복습하기 ◀

내가 특히 취약했던 부분에 유념하여, 올바른 풀이 과정에 따라 문제를 복습하자! (문제 다시 풀며 풀이 과정 재현해보기)

DAY 05

두 이야기가 대비되는 경우

지금까지 지문에 같은 이야기가 반복적으로 등장하는 경우를 훈련하였다. 그런데 빈칸 지문에는 서로 대비되는 두 가지 소재나 이야기가 등장하기도 한다. 이 경우 그 두 가지 사이에 [A↔B]의 논리적 관계가 형성된다.

지문을 읽으면서 이런 '대비'가 느껴지는 경우, 무엇이 어떻게 대비되고 있는지를 정확히 파악해야 한다. 또한, 빈칸 주변의 어구와 어조를 통해, 빈칸에 둘(A, B) 중 무엇이 들어가야 하는지 정확히 확인하고 선지를 선택해야 한다. 빈칸에 A를 넣어야 하는데 반대로 B를 넣어서 틀릴 수 있기 때문이다.

논리적 풀이 과정

1 지문 속 표현들을 통해 지문의 핵심 논리 파악

지문에서 대비되는 표현들을 통해
[A↔B] 논리를 파악한다.

2 빈칸에 들어갈 내용 확인

빈칸 주변의 어구와 어조를 통해,
빈칸에 들어갈 내용이 A인지 B인지 확인한다.

3 선지 선택

해당 내용을 표현하는 선지를 선택한다.

대표적인 기출문제 풀어보기

다음 빈칸에 들어갈 말로 가장 적절한 것은? 2022학년도 수능 | 오답률 51%

Humour involves not just practical disengagement but cognitive disengagement. As long as something is funny, we are for the moment not concerned with whether it is real or fictional, true or false. This is why we give considerable leeway to people telling funny stories. If they are getting extra laughs by exaggerating the silliness of a situation or even by making up a few details, we are happy to grant them comic licence, a kind of poetic licence. Indeed, someone listening to a funny story who tries to correct the teller — 'No, he didn't spill the spaghetti on the keyboard and the monitor, just on the keyboard'— will probably be told by the other listeners to stop interrupting. The creator of humour is putting ideas into people's heads for the pleasure those ideas will bring, not to provide _____ information.

*cognitive: 인식의　**leeway: 여지

① accurate　　② detailed　　③ useful　　④ additional　　⑤ alternative

해석하며 주요 어구 체크하기

문장1 Humour involves / not just practical disengagement but cognitive disengagement. ⓐ
유머는 포함한다 / 실제적인 이탈뿐만 아니라 인식의 이탈을
Tip 의미가 바로 이해되지 않아도 괜찮다. 뒤따르는 설명을 읽으면 자연스럽게 이해된다.

● 주요 어구 ● 유머에 대해 '인식의 이탈(ⓐ)'이라는 키워드를 제시한다.

문장2 As long as something is funny, / we are (for the moment) not concerned with / whether it is real or fictional, true or false. ⓑ
어떤 것이 재미있는 한, / 우리는 (잠깐) 관심을 두지 않는다 / 그것이 진짜인지 허구인지, 진실인지 거짓인지.

문장3 This is / why we give considerable leeway to people (telling funny stories). ⓒ
이것이 / 우리가 (재미있는 이야기를 하는) 사람들에게 상당한 여지를 주는 이유이다.

문장4 If they are getting extra laughs / by exaggerating the silliness of a situation or even by making up a few details, / we are happy to grant them comic licence, a kind of poetic licence. ⓓ
만약 그들이 추가 웃음을 얻고 있다면 / 상황의 어리석음을 과장하거나 심지어 몇 가지 세부사항을 꾸며서라도, / 우리는 그들에게 기꺼이 희극적 파격, 일종의 시적 파격을 허락한다.

● 주요 어구 ● ⓑ, ⓒ, ⓓ를 통해, 유머에 대해 우리가 취하는 태도를 설명한다. 이는 첫 문장의 ⓐ와 연결된다.

문장5 Indeed, / someone (listening to a funny story) (who tries to correct the teller) ⓔ / — 'No, he didn't spill the spaghetti on the keyboard and the monitor, just on the keyboard' ⓕ — / will probably be told by the other listeners / to stop interrupting.
실제로, / (재미있는 이야기를 듣고 있으면서) (말하는 사람을 바로잡으려고 하는) 누군가는 / — '아니야, 그는 스파게티를 키보드와 모니터에 쏟은 것이 아니라 키보드에만 쏟았어' — / 아마 듣고 있는 다른 사람들에게 말을 들을 것이다 / 방해를 멈추라고.

● 주요 어구 ● ⓔ와 그에 대한 예시 ⓕ를 통해, 유머에 대한 방해(interrupting)로 여겨지는 행동, 즉 유머에 대해 우리가 인정하지 않는 행동에 대해 설명한다. 이는 앞의 ⓐ~ⓓ와 대비된다.

문장6 The creator of humour is putting ideas into people's heads / for the pleasure (those ideas will bring), / not to provide _____ information.
유머를 만드는 사람은 사람들의 머릿속에 생각을 집어넣고 있는데, / (그 생각이 가져올) 재미를 위해서이지, / ____ 정보를 제공하기 위해서가 아니다.
Tip 'A, not B' 구문은 [A↔B] 논리를 드러낸다.

● 주요 어구 ● 유머의 목적성에 대해 'A, not B'의 구조로 이야기하며 글이 마무리된다.

〔 전문 해석 〕

유머는 실제적인 이탈뿐만 아니라 인식의 이탈을 포함한다. 어떤 것이 재미있는 한, 우리는 잠깐 그것이 진짜인지 허구인지, 진실인지 거짓인지에 관해 관심을 두지 않는다. 이것이 우리가 재미있는 이야기를 하는 사람들에게 상당한 여지를 주는 이유이다. 만약 그들이 상황의 어리석음을 과장하거나 심지어 몇 가지 세부 사항을 꾸며서라도 추가 웃음을 얻고 있다면, 우리는 그들에게 기꺼이 희극적 파격, 일종의 시적 파격을 허락한다. 실제로, 재미있는 이야기를 듣고 있는 누군가가 '아니야, 그는 스파게티를 키보드와 모니터에 쏟은 것이 아니라 키보드에만 쏟았어.'라며 말하는 사람을 바로잡으려고 하면, 그는 아마 듣고 있는 다른 사람들에게서 방해를 멈추라는 말을 들을 것이다. 유머를 만드는 사람은 사람들의 머릿속에 생각을 집어넣고 있는데, 그 생각이 가져올 재미를 위해서이지 <u>정확한</u> 정보를 제공하기 위해서가 아니다.

논리적 풀이 과정 적용하기

1 지문 속 표현들을 통해 지문의 핵심 논리 파악

유머에 대해 우리가 취하는(인정하는) 행동과 인정하지 않는 행동에 대한 표현들이 다음과 같이 대비되고 있음을 파악한다.

유머에 대해 취하는(인정하는) 행동	↔	유머를 말할 때 인정하지 않는 행동
= ⓐ cognitive disengagement 인식의 이탈		= ⓔ tries to correct the teller (유머를) 말하는 사람을 바로잡으려고 하다
= ⓑ not concerned ... true or false 그것이 진짜인지 허구인지, 진실인지 거짓인지에 관해 관심을 두지 않는다		= ⓕ 'No, he didn't spill the spaghetti on the keyboard and the monitor, just on the keyboard' '아니야, 그는 스파게티를 키보드와 모니터에 쏟은 것이 아니라 키보드에만 쏟았어'
= ⓒ give considerable leeway to...stories 재미있는 이야기를 하는 사람들에게 상당한 여지를 주다		
= ⓓ grant them ... poetic licence 희극적 파격, 일종의 시적 파격을 허락한다		

위의 [A↔B] 구조에서 무엇이, 어떻게 대비되는지 다음과 같이 정리하여 파악한다.

유머에서 인정하는 행동	↔	유머에서 인정하지 않는 행동
재미를 중시함, 유머의 내용이 사실인지 따지지 않음		사실 여부를 중시함, 유머의 내용이 사실인지 따짐

2 빈칸에 들어갈 내용 확인

빈칸이 들어간 문장6 은 유머의 목적으로 'for the pleasure'는 인정하고, '**to provide _____ information**'은 인정하지 않고 있다. 이에 따라, 'to provide ____ information'이 위의 [A↔B] 구조에서 어느 쪽에 해당하는지 다음과 같이 판단한다.

유머에서 인정하는 행동	↔	유머에서 인정하지 않는 행동
재미 중시, 유머의 내용이 사실인지 따지지 않음 = for the pleasure those ideas will bring		사실 여부 중시, 유머의 내용이 사실인지 따짐 = to provide _____ information

3 선지 선택

'to provide _____ information'이 '사실 여부 중시, 유머의 내용이 사실인지 따짐'과 통하도록 하는 선지를 고른다.
①을 넣으면 'to provide **accurate** information (**정확한** 정보를 제공하다)'가 되어, '사실 여부를 따진다'는 의미와 잘 통한다.

〔 **정오답** 체크 〕

✔① 49.3%　② 28.5%　③ 10.3%　④ 6.6%　⑤ 5.3%

② **detailed** 자세한　[해설] '자세한' 정보를 제공하는 것과 사실 여부를 따지는 것은 관련이 없다.
③ **useful** 유용한　[해설] '유용한' 정보를 제공하는 것과 사실 여부를 따지는 것은 관련이 없다.
④ **additional** 추가적인　[해설] '추가' 정보를 제공하는 것과 사실 여부를 따지는 것은 관련이 없다.
⑤ **alternative** 대안적인　[해설] '대안적인' 정보를 제공하는 것과 사실 여부를 따지는 것은 관련이 없다.

논리에만 집중할 수 있도록, 어휘는 미리 알아두기

A
☑ 암기 후 체크

☐ **primary**	*a.* 주요한, 주된
☐ **tailor**	*n.* 재단사
☐ **craftsman**	*n.* 공예가, 장인
☐ **talented**	*a.* 재능 있는
☐ **plate**	*n.* 판
☐ **celebrate**	*v.* 찬양하다, 찬미하다, 기리다
☐ **elevate**	*v.* 승격시키다, 올리다
☐ **inspire**	*v.* 영감을 주다
☐ **climate**	*n.* 분위기, 풍조
☐ **admiration**	*n.* 감탄, 칭찬
☐ **flourish**	*v.* 번영하다, 번성하다
☐ **craft**	*n.* 공예, 기교, 기술

선지 단어

☐ **profitable**	*a.* 수익성 있는
☐ **institution**	*n.* 기관
☐ **preserve**	*v.* 보존하다
☐ **affordable**	*a.* 감당할 수 있는

B
☑ 암기 후 체크

☐ **lift A out of B**	A를 B에서 들어올리다, 벗어나게 하다
☐ **dwelling**	*n.* 거주지
☐ **one-of-a-kind**	*a.* 단품 제작인, 독특한, 유례 없는
☐ **multiplication**	*n.* 증가, 번식
☐ **reproduction**	*n.* 복제, 재생, 재현
☐ **periodical**	*n.* 정기 간행물
☐ **limitless**	*a.* 무제한의
☐ **landscape**	*n.* 풍경(화)
☐ **previously**	*ad.* 이전에
☐ **circulation**	*n.* 유통, 순환
☐ **spectacular**	*a.* 극적인, 장관인
☐ **virtually**	*ad.* 사실상
☐ **inescapable**	*a.* 피할 수 없는
☐ **mass-produced**	*a.* 대량 생산된
☐ **spatiotemporal**	*a.* 시공간적인

C

☑ 암기 후 체크

☐ discipline	*n.* (학문) 분야, 교과
☐ autobiographical	*a.* 자전적인, 자서전의
☐ literary	*a.* 문학의
☐ psychology	*n.* 심리(학)
☐ wilderness	*n.* 황무지
☐ regularity	*n.* 규칙성
☐ ultimately	*ad.* 궁극적으로
☐ impose	*v.* 부과하다
☐ order	*n.* 질서
☐ untamed	*a.* 길들지 않은, 야생의
☐ bent on	~에 열중한
☐ identify	*v.* (신원·정체를) 밝히다, 확인하다
☐ characteristic	*n.* 특성, 특징
☐ drawn toward	~에 (이)끌리는
☐ get a good picture of	~에 대해 잘 파악하다

선지 단어

☐ venture into	(위험을 무릅쓰고) ~를 탐험하다, 감행하다, 모험하다
☐ recall	*v.* 회상하다
☐ parental duty	부모로서의 의무
☐ disregard	*v.* 무시하다, 경시하다
☐ standardize	*v.* 표준화하다

MINI TEST | 어휘 뜻 적기

01. primary _____
02. tailor _____
03. admiration _____
04. profitable _____
05. affordable _____
06. lift out of _____
07. one-of-a-kind _____
08. reproduction _____
09. inescapable _____
10. mass-produced _____
11. psychology _____
12. wilderness _____
13. regularity _____
14. untamed _____
15. disregard _____

정답

정답확인

01. 주요한, 주된 02. 재단사 03. 감탄, 존경 04. 수익성 있는 05. 감당할 수 있는 06. ~에서 들어올리다, 벗어나게 하다 07. 독특한, 유일한, 특별한 08. 복제, 재생, 재현 09. 피할 수 없는 10. 대량 생산된 11. 심리 (학) 12. 황무지 13. 규칙성 14. 길들지 않은, 야생의 15. 무시하다

DAY 06

논리적 풀이 과정 적용하여 기출문제 풀기

풀이 과정
1 지문 속 표현들을 통해 지문의 핵심 논리 파악 (A↔B)
2 빈칸에 들어갈 내용 확인 (빈칸 = A or B)
3 선지 선택

A 다음 빈칸에 들어갈 말로 가장 적절한 것은?
2023학년도 9월 | 오답률 57%

There was nothing modern about the idea of men making women's clothes — we saw them doing it for centuries in the past. In the old days, however, the client was always primary and her tailor was an obscure craftsman, perhaps talented but perhaps not. She had her own ideas like any patron, there were no fashion plates, and the tailor was simply at her service, perhaps with helpful suggestions about what others were wearing. Beginning in the late nineteenth century, with the hugely successful rise of the artistic male couturier, it was the designer who became celebrated, and the client elevated by his inspired attention. In a climate of admiration for male artists and their female creations, the dress-designer first flourished as the same sort of creator. Instead of the old rule that dressmaking is a craft, _____ was invented that had not been there before.

*obscure: 무명의 **patron: 후원자
***couturier: 고급 여성복 디자이너

① a profitable industry driving fast fashion
② a widespread respect for marketing skills
③ a public institution preserving traditional designs
④ a modern connection between dress-design and art
⑤ an efficient system for producing affordable clothing

B 다음 빈칸에 들어갈 말로 가장 적절한 것은?
2024학년도 9월 | 오답률 84%

Prior to photography, _____.
While painters have always lifted particular places out of their 'dwelling' and transported them elsewhere, paintings were time-consuming to produce, relatively difficult to transport and one-of-a-kind. The multiplication of photographs especially took place with the introduction of the half-tone plate in the 1880s that made possible the mechanical reproduction of photographs in newspapers, periodicals, books and advertisements. Photography became coupled to consumer capitalism and the globe was now offered 'in limitless quantities, figures, landscapes, events which had not previously been utilised either at all, or only as pictures for one customer'. With capitalism's arrangement of the world as a 'department store', 'the proliferation and circulation of representations … achieved a spectacular and virtually inescapable global magnitude'. Gradually photographs became cheap mass-produced objects that made the world visible, aesthetic and desirable. Experiences were 'democratised' by translating them into cheap images. Light, small and mass-produced photographs became dynamic vehicles for the spatiotemporal circulation of places.

*proliferation: 확산 **magnitude: (큰) 규모
***aesthetic: 미적인

① paintings alone connected with nature
② painting was the major form of art
③ art held up a mirror to the world
④ desire for travel was not strong
⑤ places did not travel well

C 다음 빈칸에 들어갈 말로 가장 적절한 것은?

2023학년도 9월 | 오답률 61%

In trying to explain how different disciplines attempt to understand autobiographical memory the literary critic Daniel Albright said, "Psychology is a garden, literature is a wilderness." He meant, I believe, that psychology seeks to make patterns, find regularity, and ultimately impose order on human experience and behavior. Writers, by contrast, dive into the unruly, untamed depths of human experiences. What he said about understanding memory can be extended to our questions about young children's minds. If we psychologists are too bent on identifying the orderly pattern, the regularities of children's minds, we may miss an essential and pervasive characteristic of our topic: the child's more unruly and imaginative ways of talking and thinking. It is not only the developed writer or literary scholar who seems drawn toward a somewhat wild and idiosyncratic way of thinking; young children are as well. The psychologist interested in young children may have to _____ in order to get a good picture of how children think.

*unruly: 제멋대로 구는 **pervasive: 널리 퍼져 있는

***idiosyncratic: 색다른

① venture a little more often into the wilderness
② help them recall their most precious memories
③ better understand the challenges of parental duty
④ disregard the key characteristics of children's fiction
⑤ standardize the paths of their psychological development

논리에만 집중할 수 있도록, 어휘는 미리 알아두기

A
☑ 암기 후 체크

☐ critic — *n.* 비평가

☐ literature — *n.* 문학

☐ formalist — *n.* 형식주의자

☐ perspective — *n.* 관점

☐ examine — *v.* 검토하다, 조사하다

☐ element — *n.* 요소

☐ individually — *ad.* 개별적으로

☐ autonomy — *n.* 자율성, 자치

☐ biography — *n.* 전기, 일대기

☐ literary — *a.* 문학의

☐ approach — *v.* ~에 접근하다

☐ assumption — *n.* 추정

☐ self-contained — *a.* 자족적인, 일체 완비된

☐ governing — *a.* 지배적인

☐ principle — *n.* 원칙

☐ reveal — *v.* 드러내다

☐ correspondence — *n.* 대응, 일치

☐ relevant — *a.* 관련 있는, 의미 있는

☐ contain — *v.* 포함하다

선지 단어 ◇◇◇◇◇◇◇◇◇◇◇◇◇◇◇◇◇◇◇◇◇◇◇◇

☐ relevance — *n.* 관련성

B
☑ 암기 후 체크

☐ sell A on B — A에게 B를 받아들이게 하다, 납득시키다

☐ disease screening — 질병 검진

☐ procedure — *n.* 절차

☐ treatment — *n.* 치료

☐ diagnose — *v.* 진단하다

☐ avail oneself of ~ — ~을 이용하다

☐ to begin with — 우선, 애초에

☐ obese — *a.* 과체중의

☐ prescribe — *v.* 처방하다

☐ lure — *v.* 유혹하다, 유인하다

☐ challenging — *a.* 도전적인

☐ perplexing — *a.* 당황스럽게 하는

☐ initiate — *v.* 시작하다

☐ practice — *n.* 습관

선지 단어 ◇◇◇◇◇◇◇◇◇◇◇◇◇◇◇◇◇◇◇◇◇◇◇◇◇◇◇◇◇◇◇◇◇◇

☐ blind spot — 맹점

☐ stick with — ~를 계속하다, 고수하다

☐ come up with — ~을 생각해내다, 떠올리다

색으로 표시된 핵심 어휘는 꼭 암기하자!

C

☑ 암기 후 체크

☐ feature	n. 특징
☐ be stripped of	~을 제거하다, 빼앗다
☐ subjectivity	n. 주관성
☐ quantify	v. 정량화하다
☐ observer	n. 관찰자
☐ independent of	~로부터 독립된
☐ rely on	~에 의지하다
☐ artistry	n. 예술적 기질, 기교
☐ effect	v. 이루다, 달성하다
☐ envision	v. (마음속에) 상상하다, 그리다
☐ opposite	n. 정반대
☐ dependent upon	~에 의존하는, 좌우되는

선지 단어

☐ objectivity	n. 객관성
☐ distance	v. 거리를 두다, 떼어놓다
☐ be disengaged from	~에서 해방되다

MINI TEST | 어휘 뜻 적기

01. perspective _____
02. examine _____
03. approach _____
04. correspondence _____
05. relevance _____
06. treatment _____
07. to begin with _____
08. lure _____
09. initiate _____
10. stick with _____
11. be stripped of _____
12. independent of _____
13. rely on _____
14. envision _____
15. be disengaged from _____

DAY 07

논리적 풀이 과정 적용하여 기출문제 풀기

풀이 과정

1 지문 속 표현들을 통해 지문의 핵심 논리 파악 (A↔B)
2 빈칸에 들어갈 내용 확인 (빈칸 = A or B)
3 선지 선택

A 다음 빈칸에 들어갈 말로 가장 적절한 것은?

2023학년도 6월 오답률 66%

  The critic who wants to write about literature from a formalist perspective must first be a close and careful reader who examines all the elements of a text individually and questions how they come together to create a work of art. Such a reader, who respects the autonomy of a work, achieves an understanding of it by _____. Instead of examining historical periods, author biographies, or literary styles, for example, he or she will approach a text with the assumption that it is a self-contained entity and that he or she is looking for the governing principles that allow the text to reveal itself. For example, the correspondences between the characters in James Joyce's short story "Araby" and the people he knew personally may be interesting, but for the formalist they are less relevant to understanding how the story creates meaning than are other kinds of information that the story contains within itself.

*entity: 실체

① putting himself or herself both inside and outside it
② finding a middle ground between it and the world
③ searching for historical realities revealed within it
④ looking inside it, not outside it or beyond it
⑤ exploring its characters' cultural relevance

B 다음 빈칸에 들어갈 말로 가장 적절한 것은?

2021년 10월 오답률 63%

  In the health area, the concern with use after "purchase" is as critical as and even more critical than the concern with the purchase itself. The person who is sold on and goes through disease screening procedures but does not follow through with medical treatment for a diagnosed condition, is as much of a failure as a person who did not avail himself of the screening program to begin with. The obese individual who has been successfully sold on going on a medically prescribed diet but is lured back to his candy jar and apple pie after one week, is as much of a failure as if he never had been sold on the need to lose and control his weight. The most challenging, most difficult, most perplexing problem is not how to sell people on healthsupportive practices, not even how to get them to initiate such practices. We have been fairly successful with these. It is to persuade and help them _____.

① to discover the blind spot
② to stick with new practices
③ to build a sense of security
④ to avoid unnecessary treatment
⑤ to come up with novel solutions

C 다음 빈칸에 들어갈 말로 가장 적절한 것은?

2024학년도 6월 | 오답률 78%

Whatever their differences, scientists and artists begin with the same question: *can you and I see the same thing the same way? If so, how?* The scientific thinker looks for features of the thing that can be stripped of subjectivity — ideally, those aspects that can be quantified and whose values will thus never change from one observer to the next. In this way, he arrives at a reality independent of all observers. The artist, on the other hand, relies on the strength of her artistry to effect a marriage between her own subjectivity and that of her readers. To a scientific thinker, this must sound like magical thinking: *you're saying you will imagine something so hard it'll pop into someone else's head exactly the way you envision it?* The artist has sought the opposite of the scientist's observer-independent reality. She creates a reality dependent upon observers, indeed a reality in which _____ in order for it to exist at all.

① human beings must participate
② objectivity should be maintained
③ science and art need to harmonize
④ readers remain distanced from the arts
⑤ she is disengaged from her own subjectivity

취약점 **진단하기**

답만 맞추어보는 데서 그치지 말고, 풀이 과정이 적절했는지 단계별로 반드시 점검하자!

★정답과 해설 20~22p 참조

A

1 지문 속 표현들을 통해 **지문의 논리**를 올바르게 파악했는가? ○ X

2 **빈칸에 들어갈 내용**이 무엇인지 올바르게 확인했는가? ○ X

3 해당 내용과 관련된 **선지**를 선택했는가? ○ X

B

1 지문 속 표현들을 통해 **지문의 논리**를 올바르게 파악했는가? ○ X

2 **빈칸에 들어갈 내용**이 무엇인지 올바르게 확인했는가? ○ X

3 해당 내용과 관련된 **선지**를 선택했는가? ○ X

C

1 지문 속 표현들을 통해 **지문의 논리**를 올바르게 파악했는가? ○ X

2 **빈칸에 들어갈 내용**이 무엇인지 올바르게 확인했는가? ○ X

3 해당 내용과 관련된 **선지**를 선택했는가? ○ X

취약점 **진단에 따라 복습하기**

내가 특히 취약했던 부분에 유념하여, 올바른 풀이 과정에 따라 문제를 복습하자! (문제 다시 풀며 풀이 과정 재현해보기)

DAY
07

빈칸 | 두 이야기가 대비되는 경우 **기출** 훈련

[**논리에만** 집중할 수 있도록, **어휘는** 미리 알아두기]

A
☑ 암기 후 체크

☐ perception	*n.* 인식, 지각
☐ be filled with	~로 가득하다
☐ with regard to	~에 관해
☐ arise	*v.* 생기다, 발생하다
☐ confine oneself to	~에 국한되다
☐ vary	*v.* 다르다
☐ be devoted to	~에 할애되다
☐ enrich	*v.* 풍부하게 하다
☐ fairly	*ad.* 꽤
☐ meter	*n.* (음악) 박자
☐ consistent	*a.* 일관성이 있는
☐ folk song	민요
☐ uniformity	*n.* 일치, 획일성
☐ occasional	*a.* 이따금의
☐ disagreement	*n.* 불일치
☐ as to	~에 대해
☐ tonality	*n.* (음악) 조성

선지 단어

☐ emerge	*v.* 드러나다, 부상하다
☐ commonality	*n.* 공통점
☐ outweigh	*v.* (~보다) 더 크다, 더 중요하다
☐ count	*v.* 중요하다

B
☑ 암기 후 체크

☐ span	*v.* 걸치다
☐ restrict	*v.* 한정시키다, 제한하다
☐ shade	*n.* 색조, 그늘
☐ import	*v.* 수입하다
☐ primary color	원색
☐ out of the ordinary	이상한, 특이한
☐ association	*n.* 연관성, 연상
☐ dominant	*a.* 주된, 지배적인
☐ awkward	*a.* 어색한
☐ assertive	*a.* 단호한
☐ opt for	~을 선택하다
☐ alter	*v.* 변경하다, 바꾸다
☐ fit	*v.* (~에) 맞추다
☐ henceforth	*ad.* 이후로 (죽)
☐ correspond to	~에 부합하다

선지 단어

☐ ban	*v.* 금지하다

C

☑ 암기 후 체크

☐ precision	n. 정확성
☐ determinacy	n. 확정성, 결정성
☐ requirement	n. 필요조건
☐ to a large extent	상당히, 상당 부분
☐ ongoing	a. 계속 진행 중인
☐ representation	n. 진술, 설명, 표현
☐ put a premium on	~을 중시(장려)하다
☐ hence	ad. 그러므로, 이에 따라
☐ refinement	n. 정제, 정련
☐ varied	a. 다양한
☐ insight	n. 통찰(력)
☐ approximation	n. 접근, 근접, 근사
☐ unmask	v. 들추어내다, ~의 가면을 벗기다
☐ illusion	n. 환상, 착각
☐ alternative	a. 대안적인, 대안의
☐ indeed	ad. 진정, 참으로

선지 단어

☐ criterion (pl. criteria)	n. 기준, 척도
☐ seemingly	ad. 겉으로는, 보기에는
☐ coexistence	n. 공존
☐ reliability	n. 신뢰성

MINI TEST | 어휘 뜻 적기

01. perception _____

02. confine oneself to _____

03. enrich _____

04. uniformity _____

05. outweigh _____

06. out of the ordinary _____

07. association _____

08. awkward _____

09. correspond to _____

10. ban _____

11. precision _____

12. hence _____

13. refinement _____

14. unmask _____

15. seemingly _____

DAY 08

정답

호르몬, 면역기능

01. 인식, 지각 02. ~에 국한하다(한정하다) 03. 풍부하게 하다 04. 획일성, 균일성 05. (수적으로) ~보다 더 크다, 더 중요하다 06. 이상한, 특이한 07. 연관성, 연합 08. 어색한 09. ~에 부합하다(일치하다) 10. 금지하다 11. 정확성 12. 그러므로 13. 정제, 정련 14. 들추어내다, ~의 가면을 벗기다 15. 겉으로는, 보기에는

논리적 풀이 과정 적용하여 기출문제 풀기

풀이 과정

1 지문 속 표현들을 통해 지문의 핵심 논리 파악 (A↔B)
2 빈칸에 들어갈 내용 확인 (빈칸 = A or B)
3 선지 선택

A 다음 빈칸에 들어갈 말로 가장 적절한 것은?

`2025학년도 6월` `오답률 80%`

Any attempt to model musical behavior or perception in a general way is filled with difficulties. With regard to models of perception, the question arises of whose perception we are trying to model — even if we confine ourselves to a particular culture and historical environment. Surely the perception of music varies greatly between listeners of different levels of training; indeed, a large part of music education is devoted to developing and enriching (and therefore likely changing) these listening processes. While this may be true, I am concerned here with fairly basic aspects of perception — particularly meter and key — which I believe are relatively consistent across listeners. Anecdotal evidence suggests, for example, that most people are able to "find the beat" in a typical folk song or classical piece. This is not to say that there is complete uniformity in this regard — there may be occasional disagreements, even among experts, as to how we hear the tonality or meter of a piece. But I believe _____.

*anecdotal: 일화의

① our devotion to narrowing these differences will emerge
② fundamental musical behaviors evolve within communities
③ these varied perceptions enrich shared musical experiences
④ the commonalities between us far outweigh the differences
⑤ diversity rather than uniformity in musical processes counts

B 다음 빈칸에 들어갈 말로 가장 적절한 것은?

`2024년 3월` `오답률 72%`

Japanese used to have a color word, *ao*, that spanned both green and blue. In the modern language, however, *ao* has come to be restricted mostly to blue shades, and green is usually expressed by the word *midori*. When the first traffic lights were imported from the United States and installed in Japan in the 1930s, they were just as green as anywhere else. Nevertheless, in common parlance the go light was called *ao shingoo*, perhaps because the three primary colors on Japanese artists' palettes are traditionally *aka*(red), *kiiro*(yellow), and *ao*. The label *ao* for a green light did not appear so out of the ordinary at first, because of the remaining associations of the word *ao* with greenness. But over time, the difference between the green color and the dominant meaning of the word *ao* began to feel awkward. Nations that are less assertive might have opted for the solution of simply changing the official name of the go light to *midori*. Not so the Japanese. Rather than alter the name to fit reality, the Japanese government announced in 1973 that _____: henceforth, go lights would be a color that better corresponded to the dominant meaning of *ao*.

*parlance: 용어

① reality should be altered to fit the name
② language reflected what people had in mind
③ the go light should follow the global standard
④ the use of the word *ao* for go light would be banned
⑤ they would not change the color of go light in any way

C 다음 빈칸에 들어갈 말로 가장 적절한 것은?

2022학년도 수능   오답률 72%

Precision and determinacy are a necessary requirement for all meaningful scientific debate, and progress in the sciences is, to a large extent, the ongoing process of achieving ever greater precision. But historical representation puts a premium on a proliferation of representations, hence not on the refinement of one representation but on the production of an ever more varied set of representations. Historical insight is not a matter of a continuous "narrowing down" of previous options, not of an approximation of the truth, but, on the contrary, is an "explosion" of possible points of view. It therefore aims at the unmasking of previous illusions of determinacy and precision by the production of new and alternative representations, rather than at achieving truth by a careful analysis of what was right and wrong in those previous representations. And from this perspective, the development of historical insight may indeed be regarded by the outsider as a process of creating ever more confusion, a continuous questioning of _____, rather than, as in the sciences, an ever greater approximation to the truth.

*proliferation: 증식

① criteria for evaluating historical representations
② certainty and precision seemingly achieved already
③ possibilities of alternative interpretations of an event
④ coexistence of multiple viewpoints in historical writing
⑤ correctness and reliability of historical evidence collected

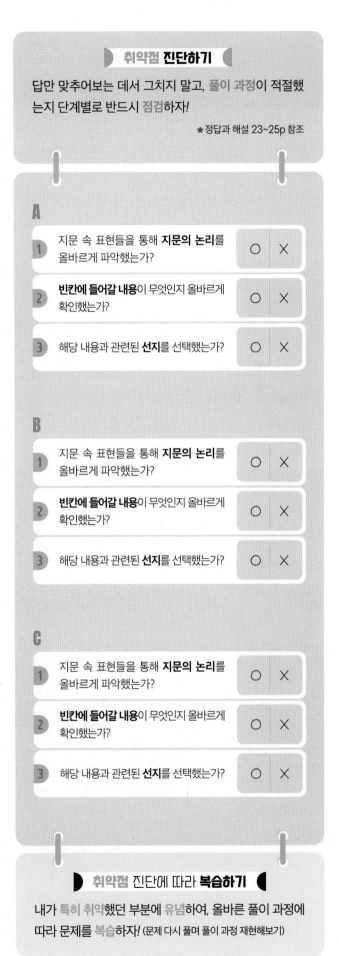

취약점 진단하기

답만 맞추어보는 데서 그치지 말고, 풀이 과정이 적절했는지 단계별로 반드시 점검하자!

★정답과 해설 23~25p 참조

A

1 지문 속 표현들을 통해 **지문의 논리**를 올바르게 파악했는가?   O   X

2 **빈칸에 들어갈 내용**이 무엇인지 올바르게 확인했는가?   O   X

3 해당 내용과 관련된 **선지**를 선택했는가?   O   X

B

1 지문 속 표현들을 통해 **지문의 논리**를 올바르게 파악했는가?   O   X

2 **빈칸에 들어갈 내용**이 무엇인지 올바르게 확인했는가?   O   X

3 해당 내용과 관련된 **선지**를 선택했는가?   O   X

C

1 지문 속 표현들을 통해 **지문의 논리**를 올바르게 파악했는가?   O   X

2 **빈칸에 들어갈 내용**이 무엇인지 올바르게 확인했는가?   O   X

3 해당 내용과 관련된 **선지**를 선택했는가?   O   X

취약점 진단에 따라 복습하기

내가 특히 취약했던 부분에 유념하여, 올바른 풀이 과정에 따라 문제를 복습하자! (문제 다시 풀며 풀이 과정 재현해보기)

DAY
08

논리에만 집중할 수 있도록, 어휘는 미리 알아두기

A
☑ 암기 후 체크

☐ capable of	~할 능력이 있는
☐ align with	~와 나란히 하다, ~와 일치하다
☐ virtue	n. 미덕
☐ play by the rules	규칙대로 하다
☐ deserve	v. ~를 (마땅히) 받을 만하다
☐ inherit	v. 물려받다, 상속하다
☐ gift	n. (타고난) 재능
☐ cast doubt on	~에 의구심을 제기하다
☐ conviction	n. 신념, 확신
☐ coverage	n. 보도
☐ feat	n. 뛰어난 기술, 재주
☐ struggle	n. 치열한 노력, 고투
☐ go through	겪다
☐ triumph over	~을 이겨내다
☐ turmoil	n. 혼란, 소동

선지 단어 ⋙⋙⋙⋙⋙⋙⋙⋙⋙⋙⋙⋙⋙

☐ suspect	v. ~일 것이라고 의심하다(생각하다)
☐ inflate	v. 부풀리다
☐ significance	n. 중요성
☐ strive	v. 노력하다, 분투하다
☐ appreciate	v. ~의 진가를 인정하다

B
☑ 암기 후 체크

☐ universal	a. 보편적인
☐ encounter	v. 마주치다
☐ persist in	~을 고집하다(지속하다)
☐ interfere with	~을 방해하다
☐ extent	n. 정도, 범위
☐ withdraw	v. (손 따위를) 움츠리다
☐ puff	n. 한번 휙 불기
☐ cast	v. 드리우다, 던지다
☐ habituate to	~에 익숙해지다
☐ stimulus (pl. stimuli)	n. 자극
☐ be confronted by	~를 직면하다(마주 대하다)
☐ inexperienced	a. 경험이 없는, 미숙한
☐ sooner or later	조만간, 머지않아
☐ pose a threat	위협을 가하다
☐ immediate	a. 즉각적인
☐ inspection	n. 조사, 검사
☐ worthwhile	a. 가치 있는

선지 단어 ⋙⋙⋙⋙⋙⋙⋙⋙⋙⋙⋙⋙⋙

☐ operate	v. 움직이다, 작동하다
☐ surrounding	a. 주위의, 둘레의

색으로 표시된 **핵심** 어휘는 꼭 **암기**하자!

C

☐ establish	v. 정립하다, 확실히 하다
☐ preservation	n. 보존
☐ address	v. (문제 등을) 다루다, 처리하다
☐ fixed	a. 고정된
☐ physical	a. 물리적인
☐ medium	n. 매체
☐ bit	n. (컴퓨터) 비트
☐ regardless of	~에 상관없이
☐ diminish	v. 줄어들다, 줄이다
☐ delicate	a. 망가지기 쉬운, 섬세한, 연약한
☐ relative to	~에 비해
☐ migrate	v. 옮기다, 이동하다
☐ ongoing	a. 지속되는, 진행 중인

선지 단어

☐ storage	n. 보관, (정보) 저장
☐ challenge	n. 도전 (과제)
☐ transformation	n. 변모, 변형

MINI TEST | 어휘 뜻 적기

01. deserve _____
02. inherit _____
03. coverage _____
04. go through _____
05. strive _____
06. universal _____
07. persist in _____
08. habituate to _____
09. inexperienced _____
10. worthwhile _____
11. address _____
12. delicate _____
13. migrate _____
14. storage _____
15. transformation _____

정답

01. ~를 (마땅히) 받을 만하다 02. 물려받다, 상속하다 03. 보도, 방송 04. 겪다, 지나가다 05. 노력하다, 분투하다 06. 일반적인, 보편적인 07. ~을 고집하다(지속하다) 08. ~에 익숙해지다 09. 경험이 없는, 미숙한 10. 가치 있는 (곰) 11. (문제 등을) 다루다, 처리하다 12. 망가지기 쉬운, 섬세한, 연약한 13. 옮기다, 이동하다 14. 보관, (정보) 저장 15. 변모, 변형

DAY
09

논리적 풀이 과정 적용하여 기출문제 풀기

풀이 과정
1 지문 속 표현들을 통해 지문의 핵심 논리 파악 (A↔B)
2 빈칸에 들어갈 내용 확인 (빈칸 = A or B)
3 선지 선택

A 다음 빈칸에 들어갈 말로 가장 적절한 것은?

2021년 3월 | 오답률 67%

The meritocratic emphasis on effort and hard work seeks to vindicate the idea that, under the right conditions, we are responsible for our success and thus capable of freedom. It also seeks to vindicate the faith that, if the competition is truly fair, success will align with virtue; those who work hard and play by the rules will earn the rewards they deserve. We want to believe that success, in sports and in life, is something we earn, not something we inherit. Natural gifts and the advantages they bring embarrass the meritocratic faith. They cast doubt on the conviction that praise and rewards flow from effort alone. In the face of this embarrassment, we _____. This can be seen, for example, in television coverage of the Olympics, which focuses less on the feats the athletes perform than on heartbreaking stories of the hardships and obstacles they have overcome, and the struggles they have gone through to triumph over injury, or a difficult childhood, or political turmoil in their native land.

*meritocratic: 능력주의의 **vindicate: (정당성을) 입증하다

① suspect perfectly fair competition is not possible
② inflate the moral significance of effort and striving
③ put more emphasis on the results than on the process
④ believe that overcoming hardships is not that important
⑤ often appreciate the rewards earned through natural gifts

B 다음 빈칸에 들어갈 말로 가장 적절한 것은?

2022학년도 9월 | 오답률 67%

Enabling animals to _____ is an almost universal function of learning. Most animals innately avoid objects they have not previously encountered. Unfamiliar objects may be dangerous; treating them with caution has survival value. If persisted in, however, such careful behavior could interfere with feeding and other necessary activities to the extent that the benefit of caution would be lost. A turtle that withdraws into its shell at every puff of wind or whenever a cloud casts a shadow would never win races, not even with a lazy rabbit. To overcome this problem, almost all animals habituate to safe stimuli that occur frequently. Confronted by a strange object, an inexperienced animal may freeze or attempt to hide, but if nothing unpleasant happens, sooner or later it will continue its activity. The possibility also exists that an unfamiliar object may be useful, so if it poses no immediate threat, a closer inspection may be worthwhile.

*innately: 선천적으로

① weigh the benefits of treating familiar things with care
② plan escape routes after predicting possible attacks
③ overcome repeated feeding failures for survival
④ operate in the presence of harmless stimuli
⑤ monitor the surrounding area regularly

C 다음 빈칸에 들어갈 말로 가장 적절한 것은?

2025학년도 6월 | 오답률 84%

When trying to establish what is meant by digital preservation, the first question that must be addressed is: what are you actually trying to preserve? This is clear in the analog environment where the information content is inextricably fixed to the physical medium. In the digital environment, the medium is not part of the _____. A bit stream looks the same to a computer regardless of the media it is read from. A physical carrier is necessary, but as long as the source media can be read, bit-perfect copies can be made cheaply and easily on other devices, making the preservation of the original carrier of diminishing importance. As the physical media that carry digital information are quite delicate relative to most analog media, it is expected that digital information will necessarily need to be migrated from one physical carrier to another as part of the ongoing preservation process. It is not the media itself but the information on the media that needs to be preserved.

*inextricably: 풀 수 없게

① platform
② storage
③ message
④ challenge
⑤ transformation

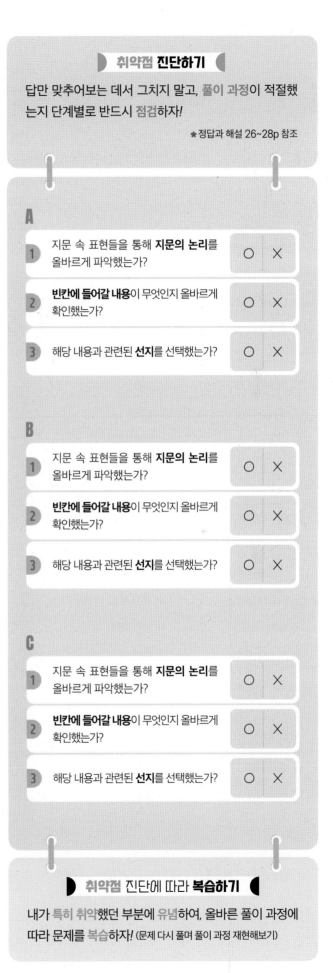

취약점 진단하기

답만 맞추어보는 데서 그치지 말고, 풀이 과정이 적절했는지 단계별로 반드시 점검하자!

★정답과 해설 26~28p 참조

A

1 지문 속 표현들을 통해 **지문의 논리**를 올바르게 파악했는가? ○ X

2 **빈칸에 들어갈 내용**이 무엇인지 올바르게 확인했는가? ○ X

3 해당 내용과 관련된 **선지**를 선택했는가? ○ X

B

1 지문 속 표현들을 통해 **지문의 논리**를 올바르게 파악했는가? ○ X

2 **빈칸에 들어갈 내용**이 무엇인지 올바르게 확인했는가? ○ X

3 해당 내용과 관련된 **선지**를 선택했는가? ○ X

C

1 지문 속 표현들을 통해 **지문의 논리**를 올바르게 파악했는가? ○ X

2 **빈칸에 들어갈 내용**이 무엇인지 올바르게 확인했는가? ○ X

3 해당 내용과 관련된 **선지**를 선택했는가? ○ X

취약점 진단에 따라 복습하기

내가 특히 취약했던 부분에 유념하여, 올바른 풀이 과정에 따라 문제를 복습하자! (문제 다시 풀며 풀이 과정 재현해보기)

DAY 09

논리에만 집중할 수 있도록, 어휘는 미리 알아두기

A ☑ 암기 후 체크

☐ contemporary	a. 현대의, 당대의
☐ employ	v. (수단으로) 사용하다
☐ make reference to	~를 언급하다, 참조하다
☐ abstractionist	n. 추상화가
☐ concerned about	~에 신경 쓰는, 관심 있는
☐ extensive	a. 광범위한
☐ marked	a. 뚜렷한
☐ contrast	n. 대조
☐ decade	n. 10년
☐ utilize	v. 활용하다
☐ disapprovingly	ad. 불만스러운 듯이, 탐탁지 않은 뉘앙스로
☐ generation	n. 세대
☐ appropriately	ad. 적절하게
☐ integrated	a. 통합된
☐ portable	a. 휴대용의, 이동식의
☐ surpass	v. 능가하다
☐ resemble	v. 닮다
☐ bulky	a. 부피가 (너무) 큰

선지 단어

☐ distinct	a. 독특한, 별개의
☐ extinct	a. 멸종한

B ☑ 암기 후 체크

☐ constructive	a. 건설적인
☐ destructive	a. 파괴적인
☐ expand	v. 확장하다
☐ prediction	n. 예측
☐ existence	n. 존재
☐ accordingly	ad. 그에 맞춰
☐ embrace	v. 수용하다
☐ destroy	v. 파괴하다
☐ add A to B	A를 B에 추가하다, 더하다
☐ build upon	~을 기반으로 하다
☐ foster	v. 촉진하다
☐ draw upon	~을 이용하다
☐ ever-evolving	a. 계속 진화하는

선지 단어

☐ replace	v. 교체하다, 대체하다
☐ analyze	v. 분석하다

색으로 표시된 **핵심** 어휘는 꼭 **암기**하자!

C

☑ 암기 후 체크

☐ spontaneously	*ad.* 저절로
☐ unambiguously	*ad.* 분명히 (↔ 모호하게 ambiguously)
☐ slightly	*ad.* 약간
☐ natural selection	[진화] 자연 선택
☐ get rid of	~를 제거하다, 없애다
☐ conversely	*ad.* 반대로
☐ strike ~ down	~의 목숨을 앗아가다, ~를 쓰러뜨리다
☐ reasonably	*ad.* 마땅히, 합리적으로
☐ promptly	*ad.* 신속하게, 재빨리
☐ A outcompete B	A가 (경쟁에서) B보다 우세하다
☐ fortunate	*a.* 운이 좋은
☐ reproductive	*a.* 번식의, 번식이 가능한
☐ accumulate	*v.* 축적되다, 누적되다
☐ so long as (=as long as)	~하는 한

선지 단어 ◇◇◇◇◇◇◇◇◇◇◇◇◇◇◇◇◇◇◇◇◇◇◇◇◇◇◇

☐ operate	*v.* 기능하다, 작용하다
☐ suppress	*v.* 막다, 억누르다
☐ compensate for	~를 상쇄하다
☐ reproduce	*v.* 번식하다

MINI TEST | 어휘 뜻 적기

01. contemporary _____
02. extensive _____
03. contrast _____
04. resemble _____
05. extinct _____
06. destructive _____
07. prediction _____
08. build upon _____
09. foster _____
10. ever-evolving _____
11. spontaneously _____
12. natural selection _____
13. reproductive _____
14. accumulate _____
15. suppress _____

정답

01. 동시대의, 동시대인 02. 광범위한 03. 대조 04. 닮다 05. 멸종된 06. 파괴적인 07. 예측 08. ~를 기반으로 하다 09. 촉진하다 10. 계속 진화하는 11. 저절로 12. 자연 선택 13. 번식의, 번식이 가능한 14. 축적되다, 누적되다 15. 막다, 억누르다

DAY
10

논리적 풀이 과정 적용하여 기출문제 풀기

풀이 과정

1 지문 속 표현들을 통해 지문의 핵심 논리 파악 (A↔B)
2 빈칸에 들어갈 내용 확인 (빈칸 = A or B)
3 선지 선택

A 다음 빈칸에 들어갈 말로 가장 적절한 것은?

2023학년도 6월 | 오답률 75%

Young contemporary artists who employ digital technologies in their practice rarely make reference to computers. For example, Wade Guyton, an abstractionist who uses a word processing program and inkjet printers, does not call himself a computer artist. Moreover, some critics, who admire his work, are little concerned about his extensive use of computers in the art-making process. This is a marked contrast from three decades ago when artists who utilized computers were labeled by critics — often disapprovingly — as computer artists. For the present generation of artists, the computer, or more appropriately, the laptop, is one in a collection of integrated, portable digital technologies that link their social and working life. With tablets and cell phones surpassing personal computers in Internet usage, and as slim digital devices resemble nothing like the room-sized mainframes and bulky desktop computers of previous decades, it now appears that the computer artist is finally _____.

① awake
② influential
③ distinct
④ troublesome
⑤ extinct

B 다음 빈칸에 들어갈 말로 가장 적절한 것은?

2023년 7월 | 오답률 40%

Learning is *constructive,* not *destructive.* This means we don't _____ mental models — we simply expand upon them. To understand what I mean, think back to your childhood. There was likely a time when you believed in Santa Claus; your mental model accepted him and your predictions accounted for his existence. At some point, however, you came to recognize he was fictitious and you updated your mental model accordingly. At that moment, you didn't suddenly forget everything about Santa Claus. To this day, you can still recognize him, speak of him and embrace young children's belief in him. In other words, you didn't destroy your old mental model, you simply added new information to it. By building upon old mental models we are able to maintain ties to the past, foster a deeper understanding of concepts and develop an ever-expanding pool of information to draw upon in order to continually adapt to an ever-evolving world.

*fictitious: 가상의

① replace
② imagine
③ predict
④ analyze
⑤ imitate

C 다음 빈칸에 들어갈 말로 가장 적절한 것은?

2022년 4월 | 오답률 79%

Imagine some mutation appears which makes animals spontaneously die at the age of 50. This is unambiguously disadvantageous — but only very slightly so. More than 99 per cent of animals carrying this mutation will never experience its ill effects because they will die before it has a chance to act. This means that it's pretty likely to remain in the population — not because it's good, but because the 'force of natural selection' at such advanced ages is not strong enough to get rid of it. Conversely, if a mutation killed the animals at two years, striking them down when many could reasonably expect to still be alive and producing children, evolution would get rid of it very promptly: animals with the mutation would soon be outcompeted by those fortunate enough not to have it, because the force of natural selection is powerful in the years up to and including reproductive age. Thus, problematic mutations can accumulate, just so long as _____.

*mutation: 돌연변이

① the force of natural selection increases as animals get older

② their accumulation is largely due to their evolutionary benefits

③ evolution operates by suppressing reproductive success of animals

④ animals can promptly compensate for the decline in their abilities

⑤ they only affect animals after they're old enough to have reproduced

취약점 **진단하기**

답만 맞추어보는 데서 그치지 말고, 풀이 과정이 적절했는지 단계별로 반드시 점검하자!

★정답과 해설 29~31p 참조

A

1 지문 속 표현들을 통해 **지문의 논리**를 올바르게 파악했는가? ○ ✕

2 **빈칸에 들어갈 내용**이 무엇인지 올바르게 확인했는가? ○ ✕

3 해당 내용과 관련된 **선지**를 선택했는가? ○ ✕

B

1 지문 속 표현들을 통해 **지문의 논리**를 올바르게 파악했는가? ○ ✕

2 **빈칸에 들어갈 내용**이 무엇인지 올바르게 확인했는가? ○ ✕

3 해당 내용과 관련된 **선지**를 선택했는가? ○ ✕

C

1 지문 속 표현들을 통해 **지문의 논리**를 올바르게 파악했는가? ○ ✕

2 **빈칸에 들어갈 내용**이 무엇인지 올바르게 확인했는가? ○ ✕

3 해당 내용과 관련된 **선지**를 선택했는가? ○ ✕

취약점 **진단에 따라 복습하기**

내가 특히 취약했던 부분에 유념하여, 올바른 풀이 과정에 따라 문제를 복습하자! (문제 다시 풀며 풀이 과정 재현해보기)

DAY
10

Review | 빈칸 유형 리뷰

취약점 진단 모아 보기

그동안 Day마다 시행했던 ▶ **취약점 진단하기** ◀ 를 아래에 모아 옮겨적고, 빈칸 유형 풀이 과정 중 내가 전반적으로 취약했던 단계가 어디였는지 확인해보자!

하나의 이야기가 반복되는 경우
> 17p, 21p, 25p, 29p, 33p 참조

풀이 과정 점검		1	2	3
DAY 01	A	O | X	O | X	O | X
	B	O | X	O | X	O | X
	C	O | X	O | X	O | X
DAY 02	A	O | X	O | X	O | X
	B	O | X	O | X	O | X
	C	O | X	O | X	O | X
DAY 03	A	O | X	O | X	O | X
	B	O | X	O | X	O | X
	C	O | X	O | X	O | X
DAY 04	A	O | X	O | X	O | X
	B	O | X	O | X	O | X
	C	O | X	O | X	O | X
DAY 05	A	O | X	O | X	O | X
	B	O | X	O | X	O | X
	C	O | X	O | X	O | X
X가		개	개	개

두 이야기가 대비되는 경우
> 41p, 45p, 49p, 53p, 57p 참조

풀이 과정 점검		1	2	3
DAY 06	A	O | X	O | X	O | X
	B	O | X	O | X	O | X
	C	O | X	O | X	O | X
DAY 07	A	O | X	O | X	O | X
	B	O | X	O | X	O | X
	C	O | X	O | X	O | X
DAY 08	A	O | X	O | X	O | X
	B	O | X	O | X	O | X
	C	O | X	O | X	O | X
DAY 09	A	O | X	O | X	O | X
	B	O | X	O | X	O | X
	C	O | X	O | X	O | X
DAY 10	A	O | X	O | X	O | X
	B	O | X	O | X	O | X
	C	O | X	O | X	O | X
X가		개	개	개

✱ X가 **4개 이상** 나온다면 해당 풀이 과정이 취약한 것이므로 특히 유의하여야 한다.
여러 단계가 동시에 취약하다면, **가장 선행하는 단계부터** 취약점을 해결하자. 선행 단계에 오류가 생기면 다음 과정에도 영향을 끼치기 때문이다. (즉, 첫 단추를 잘 끼우자!)

풀이 과정 실전 적용법

실전에서 문제지를 받으면, 내가 읽을 빈칸 지문이 '하나의 이야기가 반복되는 경우'인지 '두 이야기가 대비되는 경우'인지 구분되어 있지 않다. 어떤 케이스인지 모르는 상태로 문제를 풀게 되는 것이다. 하지만 당황할 필요가 전혀 없다. 왜냐하면 지금까지 훈련한 '논리적 풀이 과정'에 두 경우를 구분하는 과정이 이미 포함되어 있기 때문이다. 풀이 과정의 첫 번째 단계로 '지문 속 표현들을 통해 지문의 핵심 논리를 파악'하게 되는데, 이 때 지문의 케이스가 자연스럽게 구분된다('하나의 이야기'인지 '두 이야기'인지). 그리고 어떤 케이스든 어차피 풀이 과정의 큰 틀은 동일하니, 케이스 분류에 집착할 필요는 없다.

다시 보는 빈칸 유형 공통 풀이 과정

1 지문 속 표현들을 통해 지문의 핵심 논리 파악 → **2** 빈칸에 들어갈 내용 확인 → **3** 선지 선택

빈칸 유형, 이것도 알면 좋다!

빈칸 유형은 선지까지 영어로 읽고 답을 판단해야 한다는 부담이 있다. 그런데 **자주 출제되는 오답 선지 유형**을 알고 있으면, 선지에 대한 정오 판단을 좀 더 쉽고 빠르게 할 수 있다. 다음과 같은 빈칸 지문이 있다고 해 보자.

최근 사람들의 스마트폰 중독이 심각하다. 스마트폰 중독은 집중력을 저하시키고, 타인과의 비교를 심화하며, 손목 통증 등의 신체적 악영향을 초래하기도 한다. 이처럼 _____.

정답 선지는 '스마트폰 중독은 여러 가지 부정적 결과를 낳는다' 정도의 서술이 될 것이다. 지문의 표현만을 근거로 하면서 지문의 논리를 그대로 잘 담아낸 서술이다. 그리고 다음과 같은 함정 선지들이 등장할 수 있다.

1. 알코올 중독이 사회적으로 심각하다 - 언급되지 않은 '알코올' 중독에 대해 서술한다. `Not mentioned`
2. 중독자들은 자기뿐만 아니라 타인에게도 악영향을 미친다 - '중독,' '타인,' 그리고 '악영향'과 같은 본문의 표현을 반복하고 있지만 정작 선지의 내용은 지문에 언급되지 않았거나 지문과 다른 내용이다. `Fake repetition`
3. 스마트폰은 이 세상에서 사라져야 하는 기술이다 - 지문에서 언급하지 않은 내용까지 과장하여 상상하도록 유도한다. 본인의 추측이나 가치 판단에 근거하여 답을 선택하지 않도록 주의하자. 오직 지문에서 근거를 찾아야 한다. `Exaggeration`
4. 스마트폰은 우리 삶에 그다지 큰 문제가 되지 않는다 - 지문의 내용과 상반된다. `Opposite`

학생들을 함정에 빠뜨리는 위와 같은 오답 유형에 주의하여, 정답으로 직진하자!

Part

2

삽입

DAY 12~18

Level of difficulty | 난이도

삽입 유형
평균 오답률
58.2%

고난도 문제 중
14.4%가
삽입 유형

삽입 유형 문제 중
45.7%가
고난도 문제

[최신 5개년 수능, 모의평가, 학력평가 분석]

60-65p 내용
강의로 만나보기

논리로 접근하는 공통 풀이 과정

1 ### 논리적 흐름에 따라 내용 파악

글의 흐름이 자연스럽게 이어지는 부분을
그냥 쭉 읽으며 지문의 내용을 파악한다.

2 ### 논리적 흐름이 이상한 곳 포착

글의 흐름이 이상한 부분을 포착한다.

3 ### 주어진 문장을 넣어 논리적 흐름 복구

글의 흐름이 이상한 부분에 주어진 문장을 넣어
이상했던 흐름이 자연스럽게 복구되는지 확인한다.

Contents | 목차

삽입 문제의 기본은, 글의 논리적 흐름이 이상한 부분을 찾아 그 부분에 주어진 문장을 넣음으로써 이상함을 해소하고 자연스러운 흐름을 복구하는 것이다.

글의 흐름이 이상해지는 데에는 여러 원인이 있는데, 그 중 하나가 바로 '대명사'이다. 대명사란 앞서 서술한 사람·사물·내용을 대신 나타내는 말이다. 그런데 앞서 서술한 바 없이 갑자기 대명사가 나오면, 대명사가 무엇을 지칭하는지 알 수 없으므로 글의 흐름이 이상해진다. 이 경우, 주어진 문장에 대명사가 지칭하는 바가 제시되어 있다. 따라서 주어진 문장을 '갑작스러운 대명사' 앞에 넣어 대명사의 의미를 명확하게 만들어야 한다.

Tip 대명사뿐만 아니라, 다음의 어구들도 마찬가지다: 대동사, such, either, both 등

논리적 풀이 과정

1 논리적 흐름에 따라 내용 파악

글의 흐름이 자연스럽게 이어지는 부분을
그냥 쭉 읽으며 지문의 내용을 파악한다.

2 논리적 흐름이 이상한 곳 포착

무엇을 지칭하는지가 불명확한 어구가 등장한다.
└ 대명사, 대동사, such 등

3 주어진 문장을 넣어 논리적 흐름 복구

그 앞에 주어진 문장을 넣어
불명확했던 어구의 의미가 명확해지는지 확인한다.

대표적인 기출문제 풀어보기

글의 흐름으로 보아, 주어진 문장이 들어가기에 가장 적절한 곳은? 2022학년도 6월 오답률 70%

This is particularly true since one aspect of sleep is decreased responsiveness to the environment.

The role that sleep plays in evolution is still under study. (①) One possibility is that it is an advantageous adaptive state of decreased metabolism for an animal when there are no more pressing activities. (②) This seems true for deeper states of inactivity such as hibernation during the winter when there are few food supplies, and a high metabolic cost to maintaining adequate temperature. (③) It may be true in daily situations as well, for instance for a prey species to avoid predators after dark. (④) On the other hand, the apparent universality of sleep, and the observation that mammals such as cetaceans have developed such highly complex mechanisms to preserve sleep on at least one side of the brain at a time, suggests that sleep additionally provides some vital service(s) for the organism. (⑤) If sleep is universal even when this potential price must be paid, the implication may be that it has important functions that cannot be obtained just by quiet, wakeful resting.

＊metabolism: 신진대사 ＊＊mammal: 포유동물

【 어휘 】

particularly 특히	**responsiveness** 반응성	**under study** 연구 중인
advantageous 유리한	**adaptive** 적응의	**pressing** 긴급한
hibernation 겨울잠	**adequate** 적당한	**predator** 포식자
apparent 명백한	**universality** 보편성	**preserve** 유지하다
vital (생명에) 중요한	**organism** 생명체	**implication** 함의

〔 해석하며 주요 어구 체크하기 〕

주어진 문장 This is particularly true / since one aspect of sleep is / decreased responsiveness to the environment.

이것은 특히 사실이다 / 잠의 한 가지 측면이 / 환경에 대한 줄어든 반응성이기 때문에.

문장1 The role (that sleep plays in evolution) is still under study. (①) ⓐ

(진화에 있어서 잠이 맡은) 역할은 여전히 연구 중이다.

● 주요 어구 ● '잠의 역할(ⓐ)'이 글의 중심 소재임을 알 수 있다.

문장2 ⓑ One possibility is / that it is an advantageous adaptive state (of decreased metabolism) / for an
= sleep
animal / when there are no more pressing activities. (②)

한 가지 가능성은 / 그것이 (줄어든 신진대사라는) 유리한 적응 상태라는 것이다 / 동물에게 / 더 이상 긴급한 활동이 없을 때.

문장3 This seems true for deeper states of inactivity / such as hibernation during the winter / when there
are few food supplies, and a high metabolic cost (to maintaining adequate temperature). (③)

더 깊은 무활동 상태에 있어서 이것은 사실로 보인다 / 겨울 동안의 겨울잠과 같은 / 먹을 것이 거의 없고, (적정 체온을 유지하는 것에 대한) 높은 신진대사 비용이 있는.

문장4 It may be true in daily situations as well, / for instance / for a prey species to avoid predators after
dark. (④) 그것은 또한 일상 상황에 있어서도 사실일지 모른다, / 예를 들어 / 먹잇감이 되는 동물이 어두워진 이후에 포식자를 피하는 것과 같은.

● 주요 어구 ● 잠의 역할로 추정되는 한 가지 가능성(ⓑ)에 대해 이야기한다. 세 문장이 모두 비슷한 맥락으로 이어진다.

문장5 ⓒ On the other hand, / the apparent universality of sleep, / and the observation {that mammals (such as
cetaceans) have developed such highly complex mechanisms (to preserve sleep on at least one side of the
brain at a time)}, / suggests / that sleep additionally ⓓ provides some vital service(s) for the organism. (⑤)

한편, / 잠의 명백한 보편성, / 그리고 {(고래목과 같은) 포유동물들이 (한 번에 적어도 뇌의 한쪽에서는 잠을 유지하기 위한) 매우 복잡한 매커니즘을 발전시켰다는} 관찰 결과는, / 보여준다 / 잠이 생명체에게 아주 중요한 어떤 도움(들)을 추가로 제공한다는 것을.

● 주요 어구 ● ⓒ, ⓓ를 통해, 잠의 또 다른 중요한 역할·기능이 있음이 나타난다.

문장6 If sleep is universal / even when ⓔ this potential price must be paid, / the implication may be / that
it has important functions (that cannot be obtained just by quiet, wakeful resting). ⓕ

잠이 보편적이라면 / 이러한 잠재적인 비용이 치러져야 할 때조차도, / 그것이 갖는 함의는 / 잠이 (조용한, 깨어 있는 상태의 휴식만으로는 얻을 수 없는) 중요한 기능들을 갖고 있다는 것일 수도 있다.

● 주요 어구 ● ⓔ가 무엇인지는 모르겠지만, ⓕ를 보니 여전히 잠의 기능(역할)에 대한 이야기가 이어진다.

〔 전문 해석 〕

진화에 있어서 잠이 맡은 역할은 여전히 연구 중이다. 한 가지 가능성은, 더 이상 긴급한 활동이 없을 때, 그것(잠)이 동물에게 '줄어든 신진대사'라는, 유리한 적응 상태라는 것이다. 먹을 것이 거의 없고 적정 체온을 유지하는 데 높은 신진대사 비용이 드는 겨울 동안의 겨울잠과 같은, 더 깊은 무활동 상태에 있어서, 이것은 사실로 보인다. 그것은, 예를 들어, 먹잇감이 되는 동물이 어두워진 이후에 포식자를 피하는 것과 같은 일상 상황에 있어서도 사실일지 모른다. 한편, 잠의 명백한 보편성, 그리고 고래목과 같은 포유동물들이 한 번에 적어도 뇌의 한쪽에서는 잠을 유지하기 위한 매우 복잡한 매커니즘을 발전시켰다는 관찰 결과는, 잠이 생명체에게 아주 중요한 어떤 도움(들)을 추가로 제공한다는 것을 보여 준다. 잠의 한 가지 측면이 환경에 대한 줄어든 반응성이기 때문에 이것은 특히 사실이다. 이러한 잠재적인 비용이 치러져야 할 때조차도 잠이 보편적이라면, 그것이 갖는 함의는, 그것[잠]이 조용한, 깨어 있는 상태의 휴식만으로는 얻을 수 없는 중요한 기능들을 갖고 있다는 것일 수도 있다.

〔 **논리적** 풀이 과정 **적용**하기 〕

1 논리적 흐름에 따라 내용 파악

주어진 문장에서는 연결사 유무, 소재 정도만 파악하고, 일단 본문을 읽는다.
글의 흐름이 자연스럽게 이어지는 부분을 쭉 읽으며, 다음과 같이 내용을 파악한다.

> 문장1 ▶ 잠의 역할(ⓐ)에 대해 연구 중이다.
> 문장2 ▶ 잠의 역할로 추정되는 한 가지 가능성(ⓑ):
> ~문장4 신진대사를 낮춰야 하거나 가만히 있어야 할 때, 잠을 잠으로써 유리한 상태가 된다.
> 문장5 ▶ 한편(ⓒ), 잠의 다른 중요한 역할·기능들이 더(ⓓ) 있다.

2 논리적 흐름이 이상한 곳 포착

문장6 의 'ⓔ this potential price'가 의미하는 바가 아직 서술되지 않았음을 포착한다.
이 때문에 해당 문장의 의미도 제대로 이해할 수 없다.

?	=	문장6 this potential price

3 주어진 문장을 넣어 논리적 흐름 복구

주어진 문장 을 문장6 앞에, 즉 (⑤)에 넣어본다.
주어진 문장 은 '잠을 자면 환경에 대한 반응성이 감소함'에 대해 서술하고 있는데, 바로 이 단점이 문장6 의 'ⓔ this potential price'
로 자연스럽게 이어짐을 알 수 있다. 이제, 불명확했던 어구의 의미가 드러났다.

주어진 문장 잠을 자면 환경에 대한 반응성이 감소함	=	문장6 this potential price

문장6 의 의미도 명확해졌다. '그 잠재적 비용(단점)이 확실히 존재할 때조차도 다들(보편적으로) 잠을 자는 것을 보면, (정말) 잠의
다른 중요한 역할이 더 있을 수도 있겠다'는 것이다.

따라서 주어진 문장 은 (⑤)에 들어가야 한다.

★ 참고로, 위의 단서를 통해 주어진 문장의 위치를 찾아 문장을 넣고 보면, 또 다른 연결고리들이 있어 더욱 정답을 확신할 수 있다.
　예를 들어, 문장5에서 '잠의 다른 역할(기능)들이 있다'고 서술한 것이 주어진 문장의 'This'로 연결된다.

〔 **정오답** 체크 〕

① 3.8%　　② 11.0%　　③ 22.2%　　④ 32.7%　　⑤ 30.2%

최다 오답 ④ 〔해설〕 문장5에서 글의 흐름이 어떻게 전환되는지 제대로 이해하지 못했기 때문에 틀렸을 가능성이 크다.

논리에만 집중할 수 있도록, 어휘는 미리 알아두기

A ☑ 암기 후 체크

☐ manipulation · · · *n.* 조작

☐ convert · · · *v.* 변환하다

☐ millisecond · · · *n.* 1,000분의 1초

☐ precision · · · *n.* 정밀(도)

☐ shift · · · *n.* 전환, 변화

☐ significantly · · · *ad.* 상당히

☐ undo · · · *v.* 되돌리다

☐ twist · · · *v.* 비틀다

☐ momentous · · · *a.* 중대한

☐ spark · · · *v.* 촉발하다, 장려하다

☐ experimental · · · *a.* 실험적인

☐ simplify · · · *v.* 간소화하다

☐ physically · · · *ad.* 물리적으로

☐ time consuming · · · 시간을 많이 소모하는

☐ microlevel · · · *n.* 미시적 수준

☐ audible · · · *a.* 들리는, 가청음의

B ☑ 암기 후 체크

☐ considerable · · · *a.* 상당한

☐ majestic · · · *a.* 장엄한

☐ go on a trek · · · 트레킹 여행을 가다 (산악 지대를 오랫동안 걷다)

☐ simultaneously · · · *ad.* 동시에

☐ realm · · · *n.* 영역

☐ tangible · · · *a.* 만질 수 있는, 유형(有形)의

☐ nevertheless · · · *ad.* 그럼에도 불구하고

☐ tie · · · *v.* 잇다, 묶다

☐ sphere · · · *n.* 영역

☐ thereby · · · *ad.* 따라서, 그럼으로써

☐ ritual · · · *a.* 의식[제식 행사]의

☐ enactment · · · *n.* 시행, 입법

☐ mythological · · · *a.* 신화적인

☐ latter · · · *a.* 뒤쪽의, 후자의

☐ brochure · · · *n.* 브로슈어, 안내 책자

☐ notion · · · *n.* 개념

☐ innocent · · · *a.* 순진한

☐ confirm · · · *v.* (유효함을) 확인하다, 확증하다

☐ anchor · · · *v.* 단단히 고정시키다, 닻을 내리다

☐ transmit · · · *v.* 전하다

색으로 표시된 핵심 어휘는 꼭 암기하자!

C

☑ 암기 후 체크

☐ analogy	n. 비유, 유사점
☐ unicellular	a. 단세포의
☐ billion	n. 10억
☐ dominate	v. 지배하다
☐ multicellular	a. 다세포의
☐ emerge	v. 나타나다
☐ evolve	v. 진화하다
☐ visible	a. (눈에) 보이는
☐ geometry	n. 기하학
☐ equation	n. 방정식
☐ advanced	a. 고급(심화) 수준의
☐ branch	n. 부문, 분야
☐ flourish	v. 번성하다
☐ alter	v. 바꾸다

MINI TEST | 어휘 뜻 적기

DAY 12

01. manipulation _____

02. undo _____

03. momentous _____

04. simplify _____

05. audible _____

06. go on a trek _____

07. simultaneously _____

08. tangible _____

09. mythological _____

10. anchor _____

11. analogy _____

12. dominate _____

13. visible _____

14. advanced _____

15. flourish _____

정답

01. 조작 02. 실행취소하다 03. 중대한 04. 간소화하다 05. 들리는 06. 트레킹을 가다 07. 동시에 08. 만질 수 있는, 유형의 09. 신화적인 10. 닻을 내리고 고정시키다, 꼼짝 못하게 하다 11. 비유, 유사점 12. 지배하다 13. (눈에) 보이는 14. 고급(심화) 수준의 15. 번성하다

논리적 풀이 과정 적용하여 기출문제 풀기

풀이 과정
1 논리적 흐름에 따라 내용 파악
2 논리적 흐름이 이상한 곳 포착 (의미가 불명확한 어구)
3 주어진 문장을 넣어 논리적 흐름 복구

A 글의 흐름으로 보아, 주어진 문장이 들어가기에 가장 적절한 곳은? 2024학년도 9월 오답률 84%

Because the manipulation of digitally converted sounds meant the reprogramming of binary information, editing operations could be performed with millisecond precision.

The shift from analog to digital technology significantly influenced how music was produced. First and foremost, the digitization of sounds — that is, their conversion into numbers — enabled music makers to undo what was done. (①) One could, in other words, twist and bend sounds toward something new without sacrificing the original version. (②) This "undo" ability made mistakes considerably less momentous, sparking the creative process and encouraging a generally more experimental mindset. (③) In addition, digitally converted sounds could be manipulated simply by programming digital messages rather than using physical tools, simplifying the editing process significantly. (④) For example, while editing once involved razor blades to physically cut and splice audiotapes, it now involved the cursor and mouse-click of the computer-based sequencer program, which was obviously less time consuming. (⑤) This microlevel access at once made it easier to conceal any traces of manipulations (such as joining tracks in silent spots) and introduced new possibilities for manipulating sounds in audible and experimental ways.

*binary: 2진법의 **splice: 합쳐 잇다

B 글의 흐름으로 보아, 주어진 문장이 들어가기에 가장 적절한 곳은? 2019학년도 6월 오답률 73%

There is a considerable difference as to whether people watch a film about the Himalayas on television and become excited by the 'untouched nature' of the majestic mountain peaks, or whether they get up and go on a trek to Nepal.

Tourism takes place simultaneously in the realm of the imagination and that of the physical world. In contrast to literature or film, it leads to 'real', tangible worlds, while nevertheless remaining tied to the sphere of fantasies, dreams, wishes — and myth. It thereby allows the ritual enactment of mythological ideas. (①) Even in the latter case, they remain, at least partly, in an imaginary world. (②) They experience moments that they have already seen at home in books, brochures and films. (③) Their notions of untouched nature and friendly, innocent indigenous people will probably be confirmed. (④) But now this confirmation is anchored in a physical experience. (⑤) The myth is thus transmitted in a much more powerful way than by television, movies or books.

*indigenous: 토착의

C

글의 흐름으로 보아, 주어진 문장이 들어가기에 가장 적절한 곳은? 2021년 4월 오답률 71%

In this analogy, the microbes of mathematics are the earliest topics: numbers, shapes, and word problems.

The era of unicellular life lasted for about three and half billion years, dominating most of the Earth's history. But around half a billion years ago, during the Cambrian explosion, a diversity of multicellular life including major animal groups emerged in short period. Similarly, calculus was the Cambrian explosion for mathematics. (①) Once it arrived, an amazing diversity of mathematical fields began to evolve. (②) Their lineage is visible in their calculus-based names, in adjectives like *differential* and *integral* and *analytic*, as in differential geometry, integral equations, and analytic number theory. (③) These advanced branches of mathematics are like the many branches and species of multicellular life. (④) Like unicellular organisms, they dominated the mathematical scene for most of its history. (⑤) But after the Cambrian explosion of calculus three hundred and fifty years ago, new mathematical life forms began to flourish, and they altered the landscape around them.

*microbe: 미생물 **calculus: 미적법

***lineage: 계보

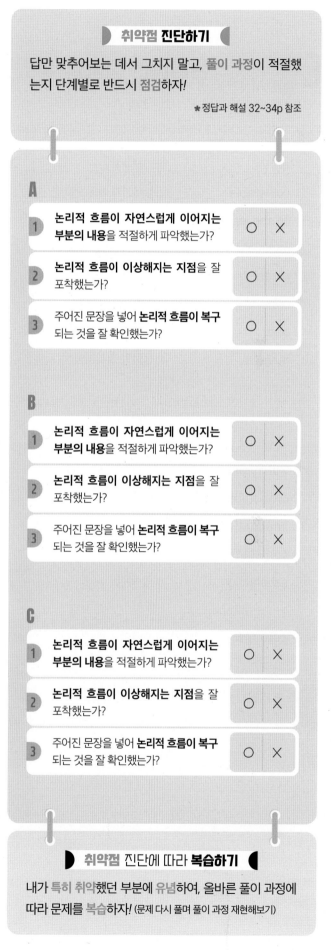

취약점 진단하기

답만 맞추어보는 데서 그치지 말고, 풀이 과정이 적절했는지 단계별로 반드시 점검하자!

*정답과 해설 32~34p 참조

A

1 논리적 흐름이 자연스럽게 이어지는 부분의 내용을 적절하게 파악했는가? O X

2 논리적 흐름이 이상해지는 지점을 잘 포착했는가? O X

3 주어진 문장을 넣어 논리적 흐름이 복구되는 것을 잘 확인했는가? O X

B

1 논리적 흐름이 자연스럽게 이어지는 부분의 내용을 적절하게 파악했는가? O X

2 논리적 흐름이 이상해지는 지점을 잘 포착했는가? O X

3 주어진 문장을 넣어 논리적 흐름이 복구되는 것을 잘 확인했는가? O X

C

1 논리적 흐름이 자연스럽게 이어지는 부분의 내용을 적절하게 파악했는가? O X

2 논리적 흐름이 이상해지는 지점을 잘 포착했는가? O X

3 주어진 문장을 넣어 논리적 흐름이 복구되는 것을 잘 확인했는가? O X

취약점 진단에 따라 복습하기

내가 특히 취약했던 부분에 유념하여, 올바른 풀이 과정에 따라 문제를 복습하자! (문제 다시 풀며 풀이 과정 재현해보기)

DAY 12

논리에만 집중할 수 있도록, 어휘는 미리 알아두기

A

☑ 암기 후 체크

☐ rather	*ad.* 오히려
☐ vulnerable	*a.* 상처받기 쉬운, 연약한
☐ on the lookout for	~이 있는지 살피는
☐ relatively	*ad.* 상대적으로, 비교적
☐ recent	*a.* 최근의
☐ capacity	*n.* 능력
☐ pad	*v.* (보호·완충재를) 대다, 채워 넣다
☐ material	*a.* 물질의, 물질적인
☐ suffering	*n.* 고통
☐ painkiller	*n.* 진통제
☐ comfort	*n.* 안락, 편안함
☐ within reach of	~의 손이 닿는
☐ proportion	*n.* 비율
☐ implication	*n.* (행동·결정의) 영향
☐ contentment	*n.* 만족
☐ satisfaction	*n.* 만족(감)
☐ get a glimpse of	~을 힐끗(언뜻) 보다
☐ compelling	*a.* 강력한

B

☑ 암기 후 체크

☐ heterogeneous	*a.* 이질적인
☐ edge	*n.* 변두리, 가장자리
☐ plurality	*n.* 복수성, 다양성
☐ deceive	*v.* 속이다
☐ distance A from B	A를 B로부터 떼어 놓다
☐ reinforce	*v.* 강화하다
☐ anthropocentrism	*n.* 인간 중심주의
☐ legitimization	*n.* 정당화, 합법화
☐ account for	~을 설명하다
☐ multitude	*n.* 다양성, 다수
☐ draw a distinction	구별하다
☐ remind A of B	A에게 B를 상기시키다
☐ reference	*n.* 지칭, 언급

C

☑ 암기 후 체크

☐ in particular	특히
☐ define	v. 정의하다(~의 정의를 내리다), 규정 짓다
☐ mutual	a. 서로의, 상호 간의
☐ precisely	ad. 정확하게
☐ inter-dependence	n. 상호 의존(성)
☐ distinguish	v. 구별하다
☐ observe	v. (소견을) 진술하다
☐ happen to V	우연히 ~하다
☐ strictly speaking	엄밀히 말하자면
☐ constitute	v. 구성하다, ~의 구성 요소가 되다
☐ structured	a. 구조화된
☐ squad	n. 선수단, 분대
☐ competitive swimmer	수영 선수
☐ objective	n. 목표, 목적
☐ competition	n. 경쟁, 경기
☐ formal	a. 공식적인
☐ beforehand	ad. 미리, 사전에

DAY **13**

MINI TEST | 어휘 뜻 적기

01. vulnerable _____

02. suffering _____

03. painkiller _____

04. satisfaction _____

05. compelling _____

06. heterogeneous _____

07. reinforce _____

08. account for _____

09. draw a distinction _____

10. reference _____

11. define _____

12. mutual _____

13. inter-dependence _____

14. happen to V _____

15. formal _____

정답

01. 상처받기 쉬운 02. 고통 03. 진통제 04. 만족(감) 05. 강렬한, 흥미진진한 06. 이질적인 07. 강화하다 08. ~을 설명하다 09. 차이를 두다 10. 지시, 언급 11. 정의하다(~의 정의를 내리다), 규정 짓다 12. 서로의, 상호 간의 13. 상호 의존(성) 14. 우연히 ~하다 15. 공식적인

논리적 풀이 과정 적용하여 기출문제 풀기

풀이 과정
1 논리적 흐름에 따라 내용 파악
2 논리적 흐름이 이상한 곳 포착 (의미가 불명확한 어구)
3 주어진 문장을 넣어 논리적 흐름 복구

A 글의 흐름으로 보아, 주어진 문장이 들어가기에 가장 적절한 곳은? 2020학년도 6월 오답률 60%

Rather, happiness is often found in those moments we are most vulnerable, alone or in pain.

We seek out feel-good experiences, always on the lookout for the next holiday, purchase or culinary experience. This approach to happiness is relatively recent; it depends on our capacity both to pad our lives with material pleasures and to feel that we can control our suffering. (①) Painkillers, as we know them today, are a relatively recent invention and access to material comfort is now within reach of a much larger proportion of the world's population. (②) These technological and economic advances have had significant cultural implications, leading us to see our negative experiences as a problem and maximizing our positive experiences as the answer. (③) Yet, through this we have forgotten that being happy in life is not just about pleasure. (④) Comfort, contentment and satisfaction have never been the elixir of happiness. (⑤) Happiness is there, on the edges of these experiences, and when we get a glimpse of *that* kind of happiness it is powerful, transcendent and compelling.

*culinary: 요리의 **elixir: 특효약

***transcendent: 뛰어난

B 글의 흐름으로 보아, 주어진 문장이 들어가기에 가장 적절한 곳은? 2023년 4월 오답률 63%

Jacques Derrida argues that instead of one line between Man on the one side and Animal on the other, there is a multiple and heterogeneous border; beyond the edge of the "so-called human," we find a heterogeneous plurality of the living.

Language, and the word "animal," deceives us. The word "animal" categorizes all non-human animals and distances humans from other animals. (①) Seeing all other animals as one group in contrast to humans reinforces anthropocentrism, which contributes to the legitimization of practices in which other animals are used for human benefit. (②) To account for this multitude, using the word "animot" has been proposed. (③) In speech it refers to the plural, the multiplicity of animals, which is necessary because there is no one "animal." (④) The "mot" in "animot" refers to the act of naming and the risks involved in drawing a distinction between human and animal by the human. (⑤) It reminds us of the fact that it is a word for animals, not a reference to an existing group of animals.

C 글의 흐름으로 보아, 주어진 문장이 들어가기에 가장 적절한 곳은? 2023학년도 9월 오답률 73%

In particular, they define a group as two or more people who interact with, and exert mutual influences on, each other.

In everyday life, we tend to see any collection of people as a group. (①) However, social psychologists use this term more precisely. (②) It is this sense of mutual interaction or inter-dependence for a common purpose which distinguishes the members of a group from a mere aggregation of individuals. (③) For example, as Kenneth Hodge observed, a collection of people who happen to go for a swim after work on the same day each week does not, strictly speaking, constitute a group because these swimmers do not interact with each other in a structured manner. (④) By contrast, a squad of young competitive swimmers who train every morning before going to school *is* a group because they not only share a common objective (training for competition) but also interact with each other in formal ways (e.g., by warming up together beforehand). (⑤) It is this sense of people coming together to achieve a common objective that defines a "team".

*exert: 발휘하다 **aggregation: 집합

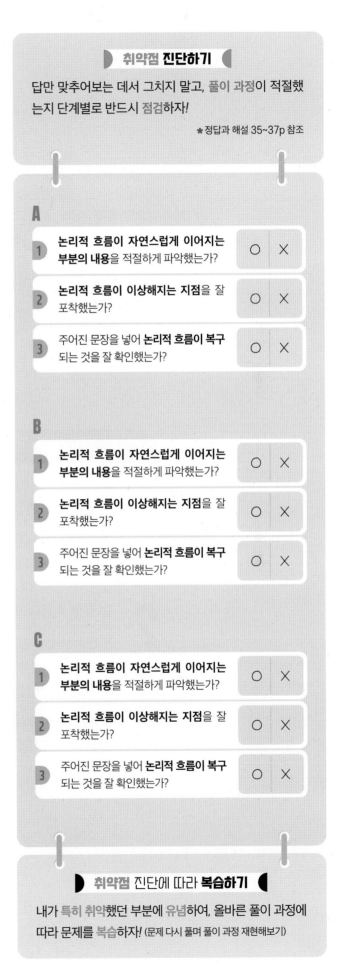

문장 사이의 '대비'가 자연스럽지 않을 때도 글의 흐름이 이상해진다. 예를 들어, 앞과 대비(상반)되는 이야기를 하는데 그에 어울리는 역접의 접속사(However, But 등)가 없으면 문제가 된다. (e.g. 그는 장점이 많다. 그는 정말 배려심이 부족하다.) 반대로, 역접의 접속사가 있는데 정작 내용은 대비되지 않으면 그것도 문제가 된다. (e.g. 그는 장점이 많다. 하지만, 그는 배려심이 깊다.)

이렇게 대비의 흐름이 어색한 두 문장이 나올 경우, 주어진 문장을 그 사이에 넣어 대비의 흐름을 자연스럽게 만들어준다.

논리적 풀이 과정

1 논리적 흐름에 따라 내용 파악

글의 흐름이 자연스럽게 이어지는 부분을
그냥 쭉 읽으며 지문의 내용을 파악한다.

2 논리적 흐름이 이상한 곳 포착

두 문장 사이의 대비가 자연스럽지 않다.

3 주어진 문장을 넣어 논리적 흐름 복구

두 문장 사이에 주어진 문장을 넣어
대비의 흐름이 자연스러워지는지 확인한다.

대표적인 기출문제 풀어보기

글의 흐름으로 보아, 주어진 문장이 들어가기에 가장 적절한 곳은? 2022학년도 수능 오답률 56%

As long as the irrealism of the silent black and white film predominated, one could not take filmic fantasies for representations of reality.

Cinema is valuable not for its ability to make visible the hidden outlines of our reality, but for its ability to reveal what reality itself veils — the dimension of fantasy. (①) This is why, to a person, the first great theorists of film decried the introduction of sound and other technical innovations (such as color) that pushed film in the direction of realism. (②) Since cinema was an entirely fantasmatic art, these innovations were completely unnecessary. (③) And what's worse, they could do nothing but turn filmmakers and audiences away from the fantasmatic dimension of cinema, potentially transforming film into a mere delivery device for representations of reality. (④) But sound and color threatened to create just such an illusion, thereby destroying the very essence of film art. (⑤) As Rudolf Arnheim puts it, "The creative power of the artist can only come into play where reality and the medium of representation do not coincide."

*decry: 공공연히 비난하다 **fantasmatic: 환상의

〔 어휘 〕

irrealism 비현실주의
representation 묘사
dimension 차원
nothing but 오직
thereby 그렇게 함으로써

predominate 지배하다
visible 눈에 보이는
theorist 이론가
transform 변형하다
medium 매체

take A for B A를 B로 착각하다
veil 가리다
entirely 완전히
mere 단순한, ~에 불과한
coincide 동시에 같은 공간을 차지하다

해석하며 주요 어구 체크하기

주어진 문장 As long as the irrealism of the silent black and white film predominated, / one could not take filmic fantasies for representations of reality. **Tip** 'take A for B'는 'A를 B로 착각하다'의 의미이다.

무성 흑백 영화의 비사실주의가 지배하는 동안은, / 영화적 환상을 현실에 대한 묘사로 착각할 수 없었다.

문장1 Cinema is valuable / not for its ability (to make visible the hidden outlines of our reality), / but for its ability (to reveal what reality itself veils — the dimension of fantasy). ⓐ (①)

영화는 가치가 있다 / (우리 현실의 숨겨진 윤곽을 보이게 만드는) 능력 때문이 아니라, / (현실 자체가 가리고 있는 것 — 즉 환상의 차원 — 을 드러내는) 능력 때문에.

● 주요 어구 ● 영화에서 중요한 것으로 ⓐ를 제시한다.

문장2 This is / why, to a person, the first great theorists of film decried / the introduction of sound and other technical innovations (such as color) / that pushed film in the direction of realism. (②)

'소리와 색채 = 기술적 혁신 = 영화 속 사실주의'의 연결을 알 수 있다

이것이 / 최초의 위대한 영화 이론가들이 이구동성으로 공공연히 비난한 이유이다 / 소리와 (색채와 같은) 다른 기술 혁신의 도입을 / 영화를 사실주의 쪽으로 밀어붙였던.

문장3 Since cinema was an entirely fantasmatic art, / these innovations were completely unnecessary. (③)

영화는 전적으로 환상적인 예술이었기 때문에, / 이러한 혁신은 완전히 불필요했다.

문장4 And what's worse, / they could do nothing but turn filmmakers and audiences away / from the fantasmatic dimension of cinema, / potentially transforming film / into a mere delivery device for representations of reality. (④)

그리고 설상가상으로, / 그것들은 영화 제작자와 관객을 멀어지게 할 수 있을 뿐이었다 / 영화의 환상적인 차원으로부터, / 잠재적으로 영화를 변형시키면서 / 현실 묘사를 위한 단순한 전달 장치로.

● 주요 어구 ● ⓑ에 대한 영화계의 부정적인 시각을 서술한다.

문장5 But / sound and color threatened to create just such an illusion, / thereby destroying the very essence of film art. (⑤)

= fantasy

그러나 / 소리와 색채는 바로 그러한 착각을 만들겠다고 위협하고 / 그렇게 함으로써 영화 예술의 바로 그 본질을 파괴했다.

문장6 As Rudolf Arnheim puts it, / "The creative power of the artist can only come into play / where reality and the medium of representation do not coincide."

= films, cinema

Rudolf Arnheim이 표현한 것처럼, / "예술가의 창의적 힘은 오직 발휘될 수 있다 / 현실과 묘사의 매체가 함께 있지 않는 곳에서만."

● 주요 어구 ● ⓑ에 대한 부정적인 시각이 이어지고 있다. 그런데 'ⓒ But'으로 시작하여 흐름이 이상하다.

[전문 해석]

영화는 우리 현실의 숨겨진 윤곽을 보이게 만드는 능력 때문이 아니라, 현실 자체가 가리고 있는 것, 즉 환상의 차원을 드러내는 능력 때문에 가치가 있다. 이것이 최초의 위대한 영화 이론가들이 영화를 사실주의 쪽으로 밀어붙였던 소리와 (색채와 같은) 다른 기술 혁신의 도입을 이구동성으로 비난한 이유이다. 영화는 전적으로 환상적인 예술이었기 때문에 이러한 혁신은 완전히 불필요했다. 그리고 설상가상으로, 그것들은 잠재적으로 영화를 현실 묘사를 위한 단순한 전달 장치로 변형시키면서, 영화 제작자와 관객을 영화의 환상적인 차원에서 멀어지게 할 수 있을 뿐이었다. 무성 흑백 영화의 비현실주의가 지배하는 동안은, 영화적 환상을 현실에 대한 묘사로 착각할 수 없었다. 그러나 소리와 색채는 바로 그러한 착각을 만들겠다고 위협하고, 그렇게 함으로써 영화 예술의 바로 그 본질을 파괴했다. Rudolf Arnheim이 표현한 것처럼, "예술가의 창의적 힘은 오직 현실과 묘사의 매체가 함께 있지 않는 곳에서만 발휘될 수 있다."

논리적 풀이 과정 적용하기

1 논리적 흐름에 따라 내용 파악

주어진 문장에서는 연결사 유무, 소재 정도만 파악하고, 일단 본문을 읽는다.

글의 흐름이 자연스럽게 이어지는 부분을 쭉 읽으며, 다음과 같이 내용을 파악한다.

문장1 영화가 가치있는 이유는 환상(ⓐ) 때문이다

문장2 소리와 색채 등 사실주의 혁신들(ⓑ)은 영화계에서 비난받는다.

문장3 그런 (사실주의) 혁신들은 영화에 불필요하다.

문장4 그것들(사실주의 혁신들)은 영화의 환상으로부터 사람들을 멀어지게 한다

2 논리적 흐름이 이상한 곳 포착

문장5 가 'ⓒ But'으로 시작하는데, **문장4** 와 **문장5** 가 대비커녕 똑같은 어조의 이야기임을 포착한다.

이어지는 두 문장이 비슷한 내용인데, 어울리지 않게 중간에 역접의 접속사가 있는 것이다.

문장4		**문장5**
소리와 색채 등 사실주의 혁신들은 영화의 환상으로부터 멀어지게 한다.	= 비슷한 내용인데 But으로 이어짐	소리와 색채는 영화의 핵심, 즉 환상을 해친다.

3 주어진 문장을 넣어 논리적 흐름 복구

주어진 문장 을 두 문장 사이, 즉 (④)에 넣어본다.

주어진 문장 은 '무성 흑백 영화의 비(非)사실주의가 영화의 환상을 (현실과 착각되지 않게) 지킨다'는 내용이다.

이제 'ⓒ But'을 기준으로 그 앞뒤가 자연스럽게 대비된다.

주어진 문장		**문장5**
무성 흑백 영화의 비사실주의는 (소리X, 색X) 영화의 환상을 지킨다.	↔ 반대 내용이 But으로 잘 대비됨	소리와 색채는 영화의 핵심, 즉 환상을 해친다.

따라서 **주어진 문장** 은 (④)에 들어가야 한다.

★ 참고로, 주어진 문장에서의 '착각'이 문장 5의 'such an illusion'으로 이어지는 흐름 또한 자연스럽다. 무성 흑백 영화는 착각을 일으키지 않는데, 소리와 색채는 착각을 일으킨다는 것이다. 그리고 문장 6은 '영화에서 현실이 빠져야 창의력이 나올 수 있다'는 내용으로, 마지막까지 영화에서의 사실주의(현실)를 부정하고 있다.

〔 정오답 체크 〕

① 5.6% ② 10.7% ③ 25.0% ④ 43.8% ⑤ 15.0%

최다 오답 ③ **해설** 문장4의 의미를 제대로 이해하지 못했기 때문에 틀렸을 가능성이 크다. 문장4의 의미를 제대로 이해해야 문장4와 문장5가 같은 이야기를 하고 있음을 (& 그런데 그 사이에 But이 있어서 흐름이 이상함) 파악할 수 있기 때문이다.

삽입 | 대비가 자연스럽지 않은 경우 **기출** 훈련

논리에만 집중할 수 있도록, 어휘는 미리 알아두기

A
☑ 암기 후 체크

☐ mercury	*n.* 수은
☐ for sure	틀림없이
☐ contaminate	*v.* 오염시키다
☐ routine	*a.* 일상의
☐ barely	*ad.* 거의 ~않다
☐ take note	주목하다
☐ cease	*v.* 그만두다, 멈추다
☐ consensus	*n.* 합의, 의견 일치
☐ unanimously	*ad.* 만장일치로
☐ treaty	*n.* 조약
☐ immediate	*a.* 즉각적인
☐ voluntary	*a.* 자발적인
☐ finalize	*v.* 완성하다, 마무리하다
☐ investment	*n.* 투자
☐ eliminate	*v.* 제거하다
☐ well spent	(소비가) 유익한, 뜻깊은
☐ estimate	*v.* 추정하다

B
☑ 암기 후 체크

☐ emission	*n.* 배출(물), 배기가스
☐ costly	*a.* 비용이 큰
☐ disincentive	*n.* 저해 요소
☐ taxation	*n.* 과세
☐ base A on B	A를 B에 기반하다
☐ measure	*v.* 측정하다
☐ in principle	원칙적으로
☐ precisely	*ad.* 정확히
☐ objective	*n.* 목표
☐ pollute	*v.* 오염시키다
☐ in proportion to	~에 비례해서
☐ residual	*a.* 잔여의
☐ concentration	*n.* 농도
☐ substance	*n.* 물질
☐ discharge	*n.* 배출(물), 방출

색으로 표시된 핵심 어휘는 꼭 암기하자!

C

☑ 암기 후 체크

☐ supervisor	*n.* 관리자
☐ performance	*n.* 성과
☐ employee	*n.* 직원
☐ immediate	*a.* 직속의
☐ evaluate	*v.* 평가하다
☐ supervision	*n.* 관리, 감독
☐ assignment	*n.* 과업, 과제
☐ rate	*v.* 평가하다
☐ dimension	*n.* 차원, 영역
☐ eliminate	*v.* 제거하다
☐ implement	*v.* 시행하다
☐ assessment	*n.* 평가
☐ refer to A as B	A를 B라고 부르다
☐ agency	*n.* 업체, 대행사

MINI TEST | 어휘 뜻 적기

01. mercury _____

02. contaminate _____

03. cease _____

04. treaty _____

05. eliminate _____

06. disincentive _____

07. base A on B _____

08. in proportion to _____

09. concentration _____

10. discharge _____

11. supervisor _____

12. employee _____

13. assignment _____

14. implement _____

15. refer to A as B _____

정답

01. 수은 02. 오염시키다 03. 그만두다, 멈추다 04. 조약 05. 제거하다
06. 저해 요소 07. A를 B에 기반하다 08. ~에 비례하여 09. 농도
10. 배출(량), 방출 11. 관리자 12. 직원 13. 과업, 과제 14. 시행하다
15. A를 B라고 부르다

논리적 풀이 과정 적용하여 기출문제 풀기

풀이 과정
1 논리적 흐름에 따라 내용 파악
2 논리적 흐름이 이상한 곳 포착 (대비가 이상한 부분)
3 주어진 문장을 넣어 논리적 흐름 복구

A 글의 흐름으로 보아, 주어진 문장이 들어가기에 가장 적절한 곳은? 2021년 10월 오답률 55%

Getting mercury out of our production processes will be hard work and it will cost money, for sure.

Government warnings and stark statistics about mercury-contaminated fish have become so routine that we barely take note. (①) I have to ask: why have these warnings been aimed at getting people to cease eating fish, rather than at getting the industries to stop putting mercury into our environment? (②) Finally in February 2009, near-global consensus was reached: more than 140 countries convened by the United Nations Environment Programme (UNEP) unanimously agreed to create an international mercury treaty. (③) They also urged immediate action through a voluntary Global Mercury Partnership while the treaty is being finalized. (④) But investments in eliminating mercury are investments well spent. (⑤) UNEP estimates that every kilogram of mercury taken out of the environment can lead to up to $12,500 worth of social, environmental, and human health benefits.

*stark: 확실한 **convene: 소집하다

B 글의 흐름으로 보아, 주어진 문장이 들어가기에 가장 적절한 곳은? 2025학년도 6월 오답률 58%

Continuous emissions measurement can be costly, particularly where there are many separate sources of emissions, and for many pollution problems this may be a major disincentive to direct taxation of emissions.

Environmental taxes based directly on measured emissions can, in principle, be very precisely targeted to the policy's environmental objectives. (①) If a firm pollutes more, it pays additional tax directly in proportion to the rise in emissions. (②) The polluter thus has an incentive to reduce emissions in any manner that is less costly per unit of abatement than the tax on each unit of residual emissions. (③) The great attraction of basing the tax directly on measured emissions is that the actions the polluter can take to reduce tax liability are actions that also reduce emissions. (④) Nevertheless, the technologies available for monitoring the concentrations and flows of particular substances in waste discharges have been developing rapidly. (⑤) In the future, it may be possible to think of taxing measured emissions in a wider range of applications.

*abatement: 감소 **liability: 부담액

C 글의 흐름으로 보아, 주어진 문장이 들어가기에 가장 적절한 곳은? 2022학년도 6월 오답률 64%

A problem, however, is that supervisors often work in locations apart from their employees and therefore are not able to observe their subordinates' performance.

In most organizations, the employee's immediate supervisor evaluates the employee's performance. (①) This is because the supervisor is responsible for the employee's performance, providing supervision, handing out assignments, and developing the employee. (②) Should supervisors rate employees on performance dimensions they cannot observe? (③) To eliminate this dilemma, more and more organizations are implementing assessments referred to as *360-degree evaluations*. (④) Employees are rated not only by their supervisors but by coworkers, clients or citizens, professionals in other agencies with whom they work, and subordinates. (⑤) The reason for this approach is that often coworkers and clients or citizens have a greater opportunity to observe an employee's performance and are in a better position to evaluate many performance dimensions.

＊subordinate: 부하 직원

취약점 진단하기

답만 맞추어보는 데서 그치지 말고, 풀이 과정이 적절했는지 단계별로 반드시 점검하자!

★정답과 해설 38~40p 참조

A

1 논리적 흐름이 자연스럽게 이어지는 **부분의 내용**을 적절하게 파악했는가? ○ ✕

2 **논리적 흐름이 이상해지는 지점**을 잘 포착했는가? ○ ✕

3 주어진 문장을 넣어 **논리적 흐름이 복구**되는 것을 잘 확인했는가? ○ ✕

B

1 논리적 흐름이 자연스럽게 이어지는 **부분의 내용**을 적절하게 파악했는가? ○ ✕

2 **논리적 흐름이 이상해지는 지점**을 잘 포착했는가? ○ ✕

3 주어진 문장을 넣어 **논리적 흐름이 복구**되는 것을 잘 확인했는가? ○ ✕

C

1 논리적 흐름이 자연스럽게 이어지는 **부분의 내용**을 적절하게 파악했는가? ○ ✕

2 **논리적 흐름이 이상해지는 지점**을 잘 포착했는가? ○ ✕

3 주어진 문장을 넣어 **논리적 흐름이 복구**되는 것을 잘 확인했는가? ○ ✕

취약점 진단에 따라 **복습하기**

내가 특히 취약했던 부분에 유념하여, 올바른 풀이 과정에 따라 문제를 복습하자! (문제 다시 풀며 풀이 과정 재현해보기)

DAY 14

논리에만 집중할 수 있도록, 어휘는 미리 알아두기

A ☑ 암기 후 체크

☐ pinpoint	v. 정확히 집어내다, 찾아내다
☐ character	n. 성격
☐ wicked	a. 사악한
☐ infer	v. 추론하다
☐ intonation	n. 억양, 어조
☐ context	n. 문맥, 전후 관계
☐ morally	ad. 도덕적으로
☐ disapprove of	~을 반대하다, 못마땅해 하다
☐ typical	a. 일반적인
☐ linguistic	a. 언어의
☐ convention	n. 관행, 관습
☐ assume	v. 가정하다
☐ sincere	a. 진실한, 정직한
☐ particular	a. 특정한
☐ and the like	기타 비슷한 것들
☐ specific	a. 구체적인
☐ nevertheless	ad. 그럼에도 불구하고

B ☑ 암기 후 체크

☐ arguable	a. 논의의 여지가 있는
☐ advertiser	n. 광고업자
☐ rather	ad. 좀, 약간(진술의 강도를 완화)
☐ audience	n. 관중, 시청자
☐ decade	n. 십년
☐ launch	v. (세상에) 내보내다, 출시하다
☐ concern	n. 우려, 걱정
☐ nostalgically	ad. 향수에 젖어
☐ transmission	n. 전송
☐ mass	a. 대량의
☐ relatively	ad. 상대적으로
☐ straightforward	a. 단순한, 간단한
☐ coverage	n. 적용 범위
☐ a host of	다수의
☐ considerable	a. 상당한
☐ awareness	n. 인식
☐ seldom	ad. 거의 ~않는
☐ solely	ad. 오직

C

☑ 암기 후 체크

☐ free up	~을 이용할 수 있게 하다
☐ cognitive	a. 인지적인
☐ analyze	v. 분석하다
☐ load	n. 부하, 짐
☐ demonstrate	v. 입증하다
☐ quantitative	a. 정량적인
☐ statistics	n. 통계(학)
☐ typical	a. 전형적인
☐ sufficiently	ad. 충분히
☐ demanding	a. 어려운, 까다로운
☐ subsequent	a. 차후의, 이어진
☐ temporarily	ad. 일시적으로
☐ relieve	v. 덜어주다, 완화하다
☐ dimension	n. 측면, 차원

MINI TEST | 어휘 뜻 적기

01. wicked _____

02. infer _____

03. context _____

04. assume _____

05. and the like _____

06. advertiser _____

07. launch _____

08. nostalgically _____

09. a host of _____

10. solely _____

11. cognitive _____

12. demonstrate _____

13. quantitative _____

14. demanding _____

15. temporarily _____

정답

01. 사악한 02. 추론하다 03. 문맥, 전후 관계 04. 가정하다, 추정하다 05. 기타
등등 06. 광고주 07. (상품을) 내놓다, 출시하다 08. 향수에 젖어 09.
여럿의, 다수의 10. 오직, 단지 11. 인지적인 12. 입증하다 13. 정량적
인 14. 어려운, 까다로운 15. 일시적으로

논리적 풀이 과정 적용하여 기출문제 풀기

풀이 과정

1 논리적 흐름에 따라 내용 파악
2 논리적 흐름이 이상한 곳 포착 (대비가 이상한 부분)
3 주어진 문장을 넣어 논리적 흐름 복구

A 글의 흐름으로 보아, 주어진 문장이 들어가기에 가장 적절한 곳은? 2021학년도 수능 오답률 57%

I have still not exactly pinpointed Maddy's character since wickedness takes many forms.

Imagine I tell you that Maddy is bad. Perhaps you infer from my intonation, or the context in which we are talking, that I mean morally bad. Additionally, you will probably infer that I am disapproving of Maddy, or saying that I think you should disapprove of her, or similar, given typical linguistic conventions and assuming I am sincere. (①) However, you might not get a more detailed sense of the particular sorts of way in which Maddy is bad, her typical character traits, and the like, since people can be bad in many ways. (②) In contrast, if I say that Maddy is wicked, then you get more of a sense of her typical actions and attitudes to others. (③) The word 'wicked' is more specific than 'bad'. (④) But there is more detail nevertheless, perhaps a stronger connotation of the sort of person Maddy is. (⑤) In addition, and again assuming typical linguistic conventions, you should also get a sense that I am disapproving of Maddy, or saying that you should disapprove of her, or similar, assuming that we are still discussing her moral character.

B 글의 흐름으로 보아, 주어진 문장이 들어가기에 가장 적절한 곳은? 2020학년도 수능 오답률 65%

Still, it is arguable that advertisers worry rather too much about this problem, as advertising in other media has always been fragmented.

The fragmentation of television audiences during recent decades, which has happened throughout the globe as new channels have been launched everywhere, has caused advertisers much concern. (①) Advertisers look back nostalgically to the years when a single spot transmission would be seen by the majority of the population at one fell swoop. (②) This made the television advertising of mass consumer products relatively straightforward — not to say easy — whereas today it is necessary for advertisers to build up coverage of their target markets over time, by advertising on a host of channels with separate audiences. (③) Moreover, advertisers gain considerable benefits from the price competition between the numerous broadcasting stations. (④) And television remains much the fastest way to build up public awareness of a new brand or a new campaign. (⑤) Seldom does a new brand or new campaign that solely uses other media, without using television, reach high levels of public awareness very quickly.

*fragment: 조각내다

**at one fell swoop: 단번에, 일거에

C 글의 흐름으로 보아, 주어진 문장이 들어가기에 가장 적절한 곳은? 2023년 10월 오답률 54%

> But when students were given "worked-examples" (such as pre-solved problems) placed between problems to solve, studying the worked-examples freed up cognitive resources that allowed students to see the key features of the problem and to analyze the steps and reasons behind problem-solving moves.

How can we help students manage cognitive load as they learn to perform complex tasks? One method that has proved effective in research studies is to support some aspects of a complex task while students perform the entire task. (①) For example, Swelter and Cooper demonstrated this with students learning to solve problems in a variety of quantitative fields from statistics to physics. (②) They found that when students were given typical word problems, it was possible for them to solve the problems without actually learning much. (③) This is because the problems themselves were sufficiently demanding that students had no cognitive resources available to learn from what they did. (④) The researchers found this improved students' performance on subsequent problem solving. (⑤) This result, called the *worked-example effect*, is one example of a process called *scaffolding*, by which instructors temporarily relieve some of the cognitive load so that students can focus on particular dimensions of learning.

*word problem: 문장제(이야기 형식으로 제시된 문제)

**scaffolding: 발판 놓기

★정답과 해설 41~43p 참조

085

마 지막으로, 문장 사이의 [선후 관계]가 어색할 때도 글의 흐름이 이상해진다.
여기서 [선후 관계]란 시간적 선후 관계만을 의미하는 것은 아니다. Thus, As a result 등으로 연결되는 [원인→결과]의 관계나, Also, And 등으로 연결되는 [설명→추가설명]의 관계도 포함한다. 이러한 [A→B] 선후 관계에서의 핵심은, 뒷 내용 B가 있으려면 꼭 앞 내용 A가 있어야 한다는 것이다.

만약 정당하고 충분한 원인이 주어지지 않았는데 결과가 갑자기 등장한다면 그것은 문제가 된다. 마찬가지로, 앞서 이야기한 바가 없는데 갑자기 'Also, ~'로 추가 이야기가 나오면 이상하다. [A→B] 구조에서 A 없이 B만 서술된 것이다.

이 경우, 주어진 문장에 A가 서술되어 있다. 그러므로, 주어진 문장, 즉 A를 뜬금없는 B 앞에 넣음으로써 [A→B]의 흐름이 자연스럽게 이어지도록 만들어주어야 한다.

논리적 풀이 과정

1 논리적 흐름에 따라 내용 파악

글의 흐름이 자연스럽게 이어지는 부분을
그냥 쭉 읽으며 지문의 내용을 파악한다.

2 논리적 흐름이 이상한 곳 포착

A 없이 B만 등장하여 [A→B]의 흐름이 어색하다.

3 주어진 문장을 넣어 논리적 흐름 복구

주어진 문장을 뜬금없는 B 앞에 넣어
[A→B] 흐름이 자연스러워지는지 확인한다.

대표적인 기출문제 풀어보기

글의 흐름으로 보아, 주어진 문장이 들어가기에 가장 적절한 곳은? 2021학년도 6월 | 오답률 65%

> When the team painted fireflies' light organs dark, a new set of bats took twice as long to learn to avoid them.

Fireflies don't just light up their behinds to attract mates, they also glow to tell bats not to eat them. This twist in the tale of the trait that gives fireflies their name was discovered by Jesse Barber and his colleagues. The glow's warning role benefits both fireflies and bats, because these insects taste disgusting to the mammals. (①) When swallowed, chemicals released by fireflies cause bats to throw them back up. (②) The team placed eight bats in a dark room with three or four fireflies plus three times as many tasty insects, including beetles and moths, for four days. (③) During the first night, all the bats captured at least one firefly. (④) But by the fourth night, most bats had learned to avoid fireflies and catch all the other prey instead. (⑤) It had long been thought that firefly bioluminescence mainly acted as a mating signal, but the new finding explains why firefly larvae also glow despite being immature for mating.

*bioluminescence: 생물 발광(發光)　　**larvae: larva(애벌레)의 복수형

firefly 반딧불이	**organ** 장기, 기관	**bat** 박쥐
glow 빛을 내다	**twist** 반전	**trait** 특성, 특징
colleague 동료	**disgusting** 역겨운	**release** 배출하다
throw up 토하다	**beetle** 딱정벌레	**moth** 나방
capture 포획하다	**prey** 먹이	**immature** 미성숙한

해석하며 주요 어구 체크하기

주어진 문장 When the team painted fireflies' light organs dark, / a new set of bats took twice as long / to learn to avoid them. 그 팀이 반딧불이의 빛나는 부분을 어둡게 칠했을 때, / 새로운 무리의 박쥐들은 두 배의 시간이 걸렸다 / 그것들을 피하는 법을 배우는 데.

문장1, 2 Fireflies don't just light up their behinds to attract mates, / they also glow / to tell bats not to eat them. // This twist in the tale of the trait (that gives fireflies their name) / was discovered by Jesse Barber and his colleagues.

반딧불이는 상대를 매혹하기 위해서만 꽁무니를 밝히는 것이 아니라, / 빛나기도 한다 / 박쥐에게 자기들을 먹지 말라고 말하기 위해. // (반딧불이에게 이름을 준) 이 특성에 대한 이야기 속 이 반전은 / Jesse Barber와 동료들에 의해 발견되었다.

● 주요 어구 ● Jesse Barber의 팀이 '반딧불이 꽁무니 불빛의 목적(ⓐ)'을 밝혔다는 내용이다.

문장3, 4 The glow's warning role benefits both fireflies and bats, / because these insects taste disgusting to the mammals. // (①) When swallowed, / chemicals (released by fireflies) cause bats to throw them back up. (②)

빛이 하는 경고 역할은 반딧불이와 박쥐 모두에게 유익한데, / 왜냐하면 이 곤충은 그 포유동물에게 역겨운 맛이기 때문이다. // 반딧불이가 삼켜지면, / (반딧불이에서 배출되는) 화학 물질이 박쥐로 하여금 그것을 다시 토해내게 만든다.

● 주요 어구 ● 꽁무니 불빛의 그 역할(ⓑ)에 대해 부연설명한다.

문장5 The team placed eight bats in a dark room / with three or four fireflies / plus three times as many
= Jesse Barber and his colleagues
tasty insects, (including beetles and moths), / for four days. (③)

연구팀은 여덟 마리의 박쥐를 어두운 방에 두었다 / 서너 마리의 반딧불이와 / 그리고 세 배 많은, (딱정벌레와 나방을 포함하는) 맛있는 곤충들과 함께, / 나흘 동안.

문장6 During the first night, / all the bats captured at least one firefly. (④)

첫날 밤 동안에, / 모든 박쥐는 적어도 한 마리의 반딧불이를 잡았다.

문장7 But by the fourth night, / most bats had learned / to avoid fireflies and catch all the other prey instead. (⑤) 그러나 네 번째 밤이 되자, / 대부분의 박쥐는 배웠다 / 반딧불이를 피하고 대신 다른 먹이를 잡는 법을.

● 주요 어구 ● Jesse Barber의 팀이 어떤 실험을 했는지를 설명한다.

문장8 It had long been thought / that firefly bioluminescence mainly acted as a mating signal, / but the new finding explains / why firefly larvae also glow / despite being immature for mating.

오랫동안 생각되었다 / 반딧불이의 생물 발광(發光)은 주로 짝짓기 신호의 역할을 한다고, / 하지만 새로운 연구 결과는 설명해 준다 / 왜 반딧불이 애벌레 역시 빛을 내는지 / 짝짓기를 하기에 미숙함에도 불구하고.

● 주요 어구 ● 실험에 대한 설명이 아직 충분하지 않은 듯 하지만, 어쨌든 ⓒ를 보니 '새로운 연구 결과,' 즉 실험의 결론을 설명하고 있다.

[전문 해석]

반딧불이는 상대를 매혹하기 위해서만 꽁무니를 밝히는 것이 아니라, 박쥐에게 자기들을 먹지 말라고 말하기 위해 빛나기도 한다. 반딧불이에게 이름을 준 이 특성에 대한 이야기 속 이 반전은, Jesse Barber와 동료들에 의해 발견되었다. 빛이 하는 경고 역할은 반딧불이와 박쥐 모두에게 유익한데, 왜냐하면 이 곤충은 그 포유동물에게 역겨운 맛이기 때문이다. 반딧불이가 삼켜지면, 반딧불이에서 배출되는 화학 물질이 박쥐로 하여금 그것을 다시 토해내게 만든다. 연구팀은 여덟 마리의 박쥐를 서너 마리의 반딧불이, 그리고 세 배 많은, 딱정벌레와 나방을 포함하는 맛있는 곤충들과 함께 나흘 동안 어두운 방에 두었다. 첫날 밤 동안에, 모든 박쥐는 적어도 한 마리의 반딧불이를 잡았다. 그러나 네 번째 밤이 되자, 대부분의 박쥐는 반딧불이를 피하고 대신 다른 먹이를 잡는 법을 배웠다. 그 팀이 반딧불이의 빛나는 부분을 어둡게 칠했을 때, 새로운 무리의 박쥐들은 그것들을 피하는 법을 배우는 데 두 배의 시간이 걸렸다. 오랫동안, 반딧불이의 생물 발광(發光)은 주로 짝짓기 신호의 역할을 한다고 생각되었다. 하지만 새로운 연구 결과는 왜 반딧불이 애벌레 역시 짝짓기를 하기에 미숙함에도 불구하고 빛을 내는지 설명해 준다

논리적 풀이 과정 적용하기

1 논리적 흐름에 따라 내용 파악

주어진 문장에서는 연결사 유무, 소재 정도만 파악하고, 일단 본문을 읽는다.
글의 흐름이 자연스럽게 이어지는 부분을 쭉 읽으며, 다음과 같이 내용을 파악한다.

> **문장1~2** 반딧불이가 꽁무니에 불을 밝히는 목적: 박쥐에게 먹히지 않기 위해(ⓐ)

> **문장3~4** 반딧불이 꽁무니 불빛의 경고 역할(ⓑ): 반딧불이와 박쥐 모두에게 이로움

> **문장5~7** 관련 실험: 점차 박쥐가 반딧불이를 잡아먹지 않게 됨

2 논리적 흐름이 이상한 곳 포착

문장8 의 'ⓒ the new finding'을 보니, 이 문장은 앞서 서술한 실험을 통해 새롭게 알게 된 것, 즉 실험의 결론에 대한 문장이다.
그리고 그 결론은 '미성숙한 반딧불이가 꽁무니를 밝히는 이유(짝짓기 이외의 목적)'에 대한 것이다. 글 초반의 내용을 고려했을 때,
그 목적은 아마 '박쥐에게 먹히지 않기 위함'일 것이다.
그런데 **문장5** ~ **문장7** 의 실험 내용으로 **문장8** 에서 이러한 결론을 내리기에는 **아직 실험 내용이 부족하다.** **문장5** ~ **문장7** 은
'박쥐가 반딧불이를 점차 먹지 않게 되었다'고만 했을 뿐, 그것이 '반딧불이의 꽁무니 불빛'과 관련되어 있다는 언급은 전혀 하지 않았
기 때문이다. 즉, **[실험→결론]의 흐름에서 실험 내용이 아직 충분하지 않음**을 포착했어야 한다.

| ? | → | **문장8** 미성숙한 반딧불이가 꽁무니를 밝히는 짝짓기 이외의 이유(박쥐에게 먹히지 않기 위함) |

3 주어진 문장을 넣어 논리적 흐름 복구

주어진 문장 을 **문장8** 앞에, 즉 (⑤)에 넣어본다.
주어진 문장 은 실험 내용에 대한 추가 서술로서, '반딧불이의 꽁무니 불빛'을 가렸더니 박쥐가 반딧불이를 먹지 않게 되는 데 두 배의
시간이 걸렸다고 한다. 박쥐가 반딧불이를 먹지 않게 되는 데에 '반딧불이의 꽁무니 불빛'이 중요했음이 비로소 드러나는 것이다.
이제 [실험→결론]의 흐름이 자연스럽게 이어진다.

| **주어진 문장** 반딧불이의 꽁무니 불빛을 가렸더니 박쥐가 반딧불이를 먹지 않게 되는 데 두 배의 시간이 걸림 | → | **문장8** 미성숙한 반딧불이가 꽁무니를 밝히는 짝짓기 이외의 이유(박쥐에게 먹히지 않기 위함) |

따라서, **주어진 문장** 은 (⑤)에 들어가야 한다.

--- **정오답** 체크

① 5.0%　　② 13.1%　　③ 20.2%　　④ 26.0%　　✓⑤ 35.3%

최다 오답 ③, ④ **해설** 실험이 어떤 과정으로 진행되는지 정확히 이해하지 못해서 틀렸을 가능성이 크다. 문장별로 실험 과정을 다시 정리해보자. (문장5) 박쥐, 반딧불이, 다른
곤충들을 한 방에 가둠 → (문장6) 첫 날에는 박쥐가 반딧불이도 먹었지만, (문장7) 시간이 지나자 박쥐가 반딧불이를 먹지 않음 → (주어진 문장) 반딧불이 불빛을 가리자 박쥐가
반딧불이를 구분하는 데 두 배의 시간이 걸림 → (문장8) 이 실험을 통해, 반딧불이 불빛의 짝짓기 이외의 이유가 밝혀짐

논리에만 집중할 수 있도록, 어휘는 미리 알아두기

A ☑ 암기 후 체크

☐ by a fortunate coincidence	운 좋게도, [좋은 일일 때] 우연의 일치로
☐ element	n. [화학] 원소
☐ concentration	n. 농도, 농축, 농집(농도의 응집)
☐ represent	v. 나타내다
☐ mine	v. 채굴하다, 캐다
☐ geologic	a. 지질의
☐ concentrate	v. 농축시키다, 응집시키다
☐ content	n. 함유량
☐ convert A into B	A를 B로 전환하다, 가공하다
☐ mineral	n. 광물 a. 광물의
☐ commodity	n. (주로 복수형으로) 상품, 물자
☐ as long as = so long as	~하는 한
☐ afford to V	~할 수 있다, ~를 감당할 여유가 있다
☐ exploit	v. 이용하다

B ☑ 암기 후 체크

☐ operate	v. 작동하다
☐ sufficient	a. 충분한
☐ molecular	a. 분자의
☐ nerve	n. 신경
☐ capacity	n. 능력, 역량
☐ currently	ad. 현재
☐ make up	차지하다
☐ planetary	a. 행성의
☐ biomass	n. 생물의 총량
☐ chip	n. 얇은 조각
☐ jointly	ad. 연합하여, 공동으로
☐ amount to	합계가 ~이 되다
☐ no more than	단지, 겨우, 불과 ~인
☐ colony	n. 군체, 집단
☐ flake	n. 얇은 조각
☐ considerable	a. 상당한
☐ portion	n. 부분
☐ terrestrial	a. 지구의, 지상의
☐ microorganism	n. 미생물
☐ reside	v. 거주하다

C
☑ 암기 후 체크

☐ as long as	*conj.* ~하는 한
☐ run out of	~가 다 떨어지다
☐ sufficient	*a.* 충분한
☐ realize	*v.* 깨닫다
☐ suppose	*v.* 가정하다
☐ conduct	*v.* 집행하다, 주관하다
☐ ensure	*v.* 확실히 하다
☐ agenda	*n.* 안건
☐ in turn	차례차례
☐ initial	*n.* 이니셜, 이름의 앞 글자만 딴 것
☐ present	*a.* 출석하고 있는
☐ resort to	~에 의존하다
☐ explicit	*a.* 명시적인, 명백한
☐ at work	작용하고 있는
☐ all the same	여전히, 그래도
☐ precise	*a.* 정확한
☐ comparison	*n.* 비교
☐ character	*n.* 특징, 성격
☐ consist of	~로 구성되다
☐ relative	*a.* 상대적인

MINI TEST | 어휘 뜻 적기

01. element _____

02. concentration _____

03. mine _____

04. convert A into B _____

05. commodity _____

06. sufficient _____

07. capacity _____

08. biomass _____

09. no more than _____

10. terrestrial _____

11. run out of _____

12. suppose _____

13. resort to _____

14. all the same _____

15. relative _____

DAY
16

정답

01. 요소 02. 농축, 농도 03. 채광하다, 캐다 04. A를 B로 전환하다
다, 가공하다 05. 상품 06. 충분한 07. 수용, 용량 08. 생물량
총량 09. 단지, 겨우, 불과 ~인 10. 지상의 11. ~가 다 떨어지
다 12. 가정하다 13. ~에 의존하다 14. 여전히, 그래도 15. 상대적인

논리적 풀이 과정 적용하여 기출문제 풀기

풀이 과정
1 논리적 흐름에 따라 내용 파악
2 논리적 흐름이 이상한 곳 포착 (A→B가 연결되지 않는 부분)
3 주어진 문장을 넣어 논리적 흐름 복구

A 글의 흐름으로 보아, 주어진 문장이 들어가기에 가장 적절한 곳은? 2022년 4월 오답률 54%

> By a fortunate coincidence, elements and materials that we use in large amounts need less natural concentration than those that we use in small amounts.

Ore deposits represent work that nature does for us. (①) For instance, Earth's crust contains an average of about 55 ppm (parts per million) of copper, whereas copper ore deposits must contain about 5,000 ppm (0.5%) copper before we can mine them. (②) Thus, geologic processes need to concentrate the average copper content of the crust by about 100 times to make a copper ore deposit that we can use. (③) We then use industrial processes to convert copper ore into pure copper metal, an increase of about 200 times. (④) Thus, we are likely to have larger deposits of mineral commodities that we use in large amounts. (⑤) As long as energy costs remain high, the relation between work that we can afford to do and work that we expect nature to do will control the lower limit of natural concentrations that we can exploit, and this puts very real limits on our global mineral resources.

*ore deposit: 광상(광물이 집적된 곳)
**Earth's crust: 지각(地殼)
***copper: 구리

B 글의 흐름으로 보아, 주어진 문장이 들어가기에 가장 적절한 곳은? 2021년 10월 오답률 66%

> To understand how human societies operate, it is therefore not sufficient to only look at their DNA, their molecular mechanisms and the influences from the outside world.

A meaningful level of complexity in our history consists of culture: information stored in nerve and brain cells or in human records of various kinds. The species that has developed this capacity the most is, of course, humankind. (①) In terms of total body weight, our species currently makes up about 0.005 per cent of all planetary biomass. (②) If all life combined were only a paint chip, all human beings today would jointly amount to no more than a tiny colony of bacteria sitting on that flake. (③) Yet through their combined efforts humans have learned to control a considerable portion of the terrestrial biomass, today perhaps as much as between 25 and 40 per cent of it. (④) In other words, thanks to its culture this tiny colony of microorganisms residing on a paint chip has gained control over a considerable portion of that flake. (⑤) We also need to study the cultural information that humans have been using for shaping their own lives as well as considerable portions of the rest of nature.

C 글의 흐름으로 보아, 주어진 문장이 들어가기에 가장 적절한 곳은? 2021학년도 9월 오답률 61%

As long as you do not run out of copies before completing this process, you will know that you have a sufficient number to go around.

We sometimes solve number problems almost without realizing it. (①) For example, suppose you are conducting a meeting and you want to ensure that everyone there has a copy of the agenda. (②) You can deal with this by labelling each copy of the handout in turn with the initials of each of those present. (③) You have then solved this problem without resorting to arithmetic and without explicit counting. (④) There are numbers at work for us here all the same and they allow precise comparison of one collection with another, even though the members that make up the collections could have entirely different characters, as is the case here, where one set is a collection of people, while the other consists of pieces of paper. (⑤) What numbers allow us to do is to compare the relative size of one set with another.

*arithmetic: 산수

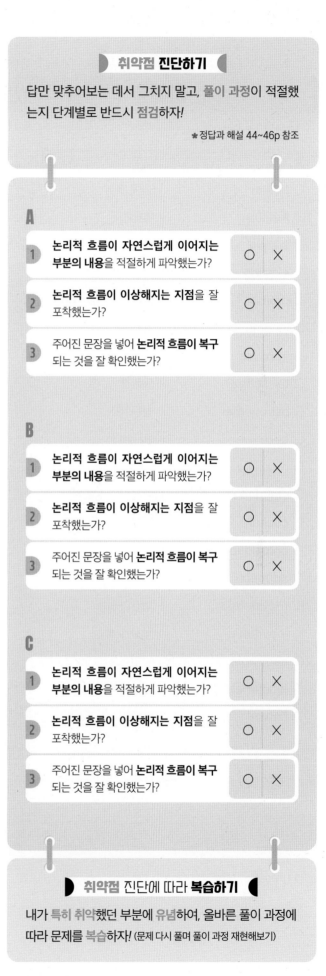

취약점 진단하기

답만 맞추어보는 데서 그치지 말고, 풀이 과정이 적절했는지 단계별로 반드시 점검하자!

★정답과 해설 44~46p 참조

A

1 논리적 흐름이 자연스럽게 이어지는 부분의 내용을 적절하게 파악했는가? ○ ✕

2 논리적 흐름이 이상해지는 지점을 잘 포착했는가? ○ ✕

3 주어진 문장을 넣어 논리적 흐름이 복구되는 것을 잘 확인했는가? ○ ✕

B

1 논리적 흐름이 자연스럽게 이어지는 부분의 내용을 적절하게 파악했는가? ○ ✕

2 논리적 흐름이 이상해지는 지점을 잘 포착했는가? ○ ✕

3 주어진 문장을 넣어 논리적 흐름이 복구되는 것을 잘 확인했는가? ○ ✕

C

1 논리적 흐름이 자연스럽게 이어지는 부분의 내용을 적절하게 파악했는가? ○ ✕

2 논리적 흐름이 이상해지는 지점을 잘 포착했는가? ○ ✕

3 주어진 문장을 넣어 논리적 흐름이 복구되는 것을 잘 확인했는가? ○ ✕

취약점 진단에 따라 복습하기

내가 특히 취약했던 부분에 유념하여, 올바른 풀이 과정에 따라 문제를 복습하자! (문제 다시 풀며 풀이 과정 재현해보기)

DAY 16

논리에만 집중할 수 있도록, 어휘는 미리 알아두기

A ☑ 암기 후 체크

☐ power	n. 전력, 동력
☐ replace	v. 대체하다
☐ weave	v. 직조하다, (직물을) 엮다
☐ existing	a. 기존의
☐ prompt	v. 유발하다, 촉발하다
☐ income	n. 소득, 수입
☐ in terms of	~의 측면에서
☐ telescope	n. 망원경
☐ astronomer	n. 천문학자
☐ gaze	v. 응시하다
☐ displace	v. 쫓아내다
☐ stand to reason	이치에 맞다, 당연하다
☐ capital	n. 자본
☐ consequence	n. 결과
☐ adoption	n. 채택
☐ frictionless	a. 마찰이 없는
☐ inevitable	a. 피할 수 없는
☐ desirable	a. 바람직한
☐ fundamental	a. 근본적인
☐ thrive	v. 번성하다

B ☑ 암기 후 체크

☐ circumstance	n. 상황
☐ compose	v. 작곡하다
☐ durable	a. 오래 견디는, 튼튼한
☐ classical	a. (예술이) 고전적인
☐ common property	공유 자산
☐ present	v. (작품을) 공개하다
☐ score	n. 악보
☐ identify	v. (신원·정체를) 확인하다
☐ among others	그 중에서도 특히
☐ as far as ... be concerned	...에 관한 한
☐ initially	ad. 초기에, 처음에
☐ occasion	n. 행사, 중요한 때
☐ discourage	v. 단념시키다, 막다
☐ practical	a. 실질적인
☐ available	a. 이용 가능한
☐ particular	a. 특정한
☐ contain	v. 포함하다
☐ re-enforce	v. 강화하다(reinforce)
☐ circulation	n. 유통, 보급
☐ harmonic	a. 화음의

색으로 표시된 핵심 어휘는 꼭 암기하자!

C

☑ 암기 후 체크

☐ customer	n. 소비자
☐ processor	n. 가공업자, 처리자
☐ retailer	n. 소매업자
☐ requirement	n. 요구 조건, 필요 조건
☐ pathway	n. 경로
☐ concerning	prep. ~에 관한
☐ available	a. 이용 가능한
☐ supply	v. 공급하다
☐ intermediate	n. 중간 단계(의 사람)
☐ wholesaler	n. 도매업자
☐ handle	v. 취급하다, 다루다
☐ volume	n. 양
☐ goods	n. 상품, 물품
☐ provision	n. 공급, 제공
☐ impractical	a. 실제적이지 않은
☐ via	prep. ~를 통해
☐ diminish	v. 감소시키다
☐ undermine	v. 약화시키다, 토대를 침식하다

MINI TEST | 어휘 뜻 적기

01. replace _____

02. income _____

03. consequence _____

04. frictionless _____

05. inevitable _____

06. durable _____

07. initially _____

08. practical _____

09. available _____

10. circulation _____

11. requirement _____

12. concerning _____

13. intermediate _____

14. volume _____

15. diminish _____

DAY 17

정답

01. 대체하다 02. 수입, 소득 03. 결과 04. 마찰이 없는 05. 피할 수 없는 06. 오래 견디는, 내구성이 있는 07. 초기에, 처음에 08. 실질적인, 실용적인 09. 이용 가능한 10. 순환, 유통 11. 요구 조건, 필요 조건 12. ~에 관한 13. 중간 단계(의 사람) 14. 양 15. 감소시키다

095

논리적 풀이 과정 적용하여 기출문제 풀기

풀이 과정

1 논리적 흐름에 따라 내용 파악
2 논리적 흐름이 이상한 곳 포착 (A→B가 연결되지 않는 부분)
3 주어진 문장을 넣어 논리적 흐름 복구

A 글의 흐름으로 보아, 주어진 문장이 들어가기에 가장 적절한 곳은? 2020년 3월 오답률 63%

This contrasts with the arrival of the power loom, which replaced hand-loom weavers performing existing tasks and therefore prompted opposition as weavers found their incomes threatened.

Attitudes toward technological progress are shaped by how people's incomes are affected by it. Economists think about progress in terms of enabling and replacing technologies. (①) The telescope, whose invention allowed astronomers to gaze at the moons of Jupiter, did not displace laborers in large numbers — instead, it enabled us to perform new and previously unimaginable tasks. (②) Thus, it stands to reason that when technologies take the form of capital that replaces workers, they are more likely to be resisted. (③) The spread of every technology is a decision, and if some people stand to lose their jobs as a consequence, adoption will not be frictionless. (④) Progress is not inevitable and for some it is not even desirable. (⑤) Though it is often taken as a given, there is no fundamental reason why technological ingenuity should always be allowed to thrive.

*loom: 직조기 **ingenuity: 창의성

B 글의 흐름으로 보아, 주어진 문장이 들어가기에 가장 적절한 곳은? 2021년 4월 오답률 74%

Under such circumstances, recycling previously composed music was the only way to make it more durable.

In the classical period of European music, much musical material was *de facto* considered common property. (①) When Antonio Vivaldi presented in Venice his opera *Rosmira fedele*, the score was actually a pastiche in which, among his own ideas, musicologists later identified ideas by George Frederic Handel, Giovanni Battista Pergolesi and Johann Adolph Hasse, among others. (②) As far as recycling of segments of music initially written for other occasions into new pieces is concerned, it needs to be observed how today composers are discouraged from doing so for a number of reasons. (③) A practical one is that each new piece is sure to remain available, in score or as an audio file. (④) In the 18th century, on the contrary, once the particular occasion for performing a new piece was over, it became almost impossible to ever hear it again. (⑤) And if new pieces also contained ideas from other composers, that would re-enforce European musical traditions by increasing the circulation of melodies and harmonic patterns people loved to hear.

*de facto: 사실상 **pastiche: 혼성곡(混成曲)

***segment: 부분

C 글의 흐름으로 보아, 주어진 문장이 들어가기에 가장 적절한 곳은? 2020년 4월 오답률 68%

In today's food chain, customer feedback can, however, be used by the processor or retailer to develop product standards which can then be passed back to the producer as a future production requirement.

In a market situation, the two-way exchange of information is important to both customer and producer. (①) The simplest pathway — direct selling to a customer — is the most useful for a producer for obtaining feedback concerning a product and production method. (②) This pathway is not available to producers supplying today's food chains which typically pass through several intermediates (buyers, processors, wholesalers, retailers) before reaching the customer. (③) Moreover, because there are relatively few processors and retailers, each handling a high volume of goods, the provision of feedback from customers to individual producers on their particular goods is impractical. (④) Thus, information exchange on this pathway can become a one-way flow from customer to retailer/processor to producer rather than the two-way exchange observed via direct selling. (⑤) This change diminishes the role of producers in the food chain, undermining their autonomy and limiting opportunities for innovation and experimentation with new products or approaches.

*autonomy: 자율성

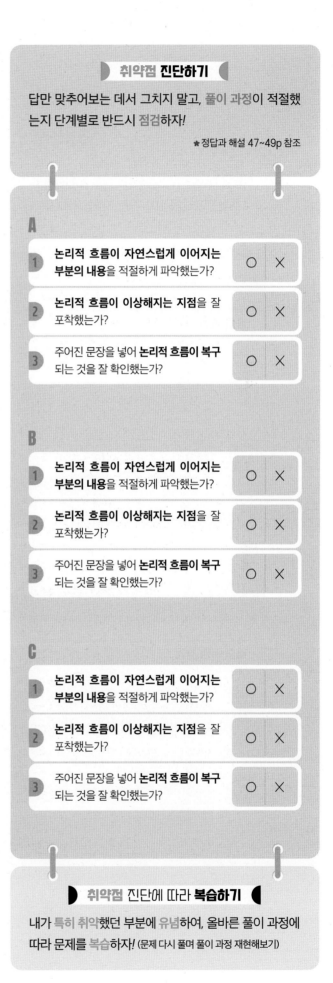

취약점 진단 모아 보기

그동안 Day마다 시행했던 **취약점 진단하기** 를 아래에 모아 옮겨적고, 삽입 유형 풀이 과정 중 내가 전반적으로 취약했던 단계가 어디였는지 확인해보자!

대명사의 의미가 명확하지 않은 경우
> 69p, 73p 참조

풀이 과정 점검		1	2	3
DAY 12	A	O | X	O | X	O | X
	B	O | X	O | X	O | X
	C	O | X	O | X	O | X
DAY 13	A	O | X	O | X	O | X
	B	O | X	O | X	O | X
	C	O | X	O | X	O | X
X가		7개	7개	7개

대비가 자연스럽지 않은 경우
> 81p, 85p 참조

풀이 과정 점검		1	2	3
DAY 14	A	O | X	O | X	O | X
	B	O | X	O | X	O | X
	C	O | X	O | X	O | X
DAY 15	A	O | X	O | X	O | X
	B	O | X	O | X	O | X
	C	O | X	O | X	O | X
X가		7개	7개	7개

선후 관계가 연결되지 않는 경우
> 93p, 97p 참조

풀이 과정 점검		1	2	3
DAY 16	A	O | X	O | X	O | X
	B	O | X	O | X	O | X
	C	O | X	O | X	O | X
DAY 17	A	O | X	O | X	O | X
	B	O | X	O | X	O | X
	C	O | X	O | X	O | X
X가		7개	7개	7개

✳ X가 **2개 이상** 나온다면 해당 풀이 과정이 취약한 것이므로 특히 유의하자. 여러 단계가 동시에 취약하다면, **가장 선행하는 단계부터** 취약점을 해결하자. 선행 단계에 오류가 생기면 다음 과정에도 영향을 끼치기 때문이다. (즉, 첫 단추를 잘 끼우자!)

풀이 과정 실전 적용법

실전에서 문제지를 받으면, 내가 읽을 삽입 지문에 '대명사, 대비, 선후 관계' 중 어떤 종류의 논리적 단절이 발생할지 모르는 상태에서 문제를 풀게 된다. 하지만 빈칸 유형에서와 마찬가지로, 당황할 필요는 없다. 애초에 삽입 지문을 읽을 때 그 누구도 '대명사만 봐야지'라거나 '대비의 흐름만 봐야지' 혹은 '선후 관계만 따져야지' 하면서 글을 읽지 않는다. 그저 자연스럽게 지문을 읽다가, 무언가 이해되지 않거나 흐름이 이상해 보이는 지점이 생기면 그때 그 이유를 따져보면 된다. 즉, 풀이 과정상 2단계에서 케이스 구분이 이루어지는 것이다.

> **다시 보는 삽입 유형 공통 풀이 과정**
>
> **1** 논리적 흐름에 따라 내용 파악 → **2** 논리적 흐름이 이상한 곳 포착 → **3** 주어진 문장을 넣어 논리적 흐름 복구

그리고 어떤 케이스든 풀이 과정은 어차피 동일하다. '논리적 흐름이 이상해진 원인'이 무엇이었든지 간에, 풀이 과정 마지막 단계에서 주어진 문장을 그 지점에 넣었을 때 그 원인이 해결되는 것이 맞는지 확인하면 된다.

삽입 유형, 이것도 알면 좋다!

삽입 문제 풀이의 진짜 난항은 **아무리 봐도 단절이 눈에 띄지 않을 때**이다. 즉 '주어진 문장을 굳이 넣지 않아도' 글의 논리적 흐름이 자연스러워 보이는 것이다. 이 경우 더더욱 당황할 필요는 없다. 지문이 자연스럽게 읽힌다는 것은 지문의 내용을 '물 흐르듯' 이해하기 더 쉽다는 의미도 되기 때문이다.

급할수록 돌아가라는 말이 있듯이, 이런 케이스에서는 **연결어, 지시어, 대명사** 등 명시적 힌트에서 **확실하게 어긋나는 포인트**가 있기 마련이다. 문장 하나하나를 더욱 주의 깊게 읽어야만 미세한 힌트를 잡아낼 수 있다는 원칙과 함께, 다음의 풀이 흐름을 참고해보자.

1. 지문을 쭉 읽으며 각 문장의 의미와 어조, 지문의 전반적인 구성을 파악한다. 여기까지는 기존의 삽입 유형 풀이 과정(1단계: 논리적 흐름에 따라 내용 파악)과 똑같다. 실전 상황으로 따지자면, 이 지문에 단절이 있을지 없을지 모르는 상태에서 일단 기존의 삽입 유형 풀이 과정대로 지문을 읽다가, 1단계 과정이 지문 끝까지 이어지는 것이다. (2단계로 넘어가지지 않음)
2. '논리적 단절'을 발견하지 못하고 지문을 끝까지 읽었다면, 이제 주어진 문장에 집중한다. 주어진 문장 속 연결사나 대명사를 확인하고, 주어진 문장의 의미와 어조를 파악한다.
3. 주어진 문장이 지문에 가장 자연스럽게 녹아 들어갈 수 있는 위치를 선정한다. 이때, 연결사·대명사의 언어 장치적 측면과 의미·어조의 내용적 측면을 모두 고려한다. **Tip** 이러한 연결고리들을 활용한다는 측면에서 뒤에 나올 '순서 유형'과 풀이 방식이 비슷하다. Part3 순서 유형을 공부하고 나면 삽입 유형의 위 케이스를 더욱 잘 해결할 수 있을 것이다.

Part

3

순서

DAY 19~25

Level of difficulty | 난이도

순서 유형
평균 오답률
55.2%

고난도 문제 중
12.2%가
순서 유형

순서 유형 문제 중
38.6%가
고난도 문제

[최신 5개년 수능, 모의평가, 학력평가 분석]

논리로 접근하는 공통 풀이 과정

1 주어진 글과 (A), (B), (C)의 대략적 내용 파악

글을 처음 읽고 바로 모든 내용을 파악하기는 어렵다.
각 단락의 윤곽을 잡는 정도로 읽으며 대략적인 내용을 파악한다.

2 단락 간 연결고리 연결

눈에 띈 연결고리부터 차례차례 단락들을 연결한다.

3 전체적 흐름 확인

연결된 흐름이 처음부터 끝까지 잘 이어지는지 확인한다.

Contents | 목차

순 서 문제의 핵심은 주어진 글과 (A), (B), (C) 사이의 연결고리들을 찾아 단락들을 연결하는 것이다. 연결고리(단서)는 대명사나 연결사 같은 언어적 장치일 수도 있고, 문장의 표현들이 이루는 의미적 관계가 될 수도 있다. (예를 들어, 같은 의미의 표현들은 서로 이어져야 한다.) 난이도가 높은 문제일수록, 대명사, 연결사 등의 언어 장치적 단서가 주어지지 않아 의미적 연결로만 순서를 연결해야 한다.

물론 한 번에 모든 연결고리를 파악하긴 어렵다. 따라서, 각 단락의 대략적 윤곽을 파악하는 과정에서 가장 먼저 눈에 띈 연결고리부터 단락을 연결하고, 이를 출발점 삼아 나머지 연결고리를 차례차례 찾는다. 보통 주어진 글 바로 뒤를 이어주는 연결고리가 가장 먼저 눈에 띄고, 그 후 순차적으로 나머지 단락들을 연결하게 된다.

논리적 풀이 과정

1 주어진 글과 (A), (B), (C)의 대략적 내용 파악

각 단락의 윤곽을 잡는 정도로 읽으며 대략적인 내용을 파악한다. 이 때, (A), (B), (C)는 술술 읽히지 않는 이상 앞부분 위주로 읽는다.

2 단락 간 연결고리 연결

대략적인 윤곽을 파악하면서 눈에 띈 연결고리부터 차례차례 단락들을 연결한다.

3 전체적 흐름 확인

연결된 흐름이 처음부터 끝까지 잘 이어지는지 확인한다.

대표적인 기출문제 풀어보기

주어진 글 다음에 이어질 글의 순서로 가장 적절한 것은? 2020학년도 수능   오답률 56%

> Movies may be said to support the dominant culture and to serve as a means for its reproduction over time.

(A) The bad guys are usually punished; the romantic couple almost always find each other despite the obstacles and difficulties they encounter on the path to true love; and the way we wish the world to be is how, in the movies, it more often than not winds up being. No doubt it is this utopian aspect of movies that accounts for why we enjoy them so much.

(B) The simple answer to this question is that movies do more than present two-hour civics lessons or editorials on responsible behavior. They also tell stories that, in the end, we find satisfying.

(C) But one may ask why audiences would find such movies enjoyable if all they do is give cultural directives and prescriptions for proper living. Most of us would likely grow tired of such didactic movies and would probably come to see them as propaganda, similar to the cultural artwork that was common in the Soviet Union and other autocratic societies.

*didactic: 교훈적인   **autocratic: 독재적인

① (A) – (C) – (B)   ② (B) – (A) – (C)   ③ (B) – (C) – (A)

④ (C) – (A) – (B)   ⑤ (C) – (B) – (A)

[어휘]

dominant 지배적인	**means** 수단, 방법	**reproduction** 재생산
encounter (우연히) 만나다	**more often than not** 자주	**wind up ~ing** 결국 ~하게 되다
no doubt 틀림없이	**utopian** 유토피아의	**account for** 설명하다
civic 시민의, 시의	**editorial** 사설	**directive** 지시, 지도
prescription 처방	**propaganda** (특정 체제의) 선전	

해석하며 주요 어구 체크하기

주어진 글 Movies may be said to support the dominant culture / and to serve as a means for its reproduction / over time. 영화가 지배적 문화를 지지한다고 말할 수 있다 / 그리고 그것을 재생산하는 수단으로 기능한다고 / 시간이 지나면서.

● 주요 어구 ● '영화가(ⓐ) 지배적 문화를 지지하고 재생산한다'는 내용이다.

(A) 문장1 The bad guys are usually punished; / the romantic couple almost always find each other / despite the obstacles and difficulties (they encounter on the path to true love); / and the way (we wish the world to be) is / how, (in the movies), it (more often than not) winds up being.
나쁜 놈들은 보통 벌을 받고; / 낭만적인 커플은 거의 항상 서로를 찾아낸다 / (진정한 사랑에 이르는 길에서 만나는) 장애물과 어려움에도 불구하고; / 그리고 (세상이 그랬으면 좋겠다고 우리가 소망하는) 바가 / (영화 속에서) (대개) 결국 이루어지는 바이다.

(A) 문장2 No doubt / it is this utopian aspect of movies / that accounts for why we enjoy them so much.
it that 강조구문
틀림없이 / 영화의 이 이상적 측면이다 / 우리가 그 영화들을 왜 그렇게 즐기는지를 설명해주는 것은.

● 주요 어구 ● (A)의 첫 문장을 보니, 영화에서 주로(ⓑ) 나타나는 스토리에 대한 설명인 듯하다.

(B) 문장1 The simple answer to this question is / that movies do more / than present two-hour civics lessons or editorials on responsible behavior.
이 질문에 대한 간단한 답은 / 영화가 더 많은 것을 한다는 것이다 / 책임 있는 행동에 관한 두 시간짜리 국민 윤리 교육이나 사설을 제시하는 것보다.

(B) 문장2 They also tell stories (that, in the end, we find satisfying).
그것들은 또한 (우리가 결국 만족스럽다고 느끼는) 이야기를 한다.

● 주요 어구 ● (B)의 첫 문장을 보니, 어떤 질문에 대답(ⓒ)을 하고 있다. 앞에 질문이 와야 할 듯하다.

(C) 문장1 But / one may ask / why audiences would find such movies enjoyable / if all (they do) is give cultural directives and prescriptions for proper living.
지배적 문화를 재생산한다는 의미
그러나 / 누군가 질문할 수도 있다 / 왜 관객들이 그러한 영화를 즐겁다고 느끼는지 / (영화가 하는) 전부가 적절한 삶에 대한 문화적 지시와 처방을 주는 것뿐이라면.

(C) 문장2 Most of us would likely grow tired of such didactic movies / and would probably come to see them as propaganda, / similar to the cultural artwork (that was common in the Soviet Union and other autocratic societies).
지배적 체제에 대한 선전
우리 중 대부분은 그런 교훈적인 영화에 싫증이 나게 될 것이고, / 아마도 그것들을 선전으로 보게 될 것이다 / (소련과 다른 독재 사회에서 흔했던) 문화적 예술 작품과 유사한.

● 주요 어구 ● (C)의 첫 문장을 보니, 질문(ⓓ)을 하고 있다. 그리고 ⓔ 가 바로, 주어진 글에 나왔던 '지배적 문화를 지지하고 재생산하는 영화'를 의미하는 듯하다.

전문 해석

영화가 지배적 문화를 지지하고, 시간이 지나면서 그것을 재생산하는 수단으로 기능한다고 말할 수 있다. (C) 그러나, 영화가 하는 전부가 적절한 삶에 대한 문화적 지시와 처방을 주는 것뿐이라면, 왜 관객들이 그러한 영화를 즐겁다고 느끼는지 누군가 질문할 수도 있다. 우리 중 대부분은 그런 교훈적인 영화에 싫증이 나게 될 것이고, 아마도 그것들을 소련과 다른 독재 사회에서 흔했던 문화적 예술 작품과 유사한 선전으로 보게 될 것이다. (B) 이 질문에 대한 간단한 답은, 영화가 책임 있는 행동에 관한 두 시간짜리 국민 윤리 교육이나 사설을 제시하는 것보다 더 많은 것을 한다는 것이다. 그것들은 또한, 우리가 결국 만족스럽다고 느끼는 이야기를 한다. (A) 나쁜 놈들은 보통 벌을 받고, 낭만적인 커플은 진정한 사랑에 이르는 길에서 만나는 장애물과 어려움에도 불구하고 거의 항상 서로를 찾아낸다. 그리고, 세상이 그랬으면 좋겠다고 우리가 소망하는 바가, 영화 속에서 대개 결국 이루어진다. 틀림없이, 우리가 그 영화들을 왜 그렇게 즐기는지를 설명해주는 것은 바로 영화의 이 이상적 측면이다.

[**논리적** 풀이 과정 **적용**하기]

1 주어진 글과 (A), (B), (C)의 대략적 내용 파악

각 단락의 윤곽을 잡는 정도로 읽으며 대략적인 내용을 파악한다.

술술 읽히지 않는 이상 (A), (B), (C)는 앞부분 정도만 읽으며, 읽으면서 눈에 띄는 연결성이 있으면 기억한다.

> **주어진 글** ▶ 영화가(ⓐ) 지배적 문화를 지지하고 재생산한다.

> **(A)** ▶ 영화에서 주로(ⓑ) 이런 스토리가 나타나는데 ~

> **(B)** ▶ 질문에 대한 대답(ⓒ)은 ~

> **(C)** ▶ 질문(ⓓ): 사람들이 그런 영화(ⓔ)를 왜 즐겁게 볼까?

2 단락 간 연결고리 연결

눈에 띈 연결고리부터 차례차례 단락들을 연결한다. 연결하는 과정에서 각 단락을 더욱 자세히 읽는다.

우선, '지배적 문화를 지지하고 재생산하는 영화'와 관련하여, **주어진 글** 의 ⓐ 와 **(C) 문장1** 의 ⓔ 가 연결된다.

(C) 문장2 에서도 '그런 교훈적인 영화'에 대한 내용이 이어진다.

주어진 글	→	**(C)**
영화가 지배적 문화를 지지하고 재생산한다.		그런 영화를 왜 즐겁게 볼까? 싫증 날 텐데..

이번에는, **(C)** 의 ⓓ 에서 등장한 질문이 **(B) 문장1** 의 답변 ⓒ 로 연결된다.

(C)	→	**(B) 문장1**
질문: 그런 영화를 왜 즐겁게 볼까? 싫증 날 텐데..		답변: 영화가 교훈 전달만 하진 않기 때문

이어 **(B) 문장2** 는 '영화의 만족스러운 스토리' 때문에 사람들이 영화를 보는 것이라고 이야기한다.

이 '만족스러운 스토리'에 대한 예시로 **(A) 문장1** 이 이어진다.

(B) 문장2	→	**(A) 문장1**
영화에 만족스러운 스토리가 담겨 있다.		영화에 주로 나타나는 만족스러운 스토리: 나쁜 사람들은 처벌받고, 커플들은 사랑한다.

3 전체적 흐름 확인

완성된 흐름 [주어진 글 → C → B → A]가 자연스러운지 확인해보자.

주어진 글과 (C)에서 '영화는 지배적 문화를 지지하고 재생산하는데, 그걸 왜 즐겁게 볼까?'라는 질문을 던지고, (B)와 (A)에서 이에 대한 대답으로 '영화의 만족스러운 스토리'를 언급하는 흐름이다.

[**정오답** 체크]

① 7.9% ② 14.2% ③ 12.4% ④ 21.0% ⑤ 43.9%

최다 오답 ④ **해설** 학생들이 오답으로 가장 많이 고른 것은 '(C)→(A)→(B)'다. (B)의 두 번째 문장의 '만족스러운 스토리'에 대한 예시가 (A) 첫 문장에 나타난 것임을 이해하지 못해서 틀렸을 가능성이 크다.

논리에만 집중할 수 있도록, 어휘는 미리 알아두기

A   ☑ 암기 후 체크

☐ regression	*n.* 회귀
☐ fallacy	*n.* 오류, 잘못된 생각
☐ causal reasoning	인과 추론
☐ fluctuate	*v.* 변동하다
☐ intense	*a.* 심한
☐ exceptional	*a.* 특출난
☐ stock	*n.* 주식
☐ alternative	*a.* 대체의, 대안의
☐ magnetic	*a.* 자석의
☐ causation	*n.* 인과 관계
☐ suffer from	~로 고통 받다
☐ seek - sought - sought	*v.* 추구하다
☐ treatment	*n.* 치료
☐ peak	*n.* 절정
☐ lessen	*v.* 줄다
☐ infer	*v.* 추론하다
☐ relevant	*a.* 적절한, 타당한

B   ☑ 암기 후 체크

☐ norm	*n.* 규범
☐ emerge	*v.* 발생하다, 나타나다, 출현하다
☐ conform to	~에 따르다, 순응하다
☐ ought to	~해야 하다
☐ prescribe	*v.* 지시하다, 처방을 내리다
☐ utter	*v.* 말하다
☐ statement	*n.* 진술
☐ alternately	*ad.* 그게 아니면, 혹은
☐ conformity	*n.* 순응, 일치
☐ threaten	*v.* 위협하다
☐ regularity	*n.* 규칙성
☐ initial	*a.* 최초의, 처음의
☐ of this sort	이런 식의, 이 같은

색으로 표시된 핵심 어휘는 꼭 암기하자!

C
☑ 암기 후 체크

☐ identify	v. (정체를) 인지하다
☐ measure	n. 대책, 조치
☐ promote	v. 증진하다, 진전시키다
☐ unfortunately	ad. 유감스럽게도, 불운하게도
☐ cost effective	비용 효과적인(비용 대비 효율이 높은)
☐ fundamental	a. 근본적인
☐ perspective	n. 관점
☐ household	n. 가정, 가족, 세대
☐ bill	n. 청구서, 계산서
☐ comfort	n. 안락함
☐ competitiveness	n. 경쟁력
☐ productivity	n. 생산성
☐ contribute to	~에 기여하다
☐ significant	a. 상당한
☐ externality	n. 외부 요소
☐ take ~ into account	~를 고려하다
☐ macroeconomic	a. 거시 경제적인
☐ dependence	n. 의존
☐ calculation	n. 계산

MINI TEST | 어휘 뜻 적기

01. fallacy _____

02. fluctuate _____

03. alternative _____

04. causation _____

05. infer _____

06. prescribe _____

07. utter _____

08. alternately _____

09. conformity _____

10. regularity _____

11. identify _____

12. fundamental _____

13. bill _____

14. significant _____

15. calculation _____

정답

01. 오류, 잘못된 생각 02. 변동하다 03. 대체의, 대안이 04. 인과 관계 05. 추론하다 06. 처방하다 07. 완전한 08. 그에 이어서 09. 순응, 따름 10. 규칙성 11. (정체를) 인지하다 12. 근본적인 13. 청구서, 계산서 14. 상당한 15. 계산

DAY
19

107

논리적 풀이 과정 적용하여 기출문제 풀기

풀이 과정
1 주어진 글과 (A), (B), (C)의 대략적 내용 파악
2 단락 간 연결고리 연결
3 전체적 흐름 확인

A 주어진 글 다음에 이어질 글의 순서로 가장 적절한 것은?
2021년 7월 | 오답률 51%

Regression fallacy is a mistake of causal reasoning due to the failure to consider how things fluctuate randomly, typically around some average condition. Intense pain, exceptional sports performance, and high stock prices are likely to be followed by more subdued conditions eventually due to natural fluctuation.

(A) During a period of very intense pain, the patient decided to try alternative therapy like putting a magnetic patch on his back. He felt less pain afterward and concluded that the patch worked. But this could just be the result of regression.

(B) Failure to recognize this fact can lead to wrong conclusions about causation. For example, someone might suffer from back pain now and then but nothing seems to solve the problem completely.

(C) If he sought treatment when the pain was very intense, it is quite possible that the pain has already reached its peak and would lessen in any case as part of the natural cycle. Inferring that the patch was effective ignored a relevant alternative explanation.

*subdued: 약화된

① (A) – (C) – (B) ② (B) – (A) – (C)
③ (B) – (C) – (A) ④ (C) – (A) – (B)
⑤ (C) – (B) – (A)

B 주어진 글 다음에 이어질 글의 순서로 가장 적절한 것은?
2024학년도 수능 | 오답률 69%

Norms emerge in groups as a result of people conforming to the behavior of others. Thus, the start of a norm occurs when one person acts in a particular manner in a particular situation because she thinks she ought to.

(A) Thus, she may prescribe the behavior to them by uttering the norm statement in a prescriptive manner. Alternately, she may communicate that conformity is desired in other ways, such as by gesturing. In addition, she may threaten to sanction them for not behaving as she wishes. This will cause some to conform to her wishes and act as she acts.

(B) But some others will not need to have the behavior prescribed to them. They will observe the regularity of behavior and decide on their own that they ought to conform. They may do so for either rational or moral reasons.

(C) Others may then conform to this behavior for a number of reasons. The person who performed the initial action may think that others ought to behave as she behaves in situations of this sort.

*sanction: 제재를 가하다

① (A) – (C) – (B) ② (B) – (A) – (C)
③ (B) – (C) – (A) ④ (C) – (A) – (B)
⑤ (C) – (B) – (A)

C 주어진 글 다음에 이어질 글의 순서로 가장 적절한 것은?

`2021학년도 수능`　`오답률 64%`

> Experts have identified a large number of measures that promote energy efficiency. Unfortunately many of them are not cost effective. This is a fundamental requirement for energy efficiency investment from an economic perspective.

(A) And this has direct repercussions at the individual level: households can reduce the cost of electricity and gas bills, and improve their health and comfort, while companies can increase their competitiveness and their productivity. Finally, the market for energy efficiency could contribute to the economy through job and firms creation.

(B) There are significant externalities to take into account and there are also macroeconomic effects. For instance, at the aggregate level, improving the level of national energy efficiency has positive effects on macroeconomic issues such as energy dependence, climate change, health, national competitiveness and reducing fuel poverty.

(C) However, the calculation of such cost effectiveness is not easy: it is not simply a case of looking at private costs and comparing them to the reductions achieved.

*repercussion: 반향, 영향 **aggregate: 집합의

① (A) – (C) – (B)　　② (B) – (A) – (C)
③ (B) – (C) – (A)　　④ (C) – (A) – (B)
⑤ (C) – (B) – (A)

취약점 진단하기

답만 맞추어보는 데서 그치지 말고, 풀이 과정이 적절했는지 단계별로 반드시 점검하자!

★정답과 해설 50~52p 참조

A

1 주어진 글과 (A), (B), (C)의 **대략적 내용을** 적절히 파악했는가?　○　✕

2 단락 간 **연결고리**들을 적절히 연결했는가?　○　✕

3 글의 **전체적 흐름**을 확인했는가?　○　✕

B

1 주어진 글과 (A), (B), (C)의 **대략적 내용을** 적절히 파악했는가?　○　✕

2 단락 간 **연결고리**들을 적절히 연결했는가?　○　✕

3 글의 **전체적 흐름**을 확인했는가?　○　✕

C

1 주어진 글과 (A), (B), (C)의 **대략적 내용을** 적절히 파악했는가?　○　✕

2 단락 간 **연결고리**들을 적절히 연결했는가?　○　✕

3 글의 **전체적 흐름**을 확인했는가?　○　✕

▶ **취약점** 진단에 따라 **복습하기** ◀

내가 특히 취약했던 부분에 유념하여, 올바른 풀이 과정에 따라 문제를 복습하자! (문제 다시 풀며 풀이 과정 재현해보기)

DAY
19

논리에만 집중할 수 있도록, 어휘는 미리 알아두기

A
☑ 암기 후 체크

☐ principle	*n.* 원리, 원칙
☐ fallacy	*n.* 오류, 잘못된 신념
☐ ownership	*n.* 소유권
☐ overvalue	*v.* 과대평가하다
☐ quit	*v.* 그만두다
☐ argument	*n.* 주장, 논의
☐ pursuit	*n.* 추구
☐ abandon	*v.* 포기하다, 버리다
☐ a great deal of	많은
☐ tendency	*n.* 경향성
☐ ensure	*v.* 확실히 하다, 보장하다
☐ commitment	*n.* 공약, 서약, 약속
☐ up front	선불로

B
☑ 암기 후 체크

☐ shortage	*n.* 부족, 결핍
☐ typically	*ad.* 일반적으로, 보통
☐ inevitably	*ad.* 필연적으로, 불가피하게
☐ suit	*v.* ~에 적합하다, 어울리다
☐ harvest	*n.* 수확
☐ sustain	*v.* 유지하다, 계속하다
☐ drought	*n.* 가뭄
☐ emerge	*v.* 나타나다, 발생하다
☐ impose	*v.* 부과하다
☐ dozens of	수십의, 많은
☐ adjust	*v.* 조정하다, 조절하다
☐ diet	*n.* 식단
☐ align	*v.* 정렬시키다, 일직선으로 맞추다
☐ dynamic	*a.* 역동적인
☐ severe	*a.* 심각한
☐ existentially	*ad.* 존재론적으로
☐ threatening	*a.* 위협적인
☐ famine	*n.* 기근, 식량 부족
☐ generate	*v.* 생산하다, 발생시키다
☐ yield	*n.* 생산량, 수확량

색으로 표시된 핵심 어휘는 꼭 암기하자!

C

☐ finely tuned	정교하게[미세하게] 조정된
☐ adaptive	*a.* 적응의
☐ nutrition	*n.* 영양
☐ abundance	*n.* 풍부함
☐ risk averse	위험을 회피하려 하는
☐ developmental	*a.* 발달과 관련된
☐ unevenness	*n.* 불균형
☐ reproduction	*n.* 번식
☐ nonproductive	*a.* 비생산적인
☐ constantly	*ad.* 지속적으로, 계속해서
☐ availability	*n.* 가용성, 이용 가능성
☐ lengthen	*v.* 연장하다, 늘이다
☐ supplemental	*a.* 보충하는
☐ proliferate	*v.* 증식하다
☐ patch	*n.* (땅) 조각
☐ temporal	*a.* 시간적인
☐ spatial	*a.* 공간적인
☐ variation	*n.* 변화

MINI TEST | 어휘 뜻 적기

01. principle _____
02. fallacy _____
03. overvalue _____
04. abandon _____
05. ensure _____
06. shortage _____
07. inevitably _____
08. drought _____
09. adjust _____
10. threatening _____
11. risk averse _____
12. unevenness _____
13. availability _____
14. proliferate _____
15. variation _____

DAY 20

논리적 풀이 과정 적용하여 기출문제 풀기

풀이
과정 **1** 주어진 글과 (A), (B), (C)의 대략적 내용 파악
2 단락 간 연결고리 연결
3 전체적 흐름 확인

A 주어진 글 다음에 이어질 글의 순서로 가장 적절한 것은?
2023학년도 6월 | 오답률 64%

In economics, there is a principle known as the *sunk cost fallacy*. The idea is that when you are invested and have ownership in something, you overvalue that thing.

(A) Sometimes, the smartest thing a person can do is quit. Although this is true, it has also become a tired and played-out argument. Sunk cost doesn't always have to be a bad thing.

(B) This leads people to continue on paths or pursuits that should clearly be abandoned. For example, people often remain in terrible relationships simply because they've invested a great deal of themselves into them. Or someone may continue pouring money into a business that is clearly a bad idea in the market.

(C) Actually, you can leverage this human tendency to your benefit. Like someone invests a great deal of money in a personal trainer to ensure they follow through on their commitment, you, too, can invest a great deal up front to ensure you stay on the path you want to be on.

*leverage: 이용하다

① (A) – (C) – (B) ② (B) – (A) – (C)
③ (B) – (C) – (A) ④ (C) – (A) – (B)
⑤ (C) – (B) – (A)

B 주어진 글 다음에 이어질 글의 순서로 가장 적절한 것은?
2022년 4월 | 오답률 68%

Both ancient farmers and foragers suffered seasonal food shortages. During these periods children and adults alike would go to bed hungry some days and everyone would lose fat and muscle.

(A) Typically, in complex ecosystems when weather one year proves unsuitable for one set of plant species, it almost inevitably suits others. But in farming societies when harvests fail as a result of, for example, a sustained drought, then catastrophe emerges.

(B) This is firstly because foragers tended to live well within the natural limits imposed by their environments, and secondly because where farmers typically relied on one or two staple crops, foragers in even the harshest environments relied on dozens of different food sources and so were usually able to adjust their diets to align with an ecosystem's own dynamic responses to changing conditions.

(C) But over longer periods of time farming societies were far more likely to suffer severe, existentially threatening famines than foragers. Foraging may be much less productive and generate far lower energy yields than farming but it is also much less risky.

*forager: 수렵 채집인 **catastrophe: 참사 ***staple: 주요한

① (A) – (C) – (B) ② (B) – (A) – (C)
③ (B) – (C) – (A) ④ (C) – (A) – (B)
⑤ (C) – (B) – (A)

C 주어진 글 다음에 이어질 글의 순서로 가장 적절한 것은?

2024학년도 9월 | 오답률 73%

> Plants show finely tuned adaptive responses when nutrients are limiting. Gardeners may recognize yellow leaves as a sign of poor nutrition and the need for fertilizer.

(A) In contrast, plants with a history of nutrient abundance are risk averse and save energy. At all developmental stages, plants respond to environmental changes or unevenness so as to be able to use their energy for growth, survival, and reproduction, while limiting damage and nonproductive uses of their valuable energy.

(B) Research in this area has shown that plants are constantly aware of their position in the environment, in terms of both space and time. Plants that have experienced variable nutrient availability in the past tend to exhibit risk-taking behaviors, such as spending energy on root lengthening instead of leaf production.

(C) But if a plant does not have a caretaker to provide supplemental minerals, it can proliferate or lengthen its roots and develop root hairs to allow foraging in more distant soil patches. Plants can also use their memory to respond to histories of temporal or spatial variation in nutrient or resource availability.

*nutrient: 영양소 **fertilizer: 비료
***forage: 구하러 다니다

① (A) – (C) – (B)　　② (B) – (A) – (C)
③ (B) – (C) – (A)　　④ (C) – (A) – (B)
⑤ (C) – (B) – (A)

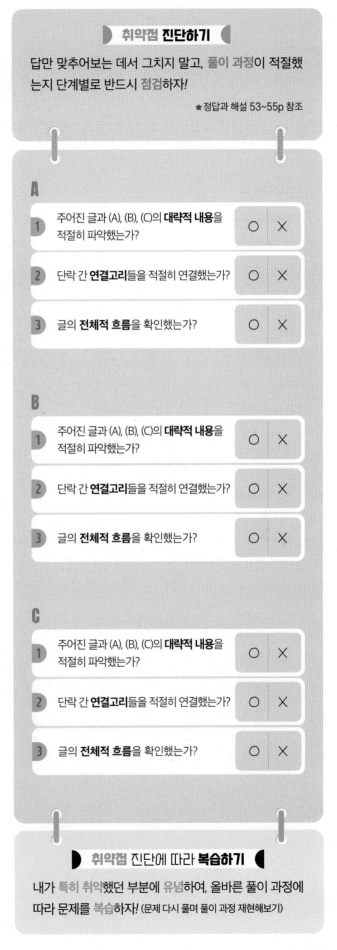

취약점 진단하기

답만 맞추어보는 데서 그치지 말고, 풀이 과정이 적절했는지 단계별로 반드시 점검하자!

★정답과 해설 53~55p 참조

A

1 주어진 글과 (A), (B), (C)의 **대략적 내용**을 적절히 파악했는가? ○ ✕

2 단락 간 **연결고리**들을 적절히 연결했는가? ○ ✕

3 글의 **전체적 흐름**을 확인했는가? ○ ✕

B

1 주어진 글과 (A), (B), (C)의 **대략적 내용**을 적절히 파악했는가? ○ ✕

2 단락 간 **연결고리**들을 적절히 연결했는가? ○ ✕

3 글의 **전체적 흐름**을 확인했는가? ○ ✕

C

1 주어진 글과 (A), (B), (C)의 **대략적 내용**을 적절히 파악했는가? ○ ✕

2 단락 간 **연결고리**들을 적절히 연결했는가? ○ ✕

3 글의 **전체적 흐름**을 확인했는가? ○ ✕

취약점 진단에 따라 **복습하기**

내가 특히 취약했던 부분에 유념하여, 올바른 풀이 과정에 따라 문제를 복습하자! (문제 다시 풀며 풀이 과정 재현해보기)

DAY
20

논리에만 집중할 수 있도록, 어휘는 미리 알아두기

A
☑ 암기 후 체크

☐ notation	*n.* (악보 등의) 표기법
☐ practical	*a.* 실용적인
☐ preserve	*v.* 보존하다
☐ repertoire	*n.* 레퍼토리
☐ note	*n.* 음, 음표
☐ discourage	*v.* 억제하다, 단념시키다
☐ carry on	계속하다, 전승하다
☐ nature	*n.* 본성
☐ downside	*n.* 단점
☐ basically	*ad.* 기본적으로
☐ sophisticated	*a.* 정교한
☐ bother	*v.* 애써서 하다
☐ be involved with	~와 연관이 있다

B
☑ 암기 후 체크

☐ ripen	*v.* 익다, 익게 하다
☐ bring about	유발하다
☐ flavour	*n.* 맛, 풍미
☐ induce	*v.* 유도하다
☐ interfere with	~를 방해하다
☐ condition	*n.* 상태
☐ delay	*v.* 늦추다
☐ retailer	*n.* 소매업자
☐ A be followed by B	A를 B가 뒤따르다
☐ rapidly	*ad.* 빠르게
☐ deterioration	*n.* 품질 저하
☐ decay	*n.* 악화
☐ worthless	*a.* 가치 없는
☐ transport	*v.* 운송하다

색으로 표시된 핵심 어휘는 꼭 암기하자!

C

☑ 암기 후 체크

☐ primary	a. 주된, 주요한
☐ contemporary	a. 현대의, 당대의
☐ display	v. 보여주다
☐ entail	v. 수반하다
☐ numerous	a. 수많은
☐ phase	n. 단계
☐ identify	v. 확인하다
☐ definitive	a. 확정적인
☐ progressive	a. 진보하는
☐ accumulation	n. 축적
☐ breakthrough	n. 획기적인 발견
☐ relevant	a. 적절한, 유의미한
☐ fault	n. 결점
☐ apparent	a. 분명한
☐ precisely	ad. 정확히
☐ intellectual	a. 지성적인
☐ institutional	a. 제도적인
☐ socio-economic	a. 사회경제적인
☐ be subject to	~의 영향을 받다

MINI TEST | 어휘 뜻 적기

01. notation _____

02. repertoire _____

03. discourage _____

04. downside _____

05. bother _____

06. ripen _____

07. induce _____

08. retailer _____

09. deterioration _____

10. worthless _____

11. contemporary _____

12. numerous _____

13. definitive _____

14. fault _____

15. be subject to _____

정답

01. (악보 등의) 표기(법) 02. 레퍼토리 03. 의욕을 꺾다 04. 단점
05. 애먹이다, 괴롭히다 06. 익다 07. 유도하다 08. 소매업자 09. 악화
10. 쓸모 없는, 가치가 없는 11. 현대의, 당대의 12. 수많은 13. 확정적
인 14. 결점 15. ~의 영향을 받다

115

논리적 풀이 과정 적용하여 기출문제 풀기

풀이 과정
1 주어진 글과 (A), (B), (C)의 대략적 내용 파악
2 단락 간 연결고리 연결
3 전체적 흐름 확인

A 주어진 글 다음에 이어질 글의 순서로 가장 적절한 것은?

2020학년도 6월 | 오답률 58%

Notation was more than a practical method for preserving an expanding repertoire of music.

(A) Written notes freeze the music rather than allowing it to develop in the hands of individuals, and it discourages improvisation. Partly because of notation, modern classical performance lacks the depth of nuance that is part of aural tradition. Before notation arrived, in all history music was largely carried on as an aural tradition.

(B) It changed the nature of the art itself. To write something down means that people far away in space and time can re-create it. At the same time, there are downsides.

(C) Most world music is still basically aural, including sophisticated musical traditions such as Indian and Balinese. Most jazz musicians can read music but often don't bother, and their art is much involved with improvisation. Many modern pop musicians, one example being Paul McCartney, can't read music at all.

*improvisation: 즉흥 연주 **aural: 청각의

① (A) – (C) – (B)   ② (B) – (A) – (C)
③ (B) – (C) – (A)   ④ (C) – (A) – (B)
⑤ (C) – (B) – (A)

B 주어진 글 다음에 이어질 글의 순서로 가장 적절한 것은?

2021학년도 6월 | 오답률 70%

The fruit ripening process brings about the softening of cell walls, sweetening and the production of chemicals that give colour and flavour. The process is induced by the production of a plant hormone called ethylene.

(A) If ripening could be slowed down by interfering with ethylene production or with the processes that respond to ethylene, fruit could be left on the plant until it was ripe and full of flavour but would still be in good condition when it arrived at the supermarket shelf.

(B) In some countries they are then sprayed with ethylene before sale to the consumer to induce ripening. However, fruit picked before it is ripe has less flavour than fruit picked ripe from the plant. Biotechnologists therefore saw an opportunity in delaying the ripening and softening process in fruit.

(C) The problem for growers and retailers is that ripening is followed sometimes quite rapidly by deterioration and decay and the product becomes worthless. Tomatoes and other fruits are, therefore, usually picked and transported when they are unripe.

*deterioration: (품질의) 저하

① (A) – (C) – (B)   ② (B) – (A) – (C)
③ (B) – (C) – (A)   ④ (C) – (A) – (B)
⑤ (C) – (B) – (A)

C 주어진 글 다음에 이어질 글의 순서로 가장 적절한 것은?

`2020학년도 수능` `오답률 58%`

Traditionally, Kuhn claims, the primary goal of historians of science was 'to clarify and deepen an understanding of *contemporary* scientific methods or concepts by displaying their evolution'.

(A) Some discoveries seem to entail numerous phases and discoverers, none of which can be identified as definitive. Furthermore, the evaluation of past discoveries and discoverers according to present-day standards does not allow us to see how significant they may have been in their own day.

(B) This entailed relating the progressive accumulation of breakthroughs and discoveries. Only that which survived in some form in the present was considered relevant. In the mid-1950s, however, a number of faults in this view of history became apparent. Closer analysis of scientific discoveries, for instance, led historians to ask whether the dates of discoveries and their discoverers can be identified precisely.

(C) Nor does the traditional view recognise the role that non-intellectual factors, especially institutional and socio-economic ones, play in scientific developments. Most importantly, however, the traditional historian of science seems blind to the fact that the concepts, questions and standards that they use to frame the past are themselves subject to historical change.

① (A) – (C) – (B)　　② (B) – (A) – (C)
③ (B) – (C) – (A)　　④ (C) – (A) – (B)
⑤ (C) – (B) – (A)

취약점 진단하기

답만 맞추어보는 데서 그치지 말고, 풀이 과정이 적절했는지 단계별로 반드시 점검하자!

★정답과 해설 56~58p 참조

A

1　주어진 글과 (A), (B), (C)의 **대략적 내용**을 적절히 파악했는가?　○　✕

2　단락 간 **연결고리**들을 적절히 연결했는가?　○　✕

3　글의 **전체적 흐름**을 확인했는가?　○　✕

B

1　주어진 글과 (A), (B), (C)의 **대략적 내용**을 적절히 파악했는가?　○　✕

2　단락 간 **연결고리**들을 적절히 연결했는가?　○　✕

3　글의 **전체적 흐름**을 확인했는가?　○　✕

C

1　주어진 글과 (A), (B), (C)의 **대략적 내용**을 적절히 파악했는가?　○　✕

2　단락 간 **연결고리**들을 적절히 연결했는가?　○　✕

3　글의 **전체적 흐름**을 확인했는가?　○　✕

취약점 진단에 따라 **복습하기**

내가 **특히 취약**했던 부분에 유념하여, 올바른 풀이 과정에 따라 문제를 복습하자! (문제 다시 풀며 풀이 과정 재현해보기)

논리에만 집중할 수 있도록, 어휘는 미리 알아두기

A
☑ 암기 후 체크

☐ wildfire	n. 산불, 들불
☐ phenomenon	n. 현상
☐ intentional	a. 의도적인
☐ stockman	n. 목축업자
☐ function	v. 역할을 하다, 기능하다
☐ clear	v. 없애다
☐ vegetation	n. 식물, 초목
☐ stimulate	v. 촉진하다, 자극하다
☐ recolonize	v. 다시 대량 서식하다, 다시 식민지화하다
☐ succeed	v. 계승하다
☐ shrub	n. 관목
☐ consequence	n. 결과, 영향
☐ shoot	n. (새로 돋은) 싹, 순
☐ reinforce	v. 강화하다

B
☑ 암기 후 체크

☐ frame	n. 틀
☐ current	a. 현재의
☐ frustrated	a. 좌절감을 느끼는
☐ bored	a. 지루해하는
☐ be meant to V	~하기로 되어 있다
☐ passion	n. 열정
☐ at times	때때로, 가끔
☐ achievement	n. 성취, 성과
☐ additional	a. 추가적인
☐ acquire	v. 습득하다
☐ award	n. 상
☐ on the side	추가로, 덧붙여
☐ experience	v. 경험하다
☐ involved in	~에 관여하는
☐ inspired	a. 영감을 받는

색으로 표시된 **핵심 어휘**는 꼭 암기하자!

C

☑ 암기 후 체크

☐ results-based	a. 결과 기반의
☐ practice	n. 관행
☐ outcome	n. 결과
☐ client	n. 고객
☐ in one's favor	~에게 유리한
☐ compensate	v. ~에게 보상하다, 보수를 지불하다
☐ make sense	타당하다, 이치에 맞다
☐ unfamiliar with	~에 익숙하지 않은
☐ law firm	법률 사무소
☐ fee	n. 비용, 보수, 수수료
☐ settle	v. (논쟁 등을) 해결하다, 마무리하다, 합의하다
☐ settlement	n. 합의(금)
☐ instance	n. 경우, 사례
☐ ensure	v. 보장하다
☐ determine	v. 결정하다
☐ injury	n. 상해, 부상
☐ bill	v. ~에 비용을 청구하다, 청구서를 보내다

MINI TEST | 어휘 뜻 적기

01. stockman _____

02. recolonize _____

03. succeed _____

04. shoot _____

05. reinforce _____

06. frustrated _____

07. passion _____

08. at times _____

09. acquire _____

10. inspired _____

11. results-based _____

12. in one's favor _____

13. compensate _____

14. fee _____

15. determine _____

논리적 풀이 과정 적용하여 기출문제 풀기

풀이 과정
1 주어진 글과 (A), (B), (C)의 대략적 내용 파악
2 단락 간 연결고리 연결
3 전체적 흐름 확인

A 주어진 글 다음에 이어질 글의 순서로 가장 적절한 것은?
2025학년도 6월 | 오답률 89%

> Wildfire is a natural phenomenon in many Australian environments. The intentional setting of fire to manage the landscape was practised by Aboriginal people for millennia.

(A) However, the pattern of burning that stockmen introduced was unlike previous regimes. When conditions allowed, they would set fire to the landscape as they moved their animals out for the winter. This functioned to clear woody vegetation and also stimulated new plant growth in the following spring.

(B) Although grasses were the first kinds of plants to recolonize the burnt areas they were soon succeeded by further woody plants and shrubs. About the only strategy to prevent such regrowth was further burning — essentially using fire to control the consequences of using fire.

(C) The young shoots were a ready food source for their animals when they returned. However, the practice also tended to reinforce the scrubby growth it was intended to control.

*regime: 양식

**scrubby: 관목이 우거진

① (A) – (C) – (B) ② (B) – (A) – (C)
③ (B) – (C) – (A) ④ (C) – (A) – (B)
⑤ (C) – (B) – (A)

B 주어진 글 다음에 이어질 글의 순서로 가장 적절한 것은?
2021년 10월 | 오답률 65%

> In a process called *seeding*, you need to have a time frame in mind. Start telling your family how you feel about your current job. Tell them how you get frustrated and bored with this job.

(A) These stories will make them realise that you are meant to follow your passion. At times they need to be surprised with your small achievements, which could be some additional skills you acquired, or some awards you won in your field of passion.

(B) Discuss this almost twice a week. Then start doing work related to your passion on the side and let them see and experience how happy you are while doing this. Find a way to get your family and friends involved in your passion. The more they see you doing your passion, the more they connect with you emotionally.

(C) Tell them stories of how you are inspired by the passion and how it makes a difference not only to you but also to others. Give examples of how someone living a similar passion started his or her life and today how he or she is living happily.

① (A) – (C) – (B) ② (B) – (A) – (C)
③ (B) – (C) – (A) ④ (C) – (A) – (B)
⑤ (C) – (B) – (A)

C 주어진 글 다음에 이어질 글의 순서로 가장 적절한 것은?

`2023학년도 수능` `오답률 71%`

> The most commonly known form of results-based pricing is a practice called *contingency pricing*, used by lawyers.

(A) Therefore, only an outcome in the client's favor is compensated. From the client's point of view, the pricing makes sense in part because most clients in these cases are unfamiliar with and possibly intimidated by law firms. Their biggest fears are high fees for a case that may take years to settle.

(B) By using contingency pricing, clients are ensured that they pay no fees until they receive a settlement. In these and other instances of contingency pricing, the economic value of the service is hard to determine before the service, and providers develop a price that allows them to share the risks and rewards of delivering value to the buyer.

(C) Contingency pricing is the major way that personal injury and certain consumer cases are billed. In this approach, lawyers do not receive fees or payment until the case is settled, when they are paid a percentage of the money that the client receives.

*intimidate: 위협하다

① (A) – (C) – (B)　　② (B) – (A) – (C)
③ (B) – (C) – (A)　　④ (C) – (A) – (B)
⑤ (C) – (B) – (A)

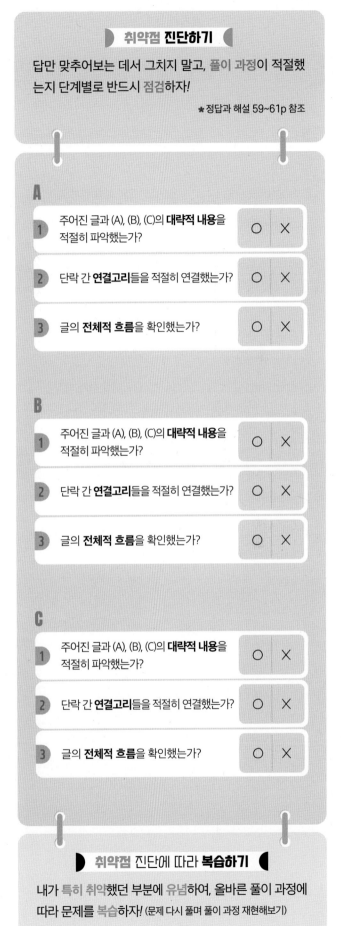

취약점 진단하기

답만 맞추어보는 데서 그치지 말고, 풀이 과정이 적절했는지 단계별로 반드시 점검하자!

★정답과 해설 59~61p 참조

A

1 주어진 글과 (A), (B), (C)의 **대략적 내용**을 적절히 파악했는가?　O　X

2 단락 간 **연결고리**들을 적절히 연결했는가?　O　X

3 글의 **전체적 흐름**을 확인했는가?　O　X

B

1 주어진 글과 (A), (B), (C)의 **대략적 내용**을 적절히 파악했는가?　O　X

2 단락 간 **연결고리**들을 적절히 연결했는가?　O　X

3 글의 **전체적 흐름**을 확인했는가?　O　X

C

1 주어진 글과 (A), (B), (C)의 **대략적 내용**을 적절히 파악했는가?　O　X

2 단락 간 **연결고리**들을 적절히 연결했는가?　O　X

3 글의 **전체적 흐름**을 확인했는가?　O　X

취약점 진단에 따라 복습하기

내가 특히 취약했던 부분에 유념하여, 올바른 풀이 과정에 따라 문제를 복습하자! (문제 다시 풀며 풀이 과정 재현해보기)

DAY 22

121

논리에만 집중할 수 있도록, 어휘는 미리 알아두기

A
☑ 암기 후 체크

☐ firm	*n.* 회사
☐ shipbuilding	*n.* 조선(업), 선박 설계·제작
☐ sufficiently	*ad.* 충분히
☐ scale	*n.* 규모
☐ venture	*n.* 모험
☐ profitable	*a.* 수익성 있는
☐ outcome	*n.* 결과
☐ investment	*n.* 투자
☐ shipyard	*n.* 조선소, 선박 설계·제작소
☐ steel	*n.* 강철
☐ end up	결국 ~ 상태가 되다
☐ reinforce	*v.* 강화하다
☐ assume	*v.* 가정하다
☐ figure	*v.* 계산하다
☐ otherwise	*ad.* 그렇지 않으면
☐ input	*n.* 투입 요소, 재료
☐ boil down to	결국 ~이 되다

B
☑ 암기 후 체크

☐ state	*n.* 국가
☐ determine	*v.* 결정하다
☐ affair	*n.* 일, 용건
☐ interference	*n.* 방해, 간섭
☐ agency	*n.* 기관
☐ border	*n.* 경계
☐ so long as (= as long as)	~하는 한
☐ ancestral	*a.* 조상의
☐ citizenship	*n.* 시민권
☐ contemporary	*a.* 동시대의
☐ inhabitant	*n.* (거)주민
☐ forefather	*n.* 선조
☐ commit oneself to	~에 전념하다
☐ extent	*n.* 범위, 정도
☐ merely	*ad.* 단지, 그저
☐ temporal	*a.* 시간의
☐ fundamental	*a.* 근본적인

색으로 표시된 핵심 어휘는 꼭 암기하자!

C

☑ 암기 후 체크

☐ involve	v. 수반하다
☐ ingredient	n. 원료, 성분
☐ mainstream	a. 주류의, 대세의
☐ profitable	a. 수익성 있는
☐ volume	n. 양
☐ serve	v. ~의 요구를 충족해주다
☐ populous	a. (사람 수가) 많은
☐ given	prep. ~를 고려하면
☐ niche	n. 틈새 시장
☐ offering	n. 제품, 팔 물건
☐ downside	n. 불리한 면
☐ restrictive	a. 제한적인
☐ criterion (pl. criteria)	n. 기준
☐ inferior to	~보다 열등한
☐ in turn	그 결과
☐ portion	n. 부분
☐ scale	n. 규모
☐ manufacturing	n. 생산, 제조
☐ distribution	n. 유통, 분배

DAY
23

MINI TEST | 어휘 뜻 적기

01. sufficiently _____

02. outcome _____

03. steel _____

04. otherwise _____

05. boil down to _____

06. affair _____

07. border _____

08. inhabitant _____

09. commit oneself to _____

10. merely _____

11. ingredient _____

12. populous _____

13. niche _____

14. inferior to _____

15. portion _____

논리적 풀이 과정 적용하여 기출문제 풀기

풀이 과정
1 주어진 글과 (A), (B), (C)의 대략적 내용 파악
2 단락 간 연결고리 연결
3 전체적 흐름 확인

A 주어진 글 다음에 이어질 글의 순서로 가장 적절한 것은?
2022학년도 6월 | 오답률 74%

A firm is deciding whether to invest in shipbuilding. If it can produce at sufficiently large scale, it knows the venture will be profitable.

(A) There is a "good" outcome, in which both types of investments are made, and both the shipyard and the steelmakers end up profitable and happy. Equilibrium is reached. Then there is a "bad" outcome, in which neither type of investment is made. This second outcome also is an equilibrium because the decisions not to invest reinforce each other.

(B) Assume that shipyards are the only potential customers of steel. Steel producers figure they'll make money if there's a shipyard to buy their steel, but not otherwise. Now we have two possible outcomes — what economists call "multiple equilibria."

(C) But one key input is low-cost steel, and it must be produced nearby. The company's decision boils down to this: if there is a steel factory close by, invest in shipbuilding; otherwise, don't invest. Now consider the thinking of potential steel investors in the region.

*equilibrium: 균형

① (A) – (C) – (B) ② (B) – (A) – (C)
③ (B) – (C) – (A) ④ (C) – (A) – (B)
⑤ (C) – (B) – (A)

B 주어진 글 다음에 이어질 글의 순서로 가장 적절한 것은?
2020학년도 9월 | 오답률 77%

A sovereign state is usually defined as one whose citizens are free to determine their own affairs without interference from any agency beyond its territorial borders.

(A) No citizen could be a full member of the community so long as she was tied to ancestral traditions with which the community might wish to break — the problem of Antigone in Sophocles' tragedy. Sovereignty and citizenship thus require not only borders in space, but also borders in time.

(B) Sovereignty and citizenship require freedom from the past at least as much as freedom from contemporary powers. No state could be sovereign if its inhabitants lacked the ability to change a course of action adopted by their forefathers in the past, or even one to which they once committed themselves.

(C) But freedom in space (and limits on its territorial extent) is merely one characteristic of sovereignty. Freedom in time (and limits on its temporal extent) is equally important and probably more fundamental.

*sovereign: 주권의 **territorial: 영토의

① (A) – (C) – (B) ② (B) – (A) – (C)
③ (B) – (C) – (A) ④ (C) – (A) – (B)
⑤ (C) – (B) – (A)

C 주어진 글 다음에 이어질 글의 순서로 가장 적절한 것은?

2022학년도 9월 | 오답률 73%

> Green products involve, in many cases, higher ingredient costs than those of mainstream products.

(A) They'd rather put money and time into known, profitable, high-volume products that serve populous customer segments than into risky, less-profitable, low-volume products that may serve current noncustomers. Given that choice, these companies may choose to leave the green segment of the market to small niche competitors.

(B) Even if the green product succeeds, it may cannibalize the company's higher-profit mainstream offerings. Given such downsides, companies serving mainstream consumers with successful mainstream products face what seems like an obvious investment decision.

(C) Furthermore, the restrictive ingredient lists and design criteria that are typical of such products may make green products inferior to mainstream products on core performance dimensions (e.g., less effective cleansers). In turn, the higher costs and lower performance of some products attract only a small portion of the customer base, leading to lower economies of scale in procurement, manufacturing, and distribution.

*segment: 조각 **cannibalize: 잡아먹다
***procurement: 조달

① (A) – (C) – (B)   ② (B) – (A) – (C)
③ (B) – (C) – (A)   ④ (C) – (A) – (B)
⑤ (C) – (B) – (A)

DAY
23

취약점 진단하기

답만 맞추어보는 데서 그치지 말고, 풀이 과정이 적절했는지 단계별로 반드시 점검하자!

★정답과 해설 62~64p 참조

A

1 주어진 글과 (A), (B), (C)의 **대략적 내용을** 적절히 파악했는가?   ○ X

2 단락 간 **연결고리**들을 적절히 연결했는가?   ○ X

3 글의 **전체적 흐름**을 확인했는가?   ○ X

B

1 주어진 글과 (A), (B), (C)의 **대략적 내용을** 적절히 파악했는가?   ○ X

2 단락 간 **연결고리**들을 적절히 연결했는가?   ○ X

3 글의 **전체적 흐름**을 확인했는가?   ○ X

C

1 주어진 글과 (A), (B), (C)의 **대략적 내용을** 적절히 파악했는가?   ○ X

2 단락 간 **연결고리**들을 적절히 연결했는가?   ○ X

3 글의 **전체적 흐름**을 확인했는가?   ○ X

취약점 진단에 따라 복습하기

내가 특히 취약했던 부분에 유념하여, 올바른 풀이 과정에 따라 문제를 복습하자! (문제 다시 풀며 풀이 과정 재현해보기)

지금까지 주어진 글 바로 뒤부터 순차적으로 단락을 연결하는 경우를 훈련하였다. 그런데 순서 문제를 풀다 보면, 주어진 글 바로 뒤에 무슨 단락이 와야 하는지가 명확하지 않은 경우도 있다. 연결고리가 애초에 명확하지 않은 경우도 있고, 연결고리는 존재하지만 내가 주어진 글을 제대로 이해하지 못하여 그 연결고리를 바로 찾지 못할 수도 있다. 이럴 땐, 주어진 글과의 연결성은 일단 제쳐두고, (A), (B), (C)끼리의 연결고리에 집중한다. 주어진 글이 없더라도 (A), (B), (C) 사이의 순서는 존재하기 때문이다.

이렇게 (A), (B), (C)끼리 연결한 후 주어진 글부터 순서대로 다시 읽어보면, 비로소 주어진 글과 나머지 부분의 연결성을 이해할 수 있을 것이다.

논리적 풀이 과정

1 주어진 글과 (A), (B), (C)의 대략적 내용 파악

각 단락의 윤곽을 잡는 정도로 읽으며 대략적인 내용을 파악한다. 이 때, (A), (B), (C)는 술술 읽히지 않는 이상 앞부분 위주로 읽는다.

2 단락 간 연결고리 연결

주어진 글 바로 뒤가 명확하지 않으면,
일단 (A), (B), (C)끼리 연결한다.

3 전체적 흐름 확인

연결된 흐름이 처음부터 끝까지 잘 이어지는지 확인한다.

대표적인 기출문제 풀어보기

주어진 글 다음에 이어질 글의 순서로 가장 적절한 것은? 2022학년도 수능 오답률 46%

In spite of the likeness between the fictional and real world, the fictional world deviates from the real one in one important respect.

(A) The author has selected the content according to his own worldview and his own conception of relevance, in an attempt to be neutral and objective or convey a subjective view on the world. Whatever the motives, the author's subjective conception of the world stands between the reader and the original, untouched world on which the story is based.

(B) Because of the inner qualities with which the individual is endowed through heritage and environment, the mind functions as a filter; every outside impression that passes through it is filtered and interpreted. However, the world the reader encounters in literature is already processed and filtered by another consciousness.

(C) The existing world faced by the individual is in principle an infinite chaos of events and details before it is organized by a human mind. This chaos only gets processed and modified when perceived by a human mind.

*deviate: 벗어나다 **endow: 부여하다 ***heritage: 유산

① (A) – (C) – (B) ② (B) – (A) – (C) ③ (B) – (C) – (A)
④ (C) – (A) – (B) ⑤ (C) – (B) – (A)

【 어휘 】

likeness 유사성	**fictional** 허구의, 소설적인	**respect** 측면
conception 개념	**relevance** 적절성	**neutral** 중립적인
objective 객관적인	**convey** 전달하다	**subjective** 주관적인
interpret 해석하다	**consciousness** 의식	**existing** 기존의
in principle 원칙(이론)상으로	**infinite** 무한한	**chaos** 카오스, 혼돈 상태

해석하며 주요 어구 체크하기

주어진 글 In spite of the likeness between the fictional and real world, / the fictional world deviates from the real one / in one important respect. ⓐ

허구 세계와 현실 세계 사이의 유사성에도 불구하고 / 허구 세계는 현실 세계로부터 벗어난다 / 하나의 중요한 측면에서.

● 주요 어구 ● '허구 세계와 현실 세계 사이에 차이가 있다(ⓐ)'는 내용이다.

(A) 문장1 The author has selected the content / according to his own worldview and his own conception of relevance, / in an attempt to be neutral and objective / or convey a subjective view on the world. ⓑ

작가는 내용을 골라 놓았다 / 자신의 세계관과, 그리고 적절성에 대한 자신의 개념에 따라, / 중립적이고 객관적이 되려는 시도로써 / 또는 세계에 대한 주관적인 견해를 전달하려는 시도로써.

(A) 문장2 Whatever the motives, / the author's subjective conception of the world / stands between the reader and the original, untouched world (on which the story is based).

동기가 무엇이든, / 세계에 대한 작가의 주관적인 개념은 / 독자와 (이야기의 기반이 되는) 원래의 손대지 않은 세계 사이에 존재한다.

● 주요 어구 ● (A)의 첫 문장을 보니, '작가가 내용을 골라 놓았다(ⓑ)'는 내용이다.

(B) 문장1 Because of the inner qualities (with which the individual is endowed through heritage and environment), / the mind functions as a filter; / every outside impression (that passes through it) is filtered and interpreted. ⓒ

(개인이 유산과 환경을 통해 부여받은) 내적 특성들 때문에, / 정신은 필터 역할을 한다; / (그것을 통과하는) 모든 외부의 인상이 걸러지고 해석된다.

(B) 문장2 However, / the world (the reader encounters in literature) / is already processed and filtered by another consciousness.

그러나 / (문학에서 독자가 접하는) 세계는 / 이미 다른 의식에 의해 처리되고 여과되어 있다.

● 주요 어구 ● (B)의 첫 문장을 보니, '정신이 필터(ⓒ)'라는 내용이다.

(C) 문장1 The existing world (faced by the individual) is / in principle / an infinite chaos of events and details / before it is organized by a human mind. ⓓ

(개인이 직면한) 기존 세계는 / 이론상으로 / 사건들과 세부 사항들의 무한한 혼돈 상태이다 / 인간의 정신에 의해 조직되기 전에.

(C) 문장2 This chaos only gets processed and modified / when perceived by a human mind.

이 혼돈 상태는 오직 처리되고 수정된다 / 인간의 정신에 의해 인식될 때만.

● 주요 어구 ● (C) 전체가 '인간 정신이 기존 세계의 카오스를 처리한다(ⓓ)'는 내용이다.

[전문 해석]

허구 세계와 현실 세계 사이의 유사성에도 불구하고, 허구 세계는 하나의 중요한 측면에서 현실 세계로부터 벗어난다. (C) 이론상으로 개인이 직면한 기존 세계는, 인간의 정신에 의해 조직되기 전 사건들과 세부 사항들의 무한한 혼돈 상태이다. 이 혼돈 상태는, 오직 인간의 정신에 의해 인식될 때만 처리되고 수정된다. (B) 개인이 유산과 환경을 통해 부여받은 내적 특성들 때문에, 정신은 필터 역할을 한다. 그것을 통과하는 모든 외부의 인상이 걸러지고 해석된다. 그러나, 문학에서 독자가 접하는 세계는 이미 다른 의식에 의해 처리되고 여과되어 있다. (A) (문학) 작가는, 자신의 세계관, 그리고 적절성에 대한 자신의 개념에 따라, 중립적이고 객관적이 되려는 시도로써, 또는 세계에 대한 주관적인 견해를 전달하려는 시도로써 (허구 세계의) 내용을 골라 놓았다. 동기가 무엇이든, 독자와, 이야기의 기반이 되는 원래의 손대지 않은 세계 사이에는 세계에 대한 작가의 주관적인 개념이 존재한다.

[**논리적** 풀이 과정 **적용**하기]

1 주어진 글과 (A), (B), (C)의 대략적 내용 파악

각 단락의 윤곽을 잡는 정도로 읽으며 대략적인 내용을 파악한다.
술술 읽히지 않는 이상 (A), (B), (C)는 앞부분 정도만 읽으며, 읽으면서 눈에 띄는 연결성이 있으면 기억한다.

> **주어진 글** ▶ 허구 세계와 실제 세계 사이에 차이가 있다. (ⓐ)
>
> **(A)** 작가가 내용을 골라 놓았는데(ⓑ) ~
>
> **(B)** 정신이 필터인데(ⓒ) ~
>
> **(C)** 인간 정신이 기존 세계의 카오스를 처리한다. (ⓓ)

2 단락 간 연결고리 연결

주어진 글 바로 뒤에 무슨 단락이 와야 하는지 명확하게 판단하기는 아직 어렵다. 의심되는 바는 있어도, 확신하긴 어려울 수 있다.
이럴 땐 주어진 글과의 연결성은 일단 제쳐두고, (A), (B), (C)끼리의 연결고리에 집중하여 각 단락을 좀 더 꼼꼼히 읽어본다.

우선, '정신이 카오스를 처리한다'는 **(C)** 의 ⓓ와 '정신이 필터처럼 기능한다'는 **(B) 문장1** 의 ⓒ가 같은 의미로서 연결된다.

(C)		**(B) 문장1**
인간 정신이 기존 세계의 카오스를 처리한다.	→	개인의 정신은 현실 세계를 해석하는 필터다.

이어서 **(B) 문장2** 는 '하지만, 문학 세계는 다른 의식에 의해 이미 처리되어 있다'고 한다.
그 내용이 '작가가 내용을 골라 놓았다'는 **(A) 문장1** 의 ⓑ로 연결된다. (다른 의식 = 작가)

(B) 문장2		**(A) 문장1**
하지만, 문학 세계는 다른 의식에 의해 이미 처리되어 있다	→	(문학 작품을 쓴) 작가가 (그 문학 세계의) 내용을 골라 놓았다

3 전체적 흐름 확인

주어진 글에 완성된 흐름 [C→B→A]를 붙여 전체적 흐름이 자연스러운지 확인해본다.
주어진 글에서 '(문학 속) 허구 세계와 (기존의) 실제 세계는 다르다'고 한 뒤, (C), (B), (A) 전체의 이야기를 통해 그 차이를 구체적으로 서술하는 흐름이다. (C)와 (B) 첫 문장에서는 실제 세계에 대해 서술하고, (B) 두 번째 문장과 (A)에서는 허구 세계에 대해 서술한다.

─────────────────────────── [**정오답** 체크]

① 3.7%　② 13.9%　③ 12.4%　④ 16.0%　⑤ 54.0%

최다 오답 ②, ③, ④ **해설** 오답이 특별히 하나의 선지로 쏠리지 않고 고르게 분포한 것으로 보아, 이 문제를 틀린 학생들은 지문을 전반적으로 이해하지 못했을 가능성이 크다.

논리에만 집중할 수 있도록, 어휘는 미리 알아두기

A ☑ 암기 후 체크

☐ fossil	*n.* 화석
☐ evolution	*n.* 진화
☐ sequential	*a.* 연속되는, 일련의
☐ feature	*n.* 특징
☐ ancestor	*n.* 조상
☐ multicelled organism	다세포 생물
☐ indeed	*ad.* 실로, 정말로
☐ evolve	*v.* 진화하다
☐ single-celled organism	단세포 생물
☐ theory	*n.* 이론
☐ reject	*v.* 거부하다
☐ countless	*a.* 무수한, 수많은
☐ examination	*n.* 검사, 조사
☐ prediction	*n.* 예측
☐ layer	*n.* 층
☐ apart from	~ 이외에, ~를 제외하고
☐ demonstrate	*v.* 증명하다

B ☑ 암기 후 체크

☐ historic	*a.* 역사적인, 역사적으로 중요한
☐ integrate	*v.* 통합하다
☐ interpretation	*n.* 해석
☐ sustainable	*a.* 지속 가능한
☐ prioritize	*v.* 우선시하다
☐ disrupt	*v.* 파괴하다, 교란시키다
☐ wetland	*n.* 습지
☐ advocate for	~을 주장하다, 지지하다, 옹호하다
☐ idealistic	*a.* 이상주의적인
☐ inequality	*n.* 불평등
☐ aesthetic	*a.* 미적인
☐ ecological	*a.* 생태적인
☐ popularize	*v.* 대중화하다
☐ mixed-use	*a.* 복합 용도의
☐ justice	*n.* 정의, 공정
☐ controversial	*a.* 논란의 여지가 있는
☐ habitat	*n.* 서식지

색으로 표시된 **핵심 어휘**는 꼭 암기하자!

C

☑ 암기 후 체크

☐ spatial	*a.* 공간의
☐ reference point	기준점, 참조점
☐ paradox	*n.* 모순, 역설
☐ neighborhood	*n.* 근처, 인근
☐ estimate	*v.* 추정하다
☐ pair	*n.* 한 쌍
☐ ordinary	*a.* 평범한
☐ violate	*v.* 위배하다
☐ elementary	*a.* 기초의
☐ principle	*n.* 원리, 원칙
☐ judgment	*n.* 판단
☐ not necessarily	꼭 ~는 아닌
☐ coherent	*a.* 일관적인
☐ remarkable	*a.* 주목할 만한, 놀라운
☐ finding	*n.* 발견, 연구 결과

DAY
24

MINI TEST | 어휘 뜻 적기

01. fossil _____

02. sequential _____

03. multicelled organism _____

04. reject _____

05. demonstrate _____

06. sustainable _____

07. disrupt _____

08. idealistic _____

09. justice _____

10. controversial _____

11. spatial _____

12. paradox _____

13. violate _____

14. coherent _____

15. remarkable _____

정답

131

논리적 풀이 과정 적용하여 기출문제 풀기

풀이 과정
1 주어진 글과 (A), (B), (C)의 대략적 내용 파악
2 단락 간 연결고리 연결
3 전체적 흐름 확인

A 주어진 글 다음에 이어질 글의 순서로 가장 적절한 것은?

2023학년도 6월 | 오답률 64%

The fossil record provides evidence of evolution. The story the fossils tell is one of change. Creatures existed in the past that are no longer with us. Sequential changes are found in many fossils showing the change of certain features over time from a common ancestor, as in the case of the horse.

(A) If multicelled organisms were indeed found to have evolved before single-celled organisms, then the theory of evolution would be rejected. A good scientific theory always allows for the possibility of rejection. The fact that we have not found such a case in countless examinations of the fossil record strengthens the case for evolutionary theory.

(B) The fossil record supports this prediction — multicelled organisms are found in layers of earth millions of years after the first appearance of single-celled organisms. Note that the possibility always remains that the opposite could be found.

(C) Apart from demonstrating that evolution did occur, the fossil record also provides tests of the predictions made from evolutionary theory. For example, the theory predicts that single-celled organisms evolved before multicelled organisms.

① (A) – (C) – (B) ② (B) – (A) – (C)
③ (B) – (C) – (A) ④ (C) – (A) – (B)
⑤ (C) – (B) – (A)

B 주어진 글 다음에 이어질 글의 순서로 가장 적절한 것은?

2024년 3월 | 오답률 67%

Today, historic ideas about integrating nature and urban/suburban space find expression in various interpretations of sustainable urban planning.

(A) But Landscape Urbanists find that these designs do not prioritize the natural environment and often involve diverting streams and disrupting natural wetlands. Still others, such as those advocating for "just sustainabilities" or "complete streets," find that both approaches are overly idealistic and neither pays enough attention to the realities of social dynamics and systemic inequality.

(B) However, critics claim that Landscape Urbanists prioritize aesthetic and ecological concerns over human needs. In contrast, New Urbanism is an approach that was popularized in the 1980s and promotes walkable streets, compact design, and mixed-use developments.

(C) However, the role of social justice in these approaches remains highly controversial. For example, Landscape Urbanism is a relatively recent planning approach that advocates for native habitat designs that include diverse species and landscapes that require very low resource use.

*compact: 고밀도, 촘촘한
**divert: 우회시키다, 방향을 바꾸게 하다

① (A) – (C) – (B) ② (B) – (A) – (C)
③ (B) – (C) – (A) ④ (C) – (A) – (B)
⑤ (C) – (B) – (A)

C 주어진 글 다음에 이어질 글의 순서로 가장 적절한 것은?
2022학년도 6월 | 오답률 80%

Spatial reference points are larger than themselves. This isn't really a paradox: landmarks are themselves, but they also define neighborhoods around themselves.

(A) In a paradigm that has been repeated on many campuses, researchers first collect a list of campus landmarks from students. Then they ask another group of students to estimate the distances between pairs of locations, some to landmarks, some to ordinary buildings on campus.

(B) This asymmetry of distance estimates violates the most elementary principles of Euclidean distance, that the distance from A to B must be the same as the distance from B to A. Judgments of distance, then, are not necessarily coherent.

(C) The remarkable finding is that distances from an ordinary location to a landmark are judged shorter than distances from a landmark to an ordinary location. So, people would judge the distance from Pierre's house to the Eiffel Tower to be shorter than the distance from the Eiffel Tower to Pierre's house. Like black holes, landmarks seem to pull ordinary locations toward themselves, but ordinary places do not.

*asymmetry: 비대칭

① (A) – (C) – (B)　　② (B) – (A) – (C)
③ (B) – (C) – (A)　　④ (C) – (A) – (B)
⑤ (C) – (B) – (A)

▶ 취약점 진단하기 ◀

답만 맞추어보는 데서 그치지 말고, 풀이 과정이 적절했는지 단계별로 반드시 점검하자!

★정답과 해설 65~67p 참조

A

1 주어진 글과 (A), (B), (C)의 **대략적 내용**을 적절히 파악했는가?　　O　X

2 단락 간 **연결고리**들을 적절히 연결했는가?　　O　X

3 글의 **전체적 흐름**을 확인했는가?　　O　X

B

1 주어진 글과 (A), (B), (C)의 **대략적 내용**을 적절히 파악했는가?　　O　X

2 단락 간 **연결고리**들을 적절히 연결했는가?　　O　X

3 글의 **전체적 흐름**을 확인했는가?　　O　X

C

1 주어진 글과 (A), (B), (C)의 **대략적 내용**을 적절히 파악했는가?　　O　X

2 단락 간 **연결고리**들을 적절히 연결했는가?　　O　X

3 글의 **전체적 흐름**을 확인했는가?　　O　X

▶ 취약점 진단에 따라 복습하기 ◀

내가 특히 취약했던 부분에 유념하여, 올바른 풀이 과정에 따라 문제를 복습하자! (문제 다시 풀며 풀이 과정 재현해보기)

DAY 24

취약점 진단 모아 보기

그동안 Day마다 시행했던 **취약점 진단하기** 를 아래에 모아 옮겨적고, 순서 유형 풀이 과정 중 내가 전반적으로 취약했던 단계가 어디였는지 확인해보자!

주어진 글부터 차례차례 연결되는 경우
> 109p, 113p, 117p, 121p, 125p 참조

풀이 과정 점검		1	2	3
DAY 19	A	O | X	O | X	O | X
	B	O | X	O | X	O | X
	C	O | X	O | X	O | X
DAY 20	A	O | X	O | X	O | X
	B	O | X	O | X	O | X
	C	O | X	O | X	O | X
DAY 21	A	O | X	O | X	O | X
	B	O | X	O | X	O | X
	C	O | X	O | X	O | X
DAY 22	A	O | X	O | X	O | X
	B	O | X	O | X	O | X
	C	O | X	O | X	O | X
DAY 23	A	O | X	O | X	O | X
	B	O | X	O | X	O | X
	C	O | X	O | X	O | X
✕가		개	개	개

(A), (B), (C)부터 연결해야 하는 경우
> 133p 참조

풀이 과정 점검		1	2	3
DAY 24	A	O | X	O | X	O | X
	B	O | X	O | X	O | X
	C	O | X	O | X	O | X
✕가		개	개	개

✱ ✕가 **4개 이상** 나온다면 해당 풀이 과정이 취약한 것이므로 특히 유의하자.
(주어진 글부터 차례차례 연결되는 경우 기준)
여러 단계가 동시에 취약하다면, **가장 선행하는 단계부터** 취약점을 해결하자.
선행 단계에 오류가 생기면 다음 과정에도 영향을 끼치기 때문이다.
(즉, 첫 단추를 잘 끼우자!)

풀이 과정 실전 적용법

실전에서 문제지를 받으면, 내가 읽을 순서 지문이 '주어진 글부터 차례차례' 연결될지, 그렇지 않아서 '(A), (B), (C)의 관계만으로' 연결해야 할지 모르는 상태에서 문제를 풀게 된다. 그리고 때로는, 주어진 글부터 차례차례 연결할 수 있는 단서가 지문에 주어져 있음에도 불구하고 내가 그것을 찾지 못하여 (A), (B), (C)의 관계만으로 순서를 연결해야 할 수도 있다.

하지만 역시, 다른 유형에서와 마찬가지로, '공통 풀이 과정'의 적용에는 변함이 없다. 각 단락의 대략적인 내용을 파악한 뒤, 본인이 편한 단락부터 연결고리를 연결하면 된다. 주어진 글부터 연결할 수 있으면 주어진 글 바로 뒤부터 연결해나가면 되고, 주어진 글 바로 뒤가 어떻게 연결되는지 모르겠으면 (A), (B), (C)끼리 일단 연결해보면 된다. 마지막에 전체적인 흐름을 재확인했을 때 흐름상 문제만 없으면 된다.

> **다시 보는 순서 유형 공통 풀이 과정**
>
> **1** 주어진 글과 (A), (B), (C)의 대략적 내용 파악 → **2** 단락 간 연결고리 연결 → **3** 전체적 흐름 확인

DAY
25

순서 유형, 이것도 알면 좋다!

순서 유형의 문제를 풀 때, 처음 생각한 순서에서 생각을 바꾸지 못하는 학생들이 있다. 예를 들어 주어진 글 바로 뒤에 (B)가 어울리겠다는 생각이 한번 들면, '주어진 글 → (B)'의 순서를 절대 바꾸지 않고 끝까지 고집하는 것이다. 물론 그게 답이면 문제될 것이 없지만, 문제는 그게 답이 아닐 수도 있다는 점이다. 사이에 다른 단락이 들어가 '주어진 글 → (C) → (B)'의 순서로 수정되어야 할 수도 있고, 내가 생각했던 '주어진 글 → (B)' 사이의 연결고리가 실은 잘못된 연결고리였을 수도 (즉, 나의 착각이었을 수도) 있다.

그러니, 단락 간 연결고리를 연결함에 있어 **'확정'보다는 '잠정'의 태도**를 갖자. 단락과 단락을 '잠정적으로' 연결하되, 전체적 흐름을 확인하여 확신이 들기 전까지는 단락 순서를 '확정'하지 않는 것이다.

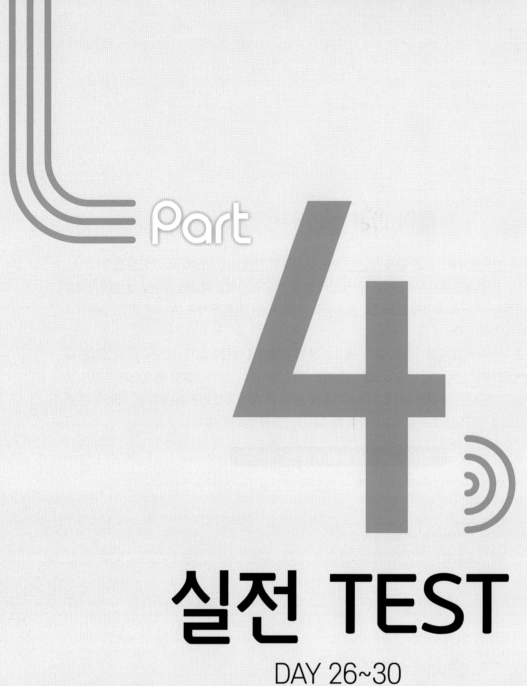

Part

4

실전 TEST

DAY 26~30

Construction of Test | 문항 구성

빈칸
4문항

순서
2문항

삽입
2문항

[8문항 × 5 DAYS = 총 40문항 실전 훈련]

논리적 풀이 과정 유형별로 다시 보기

1 빈칸

지문 속 표현들을 통해 지문의 핵심 논리 파악
빈칸에 들어갈 내용 확인
선지 선택

2 순서

주어진 글과 (A), (B), (C)의 대략적 내용 파악
단락 간 연결고리 연결
전체적 흐름 확인

3 삽입

논리적 흐름에 따라 내용 파악
논리적 흐름이 이상한 곳 포착
주어진 문장을 넣어 논리적 흐름 복구

Contents | 목차

01 다음 빈칸에 들어갈 말로 가장 적절한 것은?

2015 10월 38번 변형

Lie detector tests, which rely on physiological indicators such as blood pressure, pulse, respiration, and vocal pitch to discern honesty from deception, have long been employed for this purpose. However, these tests have demonstrated limited reliability in accurately detecting dishonesty. In response to this challenge, law enforcement agencies have turned to a new method for detecting deception: analyzing the level of detail present in the narratives provided by individuals undergoing questioning. Recent studies suggest that when individuals lie, they tend to adhere to a concise, scripted account, avoiding unnecessary embellishments and contextual commentary to minimize cognitive load. Conversely, when recounting truthful accounts, individuals typically include a notable 20% to 30% increase in detail, encompassing aspects such as the surrounding context and the presence of other individuals involved in the event. According to researchers, this inclination toward _____ in truthful narratives stems from the natural process of mental reinstatement of contextual cues, which facilitates the recall of additional external details.

*embellishment: 미화, 윤색

**reinstatement: 복원

① brevity

② ambiguity

③ skepticism

④ elaboration

⑤ generalization

어휘 physiological 생리학의, 생리적인 respiration 호흡 discern A from B A와 B를 구별하다 deception 거짓, 기만 account 설명 facilitate 용이하게 하다

02 다음 빈칸에 들어갈 말로 가장 적절한 것은?

2017 4월 35번 변형

Imagine that you just played "Happy Birthday" on a tuba. Next, you play it on a high-pitched violin. None of the tuba's sounds are duplicated by the violin. Yet, we notice something interesting: The melody is still recognizable — as long as the *relationship* between notes remains the same. Now, what would happen if you played the notes of "Happy Birthday" in the correct order, but at a rate of one per hour? What would we have? Nothing! The separate notes would no longer be a melody. Perceptually, the melody is somehow more than the individual notes that define it. It was observations like these that launched the Gestalt school of thought. The German word *Gestalt* means "form, pattern, or whole." Based on the belief that the whole is greater than the sum of its parts, Gestalt psychologists studied thinking, learning, and perception in whole units, not by _____.

*tuba: 튜바(금관 악기의 일종)

① analyzing experiences into parts

② fixating on recognizable patterns

③ ensuring exact duplication of elements

④ emphasizing the essential link between parts

⑤ isolating a melody from the aggregation of notes

어휘 pitch (소리·음을 특정한 높이로) 내다; (음의) 높이 duplicate 복제하다 perceptually 인지[지각]적으로 launch 시작하다 sum 합계

03 다음 빈칸에 들어갈 말로 가장 적절한 것은?

2015 3월 32번 변형

When discussing human tool use, scientists have traditionally focused on mechanical tools, such as sharpened flint blades or electric drills. These tools are often perceived as _____. However, the advent of the digital revolution has brought about a significant shift in this paradigm. Instead of being bound by fixed functionalities, modern tools are designed with a general purpose in mind, yet their operations are not predefined. Consequently, the outcomes of using these tools are not easily predictable. Take the personal computer, for instance. While its primary function is to handle and process information, the specific ways in which individuals utilize it vary greatly. For some, it serves as a communication tool, while for others, it functions as a sophisticated accounting system or an entertainment hub. This versatility underscores the evolving nature of tool use in the contemporary era.

*flint: 부싯돌

① unique tools manufactured by a handful of master craftsmen
② manually operated gadgets requiring significant physical effort
③ passive instruments with a limited set of predetermined functions
④ functional devices that can be employed in numerous circumstances
⑤ innovative equipment capable of handling a variety of challenging tasks

어휘 advent 도래, 출현 bring about ~을 초래하다, (결과로) 가져오다 fixed 고정된 predefined 미리 정해진 sophisticated 정교한 versatility 범용성, 다재다능함

04 다음 빈칸에 들어갈 말로 가장 적절한 것은?

2017 10월 33번 변형

People change over time, often for the better. Maturity, wisdom, patience, and many other strengths can result from the gradual accumulation of life experiences. But do these qualities have to develop slowly? In their attempts to answer this question, researcher Timothy Carey and colleagues conducted structured interviews with people who had just finished psychotherapy. Reports of *aha* moments abounded. One interviewee said that he could "visualize the point" at which he changed; another said, "I could actually hear it." Many of them could identify the moment at which they had their realizations, such as in a swimming pool with a spouse or in a particular meeting with a therapist. Some used familiar metaphors to describe their *ahas*, such as a light being turned on, a button being pressed, a click, or a "'ping' and then it was like I could see things clearly." In light of these reports, _____.

① the profound impacts of therapy often emerge subtly
② enlightenment cannot be squeezed into a single moment
③ sudden behavioral changes require ongoing reinforcement
④ a single insightful moment can match a lifetime of experiences
⑤ personal growth gradually unfolds through effective visualization

어휘 accumulation 축적, 누적 abound 아주 많다 identify 식별하다, 알아보다 spouse 배우자

05 주어진 글 다음에 이어질 글의 순서로 가장 적절한 것은?

2016 7월 34번 변형

As essayist Nassim Taleb resolved to do something about the stubborn extra pounds he'd been carrying, he considered taking up various sports. However, joggers seemed skinny and unhappy, and tennis players? Oh, so upper-middle-class!

(A) Rather, they are good swimmers because of their physiques. Similarly, female models advertise cosmetics and thus, many female consumers believe that these products make them beautiful. But it is not the cosmetics that make these women model-like.

(B) Quite simply, the models are born attractive, and only for this reason are they candidates for cosmetics advertising. As with the swimmers' bodies, beauty is a factor for selection and not the result. Taleb calls the confusions like the cases above the *swimmer's body illusion*.

(C) Swimmers, though, appealed to him with their well-built, streamlined bodies. He decided to sign up at his local swimming pool. A short while later, he realized that he had been caught by an illusion. Professional swimmers don't have perfect bodies because they train extensively.

① (A) – (C) – (B)   ② (B) – (A) – (C)
③ (B) – (C) – (A)   ④ (C) – (A) – (B)
⑤ (C) – (B) – (A)

어휘 stubborn 고질적인, 없애기 힘든 physique 체격 illusion 환상, 착각 streamlined 날씬한 extensively 엄청나게, 광범위하게

06 주어진 글 다음에 이어질 글의 순서로 가장 적절한 것은?

2018 3월 39번 변형

In today's digital environment, appearing in the mainstream news is still an important way citizens can communicate with a broader community about events and issues.

(A) And yet for many potential subjects, cooperating with journalists is still a bargain worth striking. The benefits of addressing, or simply displaying oneself to, a large news audience can be so great that many subjects conclude they are worth the risks of being misrepresented.

(B) Journalists can provide credibility, status, and a guaranteed large audience that many citizens do not feel they can get any other way. However, to access those benefits, subjects must yield control to journalists over how their stories are told to the public.

(C) That is a big risk, since news stories have a great deal of credibility with their audiences: whether subjects themselves feel the news coverage is accurate or not, they will have to deal with the consequences of many people believing it. If news coverage portrays them as socially deviant or otherwise morally unfit, the resulting stigma can be profound and enduring.

*stigma: 오명

① (A) – (C) – (B)   ② (B) – (A) – (C)
③ (B) – (C) – (A)   ④ (C) – (A) – (B)
⑤ (C) – (B) – (A)

어휘 subject (연구, 취재 등의) 대상 strike a bargain 거래를 맺다, 타협하다 misrepresent 왜곡하다, 잘못 표현하다 deviant 일탈한

07 글의 흐름으로 보아, 주어진 문장이 들어가기에 가장 적절한 곳은?

2016 10월 36번 변형

At other times, a reverse procedure would unfold.

One of the most notable examples of the collaboration of film director and composer was that of Eisenstein and Prokofiev in the making of *Alexander Nevsky* (1938). In the book *Film Sense*, Eisenstein describes how closely composer and director worked to achieve a structural harmony between picture and sound. (①) First there were lengthy discussions about the intention and construction of each film section. (②) Following these talks, the composer would sometimes rough out and record musical passages for a scene or sequence. (③) The director would then film these sections and try editing them in accordance with the musical construction. (④) Music would be written after a sequence had been shot and edited, to conform to a rough of the final picture "cut." (⑤) The aim was to relate music and picture through an identical fluidity of aural and visual structure.

*rough: 초안, 개략

08 글의 흐름으로 보아, 주어진 문장이 들어가기에 가장 적절한 곳은?

2015 3월 37번 변형

A solution to the fit preference is a body or foot scanner that takes a customer's measurements digitally, creating what is referred to as digital twin.

Mass customization is a strategy that allows manufacturers or retailers to provide individualized products to consumers. Today's apparel supplier must look for new ways to offer customers top-quality goods at highly competitive prices. (①) Consumers desire products that can be personalized through fit preferences, color selection, fabric choices, or design characteristics. (②) Based on the exact image, body scanning software then defines and captures all the measurements necessary for actually producing the garment or shoe. (③) This data is forwarded online to the manufacturer, whose production technologies ensure an exact fit. (④) The customer then receives the finished product in a very short time. (⑤) Although often limited to a small number of customers, this type of customization is used today by some fashion firms.

DAY
26

어휘 unfold 펼쳐지다, 전개되다 closely 긴밀하게, 밀접하게 rough out ~을 대충 쓰다 passage (음악) 악절 in accordance with ~에 맞추어 fluidity 흐름, 유동성

어휘 measurement 치수, 측정 manufacturer 제조업자 retailer 소매상 apparel 의류, 옷 fabric 직물

01 다음 빈칸에 들어갈 말로 가장 적절한 것은?

2018 3월 35번 변형

Reading is a technology for perspective-taking. When someone else's thoughts are in your head, you are observing the world from that person's vantage point. Not only are you taking in sights and sounds that you could not experience firsthand, you find yourself immersed in that person's mind, temporarily sharing his or her attitudes and reactions. *Empathy* in the sense of adopting someone's viewpoint is not the same as *empathy* in the sense of feeling compassion toward the person, but the first can lead to the second by a natural route. As such, stepping into the point-of-view of another person reminds you that the person in question has a first-person, present-tense, ongoing stream of consciousness that is very much like your own but not the same as your own. It's not a big leap to suppose that the habit of reading other people's words could _____, including their pleasures and pains.

*vantage point: 관점

① put one in the habit of entering other people's minds

② allow one to imitate their writing substance and style

③ lead one to ignore the emotional aspects of others

④ detach one from their own experiences and emotions

⑤ limit one's ability to understand different perspectives

02 다음 빈칸에 들어갈 말로 가장 적절한 것은?

2016 10월 34번 변형

Technology plays a fundamental role in shaping our metaphors and influencing the trajectory of our thoughts and ideas. Metaphors are intricately intertwined with the process of design and the evolution of science and technology, creating a cyclic relationship where metaphors contribute to the development of technology, and new technological advancements, in turn, inspire fresh metaphors. Periodically, significant shifts occur, such as the transition from horse-drawn carriages to motor-driven vehicles. The initial characterization of the latter naturally employs metaphor, as evidenced by terms like "horseless carriage (automobile)." This metaphorical association with the preceding technology is not only linguistic but also visual. Early designs of motor-driven vehicles often retained visual elements reminiscent of horse-drawn carriages. Both the horse-drawn carriage and the horseless carriage represent technological innovations, reflecting our tendency to build upon existing concepts when developing new inventions. Additionally, we often seek to explain and comprehend new inventions by _____.

*trajectory: 궤적

① dismissing them as mere fads or novelties

② enhancing their marketability with modern designs

③ relating them to familiar frameworks and knowledge

④ emphasizing their uniqueness from past technologies

⑤ simplifying their functionalities for broader acceptance

어휘 perspective 관점 firsthand 직접 immersed in ~에 빠진, 몰두한 temporarily 잠시, 일시적으로 empathy 공감 compassion 동정, 연민 tense 시제 ongoing 지속적인, 진행 중인 leap 비약, 도약

어휘 fundamental 근본적인 metaphor 은유 be interwined with ~와 얽히다, 밀접하게 연관되다 intricately 복잡하게 transition 변화 characterization 묘사, 정의 preceding 선행하는, 앞선 linguistic 언어적인 reminiscent of ~을 연상시키는

03 다음 빈칸에 들어갈 말로 가장 적절한 것은?

2018학년도 9월 21번 변형

People sometimes make downward social comparisons — comparing themselves to inferior or worse-off others — to feel better about themselves. This is self-enhancement at work. But what happens when the only available comparison target we have is superior or better off than we are? Can self-enhancement motives still be served in such situations? Yes, they can, as captured by the self-evaluation maintenance model. According to this theory, we shift between two processes — reflection and comparison — in a way that lets us maintain favorable self-views. In areas that are *not* especially relevant to our self-definition, we engage in *reflection*, whereby we flatter ourselves by association with others' accomplishments. Suppose you care very little about your own athletic skills, but when your friend scores the winning goal during a critical soccer match, you _____.

*flatter: 치켜세우다, 아첨하다

① beam with pride as if it were your victory as well

② feel as if you have accomplished nothing on your own

③ are implicitly forced to hone your own athletic skills

④ cannot bear the attention your friend gets from the audience

⑤ are motivated to learn from your friend by asking for advice

어휘 inferior 열등한 self-enhancement 자기 고양
maintenance 유지 shift 이동하다 athletic 운동의

04 다음 빈칸에 들어갈 말로 가장 적절한 것은?

2018학년도 6월 22번 변형

It is a tactical mistake to _____. Since your adversaries will undoubtedly attack, criticize, and blame, anyway, the advantages of being proactive, airing one's own "dirty laundry," and "telling on oneself" are too significant to ignore. Chief among these advantages is the ability to control the first messages and how a story is first framed. That leaves others having to respond to you instead of the other way around. This approach is appropriately termed "stealing thunder." When an organization steals thunder, it breaks the news about its own crisis before the crisis is discovered by the media or other interested parties. In experimental research by Arpan and Roskos-Ewoldsen, stealing thunder in a crisis situation, as opposed to allowing the information to be first disclosed by another party, resulted in substantially higher credibility ratings. The authors found that "credibility ratings associated with stealing thunder directly predicted perceptions of the crisis as less severe."

*dirty laundry: 치부, 수치스러운 일

① amplify your credibility by fabricating statistics

② give an offensive position away to your opponents

③ attempt to control the media in a favorable manner

④ take preventive measures to counter external threats

⑤ conceal your weakness to safeguard it from the public

DAY
27

어휘 tactical 전술의, 전략적인 undoubtedly 분명히
proactive 상황을 미리 주도하는 tell on ~을 고자질하다
frame (특정한 방식으로) 표현하다 steal thunder 선수를 치다,
주도권을 잡다 substantially 주로, 많이

05 주어진 글 다음에 이어질 글의 순서로 가장 적절한 것은?

2018학년도 6월 38번 변형

When it comes to mature markets, it is rather difficult to discover breakthroughs that lead to a major change in competitive positions and to the growth of the market.

(A) The net effect of this was that, while customers benefited, the banks lost out as their costs increased; the total number of customers stayed the same, nonetheless. As such, this essentially proved to be a negative sum game.

(B) For instance, when one of the major banks in Britain attempted to gain a competitive advantage by opening on Saturday mornings, it attracted a number of new customers who found the traditional Monday-Friday bank opening hours to be a constraint. Faced with a loss of customers, however, competition responded by opening on Saturdays as well.

(C) Therefore, competition becomes a zero sum game in which one organization can only win at the expense of others. If the degree of competition is particularly intense, however, a zero sum game can quickly become a negative sum game — in which case, market participants are faced with additional costs.

① (A) – (C) – (B)　　　② (B) – (A) – (C)
③ (B) – (C) – (A)　　　④ (C) – (A) – (B)
⑤ (C) – (B) – (A)

어휘 breakthrough 대대적 변화 competitive advantage 경쟁 우위 attract (고객을) 끌어모으다 constraint 제약, 한계 at the expense of ~을 희생하여 intense 강렬한

06 주어진 글 다음에 이어질 글의 순서로 가장 적절한 것은?

2014 4월 23번 변형

Entropy serves as a quantifiable metric for the degree of disorder or randomness within a system.

(A) Although the intricacies of this concept may seem daunting, it basically reflects the count of potential rearrangements of constituent components within a given physical entity while preserving its overall configuration. Consider a meticulously organized desk: any alteration in the arrangement of newspapers, books, or pens disrupts its meticulously structured layout, resulting in low entropy.

(B) Physicists have devised a comprehensive definition of entropy, enabling the characterization of its magnitude through numerical values: higher numerical values signify greater entropy, while lower values denote less disorder.

(C) Conversely, a cluttered desk exhibits high entropy, as numerous permutations of rearranging papers, articles, and assorted items fail to significantly alter its chaotic appearance. In essence, entropy encapsulates the intrinsic tendency of systems to transition from states of order to disorder, providing invaluable insights into their dynamic behavior.

*permutation: 순열, 변형
**encapsulate: 요약[압축]하다

① (A) – (C) – (B)　　　② (B) – (A) – (C)
③ (B) – (C) – (A)　　　④ (C) – (A) – (B)
⑤ (C) – (B) – (A)

어휘 quantifiable 정량적인 intricacy 복잡성 daunting 주눅 들게 하는 meticulously 꼼꼼하게 numerical 숫자의 denote 의미하다 assorted 여러, 갖가지의 intrinsic 본질적인

07 글의 흐름으로 보아, 주어진 문장이 들어가기에 가장 적절한 곳은?

2015 4월 31번 변형

In contrast, true curiosity holds no judgment.

What does curiosity mean, and why is it so important? We think of curiosity as exploration: being inquisitive, seeking to learn and understand. Some associate curiosity with being nosy. After all, aren't we being nosy if we are curious about another person, asking personal questions? (①) We believe there is a difference between the two. (②) Nosy people ask questions and proceed to weigh the answers provided. (③) Their intention is not to learn about the other person, but to compare, perhaps wanting to determine who is better or worse. (④) It is about exploring and learning with the goal of greater understanding, which is free from setting values. (⑤) When curious people ask a question, their only intention is to better understand, whether it is another person, an idea, a place, an origin, or anything that creates an interest in further exploration.

08 글의 흐름으로 보아, 주어진 문장이 들어가기에 가장 적절한 곳은?

2014 10월 41~42번 변형

Met with fierce initial dismay, though, this experimental invention yielded dramatic results.

Ben Horowitz, a venture capitalist, shares an intriguing anecdote about personnel management known as the "Freaky Friday Management Technique." (①) In his experience leading a company, he encountered friction between Customer Support and Sales Engineering departments. (②) Both teams comprised talented individuals, yet their inability to cooperate hindered their productivity, jeopardizing the company's success. (③) Drawing inspiration from the film *Freaky Friday*, where characters switch bodies and gain insight into each other's challenges, Horowitz decided to implement a similar strategy: he instructed the heads of Sales Engineering and Customer Support to switch roles. (④) Within a week, both executives gained clarity on the underlying issues causing the conflict and swiftly implemented solutions, fostering a newfound harmony within their teams. (⑤) From that point on, the once-struggling organizations thrived in synergy.

DAY
27

어휘 exploration 탐구 associate A with B A와 B를 연관시키다 nosy 참견하기 좋아하는 proceed 나아가다 weigh 저울질하다, 따져보다 free from ~로부터 벗어난

어휘 dismay 경악, 실망 yield (결과를) 내다, 산출하다 intriguing 흥미로운 anecdote 일화 friction 마찰, 불화 jeopardize 위태롭게 하다 implement 실행하다 thrive 번창하다

01 다음 빈칸에 들어갈 말로 가장 적절한 것은?

2014 7월 34번 변형

Consider yourself strolling along a bustling sidewalk in Paris, France, when suddenly you spot another pedestrian approaching from the opposite direction. Both of you must veer aside to avoid a collision. Instinctively, you step to the right, a cultural norm ingrained from countless similar encounters. Contrast this scenario with a similar one in various parts of Asia, where the tendency would likely be to step to the left. This directional preference isn't dictated by explicit instructions but rather emerges from probabilistic reasoning. Psychologist Mehdi Moussaid explains that when two individuals correctly anticipate each other's movements, it reinforces a shared pattern of behavior. Over time, more people adopt this bias, thereby increasing the likelihood of successfully navigating encounters and solidifying the prevailing directional tendency. Whether it's left or right is inconsequential; what matters is that it reflects _____.

*veer: 방향을 (갑자기) 틀다

① the implicit consensus of the majority
② clear-cut guidelines set by authorities
③ the preference for precise numerical data
④ the inclination to avoid pedestrian conflicts
⑤ a challenge toward established cultural biases

02 다음 빈칸에 들어갈 말로 가장 적절한 것은?

2018 10월 37번 변형

Imagine you're dining with new acquaintances when, reaching for the salt, one of them, let's call him Joe, shoots you a sour look, snatching the salt away and moving it out of your reach. Later, as you're leaving the restaurant, Joe rushes ahead and blocks the exit door from the outside. Joe's behavior is undeniably rude; when we understand what someone intends to do, it's offensive to prevent them from doing it. However, in a different scenario, such as playing a board game with the same people, it would be perfectly acceptable for Joe to prevent you from winning. Whether in the restaurant or the game, Joe is aware of your intentions and prevents you from achieving them. While this behavior is considered rude in the restaurant, it's expected and acceptable in the context of the game. Evidently, games afford us the liberty to _____.

① observe and mimic the actions of others closely
② express genuine emotions without any restraint
③ engage in conflict and frustrate others' objectives
④ prioritize collective gain within agreed-upon rules
⑤ challenge against social barriers and redefine norms

어휘 stroll 걷다 bustling 북적이는 pedestrian 보행자 collision 충돌 ingrained 새겨진, 깊이 밴 directional 방향적인 probabilistic 확률의 prevailing 주된, 지배적인, 우세한

어휘 acquaintance 아는 사람, 지인 sour (태도가) 퉁명스러운, 떨떠름한 snatch 낚아채다 undeniably 명백히, 틀림없이 offensive 기분 상하게 하는 intention 의도

03 다음 빈칸에 들어갈 말로 가장 적절한 것은?

2016 4월 37번 변형

Undoing a negative tie begins with giving up something of value rather than asking for a "fair trade." If you give and then ask for something right away in return, you don't establish a relationship; you carry out a transaction. When done correctly, reciprocity is like getting the pump ready. In the old days, pumps required lots of effort to produce any water. You had to repeatedly work a lever to eliminate a vacuum in the line before water could flow. But if you poured a small bucket of water into the line first, the empty space was quickly eliminated, enabling the water to flow with less effort. Reciprocity with a rival works in much the same way. Reflect carefully on what you should give and, ideally, choose something that _____.

① creates a long-term obligation for the recipient
② has a high personal value to them but not to you
③ follows the basic principles of an equitable trade
④ motivates the other to pursue their hidden desires
⑤ requires little effort from the other party to reciprocate

어휘 undo (원래 상태로) 되돌리다, (했던 것을) 취소하다 fair 공정한 transaction 거래 reciprocity 상호 의존 관계 eliminate 제거하다 vacuum 빈 공간, 진공

04 다음 빈칸에 들어갈 말로 가장 적절한 것은?

2017학년도 9월 40번 변형

In science, one experiment is logically followed by another in a theoretically infinite progression. According to the underlying myth of modern science, this progression is always replacing the smaller knowledge of the past with the larger knowledge of the present, which will be replaced by the yet larger knowledge of the future. In the arts, by contrast, _____. A work of art does not automatically lead to a second work that is inherently superior. Given the methodologies of science, the law of gravity and the genome were bound to be discovered by somebody; the identity of the discoverer is incidental to the fact. When it comes to the arts, however, there are no second chances. We must assume that *The Divine Comedy* and *King Lear* are distinctive pieces. If Dante and Shakespeare had died before they wrote those works, nobody ever would have written them.

① anticipating future trends is crucial for every creation
② past artwork could offer clues about art pieces yet to come
③ no limitless sequence of works is ever implied or looked for
④ the quality and value of works remain subjective and varied
⑤ the value of art depreciates with the creation of subsequent works

어휘 theoretically 이론적으로 infinite 무한한 progression 연속, 진전 automatically 저절로 incidental to ~에 부수적인 distinctive 고유한, 독특한

DAY 28

05 주어진 글 다음에 이어질 글의 순서로 가장 적절한 것은?

2015 3월 30번 변형

It is often believed that an active person can make friends more easily than a shy person, and that a conscientious person may meet more deadlines than a person who is not conscientious.

(A) To predict whether a person will meet a deadline, for example, knowing something about the situation may be more useful than knowing the person's score on a measure of conscientiousness. Situational influences can be very powerful, sometimes overwhelming individual differences in personality.

(B) Not simply did the researcher point out the problem; he also diagnosed the reasons for it. He argued that personality psychologists had underestimated the extent to which social situations shape people's behavior, independently of their personality.

(C) But it was reported that the typical correlation between personality traits and behavior was quite modest. This discovery made by Walter Mischel was a shock to personality psychologists, as it suggested that the traits they were measuring were just slightly better at predicting behavior than astrological signs.

① (A) – (C) – (B)　　② (B) – (A) – (C)
③ (B) – (C) – (A)　　④ (C) – (A) – (B)
⑤ (C) – (B) – (A)

어휘 conscientious 성실한, 양심적인 diagnose 진단하다 underestimate 과소평가하다 independently of ~와 관계없이 correlation 상관관계 modest 그리 크지 않은, 보통의 slightly 약간 astrological sign 별자리 점성술

06 주어진 글 다음에 이어질 글의 순서로 가장 적절한 것은?

2016 7월 29번 변형

The theory of E-Prime posits that the absence of the verb *to be* in English communication enhances the accuracy of descriptions. By removing forms such as "is," "are," and "am," one can avoid implying permanence and subjective evaluations.

(A) They are subject to change and may not fully capture the individual's capabilities or circumstances. Thus, adopting the principles of E-Prime encourages a more nuanced understanding of self-perception and fosters a mindset open to personal growth and development.

(B) By the same token, when individuals express beliefs about themselves using statements like "I'm not good at public speaking," "I'm unpopular," or "I'm lazy," they inadvertently cement these evaluations as inherent traits. Yet, these assertions merely reflect current assessments.

(C) Think about the statement "Johnny is a failure." It suggests that the quality of failure resides inherently within Johnny, thus projecting permanence. On the other hand, a more precise statement, such as "Johnny failed his last two math exams," refrains from attributing the failure as an inherent characteristic of Johnny.

*inadvertently: 의도치 않게

① (A) – (C) – (B)　　② (B) – (A) – (C)
③ (B) – (C) – (A)　　④ (C) – (A) – (B)
⑤ (C) – (B) – (A)

어휘 posit 상정하다 permanence 영속성 subjective 주관적인 circumstance 상황 nuanced (이해가) 자세한, 미묘한 차이가 있는 foster 장려하다 project 투영하다 attribute (~의 탓으로) 귀착시키다

07 글의 흐름으로 보아, 주어진 문장이 들어가기에 가장 적절한 곳은?

2014 10월 32번 변형

> Also, as our incomes and material standards rise, so do our expected achievements.

Subjective well-being is at least partly temporary in response to the consumption of new and novel consumer goods. (①) Pleasure has a stable component dependent on the accustomed consumption flows, but it also has a component that is dependent on change. (②) Once the change occurs and the new consumer item becomes a part of the daily consumption bundle, the pleasure of novelty disappears and overall satisfaction returns to the original amount. (③) A new kind of cereal at breakfast will temporarily add to our pleasure, but eventually our enjoyment of breakfast will return to its normal level. (④) The purchase of a second automobile made possible by rising income increases our subjective well-being, but at the same time our aspirations rise and a second car becomes a part of our consumption expectations. (⑤) The shrinkage in the gap between our expectations and realizations returns our subjective well-being to its normal amount.

어휘 temporary 일시적인, 잠정적인 component 구성 요소 accustomed 익숙한 novelty 참신함, 새로움 aspiration 목표, 열망 shrinkage 축소, 감소

08 글의 흐름으로 보아, 주어진 문장이 들어가기에 가장 적절한 곳은?

2016 7월 21번 변형

> In the past, knowledge was predominantly regarded as an internal asset, while external measures could enforce concentration on assigned tasks.

Before the advent of the Internet, professions typically demanded a profound reservoir of knowledge, cultivated through years or even decades of experience. (①) However, in today's digital age, individuals equipped with strong critical thinking abilities can swiftly access vast information repositories online instead of relying solely on personal memory. (②) Nevertheless, individuals prone to distractions, who previously could concentrate by immersing themselves in their work, now contend with the constant allure of the Internet. (③) It presents an array of diversions ranging from updates on friends' activities to celebrity gossip and countless other sources of interruption. (④) Consequently, an employee's ability to maintain focus may now outweigh the significance of their depth of knowledge. (⑤) In the Internet era, in contrast, knowledge is readily available externally, necessitating internal discipline to maintain focus.

DAY 28

어휘 predominantly 주로 enforce 강제하다 profound 엄청난, 깊은 prone to ~에 취약한 immerse oneself in ~에 몰두하다 contend with ~와 씨름하다 allure 매력 interruption 방해, 중단 outweigh ~보다 중요하다

01 다음 빈칸에 들어갈 말로 가장 적절한 것은?

2016 10월 40번 변형

The fact that dreaded diseases are more common in the tropics than at higher latitudes may in part explain a curious feature of how languages are distributed: near the equator, language densities (the number of languages per unit area) are much higher, and language communities (the number of people speaking a given language) very much smaller, than they are at higher latitudes. One explanation for this might be that it is a culturally evolved strategy to reduce the risk of cross-infection in areas where pathogens are more densely concentrated. Language barriers significantly reduce the opportunities for contact between different populations, thus minimizing the risk of contamination. Hence, _____ may help to reduce exposure to diseases to which one has no natural immunity.

*pathogen: 병원균

① creating smaller societies fearful of outsiders
② increasing population density in tropical regions
③ maintaining extensive trade networks between groups
④ adopting a common language for contamination control
⑤ mapping medical resources according to language barriers

어휘 dreaded 무서운 tropics 열대 latitude 위도 feature 특징 distribute 분포시키다, 분배하다 equator 적도 cross-infection 교차 감염 densely 조밀하게 contamination 감염, 오염 immunity 면역력

02 다음 빈칸에 들어갈 말로 가장 적절한 것은?

2016 3월 36번 변형

A female lawyer working for a prestigious New York law firm once accompanied the male CEO of a major client to Latin America to negotiate a complex deal. Soon after they arrived, the head of the prospective Latin American partner suggested that he and the CEO go off together to discuss business — while his wife and the lawyer go shopping. The lawyer was outraged, assuming this to be an example of Latin American gender bias. Before voicing her objections, however, she called a colleague back in New York, who told her that he, too, had been excluded from preliminary talks during his last negotiation in that country. The Latin American executive was just looking for a diplomatic way to get her out of the picture as a *lawyer*, not as a woman. It was the local practice, the colleague suggested, for lawyers to negotiate only with other lawyers, not with the businesspeople. Had the woman lawyer insisted on participating, she _____.

① might have been recognized for breaking gender norms
② would have spoiled the deal and destroyed her credibility
③ might have avoided causing an unnecessary conflict in a rage
④ would have gained valuable insights into Latin American culture
⑤ may have missed turning shopping into a networking opportunity

어휘 prestigious 명망 있는 negotiate 성사시키다, 협상하다 prospective 장래의, 가망 있는 outraged 격분한 preliminary 사전의, 예비의 insist on ~을 고집[요구]하다

03 다음 빈칸에 들어갈 말로 가장 적절한 것은?

2015 10월 41~42번 변형

Just as our body diligently regulates blood pressure to prevent it from reaching potentially harmful extremes, human emotions are also subject to a natural balancing act. While it's undoubtedly beneficial to experience emotional responses to our environment, maintaining a healthy emotional equilibrium is paramount. Take, for instance, moments of profound happiness such as a wedding day or the birth of a child, where emotions surge and physical sensations heighten. However, prolonged periods of intense emotional states can exact a toll on psychological well-being, potentially impairing concentration and the capacity to process new emotional stimuli. Hence, similarly to the intricate mechanisms that ensure blood pressure remains within a safe range, our emotions are regulated to _____, thereby safeguarding overall mental health and well-being.

*toll: 부담, 손해

① avoid the negative impacts on physical health
② flatten the intensity of any emotional fluctuations
③ support the development of emotional intelligence
④ experience heightened awareness of emotional states
⑤ mitigate the risks arising from extended emotional extremes

어휘 regulate 조절하다 subject to ~의 대상이 되는, ~을 받는 equilibrium 균형 paramount 다른 무엇보다 중요한 surge (감정이) 밀려들다, 고조되다 heighten 고조되다 exact (나쁜 일을) 가하다, 일으키다 impair 손상시키다

04 다음 빈칸에 들어갈 말로 가장 적절한 것은?

2017 10월 29번 변형

In literature, the ablest writers will never assume that _____. They will not suppose that an attack or a flood or a theft must in and of itself carry some intrinsic degree of interest which will cause the reader to be appropriately moved or outraged. These writers know that no event, however shocking, can ever guarantee involvement; for this latter prize, they must work harder, practicing their distinctive craft, which means paying attention to language and keeping a tight rein on pace and structure. In certain situations, creative writers may even choose to sacrifice strict accuracy, and rather than feel that they are thereby carrying out a criminal act, they will instead understand that falsifications may occasionally need to be committed in the service of a goal higher still than accuracy.

① precision may be overlooked in favor of more vivid, detailed portrayals
② every reader will interpret their narratives in the intended manner
③ the bare bones of a story can be enough to win over their audience
④ the emotional impact of a narrative outweighs its complexity
⑤ sophistication in character development is secondary to plot

DAY
29

어휘 theft 절도 in and of itself 그 자체로 appropriately 적절히 craft 기술, 기예, 공예 keep a (tight) rein on ~을 (엄격히) 통제하다 falsification 곡해, 위조

05 주어진 글 다음에 이어질 글의 순서로 가장 적절한 것은?

2015학년도 6월 36번 변형

Appreciating the magnitude of a temperature reaching 20,000,000℃ poses a considerable challenge.

(A) The intensely hot inner regions would be laid bare, resulting in catastrophic consequences. Fortunately, such a scenario remains purely theoretical, as the Sun's outer layers serve as a protective shield, akin to a comforting blanket, shielding us from its inner fires.

(B) If the solar surface were to attain such extreme heat, the resulting radiation emitted into space would be overwhelming, potentially leading to the Earth's vaporization within mere minutes. To illustrate, envision the scenario where a hypothetical cosmic giant were to strip away the Sun's outer layers much like peeling an orange.

(C) Nonetheless, despite this layer, there is still a gradual leakage of energy from the Sun's core to its outer regions. Remarkably, this leakage precisely balances the radiation emitted by the solar surface into the surrounding space, ensuring a delicate equilibrium that sustains life on Earth.

① (A) – (C) – (B)　　② (B) – (A) – (C)
③ (B) – (C) – (A)　　④ (C) – (A) – (B)
⑤ (C) – (B) – (A)

어휘 appreciate 이해하다　pose a challenge 도전을 제기하다 intensely 극도로, 대단히　catastrophic 재앙과 같은　radiation (열, 에너지 등의) 복사, 방사선　vaporization 기화, 증발

06 주어진 글 다음에 이어질 글의 순서로 가장 적절한 것은?

2014 7월 20번 변형

A planning discussion can be intricate and fast-paced, leading to potential lapses in memory. It is essential to take a moment to outline what has been discussed.

(A) The subsequent confirmation provides an opportunity to address any overlooked details that could pose challenges later on. Beyond ensuring clarity, this question serves a more profound purpose: checking for commitment.

(B) By prompting the other person to explicitly agree to the task, you increase the likelihood of their dedication to the assignment. Rather than walking away from a crucial confrontation satisfied with a vague nod, provide space for the other party to affirm a specific course of action to foster accountability and mutual understanding.

(C) This could involve summarizing the key points, such as confirming tasks and deadlines. For instance, you might say, "Just to clarify, Bill, you'll be responsible for preparing nine copies of the report, complete with the standard company cover sheet, for the meeting on Tuesday at 2 p.m. Is that correct?"

① (A) – (C) – (B)　　② (B) – (A) – (C)
③ (B) – (C) – (A)　　④ (C) – (A) – (B)
⑤ (C) – (B) – (A)

어휘 intricate 복잡한　lapse (특히 무엇을 잊는) 실수, 착오 commitment 책임, 헌신　prompt 촉구하다　vague 막연한, 희미한　accountability 책임　mutual 상호의

07 글의 흐름으로 보아, 주어진 문장이 들어가기에 가장 적절한 곳은?

2014 7월 40번 변형

> However, upon retesting the participants four weeks later, the source effect had vanished.

The credibility of the message sender plays a significant role in the effectiveness of communication. (①) Kelman and Hovland conducted a study involving three speakers delivering talks on juvenile delinquency. (②) One of the speakers claimed to be a juvenile court judge, and therefore was thought to have high credibility; another was described as a random member of the studio audience, whose credibility was thought to be neutral; and the third one was described as a 'pickpocket', and so was thought to have low credibility. (③) Results showed that the more credible the communicator was, the more influence their talk had exerted on the listeners. (④) While participants recalled the content of the messages, they no longer remembered the identities of the speakers. (⑤) This suggests that the credibility of the source may only be significant in the short term.

*delinquency: 범죄, 비행

08 글의 흐름으로 보아, 주어진 문장이 들어가기에 가장 적절한 곳은?

2017학년도 9월 22번 변형

> On the flip side, fear can also motivate change, particularly when it comes to avoiding severe consequences like premature death, potentially echoing the experiences of one's ancestors.

Fear plays a complex role in human evolution, both as a driver of and an impediment to progress, and as a key factor in species preservation. (①) It's a fundamental aspect of the human experience, serving as a crucial survival mechanism comparable to the need for stability. (②) Stability brings order, preventing chaos, but it can also cement outdated habits, making it hard to abandon unhelpful or unhealthy behaviors. (③) In a similar vein, fear can prevent us from embracing necessary changes, especially when facing the unknown appears more daunting than enduring current dissatisfactions. (④) This is evident when people stay in unsatisfactory jobs or unhealthy relationships out of a greater fear of uncertainty. (⑤) Indeed, the duality of fear — as both a barrier and a motivator — underscores its pivotal role in shaping human behavior and decision-making.

DAY
29

어휘 vanish 사라지다 credibility 신뢰성 juvenile 청소년의 pickpocket 소매치기 exert (힘, 영향력 등을) 미치다, 가하다 recall 기억해 내다, 회상하다 identity 신분, 신원

어휘 premature 너무 이른, 시기상조의 impediment 장애(물) preservation 보존 comparable to ~와 비슷한 cement 굳어지게 하다 abandon 버리다 duality 양면성

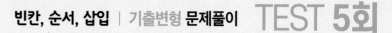
01 다음 빈칸에 들어갈 말로 가장 적절한 것은?

2016 4월 41~42번 변형

To shed light on how digital storage has transformed our approach to managing memories and information, suppose you're transferring images from your digital camera to your computer. You're typically presented with a choice: you can manually select which images to upload or opt for your computer to automatically copy all images. Most individuals, comforted by the notion that they can later sift through and delete unwanted images, opt for the latter. From an economic standpoint, this decision makes sense. Assuming it takes just three seconds to assess each image and decide whether to keep it, and valuing one's time at the prevailing average wage, the "cost" of this decision-making process exceeds the cost of storage. With the abundance of affordable storage options, it's no longer cost-effective to deliberate over what to remember or forget. In essence, the act of forgetting — merely taking three seconds to decide — has transitioned into a(n) _____ consideration for individuals.

*sift: 샅샅이 살피다

① intuitive
② wasteful
③ reasonable
④ comforting
⑤ sophisticated

어휘 shed light on ~을 밝히다, 규명하다 storage 저장 manually 수동으로 standpoint 관점 affordable 저렴한, (가격이) 적당한 deliberate over ~에 대해 숙고하다 merely 단지 transition into ~로 변하다, 바뀌다

02 다음 빈칸에 들어갈 말로 가장 적절한 것은?

2018학년도 6월 20번 변형

Indeed, the familiar advice of "Follow your passion" often resonates with us. Ideally, one would pursue a career that aligns with both their strengths and passions, while also meeting the demands of today's competitive job market. However, if the ultimate aim is securing employment, it becomes imperative to differentiate between one's academic major, personal passions, individual strengths, and chosen career path. Notably, _____. Research indicates that optimal career decisions are typically rooted in one's areas of proficiency rather than their interests and passions alone. The ideal scenario involves discovering a harmonious intersection between one's strengths, values, and a sought-after career path. While interests may fluctuate over time, one's strengths remain consistent, serving as hardwired assets crucial for professional success.

① personal passions lead to job fulfillment and self-efficacy
② one's strengths hold greater significance than their passions
③ employment trends override personal interests and strengths
④ one's career choice must correspond to what one values most
⑤ future prospects should guide the choice of academic major

어휘 resonate 반향을 불러일으키다 align with ~에 부합하다 imperative 필수적인, 반드시 해야 하는 be rooted in ~에 근거를 두다 proficiency 숙련도 fluctuate 변동하다 hardwired 내재적인, 타고난

03 다음 빈칸에 들어갈 말로 가장 적절한 것은?

2015학년도 수능 40번 변형

Plato and Tolstoy both assume that it can be firmly established that certain works have certain effects. Plato is sure that the representation of cowardly people makes us cowardly; the only way to prevent this effect is to suppress such representations. Tolstoy is confident that the artist who sincerely expresses feelings of pride will pass those feelings on to us; we can no more escape than we could escape an infectious disease. In fact, however, _____. People vary a great deal both in the intensity of their response to art and in the form which that response takes. Some people may indulge fantasies of violence by watching a film instead of working out those fantasies in real life. Others may be disgusted by even glamorous representations of violence. Still others may be left unmoved, neither attracted nor disgusted.

① the effects of art are neither so certain nor so direct
② art's influence is as predictable as the laws of physics
③ the primary purpose of art is to instill specific emotions
④ there is a link between artistic form and audience reaction
⑤ the impact of art is mainly determined by its artistic quality

어휘 establish 규명하다, 확고히 하다 representation 표현 cowardly 비겁한 suppress 억누르다 no more A than B B가 아니듯이 A도 아니다 infectious 전염되는, 감염의 indulge 탐닉하다, 마음껏 하다

04 다음 빈칸에 들어갈 말로 가장 적절한 것은?

2017 10월 31번 변형

In a classic experiment from 1972, participants were divided into two groups. The members of the first group were told that they would receive a small electric shock. In the second group, subjects were told that the risk of this happening was only 50 percent. The researchers measured physical anxiety (heart rate, nervousness, sweating, etc.) shortly before starting. The result was, well, shocking: there was absolutely no difference. Participants in both groups were equally stressed. Next, the researchers announced a series of reductions in the probability of a shock for the second group: from 50 percent to 20 percent, then 10 percent, then 5 percent. The result: still no difference! However, when they declared they would increase the strength of the expected current, both groups' anxiety levels rose — again, by the same degree. This illustrates that _____.

① we respond to the expected magnitude of an event, but not to its likelihood
② physical symptoms of stress directly amplify our subjective feelings of anxiety
③ the higher the perceived odds of a disastrous event, the greater the level of anxiety
④ people are susceptible to both the severity and frequency of stressful life events
⑤ the more fear we feel about an event, the more likely we are to overestimate its probability

DAY
30

어휘 anxiety 불안 absolutely 전혀, 아예 a series of 일련의 probability 확률, 가능성 current 전류, 흐름 illustrate 분명히 보여주다

05 주어진 글 다음에 이어질 글의 순서로 가장 적절한 것은?

2017 3월 38번 변형

The film industry is significantly influenced by personal recommendation. Despite the substantial annual investment of over a billion dollars in promotional efforts for new releases, what really counts and holds the greatest power is people talking to people.

(A) The realm of book publishing also sees considerable expenditure on advertising, yet it pales in comparison to the influence of word-of-mouth recommendations among friends. A notable example is *The Road Less Traveled* by psychiatrist M. Scott Peck.

(B) Marvin Antonowsky, the marketing head at Universal Pictures, aptly describes the phenomenon as "Word of mouth is like wildfire," highlighting the strong impact of personal endorsements. This observation is illustrated by the success of numerous low-budget films that have thrived with minimal or no advertising, juxtaposed with the failure of several high-budget productions.

(C) Initially collecting dust on shelves, it did not gain momentum until a few people discovered it, shared their enthusiasm with friends, and ignited a chain reaction of recommendation that continues to propel its popularity. Today, with over two million copies in circulation, it stands as a testament to the enduring influence of "word of mouth" in shaping consumer choices.

*juxtapose: (비교를 위해) 나란히 놓다

① (A) – (C) – (B) 　② (B) – (A) – (C)
③ (B) – (C) – (A) 　④ (C) – (A) – (B)
⑤ (C) – (B) – (A)

어휘 promotional 홍보의 expenditure 지출 pale 미미해지다, 옅어지다 endorsement 홍보, 지지 collect dust (오래도록 사용되지 않아) 먼지를 뒤집어쓰다 momentum 탄력

06 주어진 글 다음에 이어질 글의 순서로 가장 적절한 것은?

2014 4월 32번 변형

In the mid-2000s, a study was conducted to shed light on how potent a force our unconscious can be.

(A) They asked subjects if they would be willing to take part in later research for no pay as a favor to a desperate graduate student. Those who did not wash their hands agreed to help 74 percent of the time, but those who did wash agreed only 41 percent of the time.

(B) The participants were asked to remember a terrible sin from their past, something they had done that was unethical. The researchers asked them to describe how the memory made them feel. Then they offered half of them the opportunity to wash their hands.

(C) According to the researchers, one group had unconsciously washed away their guilt and felt less of a need to pay the debts of their sins. The people in the study connected their hand washing with all the ideas of cleanliness associated with the act, and then those associations influenced their behavior.

① (A) – (C) – (B) 　② (B) – (A) – (C)
③ (B) – (C) – (A) 　④ (C) – (A) – (B)
⑤ (C) – (B) – (A)

어휘 potent 강력한 unconscious 무의식; 무의식적인 desperate 절박한 sin 잘못, 죄 unethical 부도덕한, 비윤리적인 guilt 죄책감 association 연상, 관련

07 글의 흐름으로 보아, 주어진 문장이 들어가기에 가장 적절한 곳은?

2015 3월 40번 변형

> Similarly, in high-stakes environments like war zones, individuals with a keen sensitivity to anomalies or irregularities have a distinct advantage.

Humans are inherently drawn to novel or unexpected stimuli because they have the potential to disrupt the safe and predictable status quo, possibly posing a threat to survival. (①) For instance, if you've ever attempted to converse in a room with a television playing in the background, you likely found it challenging to resist glancing at the screen intermittently. (②) This inclination occurs because the brain is naturally attracted to the constantly changing stream of images, as any alteration in the environment could have critical implications for survival. (③) Our early African ancestors exemplify this instinctive response, as their ability to focus on newly ripened fruits or approaching predators played a vital role in ensuring their survival and reproduction. (④) Being able to quickly detect subtle deviations from the norm can mean the difference between life and death for a soldier. (⑤) Moreover, in everyday scenarios, such as navigating traffic or processing information, it is essential not to overlook seemingly inconsequential details, as they may hold significant implications for safety or decision-making.

*anomaly: 변칙, 이례

어휘 high-stakes 고위험의, 이판사판의 keen 예리한 sensitivity 민감성 threat 위협 intermittently 간헐적으로 ripen 익다, 숙성하다 inconsequential 사소한

08 글의 흐름으로 보아, 주어진 문장이 들어가기에 가장 적절한 곳은?

2017 4월 34번 변형

> The important point to notice is that the best temperature is typically very similar to the average summer temperature.

For almost every location in the world, there is an "optimal" temperature at which deaths are the lowest. On either side of this temperature — both when it gets colder and warmer — death rates increase. (①) However, what the optimal temperature is is a different issue. (②) If you live in Helsinki, your optimal temperature is about 59°F, whereas in Athens you do best at 75°F. (③) Thus, the actual temperature will only rarely go above the optimal temperature, but very often it will be below. (④) In Helsinki, the optimal temperature is typically exceeded only 18 days per year, whereas it is below that temperature a full 312 days. (⑤) Research shows that although 55 extra people die each year from it being too hot in Helsinki, some 1,655 people die from it being too cold.

어휘 temperature 기온, 온도 optimal 최적의 whereas ~한 반면에 exceed 웃돌다, 능가하다

채점 결과 모아 보기

¹DAY	²풀이 시간	³맞은 개수	⁴틀린 번호
DAY 26	분 초	/ 8개	
DAY 27	분 초	/ 8개	
DAY 28	분 초	/ 8개	
DAY 29	분 초	/ 8개	
DAY 30	분 초	/ 8개	

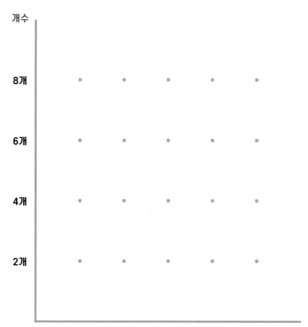

5일간 공부한 내용을 다시 보니, …

1
하루에 정해진 개수만큼 제때 풀었다 vs. 몰아서 풀었다
<매3영 빈순삽>은 매일 정해진 분량을 계획대로 공부하는 습관부터 잡는 책입니다. 따라서 하루 지정된 양을 '그날' 소화하는 것이 무엇보다 중요합니다.

2
풀이 시간이 줄어들고 있다 vs. 들쭉날쭉하다
빈칸, 순서, 삽입은 고난도 유형인 만큼 다른 유형에서 아낀 시간을 오히려 더 들여서 풀어야 하는 유형입니다. 따라서 시간이 줄지 않았다고 실망하지는 마세요. 시간 안배는 기출 문제를 1회분씩 '통으로' 풀 때 더 연습하면 됩니다.

3
앞에서 배운 풀이 과정을 충실히 따랐다 vs. 아직은 어렵다
<매3영 빈순삽>의 핵심은 글의 논리 전개 방식에 따라 유형별 풀이 과정을 '체화하는' 데 있습니다. 맞은 문제가 많더라도, 풀이 과정에 확신이 없다면 문항에 △표시를 하고, 반드시 해설과 함께 리뷰하세요.

4
틀린 번호가 고정되어 있다 vs. 산발적이다
매일 비슷한 번호의 문항을 틀린다면 그 유형은 나의 취약 유형이므로 더 꼼꼼히 복습해야 합니다. 여러 유형을 골고루 틀리고 있다면, 단어나 구문 등의 기본기 부족으로 의미 파악이 어렵지 않았는지, 그래서 근거가 아닌 '감'에 의존해 정답을 고르지 않았는지 돌아봐야 합니다.

결론
결론적으로,
내가 **취약한 부분**은 _____이다.
취약점을 **보완**하기 위해서 나는 _____을/를 해야 한다.
다시 봐야 할 문제가 있는 페이지는 지금 바로 접어두세요.

MEMO

매일

고난도
집중대비
★

3개씩 푸는

지문의 논리를 이해하고
정답에 확신을 갖게 하는

▸ Case별 문제 풀이과정
▸ 전체지문 상세 클리닉 해설
▸ 빈순삽 Mini 실전 TEST 5회

영어독해

빈 순 삽
칸 서 입

클리닉 해설

교육 R&D에 앞서가는
Key 키출판사

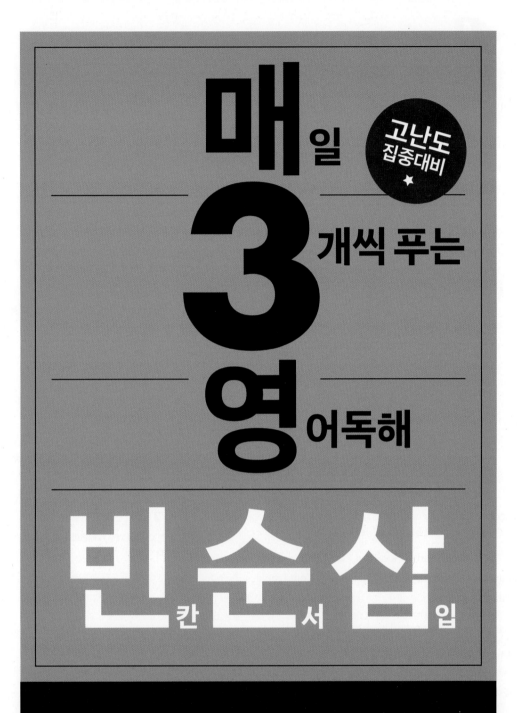

매일 3개씩 푸는

매일
3개씩 푸는
영어독해

고난도
집중대비

빈순삽
빈칸순서삽입

본문 정답 및 해설

DAY **01** 기출 훈련 **A** 정답 ①   ✔23.6% ② 14.6% ③ 26.8% ④ 16.7% ⑤ 18.3%

[해석 · 주요어구]

1 A commonality (between conceptual and computer art) / was _____

_____.

(개념 예술과 컴퓨터 예술의) 공통점은 / _____이었다.

2 Conceptual artists decoupled the relationship (between the art object and artist) / by mitigating all personal signs of invention. ⓑ

개념 예술가들은 (예술품과 예술가 사이의) 관계를 분리했다 / 창작의 모든 개인적인 흔적을 완화함으로써.

3 The artist became detached from the idea of personalized draftsmanship ⓒ / by installing a predetermined system / — a type of instruction for another to follow.

예술가는 개인화된 제도공의 솜씨라는 개념으로부터 분리되었다 / 미리 정해진 시스템을 설치함으로써 / 다른 사람이 따라야 하는 일종의 지침인.

Tip 뒤의 no와 함께 해석한다.

4, 5 That way there was, as Sol LeWitt states, / no "dependence (on the skill ⓓ of the artist as a craftsman.") // Effectively any person could carry out the instructions.

Sol LeWitt가 말하듯이 그런 식으로 없었다 / '(공예가로서 예술가의 솜씨에 대한) 의존'이 전혀. // 사실상 누구나 그 지침을 수행할 수 있었다.

6 The same process was at work in computer art, / where artists devised a predetermined drawing algorithm / for the computer automaton to carry out the instruction.

같은 과정이 컴퓨터 예술에서도 이뤄져서, / 예술가는 미리 정해진 그리기 알고리즘을 고안했다 / 컴퓨터 자동 장치가 지침을 따르도록.

7 The human agent initiated the conceptual form, / and a machine actuated it.

인간 행위자가 개념적 형태를 창안했고, / 기계가 이를 작동시켰다.

8, 9 Likewise, / the computer artwork lacked / any autographic mark, trace of ⓔ spontaneity, or artistic authenticity. // The plotter arm would replace the human arm / in the production process.

마찬가지로, / 컴퓨터 예술품에는 빠져 있었다 / 그 어떤 자필 표시도, 자발성의 흔적도, 또는 예술적 진정성도. // 플로터의 팔이 인간의 팔을 대체하곤 했다 / 생산 과정에서.

① the suppression of authorial presence
   작가의 존재가 감춰지는 것

② the rejection of meaningless repetition
   의미 없는 반복을 거부하는 것

③ the elevation of ordinary objects to art
   평범한 대상을 예술로 승격시키는 것

④ the preference of simplicity to elaboration
   상세한 설명보다 단순함을 선호하는 것

⑤ the tendency of artists to work in collaboration
   예술가들이 협력해서 일하는 경향

[풀이 과정]

1 지문 속 표현들을 통해 지문의 핵심 논리 파악

'개념 예술과 컴퓨터 예술의 공통점(ⓐ)'에 관한 설명이 다음과 같이 비슷한 맥락으로 반복된다.

> **개념 예술과 컴퓨터 예술의 공통점**
> = ⓑ 창작의 개인적 흔적을 완화
> = ⓒ 예술가가 개인화된 솜씨 개념과 분리
> = ⓓ 예술가 개인의 솜씨에 의존하지 않음
> = ⓔ 예술가의 자필 표시, 자발성의 흔적, 예술적 진정성이 결여되어 있음

위 표현들의 핵심은 다음과 같다.

> **개념 예술과 컴퓨터 예술의 공통점**
> = 예술가 개인의 솜씨나 작업 흔적이 드러나지 않음

2 빈칸에 들어갈 내용 확인

주제를 담는 빈칸 문장 **1** 또한, 예술가 개인의 솜씨나 작업 흔적이 잘 드러나지 않는다는 의미일 것이다. 즉, 다음과 같은 등식이 성립한다.

> _____
> = 예술가 개인의 솜씨나 흔적이 드러나지 않음

3 선지 선택

①이 바로 '예술가 개인의 존재가 드러나지 않는다'는 의미이다.

[오답 체크]

② '의미 없는 반복'에 관해서는 언급되지 않았다.
③ '평범한 대상을 예술로 만드는' 것에 관한 글이 아니다.
④ 상세함과 단순함을 비교하고 어느 하나를 '선호한다'는 내용이 아니다.
⑤ '예술가의 협업'에 관해서는 언급되지 않았다.

▶ **전문 해석** ◀ 개념 예술과 컴퓨터 예술의 공통점은 작가의 존재가 감춰진다는 것이었다. 개념 예술가들은 창작의 모든 개인적인 흔적을 완화하여 예술품과 예술가 사이의 관계를 분리했다. 예술가는 다른 사람이 따라야 하는 일종의 지침인, 미리 정해진 시스템을 설치하여 개인화된 제도공의 솜씨라는 개념으로부터 분리되었다. Sol LeWitt가 말하듯이 그런 식으로 '공예가로서 예술가의 솜씨에 대한 의존'이 없었다. 사실상 누구나 그 지침을 수행할 수 있었다. 같은 과정이 컴퓨터 예술에서도 이뤄져서, 예술가는 컴퓨터 자동 장치가 지침을 따르도록 미리 정해진 그리기 알고리즘을 고안했다. 인간 행위자가 개념적 형태를 창안했고, 기계가 이를 작동시켰다. 마찬가지로, 컴퓨터 예술품에는 그 어떤 자필 표시도, 자발성의 흔적도, 또는 예술적 진정성도 빠져 있었다. 플로터의 팔이 생산 과정에서 인간의 팔을 대체하곤 했다.

▶ **구문 분석** ◀ **6** ... for the computer automaton to carry out the instruction.
목적의 to부정사구 앞에 의미상 주어가 별도로 표시되었다.

[해석·주요어구]

1 The *New York Times* ran an article (titled "Why Waiting Is Torture,") / and the piece gave a clear explanation for queue rage: / It's about _____.

뉴욕 타임즈는 ('기다림은 왜 고문인가'라는 제목의) 기사를 실었고, / 그 기사는 줄 서기 분노에 대해 확실하게 설명해 주었다: / 그것은 _____에 관한 것이다.

2 When someone cuts in front of us, / it upsets us, / and we're willing to go a long way to make sure / that people (who arrive later than us) don't get served before us.—ⓐ

누군가가 내 앞에 끼어들 때, / 그 행위가 우리를 화나게 해서, / 우리는 확실히 해 두기 위해 기꺼이 수고한다 / (우리보다 나중에 온) 사람들이 우리보다 먼저 응대받지 못하도록.

3 A few years ago, / some Israeli researchers studied / people's preferences for different types of lines, / as the *New York Times* notes.

몇 년 전, / 몇몇 이스라엘 연구자들이 연구했다 / 다양한 유형의 줄에 대한 사람들의 선호도를, / 뉴욕 타임즈에서 언급한 것처럼.

4,5 Would people rather stand in a first-come, first-served line? // Or would they rather wait in a "multiple queue" line, / which is common in supermarkets / and requires individuals to wait in separate first-come, first-served lines?

사람들은 하나의 선착순 줄에 서 있으려고 할까? // 아니면 '병렬 서기' 줄에서 기다리려고 할까 / 슈퍼마켓에서 흔한 / 그리고 개인들로 하여금 여러 개의 선착순 줄에서 기다리게 하는?

6 People overwhelmingly wanted their lines to be first-come, first-served, ⓑ / and they were willing to wait some 70 percent longer / for this sort of justice.
= first-come, first-served

사람들은 압도적으로 자신들의 줄이 선착순이기를 원했으며, / 그들은 기꺼이 70퍼센트 정도 더 오래 기다리고자 했다 / 이러한 종류의 정의감을 위해서.

7 In other words, / in exchange for their time, / people got ⓒ something (that's often just as important). = first-come, first-served

다시 말해, / 그들의 시간 대신 / 사람들은 (종종 그 못지않게 중요한) 어떤 것을 얻었다.

① fairness 공정함
② humility 겸손
③ efficiency 효율성
④ confidence 자신감
⑤ responsibility 책임감

[풀이 과정]

1 지문 속 표현들을 통해 지문의 핵심 논리 파악

'사람들이 줄 서기 상황에서 무엇을 중시하는지'에 대한 표현들이 다음과 같이 비슷한 맥락으로 등장한다.

사람들이 줄 서기 상황에서 중시하는 것
= ⓐ 우리는 우리보다 나중에 온 사람들이 우리보다 먼저 응대받지 못하는 것을 확실히 해 두기 위해 기꺼이 수고한다.
= ⓑ 사람들은 압도적으로 자신들의 줄이 선착순이기를 원했으며, 그들은 이러한 종류의 정의감을 위해서 기꺼이 70퍼센트 정도 더 오래 기다리고자 했다.
= ⓒ 사람들은 그들의 시간 대신에 종종 그 못지않게 중요한 어떤 것을 얻었다.

위 표현들의 핵심을 정리하면 다음과 같다.

사람들이 줄 서기 상황에서 중시하는 것
= (수고로움이나 시간보다도) 선착순이라는 정의

2 빈칸에 들어갈 내용 확인

빈칸 문장 **1** 은 '사람들의 줄 서기 분노는 _____와 관련된다'고 한다. 그러므로 빈칸에는 사람들이 줄을 설 때 중시하는 것(지켜지지 않으면 분노할 것)이 들어가야 한다.

_____ = 선착순이라는 정의

3 선지 선택

①이 바로 '정의'를 의미한다.

Tip 빈칸이 글 초반에 등장하는 경우
주제문 역할의 첫 문장에 빈칸이 등장하는 경우, 빈칸에 무엇이 들어가야 하는지 미리 포인트를 잡고(e.g. 빈칸=줄 서기 분노의 핵심) 나머지 글을 읽어나갈 수 있다.
그렇지만, 만약 빈칸 주변 내용이나 뉘앙스를 바로 이해하기 어렵다면 꼭 이렇게 풀지 않아도 된다. 글의 전체 내용을 읽으며 첫 문장에 대한 배경지식을 쌓은 후 첫 문장으로 돌아오는 것이 더 효율적일 때도 있다.

[오답 체크]

② '겸손'에 대해 언급하지 않았다.
③ '효율성'은 '짧은 대기 시간'에 관련된 표현이다. 지문에서 사람들이 대기 시간이 길어져도 정의를 더 중시한다고 했으므로, 효율성은 줄 서기 분노의 핵심이 아니다.
④ '자신감'에 대해 언급하지 않았다.
⑤ '책임감'에 대해 언급하지 않았다.

▶ 전문 해석 ◀ 뉴욕 타임즈는 '기다림은 왜 고문인가'라는 제목의 기사를 실었고, 그 기사는 줄 서기 분노에 대해 확실하게 설명해 주었다: 그것은 공정함에 관한 것이다. 누군가가 내 앞에 끼어들 때 그 행위가 우리를 화나게 해서, 우리는 우리보다 나중에 온 사람들이 우리보다 먼저 응대받지 못하도록 확실히 해 두기 위해 기꺼이 수고한다. 뉴욕 타임즈에서 언급한 것처럼, 몇 년 전 몇몇 이스라엘 연구자들이 다양한 유형의 줄에 대한 사람들의 선호도를 연구했다. 사람들은 하나의 선착순 줄에 서 있으려고 할까? 아니면 '병렬 서기' 줄, 즉 슈퍼마켓에서 흔하며 개인들로 하여금 여러 개의 선착순 줄에서 기다리도록 하는 줄에서 기다리려고 할까? 사람들은 압도적으로 자신들의 줄이 선착순이기를 원했으며, 그들은 이러한 종류의 정의감을 위해서 기꺼이 70퍼센트 정도 더 오래 기다리고자 했다. 다시 말해, 사람들은 그들의 시간 대신에 종종 그 못지않게 중요한 어떤 것을 얻었다.

▶ 구문 분석 ◀ **7** ... in exchange for their time, people got something (**that's** often just **as important**).
주격 관계대명사 that절이 something을 수식하고 있다. 관계대명사절 안에는 'as ~ as ...' 원급비교가 쓰였는데, 두 번째 as부터의 'as their time'이 생략되었다.

[해석·주요어구]

1, 2 There have been psychological studies (in which subjects were shown photographs of people's faces / and asked to identify the expression or state of mind evinced). // The results are invariably very mixed.

(피실험자에게 사람들의 얼굴 사진을 보여주고 / 분명히 나타나는 표정이나 마음 상태를 파악하도록 요청했던) 심리학 연구들이 있었다. // 그 결과는 언제나 매우 엇갈린다.

3 In the 17th century / the French painter and theorist Charles Le Brun / drew a series of faces {illustrating the various emotions (that painters could be called upon to represent)}. ⓐ

17세기에 / 프랑스의 화가이자 이론가인 Charles Le Brun은 / {(화가가 표현해 달라고 요청받을 수 있는) 다양한 감정을 보여주는} 일련의 얼굴 그림을 그렸다.

4 What is striking about them is / that _____.

이 그림들에서 놀라운 점은, / _____는 것이다. ⓑ

5 What is missing in all this is / any setting or context (to make the emotion determinate).

이 모든 것에서 빠진 것은 / (감정을 확정해주는) 어떤 환경이나 맥락이다. ⓒ

6 We must know / who this person is, / who these other people are, / what their relationship is, / what is at stake in the scene, / and the like.

우리는 알아야 한다 / 이 사람이 누구고, / 이 다른 사람들은 누구이며, / 그들의 관계는 어떻고, / 그 상황에서 뭐가 관건인지 / 등등을. ⓓ

7 In real life as well as in painting / we do not come across just faces; / we encounter people in particular situations / and our understanding of people cannot somehow be precipitated and held / isolated from the social and human circumstances (in which they, and we, live and breathe and have our being). ⓔ

그림에서뿐 아니라 실생활에서도, / 우리는 단지 얼굴만 마주치는 것이 아니다. / 우리는 특정 상황 속에서 사람들을 마주하고, / 사람들에 대한 우리의 이해는 어떻게든 촉발되어서 유지되는 것이 아니다 / (이들과 우리가 살아 숨쉬고 존재하는) 사회적, 인간적 상황과 괴리된 채.

① all of them could be matched consistently / with their intended emotions
모든 얼굴 그림이 일관되게 연결될 수 있었다 / 의도된 감정과

② every one of them was illustrated with photographic precision
모든 얼굴 그림이 사진처럼 정밀하게 그려졌다

③ each of them definitively displayed its own social narrative
각 얼굴 그림이 각자의 사회적 이야기를 명확히 나타냈다

④ most of them would be seen / as representing unique characteristics
얼굴 그림 대부분이 여겨질 것이다 / 고유한 특징을 나타낸다고

⑤ any number of them / could be substituted for one another without loss
어떤 수의 얼굴 그림이든 / 손실 없이 서로 대체 가능했다

[풀이 과정]

1/ 지문 속 표현들을 통해 지문의 핵심 논리 파악

'여러 감정을 담은 얼굴 표정 그림(ⓐ)'을 보고 마음 상태를 파악하려면 우리가 무엇을 알아야 하는지에 관한 설명이 다음과 같이 반복된다.

> **감정 파악을 위해 우리가 알아야 할 내용**
> = ⓑ 감정을 확정해주는 환경, 맥락
> = ⓒ 이 사람이 누구고, 다른 사람들은 누구며, 이들 간 관계는 어떻고, 그 상황에서 뭐가 관건인지 등등
> = ⓓ (그 표정을 짓게 된) 특정 상황
> = ⓔ 사회적, 인간적 상황

위 표현들의 핵심을 정리하면 다음과 같다.

> 감정 파악을 위해 우리가 알아야 할 내용
> = 감정을 특정할 수 있는 '상황'에 관한 정보

2/ 빈칸에 들어갈 내용 확인

빈칸 문장 **4** 는 감정 파악에 필요한 이 정보가 '누락되어' 있을 때 어떤 결과가 나타날지 유추하는 문장이다. 즉, 다음과 같은 등식이 성립할 것이다.

> _____
> = 감정 파악에 결정적인 상황 정보가 누락되면, 의도된 감정을 알 수 없음

3/ 선지 선택

상황 정보가 없으니 표정별로 어떤 감정인지 정확히 파악할 수 없었다는 말은 곧, '그림에 그 어떤 감정을 대응시켜도 상관없었다'는 결론과 같다. ⑤가 바로 그러한 내용이다.

[오답 체크]

① 표정이 지어진 '상황, 맥락'이 없어서 의도했던 감정과 얼굴 그림을 연결시킬 수 '없었다'는 것이 글의 주제이다.

② 그림을 '정밀하게' 그리는 것에 관한 글이 아니다.

③ 그림이 '사회적 이야기'를 명확히 담지 '못하고' 오히려 '빠뜨리고' 있음을 지적하는 글이다.

④ '얼굴의 고유한 특징'에 관한 글이 아니다.

▶ **전문 해석** ◀ 피실험자에게 사람들의 얼굴 사진을 보여주고 (사진에서) 분명히 나타나는 표정이나 마음 상태를 파악하도록 요청했던 심리학 연구들이 있었다. 그 결과는 언제나 매우 엇갈린다. 17세기에 프랑스의 화가이자 이론가인 Charles Le Brun은 화가가 표현해 달라고 요청받을 수 있는 다양한 감정을 보여주는 일련의 얼굴 그림을 그렸다. 이 그림들에서 놀라운 점은, 어떤 수의 얼굴 그림이든 손실 없이 서로 대체 가능했다는 것이다. 이 모든 것에서 빠진 것은 감정을 확정해주는 어떤 환경이나 맥락이다. 우리는 이 사람이 누구고, 이 다른 사람들은 누구이며, 그들의 관계는 어떻고, 그 상황에서 뭐가 관건인지 등등을 알아야 한다. 그림에서뿐 아니라 실생활에서도, 우리는 단지 얼굴만 마주치는 것이 아니다. 우리는 특정 상황 속에서 사람들을 마주하고, 사람들에 대한 우리의 이해는 이들과 우리가 살아 숨쉬고 존재하는 사회적, 인간적 상황과 괴리된 채 어떻게든 촉발되어서 유지되는 것이 아니다(사회적, 인간적 상황과 관련되어 있다).

▶ **구문 분석** ◀ **1** … psychological studies (**in which** subjects **were shown** photographs of people's faces and **(were) asked** to identify the expression or state of mind evinced).

( )는 psychological studies를 꾸미는 형용사절이다. '전치사+관계대명사'인 in which를 where로 바꿔도 된다. in which 절의 동사는 'A and B' 형태로 병렬 연결되었다.

DAY 02 기출 훈련 A 정답 ②

① 13.9% ✔ 36.8% ③ 14.3% ④ 20.0% ⑤ 12.8%

[해석·주요어구]

1, 2 Plants are genius chemists. // They rely on their ability to manufacture chemical compounds / for every single aspect of their survival.

식물은 천재적인 화학자다. // 그것들은 화학적 혼합물을 제조하는 그것들의 능력에 의존한다 / 생존의 모든 측면에서.

3 A plant with juicy leaves can't run away / to avoid being eaten.

즙이 많은 잎을 가진 식물이 달아날 수는 없다 / 먹히는 것을 피하려고.

4 It relies on its own chemical defenses / to kill microbes, deter pests, or poison would-be predators.

그것은 스스로의 화학적 방어 수단에 의존하여 / 세균을 죽이거나, 해충을 저지하거나, 잠재적 포식자를 독살한다.

5 Plants also need to reproduce.

식물은 또한 번식도 해야 한다.

6 They can't impress a potential mate / with a fancy dance, a victory in horn-to-horn combat, or a well-constructed nest / like animals do.

식물은 잠재적인 짝을 감동시킬 수 없다 / 화려한 춤이나, 뿔 대 뿔 결투에서의 승리, 혹은 잘 지어진 둥지로 / 동물이 하듯이.

7 Since plants need to attract pollinators to accomplish reproduction, / they've evolved intoxicating scents, sweet nectar, and pheromones {that send signals (that bees and butterflies can't resist)}.

식물이 번식을 완수하기 위해서는 꽃가루 매개자를 끌어들여야 하기 때문에, / 식물은 취하게 하는 향기, 달콤한 과즙, 그리고 {(벌과 나비가 저항할 수 없는) 신호를 보내는} 페로몬을 진화시켜 왔다.

8 When you consider / that plants solve almost all of their problems by making chemicals, / and that there are nearly 400,000 species of plants on Earth, / it's no wonder that the plant kingdom is _____.

고려해 볼 때 / 식물이 거의 모든 문제를 화학 물질을 만들어서 해결한다는 것을 / 그리고 지구상에 거의 40만 종의 식물이 있다는 것을, / 식물 왕국이 _____라는 것이 전혀 놀랍지 않다.

① a factory (that continuously generates clean air)
   (깨끗한 공기를 끊임없이 만드는) 공장

② a source (for a dazzling array of useful substances)
   (눈부시게 많은 유용한 물질의) 공급원   *본문의 '화학 물질'을 의미한다*

③ a silent battlefield (in which plants fight for sunshine)
   (식물이 햇빛을 받으려고 싸우는) 고요한 전쟁터

④ a significant habitat for microorganisms (at a global scale)
   (세계적 규모의) 중요한 미생물 서식지

⑤ a document (that describes the primitive state of the earth)
   (지구의 원시 상태를 묘사하는) 문서

[풀이 과정]

1/ 지문 속 표현들을 통해 지문의 핵심 논리 파악

'식물의 특성'에 대해 다음과 같은 표현들이 비슷한 맥락으로 반복된다.

식물의 특성
- = ⓐ 천재적인 화학자
- = ⓑ 생존의 모든 측면에서 화학적 혼합물을 제조
- = ⓒ 스스로의 화학적 방어 수단에 의존하여 세균을 죽이거나, 해충을 저지하거나, 잠재적 포식자를 독살한다
- = ⓓ 취하게 하는 향기, 달콤한 과즙, 그리고 벌과 나비가 저항할 수 없는 신호를 보내는 페로몬을 진화시켜 왔다
- = ⓔ 거의 모든 문제를 화학 물질을 만듦으로써 해결한다

위 표현들의 핵심을 정리하면 다음과 같다.

식물의 특성
= 화학 물질을 만들어 생존에 이용함

2/ 빈칸에 들어갈 내용 확인

빈칸 문장 **8** 또한 비슷한 맥락이어야 한다.

the plant kingdom is _____
= 식물이 화학 물질을 만들어 생존에 이용함

3/ 선지 선택

②가 바로 '(식물은) 화학 물질이 만들어지는 곳'이라는 의미이다.

[오답 체크]

① '공기'에 대해 언급하지 않았다.
③ '햇빛을 위해 싸운다'고 언급하지 않았다.
④ '미생물의 서식'에 대해 언급하지 않았다. '미생물'과 지문의 '화학 물질'을 혼동하면 안 된다. '미생물'은 세균, 곰팡이, 미세 조류 등 작은 생명체를 의미하고, '화학 물질'은 생명체가 아니다.
⑤ '지구의 원시 상태'에 대해 언급하지 않았다.

▶ 전문 해석 ◀ 식물은 천재적인 화학자다. 그것들은 생존의 모든 측면에서 화학적 혼합물을 제조하는 그것들의 능력에 의존한다. 즙이 많은 잎을 가진 식물이 먹히는 것을 피하려고 달아날 수는 없다. 그것은 스스로의 화학적 방어 수단에 의존하여 세균을 죽이거나, 해충을 저지하거나, 잠재적 포식자를 독살한다. 식물은 또한 번식도 해야 한다. 식물은 동물이 하듯이 화려한 춤이나, 뿔 대 뿔 결투에서의 승리, 혹은 잘 지어진 둥지로 잠재적인 짝을 감동시킬 수 없다. 식물이 번식을 완수하기 위해서는 꽃가루 매개자를 끌어들여야 하기 때문에, 식물은 취하게 하는 향기, 달콤한 과즙, 그리고 벌과 나비가 저항할 수 없는 신호를 보내는 페로몬을 진화시켜 왔다. 식물이 거의 모든 문제를 화학 물질을 만들어서 해결한다는 것과 지구상에 거의 40만 종의 식물이 있다는 것을 고려해 볼 때, 식물 왕국이 눈부시게 많은 유용한 물질의 공급원이라는 것이 전혀 놀랍지 않다.

▶ 구문 분석 ◀ **8** When you consider **that plants solve almost all of their problems by making chemicals**, and **that there are nearly 400,000 species of plants on Earth**, it's no wonder **that the plant kingdom is a source for a dazzling array of useful substances**.

밑줄 친 첫 번째 that절과 두 번째 that절은 동사 consider의 목적어이고, 밑줄 친 마지막 that절은 가주어 it에 대한 진주어이다.

[**해석·주요어구**]

1 The entrance to a honeybee colony, (often referred to as the dancefloor,) / is a market place for information / about the state of the colony and the environment outside the hive.

(흔히 댄스 플로어라고 불리는) 꿀벌 군집의 입구는 / 정보를 교환하기 위한 시장이다 / 군집의 상태와 벌집 밖의 환경에 관한.

2 Studying interactions on the dancefloor / provides us with a number of illustrative examples / of how individuals (changing their own behavior in response to local information) _____.

댄스 플로어에서의 상호 작용을 연구하는 것은 / 우리에게 많은 구체적인 예시들을 제공한다 / (지역의 정보에 반응하여 자신의 행동을 바꾸는) 개체들이 어떻게 _____는지에 대한.

3 For example, / upon returning to their hive / honeybees (that have collected water) search out a receiver bee / to unload their water to within the hive.

예를 들어, / 벌집으로 돌아오자마자 / (물을 모아온) 꿀벌들은 물을 넘겨받을 벌을 찾는다 / 그들의 물을 벌집 안으로 넘겨주기 위해.

4,5 If this search time is short / then the returning bee is more likely to perform a waggle dance / to recruit others to the water source. // Conversely, / if this search time is long / then the bee is more likely to give up collecting water.

Tip 뒷문장과의 대비를 통해 춤의 의미(의도)가 더 명확히 드러난다. 함께 가서 더 많은 물을 모으기 위함이다.

만약 찾는 데 걸리는 시간이 짧으면, / 그 돌아온 벌은 8자 춤을 출 가능성이 더 크다 / 물이 있는 곳으로 다른 벌들을 데려가기 위해. // 반대로, / 찾는 데 걸리는 시간이 길면 / 그 벌은 물 모으는 것을 포기할 가능성이 더 크다.

6 Since receiver bees will only accept water if they require it, / either for themselves / or to pass on to other bees and brood, / this unloading time is correlated with the colony's overall need of water.

Tip 꿀벌 군집의 물 수요가 높으면 물을 빨리 넘겨받고, 물 수요가 낮으면 천천히 넘겨받을 것으로 추론할 수 있다.

물을 넘겨받는 벌들은 물이 필요할 때만 물을 받을 것이므로 / 자신들을 위해서든 혹은 다른 벌이나 애벌레들에게 전해주기 위해서든, / 물을 넘겨주는 데 걸리는 시간은 군집의 전반적인 물 수요와 관련된다.

7 Thus / the individual water forager's response to unloading time / (up or down) / regulates water collection / in response to the colony's need.

따라서 / 물을 넘겨주는 데 걸리는 시간에 대한 물 조달자 각각의 반응은 / (그 시간이 늘어나든지 혹은 줄어들든지) / 물 수집을 조절한다 / 군집의 수요에 맞춰서.

① allow the colony to regulate its workforce
군집으로 하여금 그 노동력을 조절할 수 있도록 하는지

② search for water sources (by measuring distance)
(거리를 측정하여) 물이 있는 곳을 찾는지

③ decrease the colony's workload (when necessary)
(필요할 때) 군집의 작업 부담을 줄이는지

④ divide tasks (according to their respective talents)
(자신들 각자의 재능에 따라) 일을 나누는지

⑤ train workers to acquire basic communication patterns
기본적인 의사소통 패턴을 습득하도록 일벌들을 훈련시키는지

[**풀이 과정**]

1 지문 속 표현들을 통해 지문의 핵심 논리 파악

꿀벌 군집(벌집)의 입구, 즉 dancefloor(ⓐ)에서 벌어지는 현상이 문장 **3**에서부터 설명되는데, 그 중 다음의 표현들이 비슷한 맥락으로 반복된다.

> **dancefloor에서 벌어지는 일**
> = ⓑ 만약 [물을 넘겨받을 꿀벌을] 찾는 데 걸리는 시간이 짧으면, 그 돌아온 벌은 물이 있는 곳으로 다른 벌들을 데려가기 위해 ... 가능성이 더 크다. 반대로, ... 시간이 길면, ... 물 모으는 것을 포기할 가능성이 더 크다.
> = ⓒ 물을 넘겨주는 데 걸리는 시간에 대한 물 조달자[꿀벌] 각각의 반응은 ... [꿀벌 군집의] 물 수집을 조절한다.

위 표현들의 핵심을 정리하면 다음과 같다.

> **dancefloor에서 벌어지는 일**
> = 물을 넘겨받을 꿀벌을 찾는데 걸리는 시간에 따라 물을 모아온 꿀벌들이 다르게 행동하고, 이로써 군집 전체의 (이후) 물 수집량이 조절됨

2 빈칸에 들어갈 내용 확인

빈칸 문장 **2** 또한 dancefloor에서의 상호작용이 무엇을 보여주는지에 대한 서술이므로, 다음과 같다.

> **individuals changing their own behavior in response to local information** _____
> = 물을 넘겨받을 꿀벌을 찾는데 걸리는 시간에 따라 물을 모아온 꿀벌들이 다르게 행동하고, 이로써 군집 전체의 (이후) 물 수집량이 조절됨

3 선지 선택

빈칸 앞의 'individuals changing ... to local information'은 '물을 넘겨받을 꿀벌을 찾는데 걸리는 시간[정보]에 따라 꿀벌들이 다르게 행동함'을 의미한다. 그러므로 빈칸에는 그 최종 결과인 '군집 전체의 물 수집량 조절'이 들어가야 하는데, '물 수집량을 조절'하는 것은 곧 물 수집에 관련된 '군집 노동력을 조절'하는 것과 같으므로 ①이 답으로 적절하다.

[**오답 체크**]

② '거리 측정'에 대해 언급하지 않았다. 지문에 없는 내용을 근거 없이 함부로 추측해 풀면 안 된다.

③ 군집의 작업 부담은 '줄어들' 수도 있지만 반대로 늘어날 수도 있다. 따라서 해당 선지는 dancefloor에서 벌어지는 현상을 모두 포괄하지 못한다.

④ '각자의 재능'에 대해 언급하지 않았다.

⑤ '일벌 훈련'에 대해 언급하지 않았다.

▶ **전문 해석** ◀ 흔히 댄스 플로어라고 불리는 꿀벌 군집의 입구는, 군집의 상태와 벌집 밖의 환경에 관한 정보를 교환하기 위한 시장이다. 댄스 플로어에서의 상호 작용을 연구하는 것은, 지역의[벌집에서의] 정보에 반응하여 자신의 행동을 바꾸는 [꿀벌] 개체들이 어떻게 군집으로 하여금 그 노동력을 조절할 수 있도록 하는지에 대한 많은 구체적인 예시들을 우리에게 제공한다. 예를 들어, 물을 모아온 꿀벌들은 벌집으로 돌아오자마자 그들이 모아온 물을 벌집 안으로 넘겨주기 위해 물을 넘겨받을 벌을 찾는다. 만약 [물을 넘겨받을 꿀벌을] 찾는 데 걸리는 시간이 짧으면, 그 돌아온 벌은 물이 있는 곳으로 다른 벌들을 데려가기 위해 8자 춤을 출 가능성이 더 크다. 반대로, 찾는 데 걸리는 시간이 길면, 그 벌은 물 모으는 것을 포기할 가능성이 더 크다. 물을 넘겨받는 벌들은 자신들을 위해서든 혹은 다른 벌이나 애벌레들에게 전해주기 위해서든 물이 필요할 때만 물을 받을 것이므로, 물을 넘겨주는 데 걸리는 시간은 군집의 전반적인 물 수요와 관련된다. 따라서, 물을 넘겨주는 데 걸리는 시간에 대한 물 조달자 각각의 반응은 (그 시간이 늘어나든지 혹은 줄어들든지) 군집의 [물] 수요에 맞춰서 물 수집[량]을 조절한다.

▶ **구문 분석** ◀ **3** For example, **upon returning to their hive honeybees (that have collected water) search** out a receiver bee to unload their water to within the hive.

부사구 upon returning to their hive와 주어 honeybees 사이에 이를 구분해주는 콤마가 없고, 주어에 붙은 관계대명사절 때문에 주어-동사 사이가 멀어져 문장 구조를 이해하기 어려웠을 수 있다. 문장의 주어는 honeybees, 동사는 search이다.

[해석·주요어구]

1 Some of the most insightful work on information seeking / emphasizes "strategic self-ignorance," / understood as "the use of ignorance / as an excuse to engage excessively / in pleasurable activities (that may be harmful to one's future self)."

정보 탐색에 관한 가장 통찰력 있는 연구 중 일부는 / '전략적 자기 무지'를 강조하는데, / '무지를 이용하는 것'으로 여겨진다 / '과도하게 참여하기 위한 핑계로서 / (자신의 미래 자아에 해로울 수도 있는) 즐거운 활동들에"

Tip 'A-biased'라고 하면 'A에 편향되었다(치중한다)'는 의미이다.

2 The idea here is / that if people are present-biased, / they might avoid information (that would _____) / — perhaps because it would produce guilt or shame, **ⓒ** / perhaps because it would suggest an aggregate trade-off (that would counsel against engaging in such activities). **ⓓ**

여기서의 요점은, / 만약 사람들이 현재에 편향되어 있다면, / 그들이 (_____할) 정보를 피할 수도 있다는 것이다 / — 아마도 그것이 죄책감이나 수치심을 유발할 것이기 때문에, / 아마도 그것이 (그러한 활동을 하지 말라고 충고할) 총체적 절충을 제안할 것이기 때문에.

3 St. Augustine famously said, "God give me chastity — tomorrow." **ⓐ**

성 아우구스티누스는 "하나님 제게 정결을 주시옵소서 — 내일"이라는 유명한 말을 했다.

4 Present-biased agents think: "Please let me know the risks — tomorrow." **ⓐ**

현재에 편향되어 있는 행위자들은 "제가 위험을 알게 해주세요 — 내일"이라고 생각한다.

5 Whenever people are thinking about engaging in an activity (with short-term benefits but long-term costs), **ⓑ** / they might prefer / to delay receipt of important information. **ⓐ**

사람들이 (단기적 혜택이 있지만 장기적 대가가 있는) 활동을 하려고 생각하고 있을 때마다, / 그들은 선호할 수도 있다 / 중요한 정보의 수신을 미루는 것을.

6 The same point might hold about information (that could make people sad or mad): / "Please tell me what I need to know — tomorrow." **ⓐ**

(사람들을 슬프거나 화나게 할 수 있는) 정보에 관해서도 똑같은 점이 있을 수 있다: / "제가 알아야 할 것을 말해 주세요 — 내일."

① highlight the value of preferred activities
　선호되는 활동의 가치를 강조할

② make current activities less attractive
　현재의 활동을 덜 매력적으로 만들

③ cut their attachment to past activities
　과거 활동에 대한 자신들의 애착을 끊을

④ enable them to enjoy more activities
　자신들로 하여금 더 많은 활동을 즐기게 해줄

⑤ potentially become known to others
　다른 사람들에게 잠재적으로 알려지게 될

[풀이 과정]

1 / 지문 속 표현들을 통해 지문의 핵심 논리 파악

'당장은 즐겁지만 장기적으로는 해로운 활동(**ⓑ**)'을 하기 위하여 '일부러 정보를 무시하거나 미룬다(**ⓐ**)'는 표현이 반복된다. 구체적으로 어떤 정보가 무시되는지에 대해서는 다음과 같은 표현들이 비슷한 맥락으로 등장한다.

> **당장 즐거운 활동을 하기 위하여**
> **사람들이 일부러 무시하는(미루는) 정보의 특징**
> = **ⓒ** 그것이[정보가] 죄책감이나 수치심을 유발할 것이다
> = **ⓓ** 그것이[정보가] 그러한 활동을 하지 말라고 충고할 총체적 절충을 제안할 것이다
> = **ⓔ** 사람들을 슬프게 하거나 화나게 할 수 있는 정보

위 표현들의 핵심을 정리하면 다음과 같다.

> 당장의 즐거움을 위해 일부러 무시하는 정보의 특징
> = 당장 즐거운 활동에 대해 부정적인 감정을 일으킴

2 / 빈칸에 들어갈 내용 확인

빈칸 문장 **2** 는 '현재에 편향되면(즉, 당장의 즐거움에 치중하면) 사람들이 _____할 정보를 피한다'는 뜻이다. 그러므로, 빈칸에는 '당장의 즐거움을 위해 사람들이 피하는 정보의 특징'이 들어가야 한다.

> = 당장 즐거운 활동에 대해 부정적인 감정을 일으킴

3 / 선지 선택

②가 바로 '(당장 즐겁게 해줄) 현재 활동에 대한 매력 감소(부정적 감정)'를 의미한다.

Tip 글 초반에 빈칸이 등장하는 경우, 빈칸에 무엇이 들어가야 하는지 미리 포인트를 잡고(e.g. 빈칸 = 피하는 정보의 특성) 나머지 글을 읽어나갈 수 있다.

[오답 체크]

① '활동의 가치를 강조'하는 것은 '활동에 대해 부정적인 감정을 일으키는 것'과 상반된다.

③ '과거 활동'이 아니라 '현재 하고자 하는 활동'에 대한 내용이 들어가야 한다.

④ '더 많은 활동을 즐기게' 해주는 것은 '활동에 대해 부정적인 감정을 일으키는 것'과 상반된다.

⑤ '다른 사람들에게 알려진다'는 내용은 언급하지 않았다.

▶ **전문 해석** ◀ 정보 탐색에 관한 가장 통찰력 있는 연구 중 일부는 '전략적 자기 무지'를 강조하는데, 이는 '자신의 미래 자아에 해로울 수도 있는 즐거운 활동을 과도하게 하기 위한 핑계로서 무지를 이용하는 것'으로 이해된다. 여기서의 요점은, 만약 사람들이 현재에 편향되어 있다면, 현재의 활동을 덜 매력적으로 만들 정보를 피할 수도 있다는 것이다. 아마도 그것이 죄책감이나 수치심을 유발할 것이기 때문에, 그리고 아마도 그것이 그러한 활동을 하지 말라고 충고할 총체적 절충을 제안할 것이기 때문. 성 아우구스티누스는 "하나님 제게 정결을 주시옵소서, 내일."이라는 유명한 말을 했다. 현재에 편향되어 있는 행위자들은 "제가 위험을 알게 해주세요, 내일."이라고 생각한다. 사람들이 단기적 혜택이 있지만 장기적 대가가 있는 활동을 하려고 생각하고 있을 때마다, 그들은 중요한 정보의 수신을 미루는 것을 선호할 수도 있다. 사람들을 슬프거나 화나게 할 수 있는 정보에 관해서도 똑같은 점이 있을 수 있다. "제가 알아야 할 것을 말해 주세요. 내일."

▶ **구문 분석** ◀ **1** Some of the most insightful work on information seeking emphasizes "strategic self-ignorance," understood as "the use of ignorance as an excuse ..."

주어는 Some ... seeking이고, 목적어 "strategic self-ignorance" 뒤에는 which is가 생략되어 있다. 밑줄 친 'the use of A as B'는 'A를 B로 이용하는 것'이라는 의미이다.

DAY 03 기출 훈련 **A** 정답 ③   ① 14.1% ② 25.9% ✔ 30.1% ④ 16.4% ⑤ 12.4%

[해석 · 주요어구]

1 While early clocks marked only the hour or quarter-hour, / by 1700 / most clocks had acquired minute hands, / and by 1800 / second hands were standard.

초기 시계는 오직 정각이나 15분씩만을 표시했던 반면, / 1700년경에는 / 대부분의 시계가 분침을 얻었고, / 1800년경에는 / 초침이 표준이었다.

2,3 This unprecedented ability to measure time precisely **ⓐ** / ＿＿＿＿＿＿＿, / which became a prime weapon of the Industrial Revolution. // As the historian of technology Lewis Mumford argued, / "the clock, (not the steam engine), is the key-machine of the modern industrial age."

시간을 정확하게 측정하는 이러한 전례 없는 능력은 / ＿＿＿＿, / 그리고 이는 산업 혁명의 주요 무기가 되었다. // 기술 역사가 Lewis Mumford가 주장했듯이, / "(스팀 엔진이 아니라) 시계가 근대 산업 시대의 핵심 기계이다."

4 Soon factory workers were clocking in, / filling out timesheets, / and being punished for lateness. **ⓑ**

곧 공장 노동자들은 출근 시간을 기록하고, / 근무 시간 기록표를 기입하고, / 느림에 대해 처벌받고 있었다.

5 With time sliced into smaller and smaller periods, / business owners could **ⓒ** measure the speed of their workers (down to the second), / and gradually increase the pace of the production line.

시간이 점점 더 작은 시간 단위로 분할되면서, / 사업주들은 노동자들의 속도를 (초에 이르기까지) 측정할 수 있었고, / 생산 라인의 속도를 점진적으로 증가시킬 수 있었다.

6 Workers (who tried to reject this strict control by "going slow") / were swiftly fired. **ⓓ**

(이러한 엄격한 통제를 '태업함'으로써 거부하려 노력했던) 노동자들은 / 빠르게 해고되었다.

7 The cruel power of the clock **ⓔ** / fed the growing culture of utilitarian efficiency, / so brilliantly depicted by Charles Dickens / in his 1854 novel *Hard Times*, / where the office of Mr. Gradgrind contained "a deadly statistical clock in it, / which measured every second with a beat like a rap upon a coffin-lid." **ⓕ**

이 시계의 잔인한 힘은 / 자라나는 실리주의적 효율성 문화에 양분을 주었는데, / 이는 찰스 디킨스에 의해 아주 훌륭하게 묘사되었다 / 그의 1854년 소설 *Hard Times*에서, / 여기에서 Gradgrind 씨의 사무실은 "그 안에 죽음의 통계 시계를" 가지고 있었는데, / "이는 마치 관 뚜껑을 두드리는 것 같은 박자로 모든 초를 측정했다."

① allowed workers / to climb up the ladder of social class
노동자들에게 허락했다 / 계층 사다리를 올라가도록.

② liberated workers / but imprisoned employers in a time trap
노동자들을 해방시켰지만 / 고용주들을 시간의 덫에 가두었다

③ found its most authoritarian expression / in the factory clock
그것의 가장 권위적인 모습으로 나타났다 / 공장 시계에서

④ veiled / the violent nature and the discipline / of measured time
감추었다 / 폭력적 속성과 규율을 / 측정된 시간의

⑤ paved the way / for workers / to control manufacturing machines
길을 닦았다 / 노동자들이 / 제조 기계를 통제하도록

[풀이 과정]

1 지문 속 표현들을 통해 지문의 핵심 논리 파악

'시계의 발달(**ⓐ**)'이 산업 혁명 시대의 핵심이었던 것과 관련하여 다음과 같은 표현들이 비슷한 맥락으로 등장한다.

시계가 산업 혁명 시대의 핵심
- = **ⓑ** 공장 노동자들은 출근 시간을 기록하고, 근무 시간 기록표를 기입하고, 느림에 대해 처벌받고 있었다
- = **ⓒ** 사업주들은 노동자들의 속도를 초에 이르기까지 측정할 수 있었다
- = **ⓓ** 이러한 엄격한 통제를 '태업함'으로써 거부하려 노력했던 노동자들은 빠르게 해고되었다
- = **ⓔ** 이 시계의 잔인한 힘
- = **ⓕ** 죽음의 통계 시계 / 관 뚜껑을 두드리는 것

위 표현들의 핵심을 정리하면 다음과 같다.

시계가 산업 혁명 시대의 핵심
= 공장 노동자들이 더 혹독하게(시간에 쫓겨) 일하게 됨

2 빈칸에 들어갈 내용 확인

빈칸 문장 **2** 또한 비슷한 맥락이어야 한다.

＿＿＿＿＿＿
= 공장 노동자들로 하여금 더 혹독하게 일하도록 함

3 선지 선택

③은 '공장 시계에서 가장 권위적인 모습으로 나타났다'는 뜻으로, 즉 '시계로 인해 공장에서 노동자들이 아주 혹사당했다'는 의미이다.

Tip 빈칸이 글 초반에 등장하는 경우, 빈칸에 무엇이 들어가야 하는지 미리 포인트를 잡고(e.g. 빈칸 = 시계의 발달과 관련된 것) 나머지 글을 읽어나갈 수 있다.

[오답 체크]

① '노동자들이 계층 사다리를 오르는' 상황을 언급하지는 않았다.
② '노동자들을 해방시킨' 것이 아니라 노동자들을 더 혹사시켰고, '고용주들을 덫에 가둔' 것이 아니라 고용주들에게 이익을 주었다. 지문과 완전 상반되는 내용의 선지이다.
④ '측정된 시간의 폭력적 속성과 규율'을 '감추기'는커녕 오히려 드러냈다고 볼 수 있다.
⑤ '노동자들이 기계를 통제하는' 상황에 대해 언급하지 않았다.

▶ 전문 해석 ◀ 초기 시계는 오직 정각이나 15분씩만을 표시했던 반면, 1700년경에는 대부분의 시계가 분침을 얻었고, 1800년경에는 초침이 표준이었다. 시간을 정확하게 측정하는 이러한 전례 없는 능력은 공장 시계에서 그것의 가장 권위적인 모습으로 나타났고, 이는 산업 혁명의 주요 무기가 되었다. 기술 역사가 Lewis Mumford가 주장했듯이, "스팀 엔진이 아니라, 시계가 근대 산업 시대의 핵심 기계이다." 곧 공장 노동자들은 출근 시간을 기록하고 있었고, 근무 시간 기록표를 기입하고 있었고, 느림에 대해 처벌받고 있었다. 시간이 점점 더 작은 시간 단위로 분할되면서 사업주들은 노동자들의 속도를 초에 이르기까지 측정할 수 있었고, 생산 라인의 속도를 점진적으로 증가시킬 수 있었다. 이러한 엄격한 통제를 '태업함'으로써 거부하려 노력했던 노동자들은 빠르게 해고되었다. 이 시계의 잔인한 힘은 자라나는 실리주의적 효율성 문화에 양분을 주었는데, 이는 찰스 디킨스에 의해 1854년 소설 *Hard Times*에서 아주 훌륭하게 묘사되었다. 여기에서 Gradgrind 씨의 사무실은 "그 안에 죽음의 통계 시계를" 가지고 있었는데, "이는 마치 관 뚜껑을 두드리는 것 같은 박자로 모든 초를 측정했다."

▶ 구문 분석 ◀ **7** The cruel power of the clock fed the growing culture of utilitarian efficiency, **(which was)** so brilliantly depicted by Charles Dickens in his 1854 novel *Hard Times*, **where** the office of Mr. Gradgrind contained "a deadly statistical clock in it, **which** measured every second with a beat like a rap upon a coffin-lid."

생략된 것까지 합치면 이 문장에서 관계사가 총 3번 등장한다. 첫 번째 which의 선행사는 앞 절의 내용 전체, where의 선행사는 his 1854 novel *Hard Times*, 마지막 which의 선행사는 a deadly statistical clock이다.

[해석·주요어구]

1 The future of our high-tech goods / may lie not in the limitations of our minds, / but in _____.

첨단 기술 제품의 미래는 / 우리 생각의 한계에 있는 것이 아니라, / _____ 에 있을지도 모른다.

2 In previous eras, (such as the Iron Age and the Bronze Age), / the discovery of new elements / brought forth / seemingly unending numbers of new inventions.
_ⓐ

(철기, 청동기와 같은) 과거 시대에, / 새로운 원소의 발견은 / 낳았다 / 끝이 없을 것처럼 보이는 많은 수의 새로운 발명품을.

3,4 Now the combinations may truly be unending. // We are now witnessing a
= new inventions
fundamental shift / in our resource demands.

이제 그 조합은 진짜로 끝이 없을 수도 있다. // 우리는 이제 근본적인 변화를 목격하고 있다 / 자원 수요에 있어서.

5,6 At no point in human history / have we used / *more* elements, in *more* combinations, and in increasingly refined amounts. // Our ingenuity will soon outpace our material supplies.자원(을 활용해 발명하려는) 수요가 폭발하여 자원 공급을 앞지름

인류 역사의 어느 지점에서도 / 우리는 쓴 적이 없었다 / '더 많은' 원소를, '더 많은' 조합으로, 그리고 점점 더 정밀한 양으로. // 우리의 창의력은 곧 우리의 물질 공급을 앞지를 것이다.

7 This situation comes at a defining moment / when the world is struggling to reduce its reliance on fossil fuels.= 화석연료 대신 친환경 기술을 발전시키려 할 때

이 상황은 결정적인 순간에 온다 / 세계가 화석연료에 대한 의존을 줄이고자 분투하고 있는.

8,9 Fortunately, rare metals are key ingredients / in green technologies (such as electric cars, wind turbines, and solar panels). // They help to convert / free natural resources (like the sun and wind) / into the power (that fuels our lives).
_ⓑ
다행히, 희귀한 금속들이 핵심 재료이다 / (전기 자동차, 풍력 발전용 터빈, 태양 전지판과 같은) 친환경 기술의. // 그것들은 전환하는 데 도움을 준다 / (태양과 바람과 같은) 무료 천연자원을 / (우리 생활에 연료를 공급하는) 동력으로.

10 But / without increasing today's limited supplies, / we have no chance / of developing the alternative green technologies {we need (to slow climate change)}.

하지만 / 오늘날의 제한된 공급을 늘리지 않고는, / 우리는 가망이 없다 / {(기후 변화를 늦추기 위해) 우리가 필요로 하는} 친환경 대체 기술을 개발할.

① our ability to secure the ingredients (to produce them)
(그것을 생산하기 위한) 재료를 확보할 수 있는 우리의 능력

② our effort to make them as eco-friendly as possible
그것을 가능한 한 친환경적이게 만들고자 하는 우리의 노력

③ the wider distribution of innovative technologies
혁신 기술의 더 광범위한 보급

④ governmental policies (not to limit resource supplies)
(자원 공급을 제한하지 않는) 정부 정책

⑤ the constant update and improvement of their functions
기능의 지속적인 업데이트와 개선

[풀이 과정]

1 지문 속 표현들을 통해 지문의 핵심 논리 파악

문장 **2** 의 과거 상황과 문장 **3** ~ **10** 의 현재 상황을 통해, 무엇이 기술 발전의 관건이 되었는지(되는지)가 드러난다.

> **기술 발전에 중요한 것**
> = ⓐ 새로운 원소의 발견은 끝이 없을 것처럼 보이는 많은 수의 새로운 발명품을 낳았다
> = ⓑ 오늘날의 제한된 [원료] 공급을 늘리지 않고는, 우리는 친환경 대체 기술을 개발할 가망이 없다

위 표현들의 핵심을 정리하면 다음과 같다.

> 기술 발전에 중요한 것 = 원료의 충분한 공급

2 빈칸에 들어갈 내용 확인

빈칸 문장 **1** 은 '첨단 기술의 미래를 결정하는 요소'에 대한 서술이다. 즉 빈칸에도 기술 발전에 중요한 것이 들어가야 한다.

> _____ = 원료의 충분한 공급

3 선지 선택

①이 바로 '재료 확보', 즉 '원료의 충분한 공급'을 의미한다.

Tip 빈칸이 주제문 역할의 첫 문장에 등장하는 경우, 빈칸에 무엇이 들어가야 하는지 미리 포인트를 잡고(e.g. 빈칸 = 첨단 기술의 미래를 결정하는 요소) 나머지 글을 읽어나갈 수 있다.

[오답 체크]

② 이 지문은 '친환경 기술을 개발하자'고 주장하는 글이 아니라, '(친환경 기술과 같은) 첨단 기술 개발에 원료의 공급이 중요함'을 강조하는 글이다. 지문에서 '친환경 기술'은 첨단 기술의 예시로 등장했을 뿐이다. 예시와 주제를 혼동하지 않도록 주의해야 한다.
③ 기술의 '보급 범위'에 대해 언급하지 않았다.
④ '정부 정책'에 대해 언급하지 않았다.
⑤ '기능의 업데이트와 개선'에 대해 언급하지 않았다.

▶ 전문 해석 ◀ 첨단 기술 제품의 미래는 우리 생각의 한계에 있는 것이 아니라, 그것을 생산하기 위한 재료를 확보할 수 있는 우리의 능력에 있을지도 모른다. 철기, 청동기와 같은 과거 시대에, 새로운 원소의 발견은 끝이 없을 것처럼 보이는 많은 수의 새로운 발명품을 낳았다. 이제 그 조합은 진짜로 끝이 없을 수도 있다. 우리는 이제 자원 수요에 있어서 근본적인 변화를 목격하고 있다. 인류 역사의 어느 지점에서도, 우리는 지금보다 '더 많은' 원소를, '더 많은' 조합으로, 그리고 점점 더 정밀한 양으로 쓴 적이 없었다. 우리의 창의력은 곧 우리의 물질 공급을 앞지를 것이다. 이 상황은 세계가 화석연료에 대한 의존을 줄이고자 분투하고 있는 결정적인 순간에 온다. 다행히, 희귀한 금속들이 전기 자동차, 풍력 발전용 터빈, 태양 전지판과 같은 친환경 기술의 핵심 재료이다. 그것들은, 태양이나 바람과 같은 무료 천연자원을 우리 생활에 연료를 공급하는 동력으로 전환하는 데 도움을 준다. 하지만 오늘날의 제한된 공급을 늘리지 않고는, 우리는 기후 변화를 늦추기 위해 필요한 친환경 대체 기술을 개발할 가망이 없다.

▶ 구문 분석 ◀ 5 At no point in human history have we used *more* elements ...

밑줄 친 부정어구가 문장 앞으로 나오면서, 뒷부분이 'have-주어'로 도치되었다.

[해석 · 주요어구]

1,2 Protopia is a state of becoming, / rather than a destination. // It is a process.

프로토피아는 변화의 상태이다 / 목적지라기보다는. // 그것은 과정이다.

3 In the protopian mode, / things are better today than they were yesterday, / although only a little better.—ⓐ

프로토피아적인 방식에서는, / 상황이 어제보다 오늘 더 낫다, / 비록 약간 더 나아질 뿐이라도.

4 It is incremental improvement or mild progress.—ⓑ

그것은 점진적인 개선이나 가벼운 진보이다.

5 The "pro" in protopian / stems from the notions of process and progress.

프로토피아적이라는 말에서 '프로'는 / 과정과 진보라는 개념에서 비롯된다.

6 This subtle progress is not dramatic, not exciting.—ⓒ

이 미묘한 진보는 극적이지도 않고 자극적이지도 않다.

7 It is easy to miss / because a protopia generates almost as many new problems as new benefits. ⓓ

프로토피아는 놓치기 쉽다 / 그것이 거의 새로운 이점만큼 많은 새로운 문제를 발생시키기 때문에.

8 The problems of today were caused by yesterday's technological successes, / and the technological solutions to today's problems / will cause the problems of tomorrow. 어제의 '성공' → 오늘의 '문제' → (오늘의) '해결' → 내일의 '문제' → 해결 → 문제 → ..

오늘의 문제는 어제의 기술적 성공에 의해 유발되고, / 오늘의 문제에 대한 기술적 해결책은 / 내일의 문제를 유발할 것이다.

9 This circular expansion of both problems and solutions _____.

문제와 해결책의 이런 순환적 팽창은 _____.

10~12 Ever since the Enlightenment and the invention of science, / we've managed to create a tiny bit more / than we've destroyed—ⓔ / each year. // But that few percent positive difference—ⓕ / is compounded over decades / into what we might call civilization. // Its benefits never star in movies.—ⓖ
= 'that few percent positive difference'

계몽주의와 과학의 발명 이래로 줄곧, / 우리는 약간 더 많이 만들어냈다 / 파괴해 온 것보다 / 매년. // 그러나 그 작은 몇 퍼센트의 긍정적인 차이는 / 수십 년에 걸쳐 조합된다 / 우리가 문명이라고 부를 수 있는 것으로. // 그것의 이익들은 영화에서 주연을 맡아 돋보이는 법이 없다.

① conceals / the limits of innovations at the present time
　감춘다 / 현대의 혁신들의 한계를

② makes it difficult / to predict the future with confidence
　어렵게 만든다 / 자신감 있게 미래를 예측하는 것을

③ motivates us / to quickly achieve a protopian civilization
　우리에게 동기를 부여한다 / 프로토피아적인 문명을 빨리 이루도록

④ hides / a steady accumulation of small net benefits / over time
　숨긴다 / 작은 순이익의 꾸준한 축적을 / 시간이 지나면서 생기는

⑤ produces a considerable change / in technological successes
　상당한 변화를 만든다 / 기술적 성공에서

[풀이 과정]

1 지문 속 표현들을 통해 지문의 핵심 논리 파악

'프로토피아'라는 발전 과정에 대한 표현들이 다음과 같이 비슷한 맥락을 이루며 등장한다.

> **'프로토피아' 발전 과정의 특징**
> = ⓐ 약간 더 나아질
> = ⓑ 점진적인 개선이나 가벼운 진보
> = ⓒ 이 미묘한 진보는 극적이지도 자극적이지도 않다
> = ⓓ 프로토피아는 놓치기 쉽다
> = ⓔ 파괴해 온 것보다 약간 더 많이 만든다
> = ⓕ 작은 몇 퍼센트의 긍정적인 차이
> = ⓖ 그것의 이익들은 영화에서 주연을 맡아 돋보이는 법이 없다

위 표현들의 핵심을 정리하면 다음과 같다.

> **'프로토피아' 발전 과정의 특징**
> = 조금씩 발전하여 알아차리기 어려움

2 빈칸에 들어갈 내용 확인

빈칸 문장 **9** 또한 비슷한 맥락의 내용이 되어야 한다.

> This circular expansion of both problems and solutions _____.
> = 조금씩 발전하여 알아차리기 어려움

3 선지 선택

④가 바로 '작은 순이익의 꾸준한 축적(조금씩 발전)'과 '그 축적이 감춰짐(알아차리기 어려움)'에 대한 내용이다.

[오답 체크]

① '혁신의 한계'가 감춰지는 것이 아니라 '혁신(발전)' 자체가 감춰지는 것이며, '현대'에만 국한된 이야기도 아니다.
② '미래 예측의 어려움'은 '발전 과정을 알아채기 어려움'과는 관련 없는 이야기이다.
③ '동기 부여'에 대해 언급하지 않았다.
⑤ '상당한 변화'는 지문에서 다루는 '작은 변화'와 반대이며, '기술적 성공'에만 국한된 이야기도 아니다.

▶ **전문 해석** ◀ 프로토피아는 목적지라기보다는 변화의 상태이다. 그것은 과정이다. 프로토피아적인 방식에서는 상황이 어제보다 오늘, 비록 약간 더 나아질 뿐이라도, 더 낫다. 그것은 점진적인 개선이나 가벼운 진보이다. 프로토피아적이라는 말에서 '프로'는 과정과 진보라는 개념에서 비롯된다. 이 미묘한 진보는 극적이지도 않고 자극적이지도 않다. 프로토피아는 거의 새로운 이점만큼 많은 새로운 문제를 발생시키기 때문에 그것을 놓치기 쉽다. 오늘의 문제는 어제의 기술적 성공에 의해 유발되고, 오늘의 문제에 대한 기술적 해결책은 내일의 문제를 유발할 것이다. 문제와 해결책의 이런 순환적 팽창은 시간이 지나면서 생기는 작은 순이익의 꾸준한 축적을 숨긴다. 계몽주의와 과학의 발명 이래로 줄곧, 우리는 매년 우리가 파괴해 온 것보다 약간 더 많이 만들어냈다. 그러나 그 작은 몇 퍼센트의 긍정적인 차이는 수십 년에 걸쳐 우리가 문명이라고 부를 수 있는 것으로 조합된다. 그것의 이익들은 영화에서 주연을 맡아 돋보이는 법이 없다.

▶ **구문 분석** ◀ **11** But that few percent positive difference **is compounded** over decades **into what we might call civilization.**
'compound A into B(A를 B로 조합하다)'의 수동태 표현으로, B 자리에는 관계대명사 what절이 왔다.

DAY **04** 기출 훈련 **A** 정답 ⑤　　① 11.1%　② 8.4%　③ 25.4%　④ 16.5%　✓ 30.7%

[해석·주요어구]

1 In the 20th century, / average life expectancy in the United States rose / by nearly 30 years.
20세기에, / 미국의 평균 기대 수명이 늘었다 / 거의 30년이나.

2 The vast majority of that increase / is credited to advances in public health, / rather than advances in medical care, / and _____ played a critical role in these advances.
그 늘어남의 거의 대부분은 / 공중 보건의 발전 덕분이다 / 의료의 발전보다는, / 그리고 _____이 이러한 발전에 중요한 역할을 했다.

3 For example, / requirements (that children be vaccinated before they attend school) / played a central role / in reducing occurrence of vaccine-preventable diseases.
예를 들어, / (어린이들이 학교에 입학하기 전 예방 접종을 받아야 한다는) 조건은 / 중심적인 역할을 했다 / 예방 접종으로 막을 수 있는 질병의 발생을 줄이는 데.

4 Smallpox and polio, / which were once feared and deadly diseases, / were eliminated from the Western Hemisphere (with smallpox eliminated worldwide), / while the number of new measles cases dropped / from more than 300,000 in 1950 / to fewer than 100 in 2000.
천연두와 소아마비는, / 한때 두려움의 대상이었고 치명적인 질병이었지만, / 서반구에서 퇴치되었고 (천연두는 전 세계적으로 퇴치되었으며), / 새로 홍역에 걸린 환자 수는 감소했다 / 1950년 30만 명 이상에서 / 2000년 100명 이하로.

5 Likewise, / following the introduction of extensive vehicle and roadway safety laws (starting in the mid-1960s), / the number of highway deaths decreased / from roughly 51,000 in 1966 / to 42,000 in 2000, / even as the number of miles (driven per year) increased nearly 300%.
마찬가지로, / (1960년대 중반에 시작된) 차량 및 도로에 관한 안전 법규를 폭넓게 도입함에 따라, / 고속도로 사망자 수는 감소하였다 / 1966년 대략 51,000명에서 / 2000년 42,000명으로, / (연간 주행) 마일 수가 거의 300% 증가했음에도 불구하고,

① birth control 산아 제한
② balanced diets 균형 잡힌 식단
③ early diagnosis 이른 진단
④ scientific research 과학적 연구
⑤ legal interventions 법적 개입

[풀이 과정]

1 지문 속 표현들을 통해 지문의 핵심 논리 파악

미국의 기대 수명(ⓐ)이 높아진 것은 공중 보건의 발전(ⓑ) 덕분이라고 하면서, 무엇이 그 발전에 중요한 역할을 했는지 다음의 두 가지 예시를 통해 설명한다.

> **기대 수명 연장/공중 보건 발전에 중요한 역할을 한 것**
> = ⓒ 어린이들이 학교에 입학하기 전 예방 접종을 받아야 한다는 조건
> = ⓓ 1960년대 중반에 시작된 차량 및 도로에 관한 안전 법규를 폭넓게 도입함

위 표현들의 핵심을 정리하면 다음과 같다.

> **기대 수명 연장/공중 보건 발전에 중요한 역할을 한 것**
> = 법, 규칙

2 빈칸에 들어갈 내용 확인

빈칸 문장 **2** 또한 같은 내용이어야 한다.

> _____ = 법, 규칙

3 선지 선택

⑤가 바로 '법, 규칙'을 의미한다.

Tip 빈칸이 글 초반에 등장하는 경우, 빈칸에 무엇이 들어가야 하는지 미리 포인트를 잡고(e.g. 빈칸 = 공중 보건의 발전에 결정적인 역할을 한 것) 나머지 글을 읽어나갈 수 있다.

[오답 체크]
① '산아 제한'에 대해 언급하지 않았다.
② '식단'에 대해 언급하지 않았다.
③ '(질병의) 진단'에 대해 언급하지 않았다. '질병 예방'에 대해서만 언급했고, 이조차도 예시 중 일부와 관련된 이야기일 뿐이다.
④ '과학적 연구'에 대해 언급하지 않았다.

▶ **전문 해석** ◀ 20세기에, 미국의 기대 수명이 거의 30년이나 늘었다. 그 늘어남의 거의 대부분은 의료의 발전보다는 공중 보건의 발전 덕분이며, 법적 개입이 이러한 발전에 중요한 역할을 했다. 예를 들어, 어린이들이 학교에 입학하기 전 예방 접종을 받아야 한다는 조건은 예방 접종으로 막을 수 있는 질병의 발생을 줄이는 데 중심적인 역할을 했다. 천연두와 소아마비는, 한때 두려움의 대상이었고 치명적인 질병이었지만, 서반구에서 퇴치되었고 (천연두는 전 세계적으로 퇴치되었으며), 새로 홍역에 걸린 환자 수는 1950년 30만 명 이상에서 2000년 100명 이하로 감소했다. 또한, 1960년대 중반에 시작된 차량 및 도로에 관한 안전 법규를 폭넓게 도입함에 따라, 연간 주행 마일 수가 거의 300% 증가했음에도 불구하고, 고속도로 사망자 수는 1966년 대략 51,000명에서 2000년 42,000명으로 감소하였다.

▶ **구문 분석** ◀ **3** For example, **requirements (that children be vaccinated before they attend school)** played a central role in ...
명사 requirements에 대한 동격의 that절이 그 내용을 부연 설명하고 있다. that절의 주어 children과 동사 be vaccinated 사이에는 조동사 should가 생략되어 있다. 이는 that절이 당위(~를 해야함)의 내용을 다루기 때문이다.

[해석·주요어구]　　　　　　　　**[풀이 과정]**

1 Development can get very complicated and fanciful.

전개부는 매우 복잡하고 장식적일 수 있다. **Tip** 처음에는 development를 '개발, 발전'으로 해석했을 것이다. 하지만 이어지는 음악 분야 예시를 보면 '(음악적) 전개'라는 특수한 의미임을 알 수 있다.

2 A fugue by Johann Sebastian Bach illustrates / how far this process could go, / when a single melodic line, sometimes just a handful of notes, was all / that the composer needed / to create a brilliant work / containing lots of intricate development within a coherent structure.

Johann Sebastian Bach의 푸가는 보여준다 / 이 과정이 얼마나 멀리 갈 수 있었는지를, / 하나의 멜로디 라인, 때로는 단지 소수의 음이 전부였을 때 / 그 작곡가가 필요로 하는 / 훌륭한 작품을 만들기 위해 / 통일성 있는 구조 내에 많은 복잡한 전개부를 포함하는.

3 Ludwig van Beethoven's famous Fifth Symphony provides an exceptional example / of how much mileage a classical composer can get / out of a few notes and a simple rhythmic tapping.

Ludwig van Beethoven의 유명한 5번 교향곡은 특출난 예시를 제공한다 / 클래식 작곡가가 얼마나 많은 이익을 얻어낼 수 있는지에 대해 / 몇 개의 음과 단순 리듬의 두드림에서.

4 The opening da-da-da-DUM (that everyone has heard somewhere or another) _____ / throughout not only the opening movement, but the remaining three movements, / like a kind of motto or a connective thread.

(모든 사람들이 어디선가 들어본) 시작 부분의 다-다-다-덤은 _____ / 시작 악장에서뿐만 아니라 나머지 3악장 내내, / 일종의 주제 악구나 연결된 줄기처럼.

5 Just as we don't always see the intricate brushwork (that goes into the creation of a painting), / we may not always notice / how Beethoven keeps finding fresh uses for his motto / or how he develops his material into a large, cohesive statement.

우리가 (그림 작품 하나를 창조하는 데 들인) 복잡한 붓놀림을 항상 보지는 못하듯이, / 우리가 항상 알아보지는 못할 수도 있다 / 어떻게 Beethoven이 자기 주제 악구의 새로운 활용을 계속 찾아내는지 / 또는 어떻게 그가 그의 재료를 거대한, 응집력 있는 진술로 발전시키는지.

6 But / a lot of the enjoyment (we get from that mighty symphony) / stems from the inventiveness behind it, / the impressive development of musical ideas.

그러나 / (그 위대한 교향곡에서 우리가 얻는) 즐거움의 많은 부분은 / 그 이면의 창의성에서 비롯된다 / 즉 음악적 아이디어의 인상적인 전개에서.

① makes the composer's musical ideas contradictory
작곡가의 음악적 아이디어들을 서로 모순되게 만든다

② appears in an incredible variety of ways
엄청나게 다양한 방식으로 나타난다

③ provides extensive musical knowledge creatively
광범위한 음악적 지식을 창의적으로 제공한다

④ remains fairly calm within the structure
구조 내에서 다소 차분하게 유지된다

⑤ becomes deeply associated with one's own enjoyment
개인[청자]의 즐거움과 깊이 연관된다

1 / 지문 속 표현들을 통해 지문의 핵심 논리 파악

'클래식의 음악적 전개(ⓐ)'에 대하여 Bach와 Beethoven의 예시가 다음과 같이 비슷한 맥락으로 등장한다.

클래식 음악이 전개되는 방식
= ⓑ Johann Sebastian Bach의 푸가 / 하나의 멜로디 라인, 때로는 단지 소수의 음이 ... 많은 복잡한 전개부를 ... 만들기 위해 필요로 하는 전부이다
= ⓒ Ludwig van Beethoven의 유명한 5번 교향곡 / 클래식 작곡가가 몇 개의 음과 단순 리듬의 두드림에서 얼마나 많은 이익을 얻어낼 수 있는지
= ⓓ 어떻게 Beethoven이 자기 주제 악구의 새로운 활용을 계속 찾아내는지 / 어떻게 그가 그의 재료를 거대한, 통일성 있는 진술로 발전시키는지
= ⓔ 그 이면의 창의성, 즉 음악적 아이디어의 인상적인 전개

위 표현들의 핵심을 정리하면 다음과 같다.

클래식 음악이 전개되는 방식
= 단순한 구절(멜로디/리듬)이 복잡·화려하게 응용됨

2 / 빈칸에 들어갈 내용 확인

빈칸 문장 **4** 에서 '시작 부분의 다-다-다-덤(단순한 구절)이 계속 _____다'라고 하므로, 빈칸에는 '응용된다'는 내용이 들어가야 한다.

_____ = 복잡·화려하게 응용된다

3 / 선지 선택

②가 바로 '엄청나게 다양한 방식으로 나타난다,' 즉 '다양하게 응용된다'는 의미이다.

[오답 체크]
① 음악적 아이디어가 '응용'된다고만 했지 '모순'된다고 하지는 않았다.
③ 음악적 '지식'에 대해 언급하지 않았다.
④ 시작 부분의 다-다-다-덤이 '응용'된다고만 했지 '차분하게' 유지된다고 하지는 않았다.
⑤ '시작 부분의 다-다-다-덤' 그 자체만으로 '청자의 즐거움'이 되는 것이 아니라, 시작 부분의 다-다-다-덤이 다양하고 창의적으로 전개되면서 청자에게 즐거움을 주는 것이다.

▶ 전문 해석 ◀ 전개부는 매우 복잡하고 장식적일 수 있다. 하나의 멜로디 라인, 때로는 단지 소수의 음이 그 작곡가가 통일성 있는 구조 내에 많은 복잡한 전개부를 포함하는 훌륭한 작품을 만들기 위해 필요로 하는 전부였을 때, Johann Sebastian Bach의 푸가는 이 과정이 얼마나 멀리 갈 수 있었는지를 보여준다. Ludwig van Beethoven의 유명한 5번 교향곡은 클래식 작곡가가 몇 개의 음과 단순 리듬의 두드림에서 얼마나 많은 이익을 얻어낼 수 있는지에 대해 특출난 예시를 제공한다. 모든 사람들이 어디선가 들어본 시작 부분의 다-다-다-덤은, 일종의 주제 악구나 연결된 줄기처럼, 시작 악장에서뿐만 아니라 나머지 3악장 내내 엄청나게 다양한 방식으로 나타난다. 우리가 그림 작품 하나를 창조하는 데 들인 복잡한 붓놀림을 항상 보지는 못하듯이, 우리는 어떻게 Beethoven이 자기 주제 악구의 새로운 활용을 계속 찾아내는지, 또는 어떻게 그가 그의 재료를 거대한, 응집력 있는 진술로 발전시키는지를 항상 알아보지는 못할 수도 있다. 그러나 그 위대한 교향곡에서 우리가 얻는 즐거움의 많은 부분은 그 이면의 창의성, 즉 음악적 아이디어의 인상적인 전개에서 비롯된다.

▶ 구문 분석 ◀ 2 ... when a single melodic line, sometimes just a handful of notes, was **all {that the composer needed △ to create a brilliant work (containing lots of intricate development within a coherent structure)}**.

밑줄 친 목적격 관계대명사 that절이 선행사 all을 수식하고 있다. 관계대명사절 내에서 선행사 all의 원래 위치는 △이다. 또한 현재분사구 containing ~ structure는 a brilliant work를 수식한다.

[해석·주요어구]

1 Both the acquisition and subsequent rejection of agriculture / are becoming increasingly recognized / as adaptive strategies to local conditions / that may have occurred repeatedly over the past ten millennia.

농업의 습득과 그 후 이어진 거부는 모두 / 점차 인식되고 있다 / 지역적 상황에 대한 적응 전략으로 / 지난 만 년 동안에 걸쳐 반복적으로 일어났을지도 모르는.

2 For example, / in a recent study of the Mlabri, a modern hunter-gatherer group from northern Thailand, / it was found / that these people had previously been farmers, but had abandoned agriculture about 500 years ago.

예를 들어, / 태국 북부 출신의 현대 수렵 채집 집단인 Mlabri에 대한 최근 연구에서, / 밝혀졌다 / 이 사람들이 이전에는 농부였지만, 약 500년 전에 농업을 포기한 것이

3 This raises the interesting question / as to how many of the diminishing band of contemporary hunter-gatherer cultures / are in fact the descendents of farmers / who have only secondarily readopted hunter-gathering as a more useful lifestyle, / perhaps after suffering from crop failures, dietary deficiencies, or climatic changes.

Tip 현대의 수렵 채집 집단이 농부였다는 것은, 어느 시점에 농업을 포기했음을 의미한다.

이것은 흥미로운 질문을 제기한다 / 감소 중인 현대의 수렵 채집 문화 집단 중 얼마나 많은 수가 / 실제로는 농부들의 후손들이었을지에 대해 / 더 유용한 생활양식으로 수렵 채집을 이차적으로 다시 채택했던 / 아마도 흉작, 식량 부족 또는 기후 변화에 시달린 후에.

4 Therefore, / the process of what may be termed the 'agriculturalization' of human societies / was _____, / at least on a local level.

그러므로, / 인간 사회의 '농업화'라고 불릴 수 있는 것의 과정은 / _____이었다 / 적어도 국지적인 차원에서는.

5 Hunter-gatherer cultures across the world, from midwestern Amerindians to !Kung in the African Kalahari, / have adopted and subsequently discarded agriculture, / possibly on several occasions over their history, / in response to factors such as game abundance, climatic change, and so on.

중서부 아메리카 원주민들로부터 아프리카 칼라하리의 !Kung족(族)에 이르기까지 전 세계의 수렵 채집 문화들은 / 농업을 채택하고 그 후 폐기했다, / 아마도 그들 역사상 여러 차례, / 풍부한 사냥감, 기후 변화 등과 같은 요인에 대응하여.

① not necessarily irreversible
꼭 돌이킬 수 없는 것은 아닌

② met with little resistance
저항을 거의 마주하지 않는

③ essential for adaptation
적응에 필수적인

④ started by pure coincidence
순전한 우연에 의해 시작된

⑤ rarely subject to reconsideration
거의 재고되지 않는

[풀이 과정]

1 / 지문 속 표현들을 통해 지문의 핵심 논리 파악

인간의 농업에 대한 표현들이 다음과 같이 비슷한 맥락으로 반복된다.

> **인간의 농업**
> = ⓐ 농업의 습득과 그 후 이어진 거부
> = ⓑ 이전에는 농부였지만, 약 500년 전에 농업을 포기했다
> = ⓒ 감소 중인 현대의 수렵 채집 문화 집단 중 얼마나 많은 수가 실제로는 농부의 후손들이었을지
> = ⓓ 농업을 채택하고 그 후 폐기했다

위 표현들의 핵심을 정리하면 다음과 같다.

> **인간의 농업**
> = 농업을 도입했다가 수렵 채집으로 되돌아간 경우가 많음

2 / 빈칸에 들어갈 내용 확인

빈칸 문장 **4** 는 인간의 농업화(농업의 도입)에 대한 서술이므로, 다음과 같다.

> _____
> = 이후 다시 수렵 채집으로 되돌아간 경우가 많음

3 / 선지 선택

①이 바로 '돌이킬 수 있다'는 의미, 즉 '다시 수렵 채집으로 돌아가기도 했다'는 내용에 해당한다.

[오답 체크]

② '농업화가 저항을 거의 마주하지 않았음'은 농업이 저항을 마주한 경우가 많았다는 지문 내용과 상반된다.

③ '농업화가 적응에 필수적'이라는 내용은 결국 농업을 포기하고 다시 수렵 채집으로 돌아간 경우가 많았다는 지문 내용과 상반된다. 농업화가 적응에 필수적이었다면 수렵 채집으로 되돌아갈 수 없었을 것이다.

④ '우연'에 대해 언급하지 않았다.

⑤ '농업화가 거의 재고되지 않음'은 다시 수렵 채집으로 돌아간 경우가 많았다(농업화에 대한 재고가 이루어졌다)는 지문 내용과 상반된다.

▶ **전문 해석** ◀ 농업의 습득과 그 후 이어진 거부는 모두 지난 만 년 동안에 걸쳐 반복적으로 일어났을지도 모르는 지역적 상황에 대한 적응 전략으로 점차 인식되고 있다. 예를 들어, 태국 북부 출신의 현대 수렵 채집 집단인 Mlabri에 대한 최근 연구에서, 이 사람들이 이전에는 농부였지만, 약 500년 전에 농업을 포기한 것이 밝혀졌다. 이것은 감소 중인 현대의 수렵 채집 문화 집단 중 얼마나 많은 수가 실제로는, 아마도 흉작, 식량 부족 또는 기후 변화에 시달린 후에, 더 유용한 생활양식으로 수렵 채집을 이차적으로 다시 채택했던 농부들의 후손이었을지에 대해 흥미로운 질문을 제기한다. 그러므로, 인간 사회의 '농업화'라고 불릴 수 있는 것의 과정은 적어도 국지적인 차원에서는 꼭 돌이킬 수 없는 것은 아니었다. 중서부 아메리카 원주민들로부터 아프리카 칼라하리의 !Kung족(族)에 이르기까지 전 세계의 수렵 채집 문화들은, 풍부한 사냥감, 기후 변화 등과 같은 요인에 대응하여, 아마도 역사상 여러 차례, 농업을 채택하고 그 후 폐기했다.

▶ **구문 분석** ◀ **3** This raises the interesting question **as to how many of the diminishing band of contemporary hunter-gatherer cultures are in fact the descendents of farmers (who have only secondarily readopted hunter-gathering as a more useful lifestyle, perhaps after suffering ...)**
전치사 as to 뒤로 '주어+be동사+주격보어' 구조의 완전한 의문사절이 how부터 문장 끝까지 이어지고 있다. 관계대명사절 ( )는 farmers를 수식한다.

DAY **05** 기출 훈련 **A** 정답 ①   ✓ 43.5% ② 27.4% ③ 8.9% ④ 12.4% ⑤ 7.8%

[해석·주요어구]

1 Elinor Ostrom found / that there are several factors / critical to bringing about stable institutional solutions (to the problem of the commons). ⓐ

Elinor Ostrom은 알게 되었다 / 몇 가지 요인이 있음을 / (공유지의 문제에 대한) 안정적인 제도적 해결책을 가져오는 데 중요한.

2 She pointed out, for instance, / that the actors (affected by the rules for the use and care of resources) must have the right to _____.

예를 들어, 그녀는 지적했다 / (자원의 이용 및 관리에 대한 규칙의 영향을 받는) 행위자에게 _____할 권리가 있어야 한다고.

3 For that reason, / the people (who monitor and control the behavior of users) ⓑ should also be users / and/or have been given a mandate by all users.

그러한 이유로, / (사용자의 행동을 감시하고 통제하는) 사람 또한 사용자여야 한다 / 그리고 혹은 또한, 모든 사용자에 의한 위임을 받았어야 한다.

4 This is a significant insight, / as it shows / that prospects are poor / for a centrally directed solution to the problem of the commons (coming from a state power) / in comparison with a local solution (for which users assume personal responsibility). ⓒ

이것은 중요한 통찰인데, / 그것이 보여주기 때문이다 / 미래 전망이 열악하다는 것을 / (국가 권력에서 나오는) 공유지 문제에 대한 정부 지향적 해결책에 있어서 / (사용자가 개인적 책임을 지는) 지역적인 해결책에 비해.

5 Ostrom also emphasizes / the importance of democratic decision processes / ⓓ and that all users must be given access / to local forums (for solving problems and conflicts among themselves). ⓔ

Ostrom은 또한 강조한다 / 민주적 의사결정 과정의 중요성을 / 그리고 모든 사용자에게 참여 권한이 주어져야 한다고 / (그들 사이의 문제와 갈등을 해결하기 위한) 지역 포럼에.

6 Political institutions at central, regional, and local levels / must allow users to ⓕ devise their own regulations and independently ensure observance.

중앙, 지방 및 지역 차원의 정치 기관들은 / 사용자들이 자체 규정을 고안하고 독립적으로 준수할 수 있도록 해야 한다.

① participate in decisions to change the rules
　규칙을 변경하는 결정에 참여할

② claim individual ownership of the resources
　자원에 대한 개인적 소유권을 주장할

③ use those resources to maximize their profits
　자신의 이익을 최대화하기 위해 그 자원을 이용할

④ demand free access to the communal resources
　공유 자원에 대한 자유로운 접근(이용) 권한을 요구할

⑤ request proper distribution based on their merits
　자신의 가치를 바탕으로 적절한 분배를 요청할

[풀이 과정]

1/ 지문 속 표현들을 통해 지문의 핵심 논리 파악

공유지의 문제를 해결하려 할 때 중요한 것들(ⓐ) 중 한 가지에 대하여, 다음의 표현들이 비슷한 맥락을 이룬다.

> **공유지의 문제를 해결할 때 중요한 한 가지**
> = ⓑ 사용자의 행동을 감시하고 통제하는 사람 또한 사용자여야 하고, … 위임을 받았어야 한다
> = ⓒ 사용자가 개인적 책임을 지는 지역적인 해결책
> = ⓓ 민주적 의사결정 과정
> = ⓔ 모든 사용자에게 그들 사이의 문제와 갈등을 해결하기 위한 지역 포럼에 참여할 권한이 주어져야 한다
> = ⓕ 사용자가 자체 규정을 고안하고 독립적으로 … 하다

위 표현들의 핵심을 정리하면 다음과 같다.

> **공유지의 문제를 해결할 때 중요한 한 가지**
> = 사용자들의 주체적 결정
> , 지역적 local, 민주적 democratic, 독립적 independent

2/ 빈칸에 들어갈 내용 확인

빈칸 문장 **2** 또한 비슷한 맥락이어야 한다.

> the actors … must have the right to _____
> = 사용자들이 주체적으로 결정한다

3/ 선지 선택

①을 넣으면 'the actors … must have the right to **participate in decisions to change the rules**(행위자들에게 **규칙을 변경하는 결정에 참여할** 권리가 있어야 한다)'라는 표현이 된다. '사용자들이 주체적으로 결정한다'는 의미와 통한다.

Tip 빈칸이 글 초반에 등장하는 경우, 빈칸에 무엇이 들어가야 하는지 미리 포인트를 잡고(e.g. 빈칸 = 공유지의 문제에 대한 해결책) 나머지 글을 읽어나갈 수 있다.

[오답 체크]

② '개인들'이 주체적으로 참여해야 한다는 내용의 지문이기는 하지만, 그들이 '소유권을 주장'해야 한다는 내용은 언급하지 않았다. 지문에 언급되지 않은 부분을 본인이 함부로 추측해 풀면 안 된다.

③ '이익 최대화'에 대해 언급하지 않았다.

④ 공유지의 '문제 해결에 주체적으로 참여할 권한'에 대한 지문이기는 하지만, 공유 자원에 '자유롭게 접근(이용)할 권한'에 대해 언급하지는 않았다.

⑤ '(행위자들의) 가치'나 '분배'에 대해 언급하지 않았다.

▶ 전문 해석 ◀ Elinor Ostrom은 공유지의 문제에 대한 안정적인 제도적 해결책을 가져오는 데 중요한 몇 가지 요인이 있음을 알게 되었다. 예를 들어, 그녀는 자원의 이용 및 관리에 대한 규칙의 영향을 받는 행위자에게 <u>규칙을 변경하는 결정에 참여할</u> 권리가 있어야 한다고 지적했다. 그러한 이유로 사용자의 행동을 감시하고 통제하는 사람 또한 사용자여야 하고, 그리고 혹은 또한, 모든 사용자에 의한 위임을 받았어야 한다. 이것은 중요한 통찰인데, 사용자가 개인적 책임을 지는 지역적인 해결책에 비해 국가 권력에서 나오는 공유 문제에 대한 정부 지향적 해결책에 있어서 미래 전망이 열악하다는 것을 그것이 보여주기 때문이다. Ostrom은 또한 민주적 의사결정 과정의 중요성과 모든 사용자에게 그들 사이의 문제와 갈등을 해결하기 위한 지역 포럼에 참여할 권한이 주어져야 한다고 강조한다. 중앙, 지방 및 지역 차원의 정치 기관들은 사용자가 자체 규정을 고안하고 독립적으로 준수할 수 있도록 해야 한다.

▶ 구문 분석 ◀ 4 … prospects are poor for **a centrally directed solution to the problem of the commons (coming from a state power)** in comparison with **a local solution (for which users assume personal responsibility)**.

밑줄 친 두 명사구가 비교되고 있는 문장으로, 두 명사구는 각각 현재분사구 ( )와 관계사절 ( )의 수식을 받고 있다.

[해석·주요어구]

1 One of the great risks of writing is / that even the simplest of choices (regarding wording or punctuation) can sometimes _____ / in ways that may seem unfair.

글쓰기의 가장 큰 위험 중 하나는 / (단어 선택이나 구두점과 관련한) 가장 단순한 선택조차 때때로 _____ 할 수 있다는 것이다 / 부당해 보일 수 있는 방식으로.

2 For example, / look again at the old grammar rule / forbidding the splitting of infinitives.

예를 들어, / 옛날 문법 규칙을 다시 보라 / 부정사를 분리하는 것을 금지하는.

3 After decades / of telling students to never split an infinitive (something just done in this sentence), / most composition experts now acknowledge / that a split infinitive is not a grammar crime. 과거에는 (to)부정사를 붙여 써야 했지만, 이젠 분리해 써도 됨.

수십 년 이후 / 학생들에게 부정사를 절대 분리(지금 바로 이 문장에서 행해진 것)하지 말라고 말한, / 대부분의 작문 전문가들은 이제 인정한다 / 분리된 부정사가 문법적 범죄가 아님을.

4 Suppose / you have written a position paper / trying to convince your city council of the need (to hire security personnel for the library), / and half of the council members — the people you wish to convince — / remember their eighth-grade grammar teacher's warning (about splitting infinitives).

상상하라 / 당신이 의견서를 작성했다고 / (도서관을 위한 보안 요원을 고용할) 필요를 시의회에 납득시키려고 하는, / 그리고 시의회 의원 — 당신이 납득시키고 싶어 하는 사람들 — 중 절반이 / 자신들의 8학년 때 문법 교사가 (부정사를 분리하는 것에 대해) 경고한 내용을 기억한다고.

5 How will they respond / when you tell them, in your introduction, / that librarians are compelled "to always accompany" visitors (to the rare book room) / because of the threat of damage?

부정사를 분리하여 쓴 형태

그들은 어떻게 반응할까 / 당신이 그들에게 도입부에서 말할 때 / 도서관 사서는 (희귀 서적 자료실에) 방문객과 '항상 동행하도록' 강제 받는다고 / 손상의 위협 때문에?

6 How much of their attention have you suddenly lost / because of their automatic recollection of what is now a nonrule? 옛날 규칙(부정사를 붙여 써야 한다는 규칙)

당신이 얼마나 많은 그들의 집중을 갑자기 잃었는가 / 지금은 규칙이 아닌 것에 대한 그들의 자동적 회상 때문에?

7 It is possible, in other words, / to write correctly / and still offend your readers' notions (of your language competence).

다른 말로 하면, 가능하다 / 올바르게 글을 쓰고도 / (당신의 언어 능력에 대한) 독자의 생각을 불쾌하게 하는 것이.

① reveal your hidden intention 당신의 숨겨진 의도를 밝힌다
② distort the meaning of the sentence 그 문장의 의미를 왜곡한다
③ prejudice your audience against you 청중이 당신에 대한 편견을 갖게 한다
④ test your audience's reading comprehension 청중의 독해력을 시험한다
⑤ create fierce debates about your writing topic 당신의 글쓰기 주제에 대한 치열한 논쟁을 일으킨다

[풀이 과정]

1 지문 속 표현들을 통해 지문의 핵심 논리 파악

글쓰기의 위험들 중 하나(ⓐ)가, 문장 **2** 부터 서술되는 문법 예시에서 다음과 같이 드러난다.

글쓰기의 위험
= ⓑ 지금은 규칙이 아닌 것에 대한 그들의 자동적 회상 때문에 당신이 얼마나 많은 그들의 집중을 갑자기 잃었는가?
= ⓒ 올바르게 글을 쓰고도 당신의 언어 능력에 대한 독자의 생각을 불쾌하게 한다

위 표현들의 핵심을 정리하면 다음과 같다.

글쓰기의 위험
= 괜히 독자들에게 부정적인 반응을 일으킬 수 있음

2 빈칸에 들어갈 내용 확인

빈칸 문장 **1** 또한 비슷한 맥락이어야 한다.

_____ in ways that may seem unfair
= 괜히 독자들에게 부정적인 반응을 일으킨다

3 선지 선택

③이 바로 '독자에게 부정적 반응을 일으킨다'는 의미에 해당한다.

Tip 빈칸이 주제문 역할의 첫 문장에 등장하는 경우, 빈칸에 무엇이 들어가야 하는지 미리 포인트를 잡고(e.g. 빈칸 = 글쓰기의 위험) 나머지 글을 읽어나갈 수 있다.

Tip '부정사의 분리'가 무엇인지 정확히 몰라도 문제는 풀 수 있다. 어떤 문법 규칙이 '바뀌었는데' 옛날 문법을 기억하는 상대 때문에 그게 '문제가 된다'는 흐름만 알면 된다.

[오답 체크]

① '숨겨진 의도'에 대해 언급하지 않았다.
② '문장의 의미 왜곡'에 대해 언급하지 않았다. 독자들이 문법에 신경 쓰느라 내용에 집중하지 못하는 상황은 언급했지만, 그 내용(문장의 의미)이 '왜곡'된 것은 아니다.
④ '독해력 시험'에 대해 언급하지 않았다.
⑤ '당신의 언어 능력에 대한 논쟁'은 일으킬 수도 있지만, '당신의 글쓰기 주제에 대한 논쟁'은 언급하지 않았다.

▶ **전문 해석** ◀ 글쓰기의 가장 큰 위험 중 하나는 때때로 단어 선택이나 구두점과 관련한 가장 단순한 선택조차 부당해 보일 수 있는 방식으로 청중이 당신에 대한 편견을 갖게 할 수 있다는 것이다. 예를 들어, 부정사를 분리하는 것을 금지하는 옛날 문법 규칙을 다시 보라. 학생들에게 부정사를 절대 분리(지금 바로 이 문장에서 행해진 것)하지 말라고 말한 수십 년 이후, 대부분의 작문 전문가들은 분리된 부정사가 문법적 범죄가 아님을 이제 인정한다. 당신이 도서관을 위한 보안 요원을 고용할 필요를 시의회에 납득시키려고 하는 의견서를 작성했고, 시의회 의원 — 당신이 납득시키고 싶어 하는 사람들 — 중 절반이 자신의 8학년 때 문법 교사가 부정사를 분리하는 것에 대해 경고한 내용을 기억한다고 하자. 당신이 도입부에서, 손상의 위협 때문에 도서관 사서는 희귀 서적 자료실에 방문객과 '항상 동행하도록' 강제 받는다고 말할 때 그들은 어떻게 반응할까? 지금은 규칙이 아닌 것에 대한 그들의 자동적 회상 때문에 당신이 얼마나 많은 그들의 집중을 갑자기 잃었는가? 다른 말로 하면, 올바르게 글을 쓰고도 당신의 언어 능력에 대한 독자의 생각을 불쾌하게 하는 것이 가능하다.

▶ **구문 분석** ◀ **4** Suppose **you have written a position paper (trying to convince your city council of the need to hire security personnel for the library)**, ...

동사 suppose의 목적어절이 you have~로 이어지는 명령문으로, a position paper를 수식하는 현재분사구 ( )에 'convince A of B' 구문이 쓰였다.

[해석·주요어구]

1 Research with human runners challenged conventional wisdom / and found / that the ground-reaction forces (at the foot) and the shock (transmitted up the leg and through the body after impact with the ground) / _____ / as runners moved from extremely compliant to extremely hard running surfaces.─ⓐ
달리는 사람에 관한 연구는 사회적 통념에 이의를 제기했다 / 그리고 알아냈다 / (발에 작용하는) 지면 반발력과 (지면과의 충돌 이후 다리 위로 몸을 통해 전달되는) 충격이 / _____ 하다는 것을 / 달리는 사람이 매우 말랑말랑한 지표면에서 매우 단단한 지표면으로 이동했을 때.

2 As a result, / researchers gradually began to believe / that runners are subconsciously able to adjust leg stiffness / prior to foot strike / based on their perceptions of the hardness or stiffness of the surface (on which they are running).─ⓒ
결과적으로, / 연구자들은 점차 믿기 시작했다 / 달리는 사람이 잠재의식적으로 다리의 경직도를 조절할 수 있다고 / 발이 땅을 차기 전에 / (자신이 달리고 있는) 지표면의 단단함이나 경직도에 대한 자신의 인식을 바탕으로

3 This view suggests / that runners create soft legs (that soak up impact forces) / when they are running on very hard surfaces / and stiff legs / when they are moving along on yielding terrain.
문맥상 'hard(단단한)'과 대비되는 상태를 의미한다   create   ⓓ
이 견해는 나타낸다 / 달리는 사람이 (충격력을 흡수하는) 푹신한 다리를 만든다고 / 매우 단단한 지표면에서 달리고 있을 때는 / 그리고 경직된 다리를 만든다고 / 물렁한 지형에서 움직일 때는.

4 As a result, / impact forces (passing through the legs) are strikingly similar / over a wide range of running surface types.─ⓕ
그 결과, / (다리를 통과하는) 충격력은 매우 비슷하다 / 다양한 지표면 유형에서.   ⓔ

5 Contrary to popular belief, / running on concrete is not more damaging to the legs / than running on soft sand.   ⓖ
통념과는 반대로, / 콘크리트 위를 달리는 것은 다리에 더 해롭지 않다 / 푹신한 모래 위를 달리는 것보다.

① varied little
　거의 변하지 않았다

② decreased a lot
　많이 감소했다

③ suddenly peaked
　갑자기 최고점에 달했다

④ gradually appeared
　점진적으로 나타났다

⑤ were hardly generated
　거의 발생되지 않았다

[풀이 과정]

1 / 지문 속 표현들을 통해 지문의 핵심 논리 파악
달리고 있는 지면의 단단함이 달라질 때(ⓐ, ⓒ, ⓕ) 몸에는 어떤 일이 일어나는지가 다음과 같이 드러난다.

> **지면의 단단함에 따라 몸에 일어나는 일**
> = ⓑ 달리는 사람이 발이 땅에 닿기 전에 잠재의식적으로 다리의 경직도를 조정할 수 있다
> = ⓓ 달리는 사람은 매우 단단한 지표면에서 달리고 있을 때는 충격력을 흡수하는 푹신한 다리를 만들고, 물렁한 지형에서 움직일 때는 경직된 다리를 만든다
> = ⓔ 다리를 통과하는 충격력은 놀랄 만큼 비슷하다
> = ⓖ 콘크리트 위를 달리는 것은 푹신한 모래 위를 달리는 것보다 다리에 더 해롭지 않다

위 표현들의 공통 핵심 의미를 정리하면 다음과 같다.

> **지면의 단단함에 따라 몸에 일어나는 일**
> = 다리의 단단함을 조절하여 받는 충격을 비슷하게 유지

2 / 빈칸에 들어갈 내용 확인
빈칸 문장 **1** 은 '지면이 바뀌면(ⓐ) 달리는 이의 발, 다리, 몸이 받는 충격이 _____ 다'라는 의미이므로 다음과 같다.

> _____ = 비슷하게 유지된다

3 / 선지 선택
①이 바로 '비슷하다'는 의미이다.

Tip 빈칸이 첫 문장에 등장하는 경우, 빈칸 포인트를 미리 잡고 나머지 글을 읽어나갈 수 있다. 하지만 이 문제처럼 빈칸 주변이 길고 복잡하여 포인트를 미리 잡기 어렵다면, 글의 전체 내용을 이해한 후 (첫 문장에 대한 배경지식을 쌓은 후) 첫 문장으로 돌아오는 것이 더 효율적일 수 있다.

[오답 체크]
② '감소'는 변화를 의미하므로 '유지'와 상반된다.
③ '최고점에 달함'은 변화를 의미하므로 '유지'와 상반된다.
④ 지면이 바뀌기 전에도 이미 몸이 받는 충격이 비슷하게 나타나고 있었으므로 '점진적 나타남'은 옳지 않다.
⑤ 지면이 바뀐 후에도 몸이 받는 충격은 비슷하게 존재하므로 '(충격이) 거의 발생되지 않음'은 옳지 않다. 거의 발생되지 않은 것은 '충격' 자체가 아니라, 충격의 '변화'이다.

▶ **전문 해석** ◀ 달리는 사람에 관한 연구는 사회적 통념에 이의를 제기했고, 달리는 사람이 매우 말랑말랑한 지표면에서 매우 단단한 지표면으로 이동했을 때 발에 작용하는 지면 반발력과 지면과의 충돌 이후 다리 위로 몸을 통해 전달되는 충격이 거의 변하지 않았다는 것을 알아냈다. 결과적으로, 연구자들은 달리는 사람이 자신이 달리고 있는 지표면의 단단함이나 경직도에 대한 자신의 인식을 바탕으로 발이 땅을 차기 전에 잠재의식적으로 다리의 경직도를 조정할 수 있다고 점차 믿기 시작했다. 이 견해에 따르면, 달리는 사람은 매우 단단한 지표면에서 달리고 있을 때는 충격력을 흡수하는 푹신한 다리를 만들고, 물렁한 지형에서 움직일 때는 경직된 다리를 만든다. 그 결과, 다리를 통과하는 충격력은 다양한 지표면 유형에서 매우 비슷하다. 통념과는 반대로, 콘크리트 위를 달리는 것은 푹신한 모래 위를 달리는 것보다 다리에 더 해롭지 않다.

▶ **구문 분석** ◀ **1** ... found **that the ground-reaction forces at the foot and the shock** (transmitted up the leg and through the body after impact with the ground) **varied little as runners moved from extremely compliant to extremely hard running surfaces.**
동사 found의 목적어인 that절이 문장 끝까지 이어지고 있다. 밑줄 친 the ground-reaction ~ ground가 that절의 주어인데, the shock를 수식하는 과거분사구( ) 때문에 매우 길어졌다.

〔 해석·주요어구 〕

1 There was nothing modern / about the idea of men making women's clothes / — we saw them doing it for centuries in the past. ——ⓐ

현대적인 것이 없었다 / 남자가 여자 옷을 만든다는 생각에는 / — 우리는 과거 수 세기 동안 그들이 그것을 하는 것을 보았다.

2 In the old days, however, / the client was always primary / and her tailor was ——ⓑ an obscure craftsman, / perhaps talented but perhaps not.

하지만 옛 시절에는, / 항상 고객이 주요했고 / 그녀의 재단사는 무명의 공예가였다 / 재능이 있었을지도, 없었을지도 모르는.

3 She had her own ideas like any patron, / there were no fashion plates, / and ——ⓒ the tailor was simply at her service, / perhaps with helpful suggestions about what others were wearing.

그녀는 여느 후원자처럼 자신의 생각이 있었고, / 의상 판본은 없었으며, / 그 재단사는 그저 그녀를 돕기 위해 존재할 뿐이었다 / 아마도 다른 사람들이 무엇을 입고 있는지에 관한 유용한 제안들을 가지고.

4 Beginning in the late nineteenth century, / with the hugely successful rise ——ⓓ of the artistic male couturier, / it was the designer who became celebrated, / and the client elevated by his inspired attention. **Tip▶** it that(who) 강조 구문에 유의하여 해석한다.
　　　　it was　　who became

19세기 후반부터, / 예술적인 남성 디자이너의 매우 성공적인 부상과 함께, / 찬양받기 시작한 것은 바로 디자이너였다, / 그리고 그의 영감 어린 관심에 의해 치켜세워진 것은 고객이었다.

5 In a climate of admiration for male artists and their female creations, / the dress-designer first flourished / as the same sort of creator. ——ⓔ

남성 미술가와 그들의 여성 창조물에 대한 감탄의 분위기 속에서, / 의상 디자이너는 처음으로 번영했다 / 같은 종류의 창작자로서.

6 Instead of the old rule (that dressmaking is a craft), / _____ ——ⓕ was invented (that had not been there before).

(의상 제작은 공예라는) 옛 규칙 대신에, / (예전에는 없었던) _____이 만들어졌다.

① a profitable industry (driving fast fashion)
　　(패스트 패션을 이끄는) 수익성 있는 사업

② a widespread respect (for marketing skills)
　　(마케팅 능력에 대한) 폭넓은 존중

③ a public institution (preserving traditional designs)
　　(전통적 디자인을 보존하는) 공공 기관

④ a modern connection (between dress-design and art)
　　(의상 디자인과 예술 사이의) 현대적 연결

⑤ an efficient system (for producing affordable clothing)
　　(적당한 가격의 의상을 만드는) 효율적인 시스템

〔 풀이 과정 〕

1 / 지문 속 표현들을 통해 지문의 핵심 논리 파악

남자가 여자의 옷을 만드는 것(ⓐ)과 관련하여, 과거 상황과 현재 상황이 다음과 같이 대비된다.

과거의 옷 만들기
= ⓑ 항상 고객이 주요했고, 그녀의 재단사는 무명의 공예가였다
= ⓒ 그녀는 여느 후원자처럼 자신의 생각이 있었고, 의상 판본은 없었으며, 그 재단사는 그저 그녀를 돕기 위해 존재할 뿐이었다
= ⓕ 의상 제작은 공예라는 옛 규칙

↕

현재의 옷 만들기
= ⓓ 예술적인 남성 디자이너의 매우 성공적인 부상과 함께, 찬양받기 시작한 것은 바로 디자이너였다
= ⓔ 의상 디자이너는 처음으로 [미술가와] 같은 종류의 창작자로서 번영했다

위의 [A↔B]의 관계를 정리하면 다음과 같다.

과거		현재
고객이 시키는 대로 옷을 만듦 (기술자)	↔	예술가(창작자)로서 옷을 직접 디자인함

2 / 빈칸에 들어갈 내용 확인

빈칸 문장 **6** 은 '과거의 규칙 대신에, _____가 생겼다'고 하므로, 빈칸에는 **현재 상황**이 들어가야 한다.

_____
= 옷을 직접 디자인하는 예술가적 면모

3 / 선지 선택

④가 바로 '의상 디자인과 예술 사이의 현대적 연결(의상 디자인은 예술임)'을 의미한다.

〖 오답 체크 〗
① '패스트 패션'이나 '수익성'에 대해 언급하지 않았다.
② '마케팅 능력'에 대해 언급하지 않았다.
③ '전통적 디자인'이나 '공공 기관'에 대해 언급하지 않았다.
⑤ 의상의 '가격'이나 '효율성'에 대해 언급하지 않았다.

▶ 전문 해석 ◀ 남자가 여자 옷을 만든다는 생각에는 현대적인 것이 없었다. 우리는 과거 수 세기 동안 그들이 그것을 하는 것을 보았다. 하지만 옛 시절에는, 항상 고객이 주요했고, 그녀의 재단사는 재능이 있었을지도, 없었을지도 모르는 무명의 공예가였다. 그녀는 여느 후원자처럼 자신의 생각이 있었고, 의상 판본[샘플]은 없었으며, 그 재단사는 그저, 아마도 다른 사람들이 무엇을 입고 있는지에 관한 유용한 제안들을 가지고 그녀를 돕기 위해 존재할 뿐이었다. 19세기 후반부터, 예술적인 남성 디자이너의 매우 성공적인 부상과 함께, 찬양받기 시작한 것은 바로 디자이너였고, 그의 영감 어린 관심에 의해 치켜세워진 것은 고객이었다. 남성 예술가[미술가]와 그들의 여성 창조물에 대한 감탄의 분위기 속에서, 의상 디자이너는 처음으로 [미술가와] 같은 종류의 창작자로서 번영했다. 의상 제작은 공예라는 옛 규칙 대신에, 예전에는 없었던 의상 디자인과 예술 사이의 현대적 연결이 만들어졌다.

▶ 구문 분석 ◀ 4 ... **it was the designer who became celebrated,** and **(it was) the client (who became) elevated by his inspired attention.**
and로 이어진 두 절은 모두 it that 강조 구문으로, that 대신 who가 쓰였다. 그리고 두 번째 절에서는 반복되는 어구들이 생략되었다.

[해석·주요어구]

1, 2 Prior to photography, / _____. // While painters have always lifted particular places out of their 'dwelling' / and transported them elsewhere, / paintings were time-consuming to produce, / relatively difficult to transport / and one-of-a-kind.
ⓐ

사진의 출현 이전에는, / _____. // 화가들이 항상 특정한 장소를 그 '거주지'에서 들어올려 / 다른 곳으로 이동시켜 왔지만, / 그림은 제작에 시간이 많이 걸렸고, / 운반이 비교적 어려웠으며, / 단품 수주 제작이었다.

3 The multiplication of photographs especially took place / with the introduction of the half-tone plate in the 1880s (that made possible the mechanical reproduction of photographs in newspapers, periodicals, books and advertisements).
ⓑ

사진의 증가는 특히 이루어졌다 / (신문, 정기 간행물, 책, 그리고 광고에서 사진의 기계적인 복제를 가능하게 한) 1880년대 하프톤 판의 도입으로.

4 Photography became coupled to consumer capitalism // and the globe was now offered 'in limitless quantities, / figures, landscapes, events (which had not previously been utilised either at all, / or only as pictures for one customer').
ⓒ

사진은 소비자 자본주의와 결합하게 되었고, / 이제 세계는 '무제한의 양으로' 제공받았다 / '(이전에는 전혀 사용되지 않았거나 / 단 한 명의 고객을 위한 그림으로만 사용되었던) 인물, 풍경, 사건들을'.

5, 6 With capitalism's arrangement of the world as a 'department store', / 'the proliferation and circulation of representations … / achieved a spectacular and virtually inescapable global magnitude'. // Gradually photographs became cheap mass-produced objects (that made the world visible, aesthetic and desirable).
ⓓ ⓔ

자본주의가 세계를 '백화점'으로 정리함에 따라, / '표현물의 확산과 유통은… / 극적이고 사실상 피할 수 없는 세계적 규모를 달성했다'. // 점차 사진은 (세계를 가시적이고, 미적이며, 탐나게 만드는) 값싼 대량 생산품이 되었다.

7, 8 Experiences were 'democratised' / by translating them into cheap images. // Light, small and mass-produced photographs / became dynamic vehicles (for the spatiotemporal circulation of places).
ⓖ ⓕ

경험들은 '대중화'되었다 / 그것을 저렴한 이미지로 바꿈으로써. // 가볍고 작고 대량 생산된 사진은 / (장소의 시공간적 순환을 위한) 역동적인 수단이 된 것이었다.

① paintings alone connected with nature   그림만이 자연과 연결되었다
② painting was the major form of art   그림이 예술의 주요 형태였다
③ art held up a mirror to the world   예술이 세상을 비추는 거울이었다
④ desire for travel was not strong   여행에 대한 욕구가 강하지 않았다
⑤ places did not travel well   장소들이 잘 이동하지 않았다

[풀이 과정]

1 지문 속 표현들을 통해 지문의 핵심 논리 파악

글 전반에 걸쳐 그림과 사진이 다음과 같이 대비된다.

> **그림의 특성**
> = ⓐ 제작에 시간이 많이 들고, 운반하기 어렵고, 한 번에 하나씩 제작됨
>
> ↕
>
> **사진의 특성**
> = ⓑ 기계적 복제 가능
> = ⓒ 인물, 풍경, 사건을 무제한 제공
> = ⓓ 엄청난 규모로 확산, 유통됨
> = ⓔ, ⓕ 값싼 대량 생산품
> = ⓖ 장소의 시공간적 순환을 가능케 함

위의 [A↔B] 관계를 정리하면 다음과 같다.

그림		사진
한 번에 하나씩 천천히 제작되며, 대규모 유통 X	↔	대상(장소)을 빠르고 값싸게 복제해 '장소의 시공간적 순환'을 가능케 함

2 빈칸에 들어갈 내용 확인

빈칸 문장 **1** 은 사진 출현 '이전'을 말하므로 <u>그림</u>, 즉 <u>사진과 반대되는 특성</u>에 관한 내용이 들어가야 한다.

> _____
> = 장소의 시공간적 순환(대규모 유통)이 활발하지 않음

3 선지 선택

⑤가 바로 '장소의 시공간적 순환'이라는 사진의 특성을 뒤집은 진술이다. 여기서 travel은 '유통'을 나타내는 표현이다.

[오답 체크]

① '자연과의 연결'은 언급되지 않았다.
② '주요 형태'였다는 설명을 넘어, 제작이나 유통 면에서 사진과 어떤 차이가 있었는지에 관한 내용이 구체적으로 담겨야 한다.
③ '예술로 세상을 보는 것'에 관한 글이 아니다.
④ 이동이나 여행의 '욕구'에 관한 글이 아니다.

▶ 전문 해석 ◀ 사진의 출현 이전에는, 장소들이 잘 이동하지 않았다. 화가들이 항상 특정한 장소를 그 '거주지'에서 들어올려(벗어나게 하여) 다른 곳으로 이동시켜 왔지만, 그림은 제작에 시간이 많이 걸렸고, 운반이 비교적 어려웠으며, 단품 수주 제작이었다. 사진의 증가는 특히 신문, 정기 간행물, 책, 그리고 광고에서 사진의 기계적 복제를 가능하게 한 1880년대 하프톤 판의 도입으로 이루어졌다. 사진은 소비자 자본주의와 결합하게 되었고, 이제 세계는 '이전에는 전혀 사용되지 않았거나 단 한 명의 고객을 위한 그림으로만 사용되었던 인물, 풍경, 사건들을 무제한의 양으로 제공받았다'. 자본주의가 세계를 '백화점'으로 정리함에 따라, '표현물의 확산과 유통은… 극적이고 사실상 피할 수 없는 세계적 규모를 달성했다'. 점차 사진은 세계를 가시적이고, 미적이며, 탐나게 만드는 값싼 대량 생산품이 되었다. (사진에 담긴) 경험들은 그것을 저렴한 이미지로 바꿈으로써 '대중화'되었다. 가볍고 작고 대량 생산된 사진은 장소의 시공간적 순환을 위한 역동적인 수단이 된 것이었다.

▶ 구문 분석 ◀ **4** … the globe **was now offered** '(in limitless quantities), **figures, landscapes, events** [which had not previously been utilised ~]
4형식 수동태인 was offered 뒤로, 직접목적어 figures, landscapes, events가 연결된다. 목적어가 [ ]의 수식을 받아 길어졌으므로, 부사구인 ( )가 목적어보다 먼저 나왔다.

[해석 · 주요어구]

1 In trying to explain / how different disciplines attempt to understand autobiographical memory / the literary critic Daniel Albright said, / "Psychology is a garden, ⓐ literature is a wilderness." ⓑ

설명하려고 노력함에 있어서 / 서로 다른 분야들이 어떻게 자전적 기억을 이해하려고 하는지, / 문학평론가 Daniel Albright는 말했다 / '심리학은 정원, 문학은 황무지'라고.

2 He meant, I believe, / that psychology seeks to make patterns, / find regularity, / and ultimately impose order on human experience and behavior. ⓒ

내가 믿기에, 그는 의미했다 / 심리학은 패턴을 만들고, / 규칙성을 찾으며, / 궁극적으로 인간의 경험과 행동에 질서를 부여하고자 한다는 것을.

3 Writers, by contrast, / dive into the unruly, untamed depths of human experiences. ⓓ

반면에, 작가는 / 인간 경험의 무법적인, 길들지 않은 깊이를 파고든다.

4 What he said about understanding memory / can be extended / to our questions about young children's minds.

기억을 이해하는 것에 관해 그가 말한 것은 / 확장될 수 있다 / 어린 아이의 마음에 관한 우리의 질문으로.

5 If we psychologists are too bent / on identifying the orderly pattern, the regularities of children's minds, / we may miss an essential and pervasive characteristic of our topic: / the child's more unruly and imaginative ways of talking and thinking. ⓔ

만약 우리 심리학자들이 너무 열중한다면 / 아이들 마음의 질서 있는 패턴, 즉 규칙성을 밝히는 것에, / 우리는 우리 주제의 근본적이고 만연한 특성을 놓칠 수도 있다 / 아이의 더 무법적이고 상상력 풍부한 말하기 및 생각하기 방식 말이다.

Tip it that(who) 강조구문에 유의해서 해석한다.

6 It is not only the developed writer or literary scholar / who seems drawn toward a somewhat wild and idiosyncratic way of thinking; / young children are as well. ⓕ

성숙한 작가나 문학 연구가뿐만이 아니다 / 다소 거칠고 색다른 사고방식에 끌리는 것으로 보이는 것은; / 어린 아이 또한 그렇다.

7 The psychologist (interested in young children) / may have to _____ _____ / in order to get a good picture of how children think.

(어린 아이들에게 관심이 있는) 심리학자는 / _____해야 할지도 모른다 / 아이들이 어떻게 생각하는지에 대해 잘 파악하기 위해서.

① venture a little more often into the wilderness
황무지로 좀 더 자주 모험해야

② help them recall their most precious memories
그들의 가장 소중한 기억들을 회상하도록 도와야

③ better understand the challenges of parental duty
부모로서의 의무의 어려움을 더 잘 이해해야

④ disregard the key characteristics of children's fiction
아동용 소설의 주요 특성들을 무시해야

⑤ standardize the paths of their psychological development
그들의 심리적 발달 과정을 표준화해야

[풀이 과정]

1 / 지문 속 표현들을 통해 지문의 핵심 논리 파악

문장 **1** ~ **3** 에서 심리학과 문학이 다음과 같이 대비된다.

심리학의 특성
= ⓐ 정원
= ⓒ 패턴을 만들고, 규칙성을 찾으며, 궁극적으로 인간의 경험과 행동에 질서를 부여하고자 한다

↕

문학의 특성
= ⓑ 황무지
= ⓓ 인간 경험의 무법적인, 길들지 않은 깊이를 파고든다

위의 [A↔B] 관계를 정리하면 다음과 같다.

심리학		문학
규칙성, 질서 추구	↔	무규칙성, 무질서 추구

그런데 문장 **4** 부터 어린 아이들에 대해 이야기하면서, ⓔ, ⓕ에서 어린 아이들도 '무규칙한 특성'을 갖고 있음이 드러난다. 따라서 [A↔B]의 내용이 다음과 같이 확장된다.

심리학		문학 & 어린 아이들
규칙성, 질서 추구	↔	무규칙성, 무질서 추구

2 / 빈칸에 들어갈 내용 확인

빈칸 문장 **7** 은 '심리학자는 어린 아이들의 생각을 파악하기 위해 _____ 해야 한다'고 한다. 따라서 빈칸에는 '어린 아이들의 생각을 파악하는 방법'이 들어가야 한다.

have to _____
= 어린 아이들의 무규칙한 생각을 파악해야 함

3 / 선지 선택

①이 바로 '(무규칙성의 상징인) 황무지로 좀 더 자주 모험해야 한다는 내용이다.

[오답 체크]

② 아이들의 '기억 회상'에 대해 언급하지 않았다.
③ '부모로서의 의무의 어려움'에 대해 언급하지 않았다.
④ '아동용 소설'에 대해 언급하지 않았다. '아이들'과 '소설가(작가)' 각각의 특성이 서로 비슷하다고 했을 뿐이다.
⑤ 아이들의 '심리적 발달 과정'에 대해 언급하지 않았다.

▶ **전문 해석** ◀ 서로 다른 분야들이 어떻게 자전적 기억을 이해하려고 하는지 설명하려고 노력함에 있어서, 문학평론가 Daniel Albright는 '심리학은 정원, 문학은 황무지'라고 말했다. 내가 믿기에[생각하기에] 그는, 심리학은 패턴을 만들고, 규칙성을 찾으며, 궁극적으로 인간의 경험과 행동에 질서를 부여하고자 한다는 것을 의미했다. 반면에, 작가는 인간 경험의 무법적인, 길들지 않은 깊이를 파고든다. 기억을 이해하는 것에 관해 그가 말한 것은, 어린아이의 마음에 관한 우리의 질문으로 확장될 수 있다. 만약 우리 심리학자들이 아이들 마음의 질서 있는 패턴, 즉 규칙성을 밝히는 것에 너무 열중한다면, 우리는 우리 주제의 근본적이고 만연한 특성을 놓칠 수도 있다. 아이의 더 무법적이고 상상력 풍부한 말하기 및 생각하기 방식 말이다. 다소 거칠고 색다른 사고방식에 끌리는 것으로 보이는 것은 성숙한 작가나 문학 연구가뿐만이 아니다. 어린 아이 또한 그렇다. 어린 아이들에게 관심이 있는 심리학자는, 아이들이 어떻게 생각하는지에 대해 잘 파악하기 위해서 황무지로 좀 더 자주 모험해야 할지도 모른다.

▶ **구문 분석** ◀ **1** In trying to explain **how different disciplines attempt to understand autobiographical memory** the literary critic Daniel Albright said, "Psychology is a garden, literature is a wilderness." 부사구 In ~ memory가 주어와 콤마로 구분되어 있지 않아 문장 구조를 이해하기 어려웠을 수 있다. 그리고 밑줄 친 부분은 의문사 절로, explain의 목적어로 기능한다.

〔　　해석 · 주요어구　　〕

1　The critic (who wants to write about literature from a formalist perspective) / must first be a close and careful reader / who examines all the elements of a text individually / and questions how they come together to create a work of art. —ⓑ

(형식주의의 관점에서 문학에 관하여 쓰고자 하는) 비평가는 / 먼저 면밀하고도 주의 깊은 독자가 되어야 한다 / 글의 모든 요소를 개별적으로 검토하는 / 그리고 그것들이 어떻게 모여 예술 작품을 만드는지 질문하는.

2　Such a reader, / who respects the autonomy of a work, / achieves an understanding of it / by ＿＿＿＿＿＿＿＿＿＿＿.

그러한 독자는, / 작품의 자율성을 존중하고, / 그에 대한 이해를 달성한다 / ＿＿＿＿함으로써.

3　Instead of examining historical periods, author biographies, or literary styles, / for example, / he or she will approach a text with the assumption / that it is a self-contained entity / and that he or she is looking for the governing principles (that allow the text to reveal itself).

역사적 시대, 작가의 전기, 또는 문학적 양식을 검토하는 대신, / 예를 들어, / 그 사람은 이런 추정으로 글에 접근할 것이다 / 글이 자족적인 실체라는 / 그리고 자신은 (그 글이 스스로를 드러내도록 해주는) 지배적 원칙들을 찾고 있다는.

4　For example, / the correspondences between the characters (in James Joyce's short story "Araby") and the people (he knew personally) / may be interesting, / but for the formalist they are less relevant / to understanding how the story creates meaning / than are other kinds of information (that the story contains within itself).
= 형식주의자에게 더 중요한 것 —ⓕ

예를 들어, / (James Joyce의 단편 소설인 'Araby' 속의) 등장인물들과 (그가 개인적으로 알았던) 사람들 사이의 일치는 / 흥미로울 수 있다, / 하지만 형식주의자에게 그것들은 의미가 덜하다 / 이야기가 의미를 만들어내는 방식을 이해함에 있어서 / (이야기가 그 안에 포함하고 있는) 다른 종류의 정보들보다.

① putting himself or herself both inside and outside it
　독자 스스로를 작품 내부와 외부 모두에 넣어봄

② finding a middle ground between it and the world
　작품과 이 세상 사이의 중간 지점을 찾음

③ searching for historical realities (revealed within it)
　(작품 안에 드러난) 역사적 현실을 탐구함

④ looking inside it, not outside it or beyond it
　작품 외부나 작품 너머는 보지 않고, 작품 내부만 봄

⑤ exploring its characters' cultural relevance
　작품 등장인물들의 문화적 관련성을 탐구함

〔　　풀이 과정　　〕

1　지문 속 표현들을 통해 지문의 핵심 논리 파악

문학을 비평할 때, '형식주의적 관점(ⓐ)'에서 중시하는 것과 중시하지 않는 것이 다음과 같이 대비된다.

'형식주의적 관점'에서 중시하는 것
= ⓑ 글의 모든 요소를 개별적으로 검토하고 그것들이 어떻게 모여 예술 작품을 만드는지 질문하다
= ⓓ 글이 자족적인 존재이고 자신은 그 글이 스스로를 드러내도록 해주는 지배적 원칙들을 찾고 있다는 추정
= ⓕ 이야기가 그 안에 포함하고 있는 다른 종류의 정보들

↕

'형식주의적 관점'에서 중시하지 않는 것
= ⓒ 역사적 시대, 작가의 전기, 또는 문학적 양식을 검토
= ⓔ James Joyce의 단편 소설인 'Araby' 속의 등장인물들과 그가 개인적으로 알았던 사람들 사이의 일치

위의 [A↔B]의 관계를 정리하면 다음과 같다.

중시O		중시X
문학 작품의 내적 요소들 (작품 안의 모든 요소들)	↔	문학 작품의 외적 요소들 (관련 역사, 작가 개인사 등)

2　빈칸에 들어갈 내용 확인

빈칸 문장 **2** 는 형식주의적 관점에서 문학 작품을 비평하는 방식에 대한 서술이다.

＿＿＿＿＿＿＿＿＿＿＿＿
= 문학 작품의 내적 요소들에 집중함

3　선지 선택

④가 바로 '작품의 내부만 들여다보고, 작품 외적인 부분은 보지 않는다'는 의미이다.

Tip 빈칸이 글 초반에 등장하는 경우, 빈칸에 무엇이 들어가야 하는지 미리 포인트를 잡고(e.g. 빈칸 = 형식주의적 관점의 문학 비평 방식) 나머지 글을 읽어나갈 수 있다.

〔 오답 체크 〕

① 작품의 '내부'만이 중요할 뿐, '외부'는 중요하지 않을 뿐더러, 독자가 스스로를 작품에 넣어보는 것 자체가 불필요하다.
② '작품'만이 중요할 뿐, '이 세상'과의 타협·절충은 중요하지 않다.
③ '작품 속' 요소들을 '작품 내에서' 검토하는 것이지, 작품에 반영된 '역사적 현실(작품 외적 요소)'을 탐구하는 것은 아니다.
⑤ '작품의 등장인물들'을 '작품 내에서' 검토하는 것이지, 그들의 '문화적 관련성(작품 외적 요소)'을 탐구하는 것은 아니다.

▶ **전문 해석** ◀ 형식주의의 관점에서 문학에 관하여 쓰고자 하는 비평가는, 먼저 글의 모든 요소를 개별적으로 검토하고 그것들이 어떻게 모여 예술 작품을 만드는지 질문하는 면밀하고도 주의 깊은 독자가 되어야 한다. 그러한 독자는 작품의 자율성을 존중하고, 작품 외부나 작품 너머는 보지 않고, 작품 내부만 봄으로써 그에 대한 이해를 달성한다. 예를 들어 그 사람은, 역사적 시대, 작가의 전기, 또는 문학적 양식을 검토하는 대신, 글이 자족적인 실체이고 자신은 그 글이 스스로를 드러내도록 해주는 지배적 원칙들을 찾고 있다는 추정으로 글에 접근할 것이다. 예를 들어, James Joyce의 단편 소설인 'Araby' 속의 등장인물들과 그가 개인적으로 알았던 사람들 사이의 일치는 흥미로울 수 있다. 하지만 이야기가 의미를 만들어내는 방식을 이해함에 있어서, 형식주의자에게 그것들은 이야기가 그 안에 포함하고 있는 다른 종류의 정보들보다 의미가 덜하다.

▶ **구문 분석** ◀ **1** The critic ... must first be a close and careful reader (**who examines all the elements of a text individually and questions how they come together to create a work of art**).
a close and careful reader를 수식하는 주격 관계대명사절 내에서, 밑줄 친 두 동사구가 and로 병렬연결되고 있다. 두 번째 동사 question의 목적어는 의문사절(어떻게 ~하는지)이다.

[해석 · 주요어구]

1 In the health area, / the concern with use after "purchase" / is as critical as and even more critical than the concern with the purchase itself.
원급과 비교급이 병렬연결되어, 전치사 as와 than가 목적어를 공유한다.
건강 분야에서는, / '구매' 후 사용에 대한 우려가 / 구매 자체에 대한 우려만큼이나, 그리고 구매 자체에 대한 우려보다 훨씬 더 중요하다.

2 The person (who is sold on and goes through disease screening procedures but does not follow through with medical treatment for a diagnosed condition), / is as much of a failure as a person (who did not avail himself of the screening program to begin with).
(질병 검진 절차를 받아들이고 그 절차를 거치지만 진단받은 질환에 대한 의학적 치료를 끝까지 하지 않는) 사람은, / (애초에 검진 프로그램을 이용하지 않은) 사람 못지않은 실패이다.

3 The obese individual (who has been successfully sold on going on a medically prescribed diet but is lured back to his candy jar and apple pie after one week), / is as much of a failure / as if he never had been sold on the need (to lose and control his weight).
(의학적으로 처방된 다이어트를 하겠다고 성공적으로 받아들였으나 일주일 후 다시 사탕 단지와 애플파이에 유혹되어 돌아가는) 과체중인 사람은, / 다름없는 실패자이다 / (자신의 체중을 감량하고 조절할) 필요성을 아예 받아들이지 않은 경우와.

4,5 The most challenging, most difficult, most perplexing problem / is not how to sell people on health-supportive practices, / not even how to get them to initiate such practices. // We have been fairly successful with these.
가장 힘들고, 가장 어렵고, 가장 까다로운 문제는 / 어떻게 사람들에게 건강에 도움을 주는 습관을 받아들이게 하느냐가 아니며, / 심지어 어떻게 그들에게 그러한 습관을 시작하게 하느냐도 아니다. // 우리는 이것들에 상당히 성공적이었다.

= The most challenging, most difficult, most perplexing problem
6 It is / to persuade and help them _____.
그것은 / 그들이 _____ 하도록 설득하고 돕는 것이다.

① to discover the blind spot
　그 맹점을 발견하도록

② to stick with new practices
　새로운 습관을 고수하도록

③ to build a sense of security
　안전감을 쌓도록

④ to avoid unnecessary treatment
　불필요한 치료를 피하도록

⑤ to come up with novel solutions
　기발한 해결책을 생각해내도록

[풀이 과정]

1/ 지문 속 표현들을 통해 지문의 핵심 논리 파악

건강 분야에서 더 중요한 것과 덜 중요한 것이 다음과 같이 대비된다.

> **더 중요한 것**
> = ⓐ '구매' 후 사용
> = ⓓ 진단받은 질환에 대한 의학적 치료
> = ⓕ 일주일 후 사탕 단지와 애플파이
>
> ↕
>
> **덜 중요한 것**
> = ⓑ 구매 자체
> = ⓒ 질병 검진 절차
> = ⓔ 의학적으로 처방된 다이어트를 하겠다고 받아들이다
> = ⓖ 어떻게 사람들에게 건강에 도움을 주는 습관을 받아들이게 할지 / 어떻게 그들에게 그러한 습관을 시작하게 할지

위의 [A↔B] 관계를 정리하면 다음과 같다.

더 중요한 것 관리의 꾸준한 지속	↔	**덜 중요한 것** 관리의 시작

2/ 빈칸에 들어갈 내용 확인

빈칸 문장 **6** 은 가장 힘들고 어려우며 까다로운 문제, 즉 가장 중요한 문제에 대한 서술이므로 다음과 같다.

> to persuade and help them _____
> = 관리를 꾸준히 지속하게 하는 것

3/ 선지 선택

②가 바로 '관리의 꾸준한 지속'에 해당한다.

[오답 체크]

① '맹점'에 대해 언급하지 않았다.
③ '안전감'에 대해 언급하지 않았다.
④ '불필요한 치료'에 대해 언급하지 않았고, '불필요한 치료를 피하는 것'과 '시작한 관리를 꾸준히 지속하는 것'은 관련이 없다.
⑤ '기발한 해결책'에 대해 언급하지 않았고, '해결책을 떠올리는 것'은 '지속'보다는 '시작'의 뉘앙스이다.

▶ **전문 해석** ◀ 건강 분야에서는, '구매' 후 사용에 대한 우려가 구매 자체에 대한 우려만큼이나, 그리고 그보다 훨씬 더 중요하다. 질병 검진 절차를 받아들이고 그 절차를 거치지만 진단받은 질환에 대한 의학적 치료를 끝까지 하지 않는 사람은, 애초에 검진 프로그램을 이용하지 않은 사람 못지않은 실패이다. 의학적으로 처방된 다이어트를 하겠다고 성공적으로 받아들였으나 일주일 후 다시 사탕 단지와 애플파이에 유혹되어 돌아가는 과체중인 사람은 자신의 체중을 감량하고 조절할 필요성을 아예 받아들이지 않은 경우와 다름없는 실패자이다. 가장 힘들고, 가장 어렵고, 가장 까다로운 문제는 어떻게 사람들에게 건강에 도움을 주는 습관을 받아들이게 하느냐가 아니며, 심지어 어떻게 그들에게 그러한 습관을 시작하게 하느냐도 아니다. 우리는 이것들에 상당히 성공적이었다. 그것(중요한 문제)은 그들이 <u>새로운 습관을 고수하도록</u> 설득하고 돕는 것이다.

▶ **구문 분석** ◀ **2** The person (who is sold on and goes through disease screening procedures **but** does not follow through with medical treatment for a diagnosed condition), is **as** much of a failure **as** a person ...
주어가 매우 긴 문장으로, 주격 관계대명사절 ( ) 내에서 but 앞뒤로 동사구가 병렬연결되고 있다. 긴 주어에 이어지는 동사구에서는 원급비교 'as ~ as ...'가 쓰였다.

[해석·주요어구]

1　Whatever their differences, / scientists and artists begin with the same question: / *can you and I see the same thing the same way? / If so, how?*

그들의 차이점이 무엇이든, / 과학자와 예술가들은 똑같은 물음에서 출발한다. / '당신과 내가 똑같은 것을 똑같은 방식으로 볼 수 있을까? / 만약 그렇다면 어떻게?'라는

2,3　The scientific thinker looks for features of the thing (that can be stripped of subjectivity) / — ideally, those aspects (that can be quantified and whose values will thus never change from one observer to the next). // In this way, / he arrives at a reality (independent of all observers). —ⓒ

과학적 사고를 하는 사람은 (주관성을 제거할 수 있는) 사물의 특징을 찾는다 / 즉 이상적으로, (정량화될 수 있고 그리하여 그 가치가 관찰자에 따라 달라지지 않을) 그런 측면. // 이런 식으로, / 그 사람은 (관찰자로부터 일체 독립적인) 어떤 현실에 도달한다.

4　The artist, / on the other hand, / relies on the strength of her artistry / to effect a marriage between her own subjectivity and that of her readers. (= subjectivity)

예술가는 / 반면, / 자신이 보유한 예술적 기질의 힘에 의지한다 / 자신의 주관성과 독자의 주관성 간 결합을 이루기 위해.

5　To a scientific thinker, / this must sound like magical thinking: / *you're saying / you will imagine something so hard / it'll pop into someone else's head / exactly the way you envision it?*

과학적 사고를 하는 사람에게 / 이는 분명 마술 같은 생각으로 들릴 것이다. / '즉 당신 말은 / '당신이 무언가를 열심히 상상한 나머지 / 그것이 타인의 마음속에도 갑자기 나타날 거라는 말인가 / 정확히 당신이 상상한 방식 그대로?'

6,7　The artist has sought the opposite of the scientist's observer-independent reality. // She creates a reality (dependent upon observers), / indeed a reality (in which _____ in order for it to exist at all). —ⓕ

예술가는 관찰자로부터 독립적인 과학자의 현실과 정반대의 것을 추구해 왔다. // 예술가는 (관찰자에게 의존하는) 현실을 만들어내는 것이다 / 즉 실로 (그것이 존재할 수라도 있으려면 _____) 현실.

① human beings must participate　인간들이 참여해야만 하는

② objectivity should be maintained　객관성이 유지되어야 하는

③ science and art need to harmonize　과학과 예술이 조화되어야 하는

④ readers remain distanced from the arts　독자들이 예술로부터 거리를 유지하는

⑤ she is disengaged from her own subjectivity　자기 자신의 주관성에서 해방된

[풀이 과정]

1 / 지문 속 표현들을 통해 지문의 핵심 논리 파악

글에서 과학과 예술은 다음과 같이 대비된다.

과학
= ⓐ 주관성을 배제할 수 있는 특징 탐구
= ⓑ 정량화될 수 있고, 관찰자마다 가치가 달라지지 않는 것에 주목
= ⓒ 모든 관찰자로부터 독립된 현실 추구

↕

예술
= ⓓ 작가의 주관성과 감상자의 주관성 간의 결합을 추구
= ⓔ '과학자의 현실'과 반대되는 것
= ⓕ 관찰자에 따라 좌우되는 현실

위의 [A↔B] 관계를 정리하면 다음과 같다.

과학		예술
관찰자가 누구이든 달라지지 않는 객관적 현실	↔	관찰자가 누구인가에 따라 달라지는 주관적 현실

2 / 빈칸에 들어갈 내용 확인

빈칸 문장 **7**은 **예술에서 추구하는** 현실에 관한 진술이다.

_____
= 관찰자가 누구인가에 따라 달라지기에, 관찰자와 창작자의 주관성이 '결합되어야' 파악될 수 있는 현실

3 / 선지 선택

①이 바로 관찰자의 주관성이 예술가의 주관성과 '결합되는' 상황에 관한 설명이다.

[오답 체크]
② '객관성'은 예술이 아닌, 과학의 현실과 관련된 키워드이다.
③ '과학과 예술의 조화'는 언급되지 않는다.
④ '예술로부터 거리를 두라'는 내용이 아니다.
⑤ '주관성에서의 해방'은 객관성을 지향한다는 의미이므로, 정답과 반대되는 진술이다.

▶ **전문 해석** 　과학자와 예술가의 차이점이 무엇이든, 이들은 '당신과 내가 똑같은 것을 똑같은 방식으로 볼 수 있을까? 만약 그렇다면 어떻게?'라는 똑같은 물음에서 출발한다. 과학적 사고를 하는 사람은 주관성을 제거할 수 있는 사물의 특징, 즉 이상적으로 정량화될 수 있고 그리하여 그 가치가 관찰자에 따라 달라지지 않을 측면을 찾는다. 이런 식으로, 그 사람은 관찰자로부터 일체 독립적인 어떤 현실에 도달한다. 반면, 예술가는 자신의 주관성과 독자의 주관성 간 결합을 이루기 위해 자신이 보유한 예술적 기질의 힘에 의지한다. 과학적 사고를 하는 사람에게 이는 분명 마술 같은 생각으로 들릴 것이다. 즉, '당신이 무언가를 열심히 상상한 나머지 그것이 타인의 마음속에도 정확히 당신의 상상대로 갑자기 나타날 거라는 말인가?' 예술가는 관찰자로부터 독립적인 과학자의 현실과 정반대의 것을 추구해 왔다. 예술가는 관찰자에게 의존하는 현실, 즉 실로 그것이 존재할 수라도 있으려면 인간들이 참여해야만 하는 현실을 만들어내는 것이다.

▶ **구문 분석** 　**2** ... features of the thing ... — ideally, **those aspects** [that can be quantified and **whose** values will thus never change from one observer to the next].
밑줄 부분이 동격을 이룬다. [ ]은 those aspects를 꾸미는 수식어로, that과 whose가 이끄는 절이 'A and B' 형태로 연결되었다.

[해석 · 주요어구]

1 Any attempt (to model musical behavior or perception in a general way) / is filled with difficulties.
(일반적인 방식으로 음악적 행동이나 인식의 모형을 만들려는) 그 어떤 시도든 / 어려움으로 가득하다.

2 With regard to models of perception, / the question arises (of whose perception we are trying to model) / — even if we confine ourselves to a particular culture and historical environment.
인식의 모형에 관해, / (우리가 누구의 인식을 모형으로 만들려 하는가라는) 의문이 생긴다 / 비록 우리가 특정 문화 및 역사적 환경에 국한되더라도.

3 Surely the perception of music varies greatly / between listeners of different levels of training; / indeed, / a large part of music education is devoted / to developing and enriching (and therefore likely changing) these listening processes.
물론 음악에 대한 인식은 크게 다르다 / (다양한 수준의 훈련을 받은) 청취자마다 / 사실 / 음악 교육의 큰 부분은 할애되고 있다 / 이러한 청취 과정을 개발하고 풍부하게 하는(그리하여 아마도 변화시키는) 데.

Tip 빈칸 문장과 마찬가지로 필자(I)의 생각을 제시하므로 답의 결정적 힌트가 된다.

4 While this may be true, / I am concerned here with fairly basic aspects of perception / — particularly meter and key — / which (I believe) are relatively consistent across listeners.
이게 사실일 수도 있지만, / 여기서 나는 인식의 아주 기본적 측면에 관심을 두고 있다 / 특히 박자와 조성 / 즉 (내가 믿기로) 청취자마다 비교적 일관성이 있는 것.

5 Anecdotal evidence suggests, (for example), / that most people are able to "find the beat" in a typical folk song or classical piece.
(가령) 일화적 증거에 따르면, / 대부분 사람은 전형적인 민요나 클래식 곡에서 '박자를 찾을' 수 있다.

6 This is not to say / that there is complete uniformity in this regard / — there may be occasional disagreements, (even among experts), / as to how we hear the tonality or meter of a piece.
말하려는 것이 아니다 / 이 점에 완전한 일치가 있다고 / (심지어 전문가들 사이에서도) 간혹 의견 차이가 있을 수도 있다 / 곡의 음조나 박자를 듣는 방법에 대해

7 But I believe _____.
하지만 나는 _____ (라)고 믿는다.

① our devotion (to narrowing these differences) / will emerge
　(이 차이를 좁히려는) 우리의 노력이 / 드러날 것이다
② fundamental musical behaviors evolve within communities
　기본적인 음악적 행동은 공동체 내에서 진화한다
③ these varied perceptions enrich shared musical experiences
　이러한 다양한 인식은 공유된 음악적 경험을 풍부하게 한다
④ the commonalities (between us) / far outweigh the differences
　(우리 사이의) 공통점이 / 차이점보다 훨씬 더 크다
⑤ diversity rather than uniformity (in musical processes) / counts
　(음악적 과정에서는) 일치보다도 다양성이 / 중요하다

[풀이 과정]

1 / 지문 속 표현들을 통해 지문의 핵심 논리 파악

'음악적 인식의 모형 구축(ⓐ)'에 관해 설명하는 과정에서 다음과 같은 대비 관계가 나타난다.

음악적 인식
= ⓑ 사람마다 매우 다름
= ⓔ 심지어 전문가끼리도 불일치

⇕

'필자'의 생각
= ⓒ 박자나 조성 등 기본적인 부분에 관해서는 사람들이 비교적 일관되게 인식
= ⓓ 전형적인 민요나 클래식을 들으면, 대부분의 사람들이 박자 파악 가능

위의 [A↔B] 관계를 정리하면 다음과 같다.

음악적 인식의 특징		'필자'의 생각
사람마다 다르다	↔	일관된 인식이 나타날 수 있는 부분이 있다

2 / 빈칸에 들어갈 내용 확인

'I believe'가 포함된 빈칸 문장 **7**은 **필자의 생각**을 담고 있다. 즉 청취자들 간 '차이'보다는 **비슷함, 일관성**을 강조할 것이다.

_____
= 사람들이 일관되게 인식할 수 있는 부분이 있다

3 / 선지 선택

④가 바로 차이점보다 '공통점'을 강조하는 선택지이다.

[오답 체크]

① 음악적 인식에 관한 차이를 좁히기 위해 우리가 노력하고 있다는 내용은 언급되지 않는다. 따라서 그 노력이 '드러날' 수도 없다.
② 음악적 행동의 '진화, 발전'은 언급되지 않았다.
③ '인식이 다양하다'는 점에 맞서 '일관된 부분도 있다'고 주장하는 글의 취지와 반대된다.
⑤ ③과 마찬가지로 글의 요지와 모순된다. 다양성보다 '일치'를 강조하려는 것이 필자의 의도이다.

▶ **전문 해석** ◀ 일반적인 방식으로 음악적 행동이나 인식의 모형을 만들려는 그 어떤 시도든 어려움으로 가득하다. 인식의 모형에 관해, 우리가 누구의 인식을 모형으로 만들려 하는가라는 의문이 생기고, (이는) 비록 우리가 특정 문화 및 역사적 환경에 국한되더라도 그렇다. 물론 음악에 대한 인식은 다양한 수준의 훈련을 받은 청취자마다 크게 다르다. 사실 음악 교육의 큰 부분은 이러한 청취 과정을 개발하고 풍부하게 하는(그리하여 아마도 변화시키는) 데 할애되고 있다. 이게 사실일 수도 있지만, 여기서 나는 특히 박자와 조성처럼 (음악적) 인식의 아주 기본적 측면에 관심을 두고 있는데, 이것들은 내가 청취자마다 비교적 일관성이 있다고 믿는 것이다. 가령 일화적 증거에 따르면, 대부분 사람은 전형적인 민요나 클래식 곡에서 '박자를 찾을' 수 있다. 이 점에 완전한 일치가 있다고 말하려는 것이 아니다. 심지어 전문가들 사이에서도, 곡의 음조나 박자를 듣는 방법에 대해 간혹 의견 차이가 있을 수도 있다. <u>하지만 나는 우리 사이의 공통점이 차이점보다 훨씬 더 크다고 믿는다.</u>

▶ **구문 분석** ◀ **2** With regard to models of perception, **the question** arises **of whose perception we are trying to model** ...
'of ~'는 the question을 수식하는 전치사구이다. 동사가 짧은데 주어가 너무 길어지는 것을 피하고자 수식어구를 동사 뒤로 보냈다.

[해석·주요어구]

1,2 Japanese used to have a color word, *ao*, (that spanned both green and blue). // (In the modern language), however, / *ao* has come to be restricted mostly to blue shades, / and green is usually expressed by the word *midori*.

예전에 일본어에는 (초록색과 파란색 둘 다에 걸쳐 있는) 'ao'라는 색채어가 있었다. // 하지만 (현대어에서는) / 'ao'가 주로 파란색 색조에 한정되어 있고, / 초록색은 보통 'midori'라는 단어로 표현된다.

3 When the first traffic lights were imported from the United States / and installed in Japan / in the 1930s, / they were just as green as anywhere else.

최초의 신호등이 미국에서 수입되어 / 일본에 설치되었을 때 / 1930년대에 / 그것들은 다른 곳에서와 마찬가지로 초록색이었다.

4 Nevertheless, / (in common parlance) the go light was called *ao shingoo*, / perhaps because the three primary colors (on Japanese artists' palettes) are traditionally *aka*(red), *kiiro*(yellow), and *ao*.

그럼에도 불구하고, / (일반적인 용어로) 주행 신호는 'ao shingoo'라고 불렸는데, / 아마도 (일본 화가들의 팔레트에 있는) 3원색이 전통적으로 'aka'(빨간색), 'kiiro'(노란색), 그리고 'ao'인 까닭이다.

5 The label *ao* (for a green light) / did not appear so out of the ordinary at first, / because of the remaining associations of the word *ao* with greenness.

(초록색 신호등에 대한) 'ao'라는 이름은 / 처음에는 그다지 이상해 보이지 않았다 / 단어 'ao'와 초록색 간에 남아 있던 연관성 때문에.

Tip '시간이 지나자' 생긴 문제를 서술한다는 신호이므로, 뒤를 주목해야 한다. —ⓐ

6 But over time, / the difference (between the green color and the dominant meaning of the word *ao*) / began to feel awkward.

하지만 시간이 지나면서, / (초록색과 'ao'의 주된 의미 간의) 차이가 / 어색하게 느껴지기 시작했다. —ⓑ

7,8 Nations (that are less assertive) / might have opted for the solution of simply changing the official name of the go light to *midori*. // Not so the Japanese.

(덜 단호한) 나라들은 / 그냥 주행 신호의 공식 명칭을 'midori'로 바꾸는 해결책을 택했을지도 모른다. // 일본은 그렇게 하지 않았다. —ⓒ

Tip 'B하기보다는 A하다'라는 의미로, A-B의 대비 관계를 드러낸다. —ⓓ

9 Rather than alter the name to fit reality, / the Japanese government announced in 1973 / that _____: / henceforth, go lights would be a color (that better corresponded to the dominant meaning of *ao*). —ⓔ

이름을 현실에 맞추어 변경하는 대신, / 1973년 일본 정부는 발표했다 / _____(라)고. / 이후, 주행 신호등은 ('ao'의 주된 의미에 더 잘 부합하는) 색상이 되었다.

① reality should be altered to fit the name
   현실이 이름에 맞춰 바뀌어야 한다

② language reflected what people had in mind
   언어가 사람들이 지녔던 생각을 반영했다

③ the go light should follow the global standard
   주행 신호가 국제적 표준을 따라야 한다

④ the use of the word *ao* for go light would be banned
   주행 신호에 'ao'라는 단어를 쓰는 것이 금지될 것이다

⑤ they would not change the color of go light in any way
   어찌됐든 주행 신호 색깔을 바꾸지 않겠다

▶ 전문 해석 ◀ 예전에 일본어에는 초록색과 파란색 둘 다에 걸쳐 있는 'ao'라는 색채어가 있었다. 하지만 현대어에서는 'ao'가 주로 파란색 색조에 한정되어 있고, 초록색은 보통 'midori'라는 단어로 표현된다. 1930년대에 최초의 신호등이 미국에서 수입되어 일본에 설치되었을 때, 그것들은 다른 곳에서와 마찬가지로 초록색이었다. 그럼에도 불구하고, 일반적인 용어로 주행 신호는 'ao shingoo'라고 불렸는데, 아마도 일본 화가들의 팔레트에 있는 3원색이 전통적으로 'aka'(빨간색), 'kiiro'(노란색), 그리고 'ao'인 까닭이다. 단어 'ao'와 초록색 간에 (아직) 남아 있던 연관성 때문에, 초록색 신호등에 'ao'라는 이름은 처음에는 그다지 이상해 보이지 않았다. 하지만 시간이 지나면서, 초록색과 'ao'의 주된 의미 간의 차이가 어색하게 느껴지기 시작했다. 덜 단호한 나라였다면 그냥 주행 신호의 공식 명칭을 'midori'로 바꾸는 해결책을 택했을지도 모른다. 일본은 그렇게 하지 않았다. 이름을 현실에 맞추어 변경하는 대신, 1973년 일본 정부는 현실이 이름에 맞춰 바뀌어야 한다고 발표했다. 이후, 주행 신호등은 'ao'의 주된 의미에 더 잘 부합하는 색상이 되었다.

[풀이 과정]

1 / 지문 속 표현들을 통해 지문의 핵심 논리 파악

'신호등 주행 신호의 색깔과 'ao'라는 단어의 주된 의미가 서로 달라서(ⓐ) 생긴 어색함을 해소할 방법이 다음과 같이 대비된다.

(일본보다) 덜 단호한 나라였다면 택했을 해결책
= ⓑ 주행 신호 명칭을 'midori'로 바꾸기
= ⓓ 현실에 맞춰 이름 바꾸기
↕
일본의 해결책
= ⓒ '현실에 맞춰 이름을 바꾸지' 않음
= ⓔ 'ao'의 주된 의미에 부합하도록 현실을 바꿈

위의 [A↔B] 관계를 정리하면 다음과 같다.

다른 나라의 해결책	↔	**일본의 해결책**
현실에 맞춰 이름을 바꿈		이름에 맞춰 현실을 바꿈

2 / 빈칸에 들어갈 내용 확인

빈칸 문장 **9** 는 **일본의 해결책**에 관해 서술하는 부분이다. 즉, '현실에 맞춰 이름을 바꿨을' 다른 나라의 상황과는 반대되는 내용이 들어가야 한다.

= 이름에 맞춰 현실을 바꿈

3 / 선지 선택

①이 바로 '이름에 맞춰 현실을 바꿔야' 한다는 입장을 잘 서술한 선택지이다.

Tip 배경 설명이 긴 글이므로, 어디부터 주목해야 할지(But over time) 빨리 파악하는 것이 관건이다.

[오답 체크]

② 사람들의 생각을 '반영'한다는 내용은 언급되지 않았다.

③ 신호가 '국제적 표준'을 지켜야 할지 말아야 할지에 관해서는 언급되지 않았다.

④ 다른 곳에서라면 'ao'라는 단어를 '피했을' 것이지만 일본은 그렇게 하지 '않았다'는 것이 글의 핵심이다. 즉 지문의 내용과 모순되는 선택지이다.

⑤ 마지막 문장의 결론과 반대된다. 주행 신호의 색상이 '단어 의미와 일치하게' 되었다는 것은 신호 색상이 바뀌었음을 뜻한다.

▶ 구문 분석 ◀ 7 Nations that are less assertive **might have opted** for the solution ...
'might have p.p.(~했을지도 모른다)'는 과거에 대한 약한 추측을 나타낸다. 여기서는 가정법 과거완료(만일 ~했다면 …했을지도 모른다)의 의미가 내포되어 있다.

[해석 · 주요어구]

1 Precision and determinacy are a necessary requirement for all meaningful scientific debate, / and progress in the sciences is, / to a large extent, / the ongoing process of achieving ever greater precision.

정확성과 확정성은 모든 의미 있는 과학 토론을 위한 필요요건이며, / 과학에서의 발전은, / 상당 부분, / 훨씬 더 높은 정확성을 달성하려는 계속 진행 중인 과정이다.

2 But / historical representation puts a premium on a proliferation of representations, / hence not on the refinement of one representation / but on the production of an ever more varied set of representations.

그러나 / 역사적 진술은 진술의 증식을 중시한다, / 그러므로 한 가지 진술의 정제가 아니라 / 훨씬 더 다양한 진술 집합의 생성을.

3 Historical insight is not a matter of a continuous "narrowing down" of previous options, / not of an approximation of the truth, / but, on the contrary, is an "explosion" of possible points of view.

역사적 통찰은 과거 선택들을 지속적으로 '좁혀 가는' 것의 문제가 아니고, / 진리에 근접함의 문제도 아니고, / 반대로, 가능한 관점들의 '폭발적 증가'이다.

4 It therefore aims / at the unmasking of previous illusions of determinacy and precision (by the production of new and alternative representations), / rather than at achieving truth (by a careful analysis of what was right and wrong in those previous representations).

그러므로 그것은 목표로 한다 / (새롭고 대안적인 진술의 생성으로) 확정성과 정확성에 대한 이전의 환상을 들추어내는 것을 / (이전의 진술에서 무엇이 옳고 틀렸는지에 대한 신중한 분석으로) 진리를 획득하는 것보다는.

5 And from this perspective, / the development of historical insight / may indeed be regarded by the outsider / as a process of creating ever more confusion, a continuous questioning of _____, / rather than, (as in the sciences,) an ever greater approximation to the truth.

부정적이고 경계하는 어조가 느껴진다.

그리고 이러한 관점에서 보면, / 역사적 통찰의 발전은 / 외부인에게 진정 여겨질 수도 있다 / 훨씬 더 큰 혼란을 만들어내는 과정, 즉 _____에 대한 지속적인 의문 제기로, / (과학에서처럼) 진리에 대한 훨씬 더 탁월한 근접보다.

① criteria (for evaluating historical representations)
   (역사적 진술을 평가하는) 기준
② certainty and precision (seemingly achieved already)
   (이미 달성된 것처럼 보이는) 확실성과 정확성
③ possibilities of alternative interpretations (of an event)
   (어떤 사건에 대한) 대안적 해석의 가능성
④ coexistence of multiple viewpoints (in historical writing)
   (역사적 글쓰기에서) 여러 관점의 공존
⑤ correctness and reliability of historical evidence (collected)
   (수집된) 역사적 증거의 정확성과 신뢰성

[풀이 과정]

1 / 지문 속 표현들을 통해 지문의 핵심 논리 파악

과학 토론과 역사적 진술의 초점이 다음과 같이 대비된다.

> **과학 토론의 초점**
> = ⓐ 정확성과 확정성 / 훨씬 더 높은 정확성
> = ⓒ 한 가지 진술의 정제
> = ⓔ 과거 선택들을 지속적으로 '좁혀 가는'것 / 진리에 근접함
> = ⓗ 이전의 진술에서 무엇이 옳고 틀렸는지에 대한 신중한 분석으로 진리를 획득하는 것

⇕

> **역사적 진술의 초점**
> = ⓑ 진술의 증식
> = ⓓ 훨씬 더 다양한 진술 집합의 생성
> = ⓕ 가능한 관점들의 '폭발적 증가'
> = ⓖ 새롭고 대안적인 진술의 생성으로 확정성과 정확성에 대한 이전의 환상을 들추어내는 것

위의 [A↔B] 관계를 정리하면 다음과 같다.

과학 토론의 초점	↔	역사적 진술의 초점
하나의 진실, 그 정확도		진술(관점)의 다양성

2 / 빈칸에 들어갈 내용 확인

빈칸 문장 **5** 는 역사적 통찰(진술)에 대한 서술인데, 그것이 외부인(여기에서는 반대쪽인 과학자) 입장에서 어떻게 여겨지는지를 서술하다보니 부정·경계하는 어조가 되었다. 그 내용과 어조가 유지되도록 빈칸을 채워야 한다.

> a continuous questioning of _____
> = 과학자 입장에서 바라본 역사적 통찰
> = (신경 써야 할) 하나의 진실, 그 정확도는 거부하고 (신경 쓸 필요 없는) 진술의 다양성에나 신경 씀

3 / 선지 선택

②를 넣으면 'a continuous questioning of **certainty and precision seemingly achieved already**(이미 달성된 것처럼 보이는 확실성과 정확성에 대한 지속적인 의문 제기)'가 된다. '정확도에 대한 괜한 시비(=거부)'로 의미가 통한다.

[오답 체크]

① 역사적 진술의 '평가 기준'에 대해 언급하지 않았다.
③ 역사적 통찰이 '대안적 해석의 가능성'에 대한 '의문 제기'로 여겨질 수는 없다. 역사적 통찰은 '대안적 해석의 가능성'을 '중시'하기 때문이다.
④ 역사적 통찰이 '여러 관점의 공존'에 대한 '의문 제기'로 여겨질 수는 없다.
⑤ '역사적 증거'에 대해 언급하지 않았다.

▶ **전문 해석** ◀ 정확성과 확정성은 모든 의미 있는 과학 토론을 위한 필요 조건이며, 과학에서의 발전은, 상당 부분, 훨씬 더 높은 정확성을 달성하려는 계속 진행 중인 과정이다. 그러나 역사적 진술은 진술의 증식을 중시하는데, 그러므로 한 가지 진술의 정제가 아니라, 훨씬 더 다양한 진술 집합의 생성을 중시한다. 역사적 통찰은, 과거 선택들을 지속적으로 '좁혀 가는' 것의 문제도, 진리에 근접함의 문제도 아니고, 반대로, 가능한 관점들의 '폭발적 증가'이다. 그러므로 그것은, 이전의 진술에서 무엇이 옳고 틀렸는지에 대한 신중한 분석으로 진리를 획득하는 것보다는, 새롭고 대안적인 진술의 생성으로 확정성과 정확성에 대한 이전의 환상을 들추어내는 것을 목표로 한다. 그리고 이러한 관점에서 보면, 역사적 통찰의 발전은, 과학에서처럼 진리에 대한 훨씬 더 탁월한 근접으로보다, 훨씬 더 큰 혼란을 만들어내는 과정, 즉 이미 달성된 것처럼 보이는 확실성과 정확성에 대한 지속적인 의문 제기로 외부인에게 진정 여겨질 수도 있다.

▶ **구문 분석** ◀ **5** ...as **a process of creating ever more confusion, a continuous questioning of certainty and precision** ...

밑줄 친 두 명사구가 동격으로 연결되고 있다. 두 번째 명사구는 '관사 + 형용사 + 동명사 + of + 목적어' 구조로, 동사구(continuously question certainty and precision)를 명사구로 바꾸면서 목적격 의미의 of가 쓰였다. of가 동격의 의미가 아님에 주의한다.

DAY 09 기출 훈련 **A** 정답 ②   ① 15.9% ✔ 33.1% ③ 24.4% ④ 13.6% ⑤ 10.8%

[해석 · 주요어구]

1 The meritocratic emphasis on effort and hard work / seeks to vindicate the idea / that, under the right conditions, / we are responsible for our success and thus capable of freedom.

노력과 근면에 대한 능력주의의 강조는 / 생각을 입증하려 한다 / 정당한 조건 하에서 / 우리가 우리의 성공에 책임이 있고 따라서 자유를 누릴 수 있다는.

2 It also seeks to vindicate the faith / that, if the competition is truly fair, success will align with virtue; / those (who work hard and play by the rules) will earn the rewards (they deserve).

그것은 또한 믿음을 입증하려 한다 / 경쟁이 정말 공정하다면, 성공은 미덕과 일치할 것이라는; / (열심히 노력하고 규칙을 따르는) 사람들이 (자신이 마땅히 받아야 할) 보상을 받게 될 것이라는.

3 We want to believe / that success, in sports and in life, is something (we earn), / not something (we inherit).

우리는 믿고 싶어 한다 / 스포츠와 인생에서 성공이란 (우리가 획득하는) 것이라고 / (우리가 물려받는) 것이 아니라.

4 Natural gifts and the advantages (they bring) / embarrass the meritocratic faith.
= something we inherit
타고난 재능과 (그것이 가져다주는) 이점은 / 능력주의의 믿음을 난처하게 만든다.

5 They cast doubt on the conviction / that praise and rewards flow from effort alone.

그것은 신념에 의구심을 제기한다 / 칭찬과 보상이 오직 노력에서만 나온다는.

6 In the face of this embarrassment, / we _____.

이러한 난처함에 직면해, / 우리는 _____.

7 This can be seen, for example, in television coverage of the Olympics, / which focuses less on the feats (the athletes perform) / than on heartbreaking stories / of the hardships and obstacles (they have overcome), / and the struggles {they have gone through (to triumph over injury, or a difficult childhood, or political turmoil in their native land)}.
(more이 아님에 주의한다.)

예를 들자면, 이것은 올림픽 경기의 텔레비전 보도에서 볼 수 있는데, / 그 보도는 (선수들이 행하는) 뛰어난 재주에 덜 초점을 맞춘다 / 가슴 아픈 이야기들보다 / (그들이 극복해온) 고난과 장애물에 대한, / 그리고 {{(부상이나 힘든 어린 시절 또는 고국의 정치적 혼란을 이겨 내기 위해) 그들이 겪어온} 치열한 노력에 대한.

① suspect / perfectly fair competition is not possible
생각한다 / 완벽하게 공정한 경쟁은 불가능하다고

② inflate / the moral significance of effort and striving
부풀린다 / 노력과 분투의 도덕적 중요성을

③ put more emphasis on the results / than on the process
결과를 더 강조한다 / 과정보다

④ believe / that overcoming hardships is not that important
믿는다 / 고난을 극복하는 것이 그다지 중요하지 않다고

⑤ often appreciate the rewards / earned through natural gifts
자주 보상을 인정한다 / 타고난 재능으로 얻은

[풀이 과정]

1 지문 속 표현들을 통해 지문의 핵심 논리 파악

문장 **1** ~ **5** 에서 능력주의적 신념과 이에 대한 약화가 다음과 같이 대비된다.

능력주의적 신념
= ⓐ 노력과 근면에 대한 능력주의의 강조 / 우리가 우리의 성공에 책임이 있고 따라서 자유를 누릴 수 있다
= ⓑ 성공은 미덕과 일치할 것이다 / 열심히 노력하고 규칙을 따르는 사람들은 자신이 마땅히 받아야 할 보상을 받게 될 것이다
= ⓒ 스포츠와 인생에서 성공이란 우리가 획득하는 것이다

↕

능력주의의 약화
= ⓓ 타고난 재능과 그것이 가져다주는 이점은 능력주의의 믿음을 난처하게 만든다
= ⓔ 그것은 칭찬과 보상이 오직 노력에서만 나온다는 신념에 의구심을 제기한다

위의 [A↔B] 관계를 정리하면 다음과 같다.

능력주의적 신념		능력주의의 약화
노력에 따른 성취 강조	↔	타고나는 재능이 존재함

2 빈칸에 들어갈 내용 확인

빈칸 문장 **6** 에서 '(능력주의의 약화로 인한) 난처함에 우리가 _____한다'고 하고, 그 예시로 **7** 에서 올림픽 선수의 재주보다 그들의 고난 극복, 즉 노력에 더욱 집중한다고 하였으므로 다음과 같다.

_____
= 노력에 더욱 집중(능력주의를 더욱 강조)

3 선지 선택

②가 '노력을 더욱 강조한다'는 의미와 통한다.

[오답 체크]

① '완벽하게 공정한 경쟁'의 가능성을 의심한다는 언급은 없다.
③ '과정보다 결과를 중시'함은 선수의 고난 극복 과정을 더욱 강조한다는 보도 내용과 상반된다.
④ '고난 극복을 중시하지 않는' 것은 고난 극복을 더욱 강조한다는 보도 내용과 상반된다.
⑤ '타고난 재능으로 얻은 보상을 인정'하는 것은 노력을 더욱 강조한다는 보도 내용과 상반된다.

▶ **전문 해석** ◀ 노력과 근면에 대한 능력주의의 강조는, 정당한 조건 하에서 우리가 우리의 성공에 책임이 있고 따라서 자유를 누릴 수 있다는 생각을 입증하려 한다. 그것은 또한, 경쟁이 정말 공정하다면 성공은 미덕과 일치할 것이라는, 그리고 열심히 노력하고 규칙을 따르는 사람들은 자신이 마땅히 받아야 할 보상을 받게 될 것이라는 믿음을 입증하려 한다. 우리는 스포츠와 인생에서 성공이란 우리가 물려받는 것이 아니라 획득하는 것이라고 믿고 싶어 한다. 타고난 재능과 그것이 가져다주는 이점은 능력주의의 믿음을 난처하게 만든다. 그것은 칭찬과 보상이 오직 노력에서만 나온다는 신념에 의구심을 제기한다. 이러한 난처함에 직면해, 우리는 노력과 분투의 도덕적 중요성을 부풀린다. 예를 들자면, 이것은 올림픽 경기의 텔레비전 보도에서 볼 수 있는데, 그 보도는 그들이 극복해온 고난과 장애물에 대한, 그리고 부상이나 힘든 어린 시절 또는 고국의 정치적 혼란을 이겨 내기 위해 그들이 겪어온 치열한 노력에 대한 가슴 아픈 이야기보다 선수들이 행하는 뛰어난 재주에 덜 초점을 둔다.

▶ **구문 분석** ◀ **7** ... focuses **less on** the feats (the athletes perform) **than** on heartbreaking stories of the hardships and obstacles ...

비교급 'less ~ than ...'이 쓰인 문장이다. 괄호 ( )는 the feats를 수식하는 목적격 관계대명사절로, 관계대명사가 생략되어 있다.

[해석·주요어구]

1 Enabling animals to _____ / is an almost universal function of learning.
동물이 _____할 수 있게 하는 것은 / 학습의 거의 보편적인 기능이다.
앞문장의 'learning'과 의미적으로 대비된다. **ⓐ**

2,3 Most animals innately avoid objects (they have not previously encountered). // Unfamiliar objects may be dangerous; / treating them with caution has survival value.
ⓑ
대부분의 동물은 선천적으로 (이전에 마주친 적이 없었던) 대상을 피한다. // 익숙하지 않은 대상은 위험할 수 있다; / 그것을 조심해서 다루는 것은 생존의 가치를 갖는다. **ⓒ**

4 If persisted in, however, / such careful behavior could interfere with feeding and other necessary activities / to the extent (that the benefit of caution would be lost).
그러나, 그러한 신중한 행동이 지속된다면, / 그러한 신중한 행동은 먹이 섭취와 다른 필요한 활동들을 방해할 수 있다 / (조심한 것의 이익이 소실될) 정도로. **ⓓ**

5 A turtle (that withdraws into its shell at every puff of wind or whenever a cloud casts a shadow) / would never win races, / not even with a lazy rabbit.
(휙 부는 모든 바람마다, 또는 구름이 그림자를 드리울 때마다 등껍질 속으로 움츠리는) 거북은 / 경주를 결코 이기지 못할 것이다 / 게으른 토끼와 하더라도. **ⓔ**

6 To overcome this problem, / almost all animals habituate / to safe stimuli (that occur frequently).
이 문제를 극복하기 위해, / 거의 모든 동물은 익숙해진다 / (자주 발생하는) 안전한 자극에. **ⓕ**

7 Confronted by a strange object, / an inexperienced animal may freeze or attempt to hide, / but if nothing unpleasant happens, / sooner or later it will continue its activity. **ⓖ**
낯선 대상에 직면하면, / 경험이 없는 동물은 얼어붙거나 숨으려고 할 수도 있지만, / 불쾌한 일이 일어나지 않으면, / 그것은 조만간 활동을 계속할 것이다.

8 The possibility also exists (that an unfamiliar object may be useful), / so if it poses no immediate threat, / a closer inspection may be worthwhile. **ⓗ**
(익숙하지 않은 대상이 유용할) 가능성도 있으므로, / 그것이 즉각적인 위협을 주지 않는다면, / 더 자세히 살펴보는 것이 가치가 있을 수도 있다.

① weigh the benefits / of treating familiar things with care
이득을 따지다 / 익숙한 것을 조심해서 다루는 것의

② plan escape routes / after predicting possible attacks
탈출 경로를 계획하다 / 가능한 공격을 예측한 이후

③ overcome repeated feeding failures / for survival
반복된 먹이 섭취의 실패를 극복하다 / 생존을 위해

④ operate / in the presence of harmless stimuli
움직이다 / 무해한 자극이 있는 데서

⑤ monitor the surrounding area regularly
주변 지역을 정기적으로 감시하다

[풀이 과정]

1 지문 속 표현들을 통해 지문의 핵심 논리 파악

낯선 것에 대한 동물들의 본능적 행동과, 그것의 안전함을 학습한 이후 나타나는 행동이 다음과 같이 대비된다.

낯선 것에 대한 첫 본능적 행동
= **ⓐ** 이전에 마주친 적이 없었던 대상을 선천적으로 피한다.
= **ⓑ** 그것을 조심해서 다루는 것
= **ⓒ** 신중한 행동
= **ⓓ** (거북이) 등껍질 속으로 움츠리다
= **ⓕ** 얼어붙거나 숨으려고 하다

↕

그것의 안전함을 학습한 이후 나타나는 행동
= **ⓔ** 자주 발생하는 안전한 자극에 익숙해진다
= **ⓖ** 불쾌한 일이 일어나지 않으면, 그것은 조만간 활동을 계속할 것이다
= **ⓗ** 더 자세히 살펴보는 것

위의 [A↔B] 관계를 정리하면 다음과 같다.

본능적 행동		학습 이후 행동
주의·경계, 무활동	↔	주의·경계 해제, 활동 재개

2 빈칸에 들어갈 내용 확인

빈칸 문장 **1** 은 '동물이 _____할 수 있게 하는 것이 학습의 기능'이라는 의미이므로, 빈칸에는 **학습을 통해** 동물이 할 수 있게 되는 행동이 들어가야 한다.

_____ = 주의·경계 해제, 활동 재개

3 선지 선택

④가 바로 '(자극이 무해함을 학습한 이후) 활동을 재개함'을 의미한다.

Tip 이 문제처럼 빈칸이 주제문 역할의 첫 문장에 등장하는 경우, 빈칸에 무엇이 들어가야 하는지 미리 포인트를 잡고(e.g. 빈칸 = 동물이 할 수 있게 되는 것) 나머지 글을 읽어나갈 수 있다.

[오답 체크]
① '익숙한 것을 조심해서 다루는 것'에 대해 언급하지 않았다. '낯선 것에 대한 조심'만을 언급했다.
② '탈출 경로를 계획'하는 것은 '주의·경계'에 해당하므로, 무해함을 학습한 이후 할 행동과는 반대이다.
③ '먹이 섭취 실패'나 그 '극복'에 대해서는 언급한 적이 없다.
⑤ '정기적 감시'는 '주의·경계'에 해당하므로, 무해함을 학습한 이후 할 행동과는 반대이다.

▶ 전문 해석 ◀ 동물이 무해한 자극이 있는 데서 움직일 수 있게 하는 것은 학습의 거의 보편적인 기능이다. 대부분의 동물은 선천적으로, 이전에 마주친 적이 없었던 대상을 피한다. 익숙하지 않은 대상은 위험할 수 있으므로, 그것을 조심해서 다루는 것은 생존의 가치를 갖는다. 그러나 그러한 신중한 행동이 지속된다면, 이는 조심한 것의 이익이 소실될 정도로 먹이 섭취와 다른 필요한 활동들을 방해할 수도 있다. 휙 부는 모든 바람마다, 또는 구름이 그림자를 드리울 때마다 등껍질 속으로 움츠리는 거북은 게으른 토끼와의 경주라도 결코 이기지 못할 것이다. 이 문제를 극복하기 위해, 거의 모든 동물은 자주 발생하는 안전한 자극에 익숙해진다. 낯선 대상에 직면하면, 경험이 없는 동물은 얼어붙거나 숨으려고 할 수도 있지만, 불쾌한 일이 일어나지 않으면 그것은 조만간 활동을 계속할 것이다. 익숙하지 않은 대상이 유용할 가능성도 있으므로, 그것이 즉각적인 위협을 주지 않는다면, 더 자세히 살펴보는 것이 가치가 있을 수도 있다.

▶ 구문 분석 ◀ 8 The possibility also exists (that an unfamiliar object may be useful), ...
주어 The possibility를 보충 설명하는 동격의 that절이 The possibility와 떨어져서 멀리 위치해 있다.

[해석·주요어구]

1 When trying to establish what is meant by digital preservation, / the first question (that must be addressed) is: / what are you actually trying to preserve? ⓐ

디지털 보존이 무엇을 뜻하는지 정립하려고 할 때 / (가장 먼저 다뤄야 할) 질문은 다음과 같다 / '당신은 실제로 무엇을 보존하려 하는가?'

2 This is clear in the analog environment (where the information content is inextricably fixed to the physical medium). ⓑ

이는 (정보 콘텐츠가 물리적 매체에 풀 수 없게 고정된) 아날로그 환경에서는 분명하다.

3 In the digital environment, / the medium is not part of the _____.

디지털 환경에서는 / 매체가 _____의 일부가 아니다.

4 A bit stream looks the same to a computer / regardless of the media (it is read from). ⓒ

비트 스트림은 컴퓨터에게는 똑같아 보인다 / (그것이 읽히는) 매체와 상관없이.

5 A physical carrier is necessary, / but as long as the source media can be read, / bit-perfect copies can be made cheaply and easily on other devices, / making the preservation of the original carrier of diminishing importance. ⓓ

물리적 이동 장치가 필요하지만, / 원본 매체가 읽히는 한 / 비트 단위의 완벽한 복사가 다른 기기에서도 저렴하고 쉽게 만들어질 수 있어서 / 원본 이동 장치의 보존은 그 중요성이 줄어들고 있다. = diminishingly important

6 As the physical media (that carry digital information) are quite delicate relative to most analog media, / it is expected / that digital information will necessarily need to be migrated from one physical carrier to another / as part of the ongoing preservation process. ⓔ

(디지털 정보를 전달하는) 물리적 매체는 대부분의 아날로그 매체에 비해 상당히 망가지기 쉬워서, / 예상된다 / 디지털 정보가 하나의 물리적 장치에서 다른 장치로 옮겨질 필요가 있을 것이라고 / 지속적 보존 과정의 일환으로.

7 It is not the media itself / but the information on the media / that needs to be preserved. ⓕ

매체 자체가 아니라 / 매체에 담긴 정보이다 / 보존되어야 할 것은.

① platform 플랫폼
② storage 보관, (정보) 저장
③ message 메시지
④ challenge 도전 (과제)
⑤ transformation 변모

[풀이 과정]

1/ 지문 속 표현들을 통해 지문의 핵심 논리 파악

'디지털 환경에서의 정보 보존(ⓐ)'에 관해 논하는 글이다. 다음의 대비 관계를 파악한다.

> **아날로그 환경**
> = ⓑ 정보가 매체에 고정됨
>
> ↕
>
> **디지털 환경**
> = ⓒ 매체에 상관없이 정보 인식
> = ⓓ 원본 매체가 무엇이었든, 다른 기기에서도 저렴하고 쉽게 정보를 복제 가능
> = ⓔ 보존 과정에서 (오히려) 정보를 이 매체 저 매체로 옮겨야 할 수도 있음
> = ⓕ 매체보다도 정보가 중요

위의 [A↔B] 관계를 정리하면 다음과 같다.

아날로그 환경		**디지털 환경**
정보가 매체에 고정 (정보와 매체가 어느 정도 동일시)	↔	매체가 무엇인지보다는 매체 안의 정보가 중요

2/ 빈칸에 들어갈 내용 확인

빈칸 문장 **3**은 **디지털 보존**에 관한 마지막 문장의 결론과 일치해야 한다. 즉 **매체 자체보다 정보가 보존에 있어 중요하다**는 것이다.

> _____
> = 매체보다도 정보를 보존하는 것이 중요하다

3/ 선지 선택

③의 message는 마지막 문장의 information을 재진술한 표현으로, '보존의 대상'을 뜻한다.

[오답 체크]

① platform 자체가 medium의 재진술이므로, ①을 빈칸에 넣으면 '매체는 매체의 일부가 아니라는' 어색한 진술이 된다.
② 데이터를 원본 매체와 동일시할 필요 없이 이 매체에서 저 매체로 옮기며 보관해도 된다는 내용이지, 매체 자체가 보관이나 저장 과정에 포함되지 않거나 필요 없다는 내용은 아니다. 논리적 비약에 주의해야 한다.
④ '도전'으로 볼 내용이 언급되지 않았다.
⑤ 무엇이 '변모'하는지 구체적이지 않다.

▶ 전문 해석 ◀ 디지털 보존이 무엇을 뜻하는지 정립하려고 할 때 가장 먼저 다뤄야 할 질문은 다음과 같다. '당신은 실제로 무엇을 보존하려 하는가?' 이는 정보 콘텐츠가 물리적 매체에 풀 수 없게 고정된 아날로그 환경에서는 분명하다. 디지털 환경에서는 매체가 메시지의 일부가 아니다. 비트 스트림은 그것이 읽히는 매체와 상관없이 컴퓨터에게는 똑같아 보인다. 물리적 이동 장치가 필요하지만, 원본 매체가 읽히는 한 비트 단위의 복사본이 다른 기기에서도 저렴하고 쉽게 만들어질 수 있어서, 원본 이동 장치의 보존은 그 중요성이 줄어들고 있다. 디지털 정보를 전달하는 물리적 매체는 대부분의 아날로그 매체에 비해 상당히 망가지기 쉬워서, 디지털 정보가 지속적 보존 과정의 일환으로 하나의 물리적 장치에서 다른 장치로 옮겨질 필요가 있을 것이라 예상된다. 보존되어야 할 것은 매체 자체가 아니라, 매체에 담긴 정보이다.

▶ 구문 분석 ◀ 5 ... making **the preservation of the original carrier of diminishing importance**.

밑줄 친 부분은 목적어 the preservation of the original carrier의 상태를 설명하는 목적격 보어이다. 'of+추상명사'는 형용사 역할을 한다.

DAY **10** 기출 훈련 **A** 정답 ⑤　　① 21.1%　② 31.5%　③ 15.0%　④ 6.8%　✔ 25.5%

〔 해석·주요어구 〕

1 Young contemporary artists (who employ digital technologies in their practice) / rarely make reference to computers.—ⓐ

(자기 작업에 디지털 기술을 이용하는) 젊은 현대 미술가들은 / 컴퓨터를 거의 언급하지 않는다.

2 For example, / Wade Guyton, an abstractionist (who uses a word processing program and inkjet printers), / does not call himself a computer artist.—ⓑ

예를 들어, / (워드 프로세싱 프로그램과 잉크젯 프린터를 사용하는) 추상파 화가 Wade Guyton은 / 자신을 컴퓨터 아티스트라고 부르지 않는다.

3 Moreover, / some critics, (who admire his work), are little concerned / about his extensive use of computers / in the art-making process. —ⓒ

게다가, / (그의 작품을 높이 평가하는) 몇몇 비평가들은 거의 신경 쓰지 않는다 / 그의 광범위한 컴퓨터 사용에 관해 / 예술 창작 과정에서의.

> **Tip** [A↔B]의 대비가 이렇게 명확하게 드러나는 경우, 지문의 내용을 이분법적으로 분류해보는 것이 도움이 된다.

4 This is a marked contrast from three decades ago / when artists (who utilized computers) were labeled (by critics) (— often disapprovingly —) as computer artists.—ⓓ

이것은 30년 전과 뚜렷이 대조된다 / (컴퓨터를 활용하는) 미술가들이 (비평가들에 의해) (— 종종 탐탁지 않은 뉘앙스로—) 컴퓨터 아티스트라고 명명되었던.

5 For the present generation of artists, / the computer, or more appropriately, the laptop, / is one in a collection of integrated, portable digital technologies / that link their social and working life.—ⓔ

현세대의 미술가들에게 / 컴퓨터, 혹은 더 적절히 말하자면, 노트북은, / 통합된 휴대용 디지털 기술 모음 중 하나이다 / 그들의 사회 생활과 직업 생활을 연결하는.

6 With tablets and cell phones surpassing personal computers (in Internet usage), / and as slim digital devices resemble nothing / like the room-sized mainframes and bulky desktop computers (of previous decades), / it now appears that the computer artist is finally _____.—ⓖ

(인터넷 사용에 있어) 태블릿과 핸드폰이 개인용 컴퓨터를 능가하는 상황에서, / 그리고 얇은 디지털 기기들이 전혀 닮지 않았으므로 / (수십 년 전의) 방 크기만한 중앙 컴퓨터, 그리고 거대한 데스크탑 컴퓨터와, / 컴퓨터 미술가들은 이제 결국 _____ 한 것으로 보인다.

① awake 깨어난
② influential 영향력 있는
③ distinct 독특한
④ troublesome 골치 아픈
⑤ extinct 멸종한

〔 풀이 과정 〕

1/ 지문 속 표현들을 통해 지문의 핵심 논리 파악

디지털 기기를 활용하는 미술가들과 관련하여, 과거와 현재의 상황이 다음과 같이 대비된다.

현재
= ⓐ 컴퓨터를 거의 언급하지 않는다
= ⓑ 자신을 컴퓨터 아티스트라고 부르지 않는다
= ⓒ 그의 .... 컴퓨터 사용에 관해 거의 신경 쓰지 않는다
= ⓔ 컴퓨터, ..., 노트북은, ... 통합된 휴대용 디지털 기술 모음 중 하나이다[하나일 뿐이다]
= ⓕ 인터넷 사용에 있어 태블릿과 핸드폰이 개인용 컴퓨터를 능가 / 얇은 디지털 기기들

↕

과거
= ⓓ 컴퓨터를 활용하는 미술가들이 ... 컴퓨터 아티스트라고 명명되었던 30년 전
= ⓖ 수십 년 전의 방 크기만한 중앙 컴퓨터나 거대한 데스크탑 컴퓨터

위의 [A↔B] 관계를 정리하면 다음과 같다.

현재		과거
'컴퓨터 미술가'로 인식되지 않음	↔	'컴퓨터 미술가'로 인식됨

★ '컴퓨터'보다 더 발전된, 다양한 기기들에 관심 분산 ★ (당시 거대하기까지 했던) '컴퓨터' 그 자체에 관심 집중

2/ 빈칸에 들어갈 내용 확인

빈칸 문장 **6** 에서 '컴퓨터 미술가들은 이제 결국 _____ 한 것으로 보인다'고 하므로 빈칸에는 **현재** 상황에 대한 서술이 들어가야 한다.

> the computer artist is finally _____
> = '컴퓨터 미술가'로 인식되지 않음

3/ 선지 선택

⑤를 넣으면 'the computer artist is finally **extinct**(컴퓨터 미술가는 이제 결국 **멸종되었다**)'가 된다. '컴퓨터 미술가로서의 인식(정체성)이 사라졌다'는 의미와 통한다.

〔 오답 체크 〕

① 컴퓨터 미술가들이 '깨어났다'고 하면 '컴퓨터 미술가로서의 활동을 시작한다'는 의미가 되므로, 지문 내용과는 상반된다.
② 컴퓨터 미술가들이 '영향력 있다'고 하면 '컴퓨터 미술가가 대세'라는 의미가 되므로, 지문 내용과는 상반된다.
③ 컴퓨터 미술가들이 '독특하다'는 언급은 전혀 없다.
④ 컴퓨터 미술가들이 '골칫거리'라는 언급은 전혀 없다.

▶ **전문 해석** ◀ 자기 작업에 디지털 기술을 이용하는 젊은 현대 미술가들은 컴퓨터를 거의 언급하지 않는다. 예를 들어, 워드 프로세싱 프로그램과 잉크젯 프린터를 사용하는 추상파 화가 Wade Guyton은, 자신을 컴퓨터 아티스트라고 부르지 않는다. 게다가, 그의 작품을 높이 평가하는 몇몇 비평가들은, 그의 예술 창작 과정에서의 광범위한 컴퓨터 사용에 관해 거의 신경 쓰지 않는다. 이것은 컴퓨터를 활용하는 미술가들이 비평가들에 의해 — 종종 탐탁지 않은 뉘앙스로 — 컴퓨터 아티스트라고 명명되었던 30년 전과 뚜렷이 대조된다. 현세대의 미술가들에게, 컴퓨터, 혹은 더 적절히 말하자면, 노트북은, 그들의 사회 생활과 직업 생활을 연결하는 통합된 휴대용 디지털 기술 모음 중 하나이다[하나일 뿐이다]. 인터넷 사용에 있어 태블릿과 핸드폰이 개인용 컴퓨터를 능가하는 상황에서, 그리고 얇은 디지털 기기들이 수십 년 전의 방 크기만한 중앙 컴퓨터나 거대한 데스크탑 컴퓨터와 전혀 닮지 않았으므로, 컴퓨터 미술가들은 이제 결국 멸종한 것으로 보인다.

▶ **구문 분석** ◀ **6** With tablets and cell phones surpassing personal computers in Internet usage, ... it now appears **that the computer artist is finally extinct.**
'with+명사+분사(~가 ~한 채로)' 구조와 '가주어 it - 진주어 that절' 구조가 쓰였다.

[**해석·주요어구**]

1, 2 Learning is *constructive*, not *destructive*. // This means we don't
_____ mental models / — we simply expand upon them.—ⓑ 　부정어에 유의한다

학습은 '파괴적'이지 않고 '건설적'이다. // 이것은 우리가 정신적 모델을 _____ 않고, / 단지 이를 기반으로 확장
한다는 뜻이다.

3, 4 To understand what I mean, / think back to your childhood. // There was
likely a time (when you believed in Santa Claus); / your mental model accepted
him / and your predictions accounted for his existence.

내가 의미하는 바를 알려면, / 여러분의 어린 시절을 회상해 보라. // (여러분이 산타클로스를 믿었던) 때가 있었을
것이다 / 여러분의 정신적 모델이 그를 받아들였고, / 여러분의 예측은 그의 존재를 설명했다.

5, 6 At some point, however, / you came to recognize he was fictitious / and
you updated your mental model accordingly. // At that moment, you didn't
suddenly forget everything about Santa Claus.—ⓒ

하지만 어느 순간, / 여러분은 그가 허구임을 인식하게 되었고, / 그에 맞춰 여러분의 정신적 모델을 업데이트했다.
// 그 순간 여러분이 불현듯 산타클로스에 대한 모든 것을 잊어버린 것은 아니다.

7, 8 To this day, / you can still recognize him, / speak of him / and embrace
young children's belief in him. // In other words, / you didn't destroy your old
mental model, / you simply added new information to it.—ⓔ 　ⓓ

오늘날까지도 / 여러분은 그를 여전히 알아보고, / 그에 대해 이야기하며, / 그에 대한 어린이들의 믿음을 수용해줄
수 있다. // 다시 말해, / 여러분은 이전의 정신적 모델을 파괴한 것이 아니라, / 그저 거기에 새로운 정보를 추가했을
뿐이다.

9 By building upon old mental models / we are able to maintain ties (to the
past), / foster a deeper understanding of concepts / and develop an ever-
expanding pool of information (to draw upon) / in order to continually adapt to
an ever-evolving world.

이전의 정신적 모델에 기반하여 / 우리는 (과거와의) 연결고리를 유지할 수 있고, / 개념에 대한 더 깊은 이해를 촉진
할 수 있으며, / (이용할 수 있는) 끊임없이 확장되는 정보 저장소를 발전시킬 수 있다 / 계속 진화하는 세계에 지속
적으로 적응하기 위해.

① replace　교체하지
② imagine　상상하지
③ predict　예측하지
④ analyze　분석하지
⑤ imitate　모방하지

[**풀이 과정**]

1 지문 속 표현들을 통해 지문의 핵심 논리 파악

'학습은 파괴적이지 않고 건설적(ⓐ)'이라는 주제에 대한 설
명이 다음과 같이 대비된다.

실제 학습이 일어나는 방식
= ⓑ 기존 모델을 기반으로 확장
= ⓔ 기존 모델에 새 정보 추가
= ⓕ 기존 모델에 바탕을 두어 발전

⇕

학습이 '아닌' 것
= ⓒ 갑자기 기존 모델을 다 잊어버림
= ⓓ 기존 모델을 파괴

위의 [A↔B] 관계를 정리하면 다음과 같다.

실제 학습 방식		**학습이 '아닌' 것**
기존 모델을 기반으로 새 정보를 더하며 발전	↔	기존 정보를 한순간에 잊거나 파괴

2 빈칸에 들어갈 내용 확인

빈칸 문장 **2** 는 문맥상 **학습이 아닌 것**에 관한 설명이다.

_____ = 기존 정보를 한순간에 잊거나 파괴

3 선지 선택

기존 모델을 (다른 것으로) '교체해' 버린다는 표현은 곧 기존
모델의 '파괴'를 설명하므로, ①이 빈칸에 가장 적합하다.

[**오답 체크**]

② '상상'에 관해서는 언급되지 않는다.
③ 정신적 모델 자체를 '예측'한다는 내용은 언급되지 않았다.
④ '분석'에 관해서는 언급되지 않는다.
⑤ '모방'에 관해서는 언급되지 않는다.

▶ **전문 해석** ◀ 학습은 '파괴적'이지 않고 '건설적'이다. 이것은 우리가 정신적 모델을 교체하지 않고, 단지 이를 기반으
로 확장한다는 뜻이다. 내가 의미하는 바를 알려면, 여러분의 어린 시절을 회상해 보라. 여러분이 산타클로스를 믿었던
때가 있었을 것이다. 여러분의 정신적 모델이 그를 받아들였고, 여러분의 예측은 그의 존재를 설명했다. 하지만 어느 순
간, 여러분은 그가 허구(의 인물)임을 인식하게 되었고, 그에 맞춰 여러분의 정신적 모델을 업데이트했다. 그 순간 여러
분이 불현듯 산타클로스에 대한 모든 것을 잊어버린 것은 아니다. 오늘날까지도 여러분은 그를 여전히 알아보고, 그에
대해 이야기하며, 그에 대한 어린이들의 믿음을 수용해줄 수 있다. 다시 말해, 여러분은 이전의 정신적 모델을 파괴한 것
이 아니라, 그저 거기에 새로운 정보를 추가했을 뿐이다. 이전의 정신적 모델에 기반하여 우리는 과거와의 연결고리를
유지할 수 있고, 개념에 대한 더 깊은 이해를 촉진할 수 있으며, 끊임없이 확장되는 정보 저장소를 발전시켜 이용해 계속
진화하는 세계에 지속적으로 적응할 수 있다.

▶ **구문 분석** ◀ **4** There was likely **a time** (**when** you
believed in Santa Claus); …
시간의 선행사 a time 뒤에 관계부사 when이 이끄는 형용사절
이 연결되었다.

[해석 · 주요어구]

1 Imagine / some mutation appears (which makes animals spontaneously die at the age of 50).
상상해 보라 / (동물들을 50살의 나이에 저절로 죽게 만드는) 어떤 돌연변이가 나타난다고.

2 This is unambiguously disadvantageous / — but only very slightly so.
이것은 분명히 불리하지만 / — 아주 약간만 그러하다.   = disadvantageous

3 More than 99 per cent of animals (carrying this mutation) / will never experience its ill effects / because they will die / before it has a chance to act.
(이 돌연변이를 지닌) 동물들의 99퍼센트 이상은 / 결코 그것의 부작용을 경험하지 못할 것이다 / 왜냐하면 동물들이 죽을 것이기 때문이다 / 돌연변이가 작용할 기회를 갖기 전에.

4 This means / that it's pretty likely to remain in the population / — not because it's good, / but because the 'force of natural selection' (at such advanced ages) / is not strong enough (to get rid of it).
이는 의미한다 / 돌연변이가 개체군에 남아 있을 가능성이 꽤 크다는 것을 / — 돌연변이가 이로워서가 아니라, / (그러한 고령에서) '자연 선택의 힘'이 / (돌연변이를 없앨 만큼) 충분히 강하지 않기 때문이다.

5 Conversely, / if a mutation killed the animals at two years, / striking them down / when many could reasonably expect to still be alive and producing children, / evolution would get rid of it very promptly: / animals (with the mutation) would soon be outcompeted / by those (fortunate enough not to have it), / because the force of natural selection is powerful / in the years (up to and including reproductive age).
전치사 up to와 including이 목적어를 공유한다.
반대로, / 만약 한 돌연변이가 2살에 동물들을 죽여서, / 동물들의 목숨을 앗아 간다면 / 다수가 여전히 살아서 새끼를 낳을 것이라고 마땅히 예상할 수 있을 때, / 진화는 그 돌연변이를 매우 신속하게 제거할 것이다: / (그 돌연변이를 가진) 동물들은 곧 경쟁에서 뒤처지게 될 것이다 / (그 돌연변이를 가지지 않을 만큼 충분히 운이 좋은) 동물들보다, / 왜냐하면 자연 선택의 힘이 강력하기 때문이다 / (번식 가능 연령을 포함해서 그에 이르기까지의) 여러 해 동안.

6 Thus, / problematic mutations can accumulate, / just so long as _____.
그러므로, / 문제적 돌연변이들은 축적될 수 있다 / _____는 한.

① the force of natural selection increases (as animals get older)
(동물들이 나이가 들수록) 자연 선택의 힘이 증가하는

② their accumulation is largely due to their evolutionary benefits
돌연변이들의 축적이 대부분 그것들의 진화적 이익 때문인

③ evolution operates (by suppressing reproductive success of animals)
(동물들의 번식 성공을 막음으로써) 진화가 작용하는

④ animals can promptly compensate (for the decline in their abilities)
동물들이 (그들의 능력 감소에) 재빨리 대처하여 상쇄할 수 있는

⑤ they only affect animals (after they're old enough to have reproduced)
(동물들이 이미 번식했을 만큼 충분히 나이 든 후에야) 돌연변이들이 동물들에게 영향을 주는

> **Tip** 문장 4까지는 지문 내용을 이해하기 어려웠을 수 있다. 하지만 문장 5부터 이어지는 '반대 상황'을 읽으면 지문의 '포인트'가 '돌연변이 증상의 발현 나이'임을 파악하기가 쉬워진다. 이렇게 [A↔B] 구조의 지문에서 'A만 읽었을 땐 어렵다가 B를 통해 A를 이해하게 되는 경우'가 종종 발생한다. 그러니 빈칸 지문을 읽을 때 지문 전반부를 이해하기 어렵다면, 계속 전반부에 갇혀있는 것보다 일단 끝까지 읽어보기를 추천한다.

[풀이 과정]

1 ⟩ 지문 속 표현들을 통해 지문의 핵심 논리 파악

문장 **5** 의 Conversely를 기준으로, 진화(자연 선택) 과정에서 돌연변이 유전자가 '유지될' 확률이 높은 경우와 '없어질' 확률이 높은 경우가 다음과 같이 대비된다.

> **돌연변이 유전자가 유지될 확률이 높은 경우**
> = ⓐ 동물들을 50살의 나이에 저절로 죽게 만드는 어떤 돌연변이가 나타난다
> = ⓑ 이 돌연변이가 … 부작용을 경험하지 못할 것인데, 왜냐하면 돌연변이가 작용할 기회를 갖기 전에 동물들이 죽을 것이기 때문이다
> = ⓒ 그러한 고령에서 '자연 선택의 힘'이 돌연변이를 없앨 만큼 충분히 강하지 않다
>
> ↕
>
> **돌연변이 유전자가 없어질 확률이 높은 경우**
> = ⓓ 한 돌연변이가 2살에 … 새끼를 낳을 것이라고 마땅히 예상할 수 있을 때 동물들의 목숨을 앗아 간다
> = ⓔ 번식 가능 연령을 포함해서 그에 이르기까지의 여러 해 동안, 자연 선택의 힘이 강력하다

위의 [A↔B] 관계를 정리하면 다음과 같다.

돌연변이 유전자 유지		돌연변이 유전자 도태
매우 늦은 나이에 (자손을 이미 낳은 후) 증상이 발현되는 경우	↔	자손을 낳기 전, 혹은 자손을 낳을 나이에 증상이 발현되는 경우
★자손에게 돌연변이 유전자가 전해짐		★자손에게 돌연변이 유전자를 전하기 어려움

2 ⟩ 빈칸에 들어갈 내용 확인

빈칸 문장 **6** 은 돌연변이가 축적(유지)되는 경우에 대한 서술이다.

> just so long as _____
> = 매우 늦은 나이에 (자손을 이미 낳은 후) 돌연변이의 증상이 발현되는 한

3 ⟩ 선지 선택

⑤가 바로 '동물들이 이미 번식했을 만큼 나이 든 후에야 돌연변이들이 영향(증상)을 주는' 경우이다.

[오답 체크]

① 지문 내용과 일치하지 않는 서술이다. 지문에서는 '고령에 자연 선택의 힘은 충분히 강하지 않다'고 했다.

② '돌연변이의 진화적 이익'에 대해 언급하지 않았다.

③ '동물들의 번식 성공을 막으면', 해당 돌연변이는 다음 세대에 전달(유지)될 수 없다.

④ '동물들의 능력 감소'나 그에 대한 '대처(상쇄)'에 대해 언급하지 않았다.

▶ 전문 해석 ◀ 동물들을 50살의 나이에 저절로 죽게 만드는 어떤 돌연변이가 나타난다고 상상해 보라. 이것은 분명히 불리하지만, 아주 약간만 그러하다[불리하다]. 이 돌연변이를 지닌 동물들의 99퍼센트 이상은 결코 그것의 부작용을 경험하지 못할 것인데, 왜냐하면 돌연변이가 작용할 기회를 갖기 전에 동물들이 죽을 것이기 때문이다. 이는 돌연변이가 개체군에 남아 있을 가능성이 꽤 크다는 것을 의미한다. 돌연변이가 이로워서가 아니라, 그러한 고령에서 '자연 선택의 힘'이 돌연변이를 없앨 만큼 충분히 강하지 않기 때문이다. 반대로, 만약 한 돌연변이가 2살에 동물들을 죽여서, 다수가 여전히 살아서 새끼를 낳을 것이라고 마땅히 예상할 수 있을 때 동물들의 목숨을 앗아 간다면, 진화는 그 돌연변이를 매우 신속하게 제거할 것이다. 즉, 그 돌연변이를 가진 동물들은 곧 그 돌연변이를 가지지 않을 만큼 충분히 운이 좋은 동물들보다 경쟁에서 뒤처지게 될 것이다. 왜냐하면 번식 가능 연령을 포함해서 그에 이르기까지의 여러 해 동안, 자연 선택의 힘이 강력하기 때문이다. 그러므로, 동물들이 이미 번식했을 만큼 충분히 나이 든 후에야 돌연변이들이 동물들에게 영향을 주는 한, 문제적 돌연변이들은 축적될 수 있다.

▶ 구문 분석 ◀ **6** Thus, problematic mutations can accumulate, just so long as **they're old enough to have reproduced**.
밑줄 친 to부정사에 have p.p.의 완료 시제가 쓰인 것은, 해당 절 (after가 이끄는 부사절) 내에서 '번식'의 시점과 '나이 듦'의 시점이 다름을 보이기 위해서이다. (나이가 충분히 들기 전에, 이미 번식을 완료했다는 의미)

DAY **12** 기출 훈련 **A** 정답 ⑤   ① 2.6% ② 6.9% ③ 24.1% ④ 50.7% ✔ 15.6%

[해석 · 주요어구]

주어진 문장 Because the manipulation of digitally converted sounds meant the reprogramming of binary information, / editing operations could be performed with millisecond precision.

디지털로 변환된 소리의 조작은 2진법 정보를 재프로그래밍하는 것을 의미했으므로, / 편집 작업은 1,000분의 1초의 정밀도로 수행될 수 있었다.

1, 2 The shift (from analog to digital technology) / significantly influenced how music was produced. // First and foremost, / the digitization of sounds / — that is, their conversion into numbers — / enabled music makers to undo what was done. (①)

(아날로그 기술에서 디지털 기술로의) 전환은 / 음악이 제작되는 방식에 상당히 영향을 주었다. // 무엇보다도 / 소리의 디지털화, / 즉 소리의 숫자로의 변환은 / 음악 제작자들이 기존의 작업을 되돌릴 수 있게 해 주었다.

3 One could, / in other words, / twist and bend sounds toward something new / without sacrificing the original version. (②)

사람들은 / 다시 말해, / 소리를 비틀고 구부려 새로운 것으로 만들 수 있었다 / 원본을 희생하지 않으면서.

4 This "undo" ability made mistakes considerably less momentous, / sparking the creative process / and encouraging a generally more experimental mindset. (③)

이러한 '되돌리기' 기능은 실수를 훨씬 덜 중대하게 만들어, / 창작 과정을 촉발하고 / 일반적으로 더 실험적인 사고방식을 장려했다.

5 In addition, / digitally converted sounds could be manipulated / simply by programming digital messages rather than using physical tools, / simplifying the editing process significantly. (④)

또한, / 디지털로 변환된 소리는 조작될 수 있었다 / 물리적인 도구를 사용하기보다는 단순히 디지털 메시지를 프로그래밍함으로써 / 이는 편집 과정을 크게 간소화했다.

6 For example, / while editing once involved razor blades / to physically cut and splice audiotapes, / it now involved the cursor and mouse-click of the computer-based sequencer program, / which was obviously less time consuming. (⑤)

예컨대 / 편집 과정은 한때 면도칼의 사용을 수반했지만, / 음성 녹음테이프를 물리적으로 자르고 합쳐 잇기 위해 / 이제는 컴퓨터 기반 순서기 프로그램의 커서와 마우스 클릭을 수반했고 / 이는 시간을 명백히 덜 소모했다.

7 This microlevel access at once made it easier / to conceal any traces of manipulations / (such as joining tracks in silent spots) / and introduced new possibilities (for manipulating sounds in audible and experimental ways).

이처럼 매우 미시적인 접근은 곧바로 더 쉽게 만들었다 / 조작의 흔적을 숨기는 것을 / (무음 지점에서 트랙을 결합하는 것과 같은) / 그리고 (들릴 수 있고 실험적인 방식으로 소리를 조작할) 새로운 가능성을 도입하였다.

▶ 전문 해석 ◀ 아날로그 기술에서 디지털 기술로의 전환은 음악이 제작되는 방식에 상당히 영향을 주었다. 무엇보다도 소리의 디지털화, 즉 소리의 숫자로의 변환은 음악 제작자들이 기존의 작업을 되돌릴 수 있게 해 주었다. 다시 말해, 사람들은 원본을 희생(손실)하지 않으면서 소리를 비틀고 구부려 새로운 것으로 만들 수 있었다. 이러한 '되돌리기' 기능은 실수를 훨씬 덜 중대하게 만들어, 창작 과정을 촉발하고 일반적으로 더 실험적인 사고방식을 장려했다. 또한, 디지털로 변환된 소리는 물리적인 도구를 사용하기보다는 단순히 디지털 메시지를 프로그래밍하여 조작될 수 있었으므로, 편집 과정을 크게 간소화했다. 예컨대 편집 과정은 한때 음성 녹음테이프를 물리적으로 자르고 합쳐 잇기 위해 면도칼의 사용을 수반했지만, 이제는 컴퓨터 기반 순서기 프로그램의 커서와 마우스 클릭을 수반했고, 이는 시간을 명백히 덜 소모했다. 디지털로 변환된 소리의 조작은 2진법 정보를 재프로그래밍하는 것을 의미했으므로, 편집 작업은 1,000분의 1초의 정밀도로 수행될 수 있었다. 이처럼 매우 미시적인 접근은 곧바로 (무음 지점에서 트랙을 결합하는 것과 같은) 조작의 흔적을 더 쉽게 숨길 수 있게 했고, 들릴 수 있고 실험적인 방식으로 소리를 조작할 새로운 가능성을 도입하였다.

[풀이 과정]

1 | 논리적 흐름에 따라 내용 파악

'소리의 디지털화가 음악 제작 방식에 미친 영향(ⓐ)'이 다음의 흐름으로 설명된다.

1	음향의 디지털화 → 음악 제작 변화
2 ~ 4	'되돌리기' 가능 → 원본 희생 ↓, 실수 우려 ↓
5	편집 과정 자체도 더 단순화됨
6	과거(테이프를 물리적으로 자르고 붙임) ↔ 오늘날(컴퓨터로 마우스 클릭, 커서 조작)

2 | 논리적 흐름이 이상한 곳 포착

문장 **7** 에서 'ⓑ This microlevel access'을 언급하는데, microlevel로 볼 만한 단위가 앞에 없어 This의 사용이 갑작스럽다.

?	=	**7** This microlevel access

3 | 주어진 문장을 넣어 논리적 흐름 복구

주어진 문장 을 문장 **7** 앞에, 즉 (⑤)에 넣어보자.
주어진 문장 의 'editing ~ with millisecond precision'을 문장 **7** 의 'ⓑ This microlevel access'에 대입하면, '1,000분의 1초 단위까지 아주 미세하고 정밀해진' 컴퓨터 음향 편집 덕분에 소리 조작의 새로운 가능성이 열렸다는 흐름임을 알 수 있다.

주어진 문장 editing ~ with milisecond precision	=	**7** This microlevel access

[최다 오답 체크]

④ **6** 에서 '과거의 복잡한 편집'을 다시 언급해서 어색해 보이지만, 'it now involved ~'을 보면 결국 **6** 또한 **5** 에서 언급한 '간소화'에 관한 보충 설명임을 알 수 있다.

▶ 구문 분석 ◀ **6** ... it now involved **the cursor and mouse-click of the computer-based sequencer program**, [**which** was obviously less time consuming].
[ ]는 밑줄 친 선행사를 보충 설명하는 계속적 용법의 관계절이다. 여기서 which는 and it으로 바꿀 수 있다.

〔 해석·주요어구 〕

주어진 문장 There is a considerable difference / as to / whether people watch a film about the Himalayas on television and become excited by the 'untouched nature' of the majestic mountain peaks, / or whether they get up and go on a trek to Nepal.

상당한 차이가 있다 / 관련해서 / 사람들이 텔레비전에서 히말라야 산맥에 대한 영화를 보고 장엄한 산봉우리의 '손대지 않은 자연'에 흥분하게 되는지, / 또는 사람들이 일어나서 네팔로 트레킹 여행을 가는지.

1 Tourism takes place simultaneously / in the realm of the imagination / and that of the physical world. ⓐ

관광은 동시에 일어난다 / 상상의 영역에서 / 그리고 물리적 세계의 영역에서.

2 In contrast to literature or film, / it leads to 'real', tangible worlds, / while nevertheless remaining tied / to the sphere of fantasies, dreams, wishes — and myth.

문학이나 영화와는 달리, / 관광은 '실제적인', 유형의 세계로 이어지는데, / 그럼에도 불구하고 여전히 이어져 있다 / 판타지, 꿈, 소망, 그리고 신화의 영역과.

3 It thereby allows / the ritual enactment of mythological ideas. (①)

따라서 관광은 허락한다 / 신화적인 개념들의 제식[행사]적 시행을.

4 Even in the latter case, / they remain, (at least partly), in an imaginary world. (②) ⓑ

심지어 후자의 경우에도, / 사람들은 (적어도 부분적으로는) 상상의 세계에 머물러 있다.

5 They experience moments / that they have already seen (at home) in books, brochures and films. (③)

그들은 순간들을 경험한다 / 그들이 (집에서) 책, 안내 책자 그리고 영화로 이미 보았던.

6 Their notions (of untouched nature and friendly, innocent indigenous people) / will probably be confirmed. (④)

(손대지 않은 자연과 친절하고 순진한 토착민들에 대한) 그들의 개념은 / 아마도 확인될 것이다.

7 But now / this confirmation is anchored / in a physical experience. (⑤)

그런데 이제 / 이 확인은 단단히 기반을 두고 있다 / 물리적인 경험에.

8 The myth is thus transmitted / in a much more powerful way / than by television, movies or books.

따라서 신화는 전달된다 / 훨씬 더 강력한 방식으로 / 텔레비전, 영화, 또는 책에 의한 것보다.

Tip 위 지문은 첫 문장에서부터 '관광'과 관련하여 '상상'과 '실제'라는 두 가지 키워드를 제시한다. 이렇게 대비되는 두 가지를 다루는 지문의 경우, 이후 이어지는 내용들을 이분법적으로 이해하며 읽는 것이 도움이 된다. 이 지문의 경우 다음과 같다.
· 상상: 판타지, 꿈, 소망, 신화(≒로망), 영화·TV·책·브로슈어를 통해 형성된 개념(≒로망)
· 실제: 실제 여행의 물리적 경험

〔 풀이 과정 〕

1 논리적 흐름에 따라 내용 파악

| 1 ~ 2 | 관광(ⓐ)은 판타지적 상상과도, 물리적 실제와도 관련됨 |
| 3 | 관광은 따라서, 신화적 개념들[상상]을 제식적으로[실제로] 시행할 수 있게 함 |

2 논리적 흐름이 이상한 곳 포착

문장 **4** 의 'ⓑ the latter case'가 무엇인지 알 수 없어, 문장의 의미가 앞과 자연스럽게 연결되지 않는다. 'The latter case(후자의 경우)'라는 표현이 쓰이려면, 무언가 '두 가지 경우'가 앞에 제시되었어야 한다.

| ? | = | **4** the latter case |

3 주어진 문장을 넣어 논리적 흐름 복구

주어진 문장 을 문장 **4** 앞에, 즉 (①)에 넣어보자.
주어진 문장 은 '히말라야에 대한 영화를 보는 경우'와 '히말라야로 (실제로, 물리적으로) 트레킹 여행을 가는 경우' 사이의 차이점을 강조하고 있다. 이 중 후자의 경우가 'ⓑ the latter case'로 이어진다.

| **주어진 문장** 히말라야 트레킹 여행 | = | **4** the latter case |

4 의 의미도 명확해진다. (육체적, 물리적인) 히말라야 트레킹 여행에서도, (영화에서 느낀 것과 같은) 상상적인 요소를 느낄 수 있다는 것이다. 즉, 글 초반에서 '관광(여행)은 상상과도, 실제와도 모두 관련된다'고 말한 것의 반복이다.

〔 남은 내용 체크 〕

5 여행이 상상·실제 모두와 연관됨을 더욱 구체적으로 서술하기 시작한다. 여행 전 미디어에서 본 것(미디어를 보며 상상한 것)을, 여행을 통해 직접(실제로) 경험한다는 내용이다.
6 , **7** 그들의 개념(상상)이 확인되는데, 특히 그 확인이 '물리적 경험(실제 여행)'을 기반으로 한다는 내용이다.
8 따라서 (상상만 할 수 있는) 미디어에서보다, (상상을 실제로 확인할 수 있는) 여행을 통해 그 신화(개념·상상)가 더욱 강력해진다는 내용이다.

〔 최다 오답 체크 〕

③ 본문의 단절을 찾지 않고, 단순히 주어진 문장을 넣었을 때 앞뒤가 대충 이어져 보이는 곳을 찾았기 때문에 틀렸을 가능성이 크다. 본문의 단절을 최우선으로 고려해야 한다.

▶ 전문 해석 ◀ 관광은 상상의 영역과 물리적 세계의 영역에서 동시에 일어난다. 문학이나 영화와는 달리, 관광은 '실제적인' 유형의 세계로 이어지는데, 그럼에도 불구하고 판타지, 꿈, 소망, 그리고 신화의 영역과 여전히 이어져 있다. 따라서 관광은 신화적인 개념들[상상]의 제식적[실제적] 시행을 허락한다. 사람들이 텔레비전에서 히말라야 산맥에 대한 영화를 보고 장엄한 산봉우리의 '손대지 않은 자연'에 흥분하게 되는지, 또는 사람들이 일어나서 네팔로 트레킹 여행을 가는지와 관련하여 상당한 차이가 있다. [그렇지만] 심지어 후자의 경우에도, 사람들은 적어도 부분적으로는 상상의 세계에 머물러 있다. 그들은 그들이 집에서 책, 안내 책자 그리고 영화로 이미 보았던 순간들을 경험한다. 손대지 않은 자연과 친절하고 순진한 토착민들에 대한 그들의 개념은 아마도 확인될 것이다. 그런데 이제 이 확인은, 물리적인 경험에 단단히 기반을 두고 있다. 따라서 신화는, 텔레비전, 영화, 또는 책에 의한 것보다 [여행을 통해] 훨씬 더 강력한 방식으로 전달된다.

▶ 구문 분석 ◀ **주어진 문장** There is a considerable difference **as to whether people watch a film about the Himalayas on television and become excited by the 'untouched nature' of the majestic mountain peaks,** or **whether they get up and go on a trek to Nepal.**
전치사 as to 뒤에 밑줄 친 두 개의 whether절이 or로 병렬연결되고 있다. (as to ≒ about)

[해석 · 주요어구]

주어진 문장 In this analogy, / the microbes of mathematics are the earliest topics: / numbers, shapes, and word problems.
= 미생물 = 단세포 생물
이 비유에서, / 수학에서의 미생물들은 가장 초기의 주제들이다: / 수, 형태, 문장제와 같은.

1 The era of unicellular life lasted for about three and half billion years, / dominating most of the Earth's history.
단세포 생물의 시대는 약 35억 년간 지속되었으며, / 지구 역사의 대부분을 지배했다.

2 But around half a billion years ago, / during the Cambrian explosion, / a diversity of multicellular life (including major animal groups) emerged in short period.
그러나 약 5억 년 전, / 캄브리아 폭발 동안, / (주요 동물군을 포함한) 다양한 다세포 생물이 짧은 기간에 나타났다.

3 Similarly, calculus was the Cambrian explosion for mathematics. (①)
유사하게, 미적법은 수학에 있어 캄브리아 폭발이었다.

4 Once it arrived, / an amazing diversity of mathematical fields began to evolve. (②)
일단 그것이 도래하자, / 놀랍도록 다양한 수학 분야들이 진화하기 시작했다.

5 Their lineage is visible in their calculus-based names, / in adjectives like *differential* and *integral* and *analytic*, / as in differential geometry, integral equations, and analytic number theory. (③)
미적법 이후 발전한 분야이기 때문에 미적법 바탕의 이름이 붙은 것이다.
그것들의 계보는 미적법을 바탕으로 한 그것들의 이름에서 보여진다 / '미분의', '적분의', 그리고 '해석적'과 같은 형용사에서, / 미분기하학, 적분방정식, 해석적 정수론에서처럼.

6 These advanced branches of mathematics / are like the many branches and species of multicellular life. (④)
수학의 이러한 심화 분야들은 / 많은 다세포 생물 계통들 및 종들과 같다.

7 Like unicellular organisms, / they dominated the mathematical scene / for most of its history. (⑤)
단세포 생물들처럼, / 그것들은 수학의 장을 지배했다 / 수학 역사의 대부분 동안.

8 But / after the Cambrian explosion of calculus three hundred and fifty years ago, / new mathematical life forms began to flourish, / and they altered the landscape around them.
그러나 / 350년 전 미적법의 캄브리아 폭발 후, / 새로운 수학의 생명 형태들이 번성하기 시작했고, / 그것들은 그 주변의 경관을 바꾸었다.

[풀이 과정]

1 논리적 흐름에 따라 내용 파악

| 1 ~ 2 | 단세포 생물의 오랜 지배 끝에, 캄브리아 폭발을 거치며, 다양한 다세포 생물이 빠르게 등장함 |
| 3 ~ 6 | 미적법의 등장 이후, 다양한 심화 수학(ⓐ)이 발전함 |

Tip 생물학과 수학의 역사가 서로 비유되고 있다. 지문에서 비유가 발생하면, 정확히 무엇이 무엇에 비유되고 있는 것인지 확인한다. 이 글의 문장 6까지 등장한 비유는 다음과 같다.
(생물학) 캄브리아 폭발 = (수학) 미적법
(생물학) 다세포 생물 = (수학) 심화 수학

2 논리적 흐름이 이상한 곳 포착

문장 6 뒤에 바로 문장 7 이 온다면, 'ⓑ they'는 앞 문장의 'ⓐ 심화 수학 분야들'을 지칭하게 된다. 그런데 내용상 they는 (미적법 이후의) 심화 수학이 아니라, **미적법 이전의 수학**을 의미해야 한다. they가 단세포 생물처럼 오랫동안 수학 역사를 지배해왔다고 하기 때문이다. 하지만 **미적법 이전의 수학**은 아직 서술되지 않았다.

| ? | = | 7 they |

3 주어진 문장을 넣어 논리적 흐름 복구

주어진 문장 을 문장 7 앞, 즉 (④)에 넣어보자.
주어진 문장 은 수학의 초기 주제들, 즉 미적법 이전의 수학에 대해 서술한다. 바로 이것이 'ⓑ they'로 이어져, 이것이 단세포 생물처럼 수학을 오래 지배했다는 자연스러운 흐름이 된다.

| **주어진 문장** 수학의 초기 주제들 | = | 7 they |

[남은 내용 체크]
8 미적분 등장 이후 심화 수학 분야들이 번성하였음을 다시 한번 서술한다.

[최다 오답 체크]
③ 문장 **5**, **6** 의 의미를 정확하게 파악하지 못해서 여기를 골라 틀렸을 가능성이 크다.

▶ **전문 해석** ◀ 단세포 생물의 시대는 약 35억 년간 지속되었으며 지구 역사의 대부분을 지배했다. 그러나 약 5억 년 전 캄브리아 폭발 동안 주요 동물군을 포함한 다양한 다세포 생물이 짧은 기간에 나타났다. 유사하게, 미적법은 수학에 있어 캄브리아 폭발이었다. 일단 그것이 도래하자 놀랍도록 다양한 수학 분야들이 진화하기 시작했다. 그것들의 계보는, 미분기하학, 적분방정식, 해석적 정수론에서처럼, '미분의', '적분의', 그리고 '해석적'과 같은 형용사에서, 미적법을 바탕으로 한 그것들의 이름에서 보여질 수 있다. 수학의 이러한 심화 분야들은, 많은 다세포 생물 계통들 및 종들과 같다. 이 비유에서, 수학에서의 미생물들은 수, 형태, 문장제와 같은 가장 초기의 주제들이다. 단세포 생물들처럼, 그것들은 수학 역사의 대부분 동안 수학의 장을 지배했다. 그러나 350년 전 미적법의 캄브리아 폭발 후, 새로운 수학의 생명 형태들이 번성하기 시작했고, 그것들은 그 주변의 경관을 바꾸었다.

▶ **구문 분석** ◀ **1** The era of unicellular life lasted for about three and half billion years, **dominating most of the Earth's history.**
콤마 뒤에 분사구문이 쓰였다.

DAY 13 기출 훈련 **A** 정답 ⑤	① 5.1%　② 7.3%　③ 16.2%　④ 28.3%　☑ 40.5%

[해석·주요어구]

주어진 문장 Rather, / happiness is often found in those moments (we are most vulnerable, alone or in pain).
오히려, / 행복은 (우리가 가장 상처받기 쉽거나, 혼자이거나, 고통을 겪는) 순간에 자주 발견된다.

1 We seek out feel-good experiences, / always on the lookout for the next holiday, purchase or culinary experience.
우리는 기분을 좋은 경험을 찾아낸다 / 항상 다음 휴일이나 물건 구입, 음식 체험을 살피면서.

2 This approach to happiness is relatively recent; / it depends on our capacity / both to pad our lives with material pleasures / and to feel that we can control our suffering. (①)
행복에 대한 이런 접근은 비교적 최근의 것이다; / 행복은 우리의 능력에 달렸다 / 우리의 삶을 물질적 즐거움으로 채우는 / 그리고 우리의 고통을 우리가 제어할 수 있다고 느끼는.

3 Painkillers, / as we know them today, / are a relatively recent invention / and access to material comfort is now / within reach of a much larger proportion of the world's population. (②)
= 진통제 = 고통을 제어함
진통제는, / 오늘날 우리가 알고 있듯이, / 비교적 최근의 발명품이다 / 그리고 물질적 안락에 대한 접근은 이제 / 세계 인구의 훨씬 더 큰 비율의 손이 닿는 곳에 있다.

4 These technological and economic advances have had significant cultural implications, / leading us to see our negative experiences as a problem / and maximizing our positive experiences as the answer. (③)
이런 기술적, 경제적 발전은 상당한 문화적 영향을 끼치는데, / 이는 우리로 하여금 우리의 부정적 경험을 문제로 여기게 하고 / 우리의 긍정적 경험을 그 해결책으로 극대화한다.
ⓐ

5 Yet, / through this / we have forgotten / that being happy in life is not just about pleasure. (④)
하지만, / 이를 통해 / 우리는 잊게 되었다 / 인생에서 행복한 것이 단지 즐거움에 관련된 것만은 아니라는 것을.

6 Comfort, contentment and satisfaction / have never been the elixir of happiness. (⑤)
안락함, 만족, 그리고 충족감이 / 행복의 특효약이었던 적은 한 번도 없었다.
ⓑ

7 Happiness is there, on the edges of these experiences, / and when we get a glimpse of *that* kind of happiness / it is powerful, transcendent and compelling.
행복은 거기, 이 경험들의 가장자리에 있고, / 우리가 '그런' 종류의 행복을 언뜻 보게 될 때, / 그것은 강력하고 뛰어나며 강렬하다.

[풀이 과정]

1 논리적 흐름에 따라 내용 파악

1 ~ 4	좋은 것만을 추구하고 고통은 줄임으로써 행복을 추구하고 있다
5 ~ 6	하지만(ⓐ), 좋고 편한 것이 곧 행복인 것은 아니다

2 논리적 흐름이 이상한 곳 포착

문장 5, 6 에서 '좋고 편한 것이 꼭 행복은 **아니다**'라고 했는데, 뜬금없이 7 에서 행복이 'ⓑ 거기, 이 경험들의 가장자리'에 **있다**고 하면서, 심지어 그 행복이 강력하다고 이야기한다. ⓑ가 어디인지 아직은 알 수 없다.

?	=	**7** there, on the edges of these experiences

3 주어진 문장을 넣어 논리적 흐름 복구

주어진 문장 을 문장 7 앞, 즉 (⑤)에 넣어보자.
주어진 문장 은 행복이 '힘든 순간들'에 있다고 한다. 바로 이 '힘든 순간들'이 'ⓑ 거기, 이 경험들의 가장자리'로 이어진다. 행복은 바로 그 힘든 순간들에 있고, 그 때의 행복이 진짜 강력한 행복이라는 것이다.

주어진 문장 힘든 순간들	=	**7** there, on the edges of these experiences

Tip 위의 단서를 통해 주어진 문장의 위치를 찾아 문장을 넣고 보면, 또 다른 연결고리들이 있어 더욱 정답을 확신할 수 있다. (문장6과 주어진 문장이 Rather(오히려)라는 연결사로 적절히 이어짐)

[최다 오답 체크]

④ 문장 5, 6 이 같은 이야기를 하며 자연스럽게 이어지고 있음을 파악하지 못해서 여기를 골라 틀렸을 가능성이 높다. 아마, 문장 5에 부정문이 나왔으니 그 바로 뒤에 Rather가 나와야 한다고 기계적으로 생각했을 것이다. 하지만 내용적으로 문장 5, 6 이 마치 한 문장과 같다는 것까지 파악했어야 했다.

▶ **전문 해석** ◀ 우리는 항상 다음 휴일이나 물건 사기, 음식 체험을 살피면서, 기분 좋은 경험을 찾아낸다. 행복에 대한 이런 접근은 비교적 최근의 것으로, 그것[행복]은 우리의 삶을 물질적 즐거움으로 채우는, 그리고 우리의 고통을 우리가 제어할 수 있다고 느끼는 우리의 능력에 달렸다. 오늘날 우리가 알고 있듯이, 진통제는 비교적 최근의 발명품이며, 물질적 안락에 대한 접근은 이제 세계 인구의 훨씬 더 큰 비율의 손이 닿는 곳에 있다. 이런 기술적, 경제적 발전은 상당한 문화적 영향을 끼치는데, 이는 우리로 하여금 우리의 부정적 경험을 문제로 여기게 하고 우리의 긍정적 경험을 그 해결책으로 극대화한다. 하지만, 이를 통해, 우리는 인생에서 행복한 것이 단지 즐거움에 관련된 것만은 아니라는 것을 잊게 되었다. 안락함, 만족, 그리고 충족감이 행복의 특효약이었던 적은 한 번도 없었다. 오히려, 행복은 우리가 가장 상처받기 쉽거나, 혼자이거나, 고통을 겪는 순간에 자주 발견된다. 행복은 거기, 이 경험들의 가장자리에 있고, 우리가 '그런' 종류의 행복을 언뜻 보게 될 때, 그것은 강력하고 뛰어나며 강렬하다.

▶ **구문 분석** ◀ **2** ... it depends on **our capacity** (both **to pad** our lives with material and **to feel** that we can control our suffering).
명사구 our capacity를 밑줄 친 두 개의 to부정사가 뒤에서 수식하는 형태로, 두 개의 to부정사는 'both A and B' 구조로 병렬 연결되고 있다.

〔 해석·주요어구 〕

주어진 문장 Jacques Derrida argues / that instead of one line between Man on the one side and Animal on the other, / there is a multiple and heterogeneous border; / beyond the edge of the "so-called human," / we find a heterogeneous plurality of the living. ⓐ

Jacques Derrida는 주장한다 / '인간'이 한쪽에 있고 반대쪽에 '동물'이 있는 한 가지 (경계)선 대신 / 복잡하고 이질적인 경계가 있다고 / '소위 인간'이라는 변두리 너머에서, / 우리는 살아 있는 것들의 이질적인 복수성을 찾을 수 있다는 것이다.

1,2 Language, and the word "animal," deceives us. // The word "animal" categorizes all non-human animals / and distances humans from other animals. (①)
부정적인 어조가 느껴진다.

언어, 그중에서도 '동물'이라는 단어는 우리를 속인다. // '동물'이라는 단어는 인간이 아닌 모든 동물을 분류하고 / 인간을 다른 동물로부터 떼어 놓는다.

3 Seeing all other animals as one group in contrast to humans / reinforces anthropocentrism, / which contributes to the legitimization of practices (in which other animals are used for human benefit). (②)

모든 다른 동물을 인간과 대조되는 하나의 그룹으로 보는 것은 / 인간 중심주의를 강화한다 / 이는 (다른 동물이 인간의 이득을 위해 이용되는) 관행을 정당화하는 데 기여한다.

4 To account for this ⓑmultitude, / using the word "animot" has been proposed. (③)

이 다양성을 설명하고자 / 'animot'이라는 단어의 사용이 제안되었다. ⓒ

5 In speech / it refers to the plural, the multiplicity of animals, / which is necessary because there is no one "animal." (④)

언어에서 / 이는 복수, 즉 동물의 다양성을 나타낸다 / 이것은 '동물'이 하나만 있는 것은 아니기에 필요하다.

6,7 The "mot" in "animot" / refers to the act of naming / and the risks (involved in drawing a distinction between human and animal by the human). (⑤) // It reminds us of the fact / that it is a word for animals, / not a reference to an existing group of animals.

'animot'의 'mot'은 / 명명하는 행위를 나타낸다 / 그리고 (인간과 동물이 인간에 의해 구별되는 데 수반되는) 위험을. // 이는 사실을 우리에게 상기시킨다 / 그것이 동물들을 위한 단어라는 / 기존의 동물 집단을 지칭하는 것이 아니라.

〔 풀이 과정 〕

1 / 논리적 흐름에 따라 내용 파악

'animal'이라는 용어의 불완전성을 지적하는 내용이 다음과 같은 근거로 제시된다.

1~2	'인간 ↔ 동물'의 분류와 구별을 장려하는 용어
3	인간 중심주의를 강화하고, 다른 동물들이 인간을 위해 이용되는 관행을 정당화함

2 / 논리적 흐름이 이상한 곳 포착

문장 **3** 까지 'animal'이라는 단어가 왜 '우리를 속이는지' 설명하는데, 문장 **4** 에서 갑자기 'ⓑ this multitude'를 언급한다. '다양성'에 관한 내용이 앞서 서술되지 않았기에 대명사 this의 사용이 부자연스럽다.

?	=	**4** this multitude

3 / 주어진 문장을 넣어 논리적 흐름 복구

주어진 문장 을 문장 **4** 앞에, 즉 (②)에 넣어보자.
주어진 문장 은 'animal'이라는 용어의 한계로 동물의 'ⓐ 다양성, 복수성'이 반영되지 못한다는 내용이다. 문장 **4** 는 바로 'ⓑ 이런 다양성'을 반영하고자 'animot'이라는 용어가 제안되었다는 내용이다.

주어진 문장 a ~ plurality	=	**4** this multitude

〔 **남은 내용** 체크 〕

5, **6**, **7** 'animot'의 타당성을 뒷받침하며 그 의미를 보충 설명하는 흐름이다.

〔 **최다 오답** 체크 〕

③ **주어진 문장** 의 multiple, plurality와 **5** 의 the plural, the multiplicity만 보고 기계적으로 답을 골랐을 가능성이 크다. 하지만 문장 **5** 의 'ⓒit'이 문맥상 문장 **4** 의 the word "animot"이므로, **주어진 문장** 을 ③에 넣으면 이 연결고리가 끊긴다.

▶ **전문 해석** ◀ 언어, 그중에서도 '동물'이라는 단어는 우리를 속인다. '동물'이라는 단어는 인간이 아닌 모든 동물을 분류하고 인간을 다른 동물로부터 떼어 놓는다. 모든 다른 동물을 인간과 대조되는 하나의 그룹으로 보는 것은 인간 중심주의를 강화하여, 다른 동물이 인간의 이득을 위해 이용되는 관행을 정당화하는 데 기여한다. Jacques Derrida는 '인간'이 한쪽에 있고 반대쪽에 '동물'이 있는 한 가지 (구분)선 대신 복잡하고 이질적인 경계가 있다고 주장한다. '소위 인간'이라는 변두리 너머에서 우리는 살아 있는 것들의 이질적인 복수성을 찾을 수 있다는 것이다. 이 다양성을 설명하고자 'animot'이라는 단어의 사용이 제안되었다. 언어에서 이는 복수, 즉 동물의 다양성을 나타내는 것으로, '동물'이 하나만 있는 것은 아니기에 필요하다. 'animot'의 'mot'은 명명하는 행위와 인간과 동물이 인간에 의해 구별되는 데 수반되는 위험을 나타낸다. 이것은 기존의 동물 집단을 지칭하는 것이 아니라, 동물들을 위한 단어라는 사실을 우리에게 상기시킨다.

▶ **구문 분석** ◀ **3** Seeing all other animals as one group … **reinforces** anthropocentrism, …
주어가 동명사구이므로 단수 취급한다.

[해석·주요어구]

주어진 문장 In particular, / they define a group / as two or more people (who interact with, and exert mutual influences on, each other).
특히, / 그들은 집단을 정의한다 / (서로 상호 작용하고, 서로에게 상호 영향력을 발휘하는) 둘 이상의 사람들로.

1 In everyday life, / we tend to see any collection of people as a group. (①)
일상생활에서, / 우리는 사람들의 모든 무리를 집단으로 보는 경향이 있다. **ⓐ**

2 However, / social psychologists use this term more precisely. (②)
그러나 / 사회 심리학자들은 이 용어를 더 정확하게 사용한다.

Tip It that(which) 강조 구문에 유의하여 해석한다.

3 It is this sense of mutual interaction or inter-dependence for a common **ⓑ** purpose / which distinguishes the members of a group / from a mere aggregation of individuals. (③)
공동의 목적을 위한 상호 작용 또는 상호 의존이라는 바로 이러한 점이다 / 집단의 구성원들을 구별하는 것은 / 개인들의 단순 집합으로부터.

4 For example, / as Kenneth Hodge observed, / a collection of people (who happen to go for a swim after work on the same day each week) / does not, (strictly speaking), constitute a group / because these swimmers do not interact with each other (in a structured manner). (④)
예를 들어, / Kenneth Hodge가 진술한 바와 같이, / (우연히 매주 같은 날에 일을 마치고 수영을 하러 가는) 사람들의 무리는 / (엄밀히 말하면) 집단을 구성하지 않는다 / 왜냐하면 이러한 수영하는 사람들은 (구조화된 방식으로) 상호 작용하지 않기 때문이다.

5 By contrast, / a squad of young competitive swimmers (who train every morning before going to school) / *is* a group / because they not only share a common objective (training for competition) / but also interact with each other in formal ways (e.g., by warming up together beforehand). (⑤)
대조적으로, / (매일 아침 학교에 가기 전에 훈련하는) 어린 수영 선수들의 집단은 / 집단이 '맞다' / 왜냐하면 그들은 공동의 목표(경기를 위한 훈련)를 공유할 뿐만 아니라 / 공식적인 방식으로 (예를 들어, 미리 함께 몸을 풂으로써) 상호 작용하기 때문이다.

Tip It that 강조 구문에 유의하여 해석한다.

6 It is this sense of people coming together (to achieve a common objective) / that defines a "team".
사람들이 (공동의 목표를 달성하기 위해) 함께 모인다는 바로 이러한 점이다 / '팀'을 정의하는 것은.

[풀이 과정]

1 논리적 흐름에 따라 내용 파악

① 사람들이 모이면 '집단(ⓐ)'으로 본다

② 하지만, 학자들은 '집단'이라는 용어를 더 정확하게 사용한다('집단'의 조건을 더 깐깐하게 따진다)

2 논리적 흐름이 이상한 곳 포착

문장 **3** 에서 '집단'을 '개인들의 단순 집합'으로부터 구별하는 요소로 (즉 '집단'을 정의하는 요소로) **ⓑ** this sense of mutual interaction or inter-dependence for a common purpose'가 등장하는데, '공동의 목적을 위한 상호 작용 및 상호 의존'에 대해 앞서 서술한 바가 없으므로 'this'의 사용이 갑작스럽다.

?	=	**3** this sense of mutual interaction ... purpose

3 주어진 문장을 넣어 논리적 흐름 복구

주어진 문장 을 문장 **3** 앞에, 즉 (②)에 넣어보자.
주어진 문장 은 '집단'을 정의하는 요소로 상호 작용과 상호 영향을 제시한다. 바로 이것이 'ⓑ this sense of ... purpose'로 이어지면서 '집단'의 정의가 반복 서술되는 것이다.

주어진 문장 상호 작용, 상호 영향	=	**3** this sense of mutual interaction ... purpose

Tip 위의 단서를 통해 주어진 문장의 위치를 찾아 문장을 넣고 보면, 또 다른 연결고리들이 있어 더욱 정답을 확신할 수 있다. (문장2의 'social psychologists'가 주어진 문장의 'they'로 이어짐)

[남은 내용 체크]

4 앞서 서술한 '집단'의 정의에 맞지 않아 '집단'이라고 할 수 없는 상황을 예시로 들어 설명한다. 이로써 '집단'의 정의를 더욱 공고히 하는 것이다.
5 반대로 이번에는 '집단'의 정의에 합치하는 경우를 예시로 들어 설명한다.
6 왜 이 사람들이 '집단(팀)'인지 다시 한번 설명한다.

[최다 오답 체크]

③ **주어진 문장** 과 문장 **3** 이 서로 연관된 내용(같은 내용)이라는 것까지는 파악했지만, 어떤 문장이 먼저 와야 하는지까지는 파악하지 못해 여기를 골라 틀렸을 가능성이 크다.

▶ 전문 해석 ◀ 일상생활에서, 우리는 사람들의 모든 무리를 집단으로 보는 경향이 있다. 그러나 사회 심리학자들은 이 용어를 더 정확하게 사용한다. <u>특히, 그들은 집단을 서로 상호 작용하고, 서로에게 상호 영향력을 발휘하는 둘 이상의 사람들로 정의한다.</u> 집단의 구성원들을 개인들의 단순 집합으로부터 구별하는 것은, 공동의 목적을 위한 상호 작용 또는 상호 의존이라는 바로 이러한 점이다. 예를 들어, Kenneth Hodge가 진술한 바와 같이, 우연히 매주 같은 날에 일을 마치고 수영을 하러 가는 사람들의 무리는, 엄밀히 말하면 집단을 구성하지 않는데, 왜냐하면 이러한 수영하는 사람들은 구조화된 방식으로 상호 작용하지 않기 때문이다. 대조적으로, 매일 아침 학교에 가기 전에 훈련하는 어린 수영 선수들의 집단은 집단이 '맞는데,' 왜냐하면 그들은 공동의 목표(경기를 위한 훈련)를 공유할 뿐만 아니라, 공식적인 방식으로 (예를 들어, 미리 함께 몸을 풀면서) 상호 작용하기 때문이다. '팀'을 정의하는 것은, 사람들이 공동의 목표를 달성하기 위해 함께 모인다는 바로 이러한 점이다.

▶ 구문 분석 ◀ **6** It is **this sense of people coming together to achieve a common objective** that defines a "team".
밑줄 친 부분을 강조하기 위한 it that 강조 구문이다. 그리고 밑줄 친 부분에서 people은 동명사구 coming ~ objective의 의미상 주어이다.

DAY 14 기출 훈련 [A] 정답 ④　　　　① 3.1%　② 17.7%　③ 16.5%　✔ 44.5%　⑤ 17.8%

[해석·주요어구]

주어진 문장 Getting mercury out of our production processes / will be hard work / and it will cost money, / for sure.
수은을 우리의 생산 공정에서 빼내는 것은 / 힘든 일이 될 것이고 / 그것은 돈이 들 것이다, / 틀림없이.

1 Government warnings and stark statistics about mercury-contaminated fish / have become so routine / that we barely take note. (①)
수은에 오염된 생선에 대한 정부 경고와 확실한 통계가 / 너무 일상화되어 / 우리는 거의 주목하지 않는다.

2 I have to ask: / why have these warnings been aimed / at getting people to cease eating fish, / rather than at getting the industries to stop putting mercury into our environment? (②)
나는 물어볼 수밖에 없다: / 왜 이러한 경고들은 목표로 해 왔을까 / 사람들로 하여금 생선을 그만 먹도록 하는 것을, / 산업체로 하여금 우리 환경에 수은을 그만 배출하도록 하는 것이 아니라?

3 Finally in February 2009, near-global consensus was reached: / more than 140 countries (convened by the United Nations Environment Programme (UNEP)) / unanimously agreed to create an international mercury treaty. (③)
마침내 2009년 2월에, 거의 전 세계적인 합의가 이루어졌다: / (유엔 환경 계획(UNEP)에 의해 소집된) 140개가 넘는 국가들이 / 국제 수은 조약을 만드는 데 만장일치로 동의했다.

4 They also urged immediate action through a voluntary Global Mercury Partnership / while the treaty is being finalized. (④)
그들은 또한 자발적인 Global Mercury Partnership을 통한 즉각적인 조치를 촉구했다 / 그 조약이 완성되는 동안에.

5 But / investments in eliminating mercury / are investments (well spent). (⑤)
그러나 / 수은 제거에 대한 투자는 / (유익한) 투자이다.

6 UNEP estimates / that every kilogram of mercury (taken out of the environment) / can lead to / up to $12,500 worth of social, environmental, and human health benefits.
UNEP는 추정한다 / (환경에서 제거된) 수은 1킬로그램마다 / 이어질 수 있다고 / 12,500달러만큼의 사회적, 환경적 그리고 인간 건강의 혜택으로.

[풀이 과정]

1 논리적 흐름에 따라 내용 파악

1 물고기의 수은 오염(ⓐ)이 일상적이다

2 왜 산업체의 수은 배출을 규제(ⓑ)하지 않는가?

3~4 산업체의 수은 배출에 대한 국제적 규제가 시작되었다

2 논리적 흐름이 이상한 곳 포착

문장 **5** 가 'ⓒ But'으로 시작하는데, 그 내용은 앞과 대비되지 않는다. 오히려, 수은 문제 해결에 긍정적이라는 점에서 앞과 비슷한 맥락이다.

4 수은 배출 규제가 시작되었다	≒	**5** 수은 제거에 쓴 돈은 유익한 투자다

★ 비슷한 맥락인데 But으로 이어짐

3 주어진 문장을 넣어 논리적 흐름 복구

주어진 문장 을 문장 **4** , **5** 사이에, 즉 (④)에 넣어보자. **주어진 문장** 은 '수은 제거는 어렵고 돈이 든다'며 수은 제거의 비용 문제를 언급한다. 이제, 'ⓒ But'을 기준으로 그 앞뒤가 다음과 같이 대비된다.

주어진 문장 수은 제거는 어렵고 돈이 든다	↔	**5** 수은 제거에 쓴 돈은 유익한 투자다

★ 반대 내용이 But으로 잘 대비됨

[남은 내용 체크]
6 수은 제거에 쓴 돈이 얼마나 유익한 투자인지, 수은 제거의 가치를 사회적, 환경적, 건강적 관점에서 설명한다.

[최다 오답 체크]
②, ③, ⑤ 오답이 고르게 분포한 것으로 보아, 이 문제를 틀린 학생들은 지문 내용을 전반적으로 이해하지 못했을 가능성이 크다.

▶ **전문 해석** ◀ 수은에 오염된 생선에 대한 정부 경고와 확실한 통계가 너무 일상화되어 우리는 거의 주목하지 않는다. 나는 물어볼 수밖에 없다. 왜 이러한 경고들은, 산업체로 하여금 우리 환경에 수은을 그만 배출하도록 하는 것이 아니라, 사람들로 하여금 생선을 그만 먹도록 하는 것을 목표로 해 왔을까? 마침내 2009년 2월에 거의 전 세계적인 합의가 이루어졌다. 유엔 환경 계획(UNEP)에 의해 소집된 140개가 넘는 국가들이 만장일치로 국제 수은 조약을 만드는 데 동의했다. 그들은 또한 그 조약이 완성되는 동안에 자발적인 Global Mercury Partnership을 통한 즉각적인 조치를 촉구했다. 틀림없이, 수은을 우리의 생산 공정에서 빼내는 것은 힘든 일이 될 것이고 그것은 돈이 들 것이다. 그러나 수은 제거에 대한 투자는 유익한 투자이다. UNEP는, 환경에서 수은이 1킬로그램 제거될 때마다 12,500달러만큼의 사회적, 환경적 그리고 인간 건강의 혜택으로 이어질 수 있다고 추정한다.

▶ **구문 분석** ◀ **1** Government warnings and stark statistics about mercury-contaminated fish have become **so** routine **that** we barely take note.
주어가 길고, 동사구에는 'so ~ that …' 구문이 쓰였다. (너무 ~해서 …하다)

[해석·주요어구]

주어진 문장 Continuous emissions measurement can be costly, / particularly where there are many separate sources of emissions, / and (for many pollution problems) this may be a major disincentive (to direct taxation of emissions).

지속적인 배출물 측정은 비용이 클 수 있으며, / 특히 개별 배출원이 많은 경우 / (많은 오염 문제에 있어) 이는 (배출물에 대한 직접 과세에) 주요한 저해 요소가 될 수 있다.

1 Environmental taxes (based directly on measured emissions) / can, (in principle), be very precisely targeted to the policy's environmental objectives. (①)

(측정된 배출물에 직접적으로 기반한) 환경세는 / (원칙적으로) 그 정책의 환경적 목표를 아주 정확히 겨냥할 수 있다.

2,3 If a firm pollutes more, / it pays additional tax directly in proportion to the rise in emissions. (②) // The polluter thus has an incentive (to reduce emissions in any manner) (that is less costly per unit of abatement than the tax on each unit of residual emissions). (③)

어떤 기업이 더 많이 오염시키면, / 그 기업은 배출물 증가에 직접적으로 비례한 추가 세금을 낸다. // 따라서 공해 기업은 (잔여 배출물의 단위당 세금보다 감소 단위당 비용이 덜 드는) (어떤 식으로든 배출량을 줄일) 동기를 갖게 된다.

4 The great attraction of basing the tax directly on measured emissions / is that the actions (the polluter can take to reduce tax liability) are actions (that also reduce emissions). (④)

측정된 배출물에 직접적으로 근거해 세금을 매기는 것의 매우 큰 매력은 / (공해 기업이 세금 부담액을 줄이고자 취할 수 있는) 조치가 (곧 배출물도 줄이는) 조치라는 점이다.

5 Nevertheless, / the technologies (available for monitoring the concentrations and flows of particular substances in waste discharges) / have been developing rapidly. (⑤)

그렇지만, / (폐기물 방출에서 특정 물질의 농도와 흐름을 관찰하는 데 이용할 수 있는) 기술이 / 빠르게 발전해 오고 있다.

6 In the future, / it may be possible / to think of taxing measured emissions in a wider range of applications.

앞으로는 / 가능할 수도 있다 / 측정된 배출물에 대한 세금 부과를 더 광범위한 적용으로 생각하는 것이.

[풀이 과정]

1 논리적 흐름에 따라 내용 파악

'환경세를 오염 배출물에 비례해서 매기는 것(ⓐ)'에 관한 내용이 다음과 같이 전개된다.

| **1** | 배출물에 비례해 환경세를 매기는 것은 원칙적으로 효율적 |
| **2~3** | 오염시킨 만큼 세금이 매겨지므로, 배출물을 줄일 이유가 생김 |

2 논리적 흐름이 이상한 곳 포착

문장 **5** 가 'ⓒ Nevertheless'로 시작하는데, 그 내용은 오염물에 대한 직접 과세의 '매력(ⓑ)'을 말하는 문장 **4** 와 대비되지 않는다. 오히려, '오염물을 체크하는 기술이 발전'하면 '배출물에 근거해 환경세를 매기기' 더 편해질 것이라는 점에서, Nevertheless 앞뒤 어조는 비슷하다.

| **4** 세금을 줄이려고 하면서 환경도 보호하게 되므로 좋음 | ≒ | **5** 오염 배출물을 체크하는 기술도 발전하고 있음 |

★ 비슷한 어조인데 Nevertheless로 이어짐

3 주어진 문장을 넣어 논리적 흐름 복구

주어진 문장 을 문장 **5** 앞에, 즉 (④)에 넣어보자. 배출물 '측정'에 따르는 어려움 때문에 배출물에 대한 직접 과세에 '저해 요인'이 생기지만, '측정 기술'이 발전하고 있어 괜찮다는 내용이 Nevertheless 앞뒤로 잘 대비된다.

| **주어진 문장** 배출물 측정에 비용이 많이 든다는 어려움이 있음 | ↔ | **5 & 6** 측정 기술이 발전 중이므로, 배출물 직접 과세는 앞으로 더 널리 적용될 것 |

★ 반대 내용이 Nevertheless로 잘 대비됨

[최다 오답 체크]

③ 내용을 자세히 이해하지 못한 채로 costly 등 반복되는 어휘만 보고서 답을 골랐을 가능성이 크다.

▶ 전문 해석 ◀ 측정된 배출물에 직접적으로 기반한 환경세는 원칙적으로 그 정책의 환경적 목표를 아주 정확히 겨냥할 수 있다. 어떤 기업이 더 많이 오염시키면, 그 기업은 배출물 증가에 직접적으로 비례한 추가 세금을 낸다. 따라서 공해 기업은 잔여 배출물의 단위당 세금보다 감소 단위당 비용이 덜 드는 어떤 식으로든 배출량을 줄일 동기를 갖게 된다. 측정된 배출물에 직접적으로 근거해 세금을 매기는 것의 매우 큰 매력은 공해 기업이 세금 부담액을 줄이고자 취할 수 있는 조치가 곧 배출물도 줄이는 조치라는 점이다. 지속적인 배출물 측정은 특히 개별 배출원이 많은 경우 비용이 클 수 있으며, 많은 오염 문제에 있어 이는 배출물에 직접적으로 과세하는 것에 주요한 저해 요소가 될 수 있다. 그렇지만, 폐기물 방출에서 특정 물질의 농도와 흐름을 관찰하는 데 이용할 수 있는 기술이 빠르게 발전해 오고 있다. 앞으로는 측정된 배출물에 대한 세금 부과를 더 광범위한 적용으로 생각하는 것이 가능할 수도 있다.

▶ 구문 분석 ◀ **4** … the actions [(that) the polluter can take to reduce tax liability] are actions [that also reduce emissions].

[ ]는 모두 앞에 나온 (the) actions를 꾸미는 관계절이다. 특히 첫 번째 [ ]에서 목적격 관계대명사는 생략되었다.

[해석 · 주요어구]

[풀이 과정]

주어진 문장   A problem, however, / is that supervisors often work in locations (apart from their employees) / and therefore are not able to observe their subordinates' performance.

하지만 문제는, / 관리자가 종종 (직원과 떨어진) 장소에서 일하고 / 따라서 그 부하 직원들의 성과를 관찰할 수 없다는 것이다.

---

1   In most organizations, / the employee's immediate supervisor evaluates the employee's performance. (①)   **ⓐ**

대부분의 조직에서, / 직원의 직속 관리자가 그 직원의 성과를 평가한다.

2   This is / because the supervisor is responsible for the employee's performance, / providing supervision, handing out assignments, and developing the employee. (②)

이것은 / 그 관리자가 그 직원의 성과를 책임지기 때문이다 / 감독을 제공하고, 과업을 배정하며, 그 직원을 계발하면서.

3   Should supervisors rate employees / on performance dimensions (they cannot observe)? (③)   **ⓑ**

관리자가 직원들을 평가해야 할까 / (자신이 관찰할 수 없는) 성과 영역에 대해?

4   To eliminate this dilemma, / more and more organizations are implementing assessments / referred to as *360-degree evaluations*. (④)

이 딜레마를 없애기 위해, / 점점 더 많은 조직이 평가를 시행하고 있다 / '360도 평가'라고 불리는.

5   Employees are rated / not only by their supervisors / but by coworkers, clients or citizens, professionals in other agencies (with whom they work), and subordinates. (⑤)

직원들은 평가를 받는다 / 자신의 관리자에 의해서만이 아니라 / 동료, 고객이나 시민, (그들이 함께 일하는) 다른 업체들의 전문가들, 그리고 부하 직원들에 의해서도

6   The reason for this approach is / that often coworkers and clients or citizens have a greater opportunity (to observe an employee's performance) / and are in a better position (to evaluate many performance dimensions).

이 방법을 시행하는 이유는 / 동료와 고객이나 시민들이 흔히 (어떤 직원의 성과를 관찰할 수 있는) 더 많은 기회를 가지기 때문이다 / 그리고 (많은 평가 영역을 평가할 수 있는) 더 나은 위치에 있기 때문이다.

---

1 / 논리적 흐름에 따라 내용 파악

1   관리자가 직원을 평가함(ⓐ)

2   관리자가 직원을 평가하는 이유

2 / 논리적 흐름이 이상한 곳 포착

문장 **1**, **2** 는 관리자가 직원을 평가하는 것이 보편적이고 합리적이라는 어조인데, **3** 은 갑자기 '평가가 이루어지기 어려운 상황(ⓑ)'을 언급하며 '관리자가 직원을 평가해야 할까?'를 묻는다. 즉, 해당 상황에서는 관리자가 직원을 평가하는 것이 좋지 않다는 뜻으로, 갑자기 어조가 뒤바뀐 것이다.

1 & 2 관리자가 직원을 평가하는 것이 보편적이고 합리적	↔	**3** 특정 상황에서는 관리자가 직원을 평가하는 것이 좋지 않음

★ 반대 내용인데 역접의 연결어가 없음

3 / 주어진 문장을 넣어 논리적 흐름 복구

주어진 문장 을 문장 **2**, **3** 사이에, 즉 (②)에 넣어보자.
주어진 문장 은 '하지만(however), 종종 직원을 관찰하기 어려워 문제가 된다'는 내용이다. 이제 however를 기준으로 어조가 자연스럽게 전환된다.

1 & 2 관리자가 직원을 평가하는 것이 보편적이고 합리적	↔	**주어진 문장 & 3** 직원 관찰이 어려울 땐, 관리자가 직원을 평가하는 것이 좋지 않음

★ 반대 어조가 however로 잘 대비됨

[남은 내용 체크]

4 관리자가 직원을 볼 수 없어 평가가 어려운 상황을 '딜레마'라고 표현하며, '360도 평가'라는 대안을 제시한다.

5 '360도 평가'가 어떻게 이루어지는지 설명한다.

6 '360도 평가'가 합리적인 이유를 설명한다.

[최다 오답 체크]

③, ④ '관리자의 평가'에 대한 어조가 정확히 어디에서 바뀌는지 파악하지 못했기 때문에 틀렸을 가능성이 크다.

▶ **전문 해석**   대부분의 조직에서, 직원의 직속 관리자가 그 직원의 성과를 평가한다. 이것은, 그 관리자가 (직원에게) 감독을 제공하고, 과업을 배정하며, 그 직원을 계발하면서, 그 직원의 성과를 책임지기 때문이다. 하지만 문제는, 관리자가 종종 직원과 떨어진 장소에서 일하고, 따라서 그 부하 직원들의 성과를 관찰할 수 없다는 것이다. 관리자가 관찰할 수 없는 성과 영역에 대해 관리자가 직원들을 평가해야 할까? 이 딜레마를 없애기 위해, 점점 더 많은 조직이 '360도 평가'라고 불리는 평가를 시행하고 있다. 직원들은 자신의 관리자에 의해서만이 아니라, 동료, 고객이나 시민, 함께 일하는 다른 업체의 전문가들, 그리고 부하 직원들에 의해서도 평가를 받는다. 이 방법을 시행하는 이유는, 동료와 고객이나 시민들이 흔히 어떤 직원의 성과를 관찰할 수 있는 더 많은 기회를 가지고, 많은 평가 영역을 평가할 수 있는 더 나은 위치에 있기 때문이다.

▶ **구문 분석**   **4** ... more and more organizations are implementing **assessments (referred to as *360-degree evaluations*)**.
명사 assessments를 수식하는 과거분사구 ( )는 '주격 관계대명사 + be동사'가 생략된 형태로 볼 수 있다. refer to A as B의 수동형임에 유의한다.

DAY **15** 기출 훈련 **A** 정답 ④　　　① 3.0%　② 14.3%　③ 21.3%　✔ 42.8%　⑤ 18.5%

[해석 · 주요어구]

주어진 문장 I have still not exactly pinpointed Maddy's character / since wickedness takes many forms.
나는 여전히 Maddy의 성격을 정확하게 지적하지 않았다 / 사악함은 여러 형태를 띠기 때문에.

1,2 Imagine / I tell you that Maddy is bad.(ⓐ) // Perhaps you infer / from my intonation, or the context (in which we are talking), / that I mean morally bad.
생각해 보라 / 내가 여러분에게 Maddy가 나쁘다고 말하는 상황을. // 아마 여러분은 추론한다 / 나의 억양이나, (우리가 말하고 있는) 문맥으로부터, / 내가 도덕상 나쁨을 뜻함을.

3 Additionally, / you will probably infer / that I am disapproving of Maddy, / or saying / that I think you should disapprove of her, or similar, / given typical linguistic conventions / and assuming I am sincere. (①)
게다가, / 여러분은 아마 추론할 것이다 / 내가 Maddy를 못마땅해하고 있다고, / 또는 말하고 있다고 / 내 생각에 여러분이 그녀를 못마땅해하거나 그와 비슷해야 한다고, / 일반적인 언어 관행을 고려한다면 / 그리고 내가 진심이라고 가정한다면.

4 However, / you might not get a more detailed sense / of the particular sorts of way (in which Maddy is bad), her typical character traits, and the like, / since people can be bad in many ways. (②)
하지만, / 여러분은 더 자세하게 인식하지 못할 수도 있다 / (Maddy가 나쁜) 특정 유형의 방식, 그녀의 일반적인 성격 특성, 그 기타 등등에 대해서, / 왜냐하면 사람들은 여러 방면에서 나쁠 수 있기 때문이다.

5 In contrast, / if I say that Maddy is wicked,(ⓑ) / then you get more of a sense / of her typical actions and attitudes to others. (③)
대조적으로, / 만일 내가 Maddy는 사악하다고 말한다면, / 그러면 여러분은 더 인식하게 된다 / 다른 사람들에 대한 그녀의 일반적인 행동과 태도에 대해서.

6 The word 'wicked' is more specific than 'bad'. (④)
'사악한'이라는 낱말은 '나쁜'보다 더 구체적이다.

7 But there is more detail nevertheless,(ⓒ) / perhaps a stronger connotation / of the sort of person (Maddy is). (⑤)
그러나 그럼에도 불구하고 더 많은 세부 사항이 있다, / 즉 아마도 더 강력한 함축 의미가 있다 / (Maddy가 속하는) 사람 유형에 대한.

문장3의 infer 뒷부분과 거의 동일한 내용
8 In addition, and again / assuming typical linguistic conventions, / you should also get a sense / that I am disapproving of Maddy, / or saying / that you should disapprove of her, or similar, / assuming that we are still discussing her moral character.
게다가, 그리고 다시 / 일반적인 언어 관행을 가정한다면, / 여러분은 이번에도 인식할 것이다 / 내가 Maddy를 못마땅해하고 있다고, / 또는 말하고 있다고 / 여러분이 그녀를 못마땅해하거나 그와 비슷해야 한다고, / 우리가 여전히 그녀의 도덕적 성격을 논하고 있다고 가정한다면.

[풀이 과정]

1 논리적 흐름에 따라 내용 파악

1 ~ 3	'Maddy가 나쁘다(ⓐ)'라는 표현에서 특정 의미들을 추론할 수 있다
4	하지만, 'Maddy가 나쁘다'에서 의미를 자세히 추론할 수는 없다
5 ~ 6	대조적으로, 'Maddy가 사악하다(ⓑ)'에서는 의미를 더 자세히 추론할 수 있다

Tip '나쁘다/사악하다'를 대비시키며 비교하고 있다.

2 논리적 흐름이 이상한 곳 포착

문장 **7** 이 'ⓒ But.. nevertheless'로 시작하는데, 그 내용은 앞과 동일하게 이어진다.

6 '사악하다'는 표현이 더 자세하다	=	**7** 더 자세하고 강력한 함의가 있다

★ 같은 내용인데 But, nevertheless로 이어짐

3 주어진 문장을 넣어 논리적 흐름 복구

주어진 문장 을 문장 **6** , **7** 사이에, 즉 (④)에 넣어보자.
주어진 문장 은 '사악하다는 표현도 완벽히 정확한 의미를 나타내는 건 아니라'는 말이다. 이제, 'ⓒ But.. nevertheless'를 기준으로 그 앞뒤가 자연스럽게 대비된다.

주어진 문장 '사악하다'는 표현이 완벽히 정확하진 않다	↔	**7** ('나쁘다'는 표현보단) 더 자세하고 강력한 함의가 있다

★ 반대 내용이 But, nevertheless로 잘 대비됨

[남은 내용 체크]

8 '사악하다'는 표현의 의미가 '나쁘다'는 표현의 의미를 포함하고 있음을 설명한다. (사악하다 = 나쁘다 + α)

[최다 오답 체크]

③, ⑤ '나쁘다 ↔ 사악하다'가 어떻게 대비, 비교되고 있는지 정확하게 파악하지 못해서 틀렸을 가능성이 크다.

▶ 전문 해석 ◀ 내가 여러분에게 Maddy가 나쁘다고 말하는 상황을 생각해 보라. 아마 여러분은, 나의 억양이나 우리가 말하고 있는 상황으로부터, 내가 도덕상 나쁨을 뜻한다는 것을 추론한다. 게다가 여러분은 아마, 일반적인 언어 관행을 고려하고 내가 진심이라고 가정한다면, 내가 Maddy를 못마땅해하고 있다고, 또는, 내 생각에 여러분이 그녀를 못마땅해하거나 그와 비슷해야(비슷하게 생각해야) 한다고 말하고 있다고 추론할 것이다. 하지만 여러분은, Maddy가 나쁜 특정 유형의 방식, 그녀의 일반적인 성격 특성, 그 기타 등등에 대해서 더 자세하게 인식하지 못할 수도 있는데, 사람들은 여러 방면에서 나쁠 수 있기 때문이다. 대조적으로, 만일 내가 Maddy는 사악하다고 말한다면, 그러면 여러분은 다른 사람들에 대한 그녀의 일반적인 행동과 태도를 더 인식하게 된다. '사악한'이라는 낱말은 '나쁜'보다 더 구체적이다. 사악함은 여러 형태를 띠기 때문에 나는 여전히 Maddy의 성격을 정확하게 지적하지 않았다. 그러나 그럼에도 불구하고, 더 많은 세부 사항. 즉, 아마도 Maddy가 속하는 사람 유형에 대한 더 강력한 함축 의미가 있다. 게다가, 그리고 다시, 여러분은 이번에도(나쁘다는 표현에서처럼), 일반적인 언어 관행을 가정한다면, 그리고 우리가 여전히 그녀의 도덕적 성격을 논하고 있다고 가정한다면, 내가 Maddy를 못마땅해하고 있다고, 또는 여러분이 그녀를 못마땅해하거나 그와 비슷해야(비슷하게 생각해야) 한다고 말하고 있다고 인식할 것이다.

▶ 구문 분석 ◀ **3** Additionally, you will probably **infer that I am disapproving of Maddy, or saying that I think you should disapprove of her, or similar,** given typical linguistic conventions and assuming I am sincere.
밑줄 친 that절은 동사 infer의 목적어로, that절 안에서 동사 disapproving과 saying이 or로 병렬연결 되고 있고, saying의 목적어로 that절(that I think ~ similar)이 이어지고 있다. 콤마 뒤의 'given ~ conventions'와 'assuming ~ sincere'은 분사구문이 병렬연결된 것이다.

[해석·주요어구]

주어진 문장 Still, / it is arguable / that advertisers worry rather too much about this problem, / as advertising in other media has always been fragmented.

그렇지만, / 주장할 여지가 있다 / 광고업자들이 이 문제에 대해 너무 많이 걱정한다고, / 다른 매체를 이용한 광고들은 계속 늘 분열되어 있었으므로.

1 The fragmentation of television audiences during recent decades, / which has happened throughout the globe / as new channels have been launched everywhere, / has caused advertisers much concern. (①)

최근 몇십 년 동안의 텔레비전 시청자의 분열은, / 전 세계적으로 일어났는데 / 여기저기서 새로운 채널들이 생겨나면서, / 광고업자들에게 많은 우려를 안겨주었다.

2 Advertisers look back nostalgically to the years / when a single spot transmission would be seen / by the majority of the population / at one fell swoop. (②)

광고업자들은 시절을 향수에 젖어 회상한다 / 한 곳에서 전송하는 것이 보여졌던 / 대부분의 사람들에게 / 단번에.

3 This made / the television advertising of mass consumer products / relatively straightforward — not to say easy — / whereas today / it is necessary / for advertisers to build up coverage of their target markets (over time), / by advertising on a host of channels with separate audiences. (③)

이것은 만들었다 / 대량 소비 제품의 텔레비전 광고를 / 상대적으로 단순하게 — 쉬웠다고 말하려는 것은 아니지만 — / 반면에 오늘날에는 / 필요하다 / 광고업자들이 자신들의 목표 시장의 점유 범위를 (시간을 두고) 구축하는 것이 / 분열된 시청자가 있는 다수의 채널에 광고함으로써.

4 Moreover, / advertisers gain considerable benefits / from the price competition between the numerous broadcasting stations. (④)

게다가, / 광고업자들은 상당한 이익을 얻는다 / 수많은 방송국들 간의 가격 경쟁으로부터.

5 And / television remains much the fastest way / to build up public awareness of a new brand or a new campaign. (⑤)

그리고 / 텔레비전은 단연코 가장 빠른 방법으로 남아있다 / 새로운 브랜드나 새로운 캠페인에 대한 대중의 인식을 형성하는 데.

6 Seldom does / a new brand or new campaign (that solely uses other media, without using television), / reach high levels of public awareness very quickly.

거의 없다 / (텔레비전을 이용하지 않고, 다른 매체만을 이용하는) 새로운 브랜드나 새로운 캠페인이 / 아주 빠르게 높은 수준의 대중 인지도에 도달하는 경우는.

정리 TV 시청자들의 분열에 대한 광고업자들의 걱정이 '과하다'고 하는 이유:
1. 어차피 다른 매체에서는 분열이 흔한 이슈였다. (주어진 문장)
2. 방송국들이 광고 계약을 하기 위해서 (광고업자가 방송국에 줘야 하는) 광고비를 낮추는 경쟁을 할 것이므로, 광고업자 입장에서는 오히려 이득이다. (문장4)
3. TV광고가 여전히 가장 빠르고 강력하다 (문장5,6)

[풀이 과정]

1 / 논리적 흐름에 따라 내용 파악

1 요즈음 TV 시청자가 분열되어(ⓐ) 광고업자들이 걱정하고 있다

2 과거에는 (TV 시청자가 분열되지 않아) 하나의 획일적인 광고를 할 수 있어 편했다

3 과거에는 광고가 단순했는데, 요즘은 각 채널과 시청자에 맞춰 다양하게 광고해야(ⓑ) 한다

2 / 논리적 흐름이 이상한 곳 포착

문장 **3** 까지 '최근 TV 시청자의 분열로 인해 이전보다 광고하기 까다로워졌다'며 요즈음 광고업계의 상황을 부정적으로 이야기하다가, **4** 에서 갑자기 '상당한 이득(ⓒ)'을 언급하며 긍정적인 이야기를 한다. 이렇게 어조가 바뀌는데 접속사는 Moreover을 쓰고 있어 흐름이 이상하다.

1~3 광고하기 까다로워졌다	↔	4 광고업자들에게 상당한 이득이다

★ 반대 내용인데 Moreover로 이어짐

3 / 주어진 문장을 넣어 논리적 흐름 복구

주어진 문장 을 문장 **3** , **4** 사이에, 즉 (③)에 넣어보자.
주어진 문장 은 '그렇지만(Still), 광고업자들의 걱정이 과한 것일 수도 있다'고 하므로, 앞의 부정적인 어조를 뒤집어주기 충분하다. 즉, Still을 기준으로 어조가 자연스럽게 전환된다.

1~3 광고하기 까다로워졌다	↔	**주어진 문장** & 4 과한 걱정일 수 있다 (오히려 특정 측면에서는) 상당한 이득이다

★ 반대 어조가 Still로 잘 대비됨

[남은 내용 체크]

5 , **6** TV 광고가 여전히 다른 매체 광고들보다 효과적이고 강력함을 설명한다. (즉, 계속 '광고업자들의 걱정이 과함'을 말하고 있는 것이다.)

[최다 오답 체크]

②, ④, ⑤ 'TV 광고'에 대한 어조가 정확히 어디에서 바뀌는지 파악하지 못했기 때문에 틀렸을 가능성이 크다.

▶ 전문 해석 ◀ 최근 몇십 년 동안의 텔레비전 시청자의 분열은, 여기저기서 새로운 채널들이 생겨나면서 전 세계적으로 일어났는데, 이는 광고업자들에게 많은 우려를 안겨주었다. 광고업자들은, 한 곳에서 전송하는 것을 대부분의 사람들이 단번에 보았던 시절을 향수에 젖어 회상한다. 이것은 대량 소비 제품의 텔레비전 광고를 상대적으로 단순하게 — 쉬웠다고 말하려는 것은 아니지만 — 만들었는데, 반면에 오늘날에는, 분열된 시청자가 있는 다수의 채널에 광고함으로써, 광고업자들이 자신들의 목표 시장의 점유 범위를 시간을 두고 구축하는 것이 필요하다. 그렇지만, 다른 매체를 이용한 광고들은 계속 늘 분열되어 있었으므로, 광고업자들이 이 문제에 대해 너무 많이 걱정한다고 주장할 여지가 있다. 게다가, 광고업자들은 수많은 방송국들 간의 가격 경쟁으로부터 상당한 이익을 얻는다. 그리고, 텔레비전은 새로운 브랜드나 새로운 캠페인에 대한 대중의 인식을 형성하는 데 단연코 가장 빠른 방법으로 남아있다. 텔레비전을 이용하지 않고 다른 매체만을 이용하는 새로운 브랜드나 새로운 캠페인이 아주 빠르게 높은 수준의 대중 인지도에 도달하는 경우는 거의 없다.

▶ 구문 분석 ◀ **6** Seldom does a new brand or new campaign (that solely uses other media, without using television), reach high levels ...

부정어 Seldom이 문두에 나와 'do동사-주어'로 도치된 문장이다. 밑줄 친 부분이 주어로, 관계대명사절 ( )이 붙어 길어졌다. 도치되기 전 문장은 A new brand or new campaign (that solely uses other media, without using television) seldom reaches high levels ... 이다.

[해석 · 주요어구]

주어진 문장 But when students were given "worked-examples" (such as pre-solved problems) (placed between problems to solve), / studying the worked-examples / freed up cognitive resources (that allowed students to see the key features of the problem / and to analyze the steps and reasons behind problem-solving moves).

하지만 학생들에게 (풀어야 할 문제들 사이에 배치된), (미리 풀려 있는 문제들과 같이) '풀어진 예제들'이 주어졌을 때, / 풀어진 예제를 공부하는 것은 / (학생들이 문제의 핵심 특징을 보고 / 문제 해결 조처의 이면에 있는 단계와 이유를 분석하게 해주는) 인지적 자원을 이용할 수 있게 해주었다.

1,2 How can we help students manage cognitive load / as they learn to perform complex tasks? // One method (that has proved effective in research studies) / is to support some aspects of a complex task / while students perform the entire task. (①)

학생이 인지 부하를 관리할 수 있도록 우리는 어떤 도움을 줄 수 있을까 / 그들이 복잡한 과제 수행을 학습할 때? // (조사 연구에서 효과적이라고 입증된) 한 가지 방법은 / 복잡한 과제의 일부 측면을 지원해주는 것이다 / 학생이 전체 과제를 수행할 때.

3 For example, / Swelter and Cooper demonstrated this / with students (learning to solve problems in a variety of quantitative fields from statistics to physics). (②)

예를 들어, / Swelter와 Cooper는 이를 입증했다 / (통계학부터 물리학에 이르는 다양한 정량적 분야에서 문제 풀이를 배우는) 학생들을 통해.

4 They found / that when students were given typical word problems, / it was possible for them to solve the problems / without actually learning much. (③)

이들이 알아낸 바에 따르면, / 학생들에게 전형적인 문장제가 주어졌을 때, / 그들이 문제를 푸는 것은 가능했다 / 실질적으로 많이 배우지 않고도.

5 This is because the problems themselves were sufficiently demanding / that students had no cognitive resources (available to learn from what they did). (④)

이는 문제 자체가 충분히 어려워서 / 학생들이 (자기가 한 일로부터 학습하는 데 이용할 수 있는) 인지적 자원을 지니고 있지 않았기 때문이다.

6,7 The researchers found / this improved students' performance on subsequent problem solving. (⑤) // This result, (called the *worked-example effect*), / is one example of a process (called *scaffolding*), / by which instructors temporarily relieve some of the cognitive load / so that students can focus on particular dimensions of learning.

연구자들은 알아냈다 / 이것이 차후 문제 풀이에서 학생들의 수행 능력을 향상시켰음을. // ('풀어진 예제 효과'라 불리는) 이런 결과는 / ('발판 놓기'라는) 과정의 한 사례로, / 이를 통해 교사는 인지 부하를 일시적으로 약간 덜어줘서 / 학생들이 학습의 특정 측면에 집중할 수 있게 해준다.

[풀이 과정]

1 논리적 흐름에 따라 내용 파악

'풀어진 예제 효과'에 대한 설명이 다음의 흐름으로 전개된다.

1 ~ 2	복잡한 과제의 일부 측면을 도와주면 학습에 도움이 됨
3 ~ 4	예시: 학생들의 문장제 풀이(실제로 많이 배우지 않고 문제 풀이만 함)
5	문제 자체가 어려우면, 학습까지 달성할 인지적 자원이 부족함

2 논리적 흐름이 이상한 곳 포착

문장 **5** 는 '학생들이 인지적 자원 부족으로 진짜 학습까지 도달하기는 어려웠다(ⓐ)'고 하는데, 문장 **6** 은 엉뚱하게도 '이것이 문제 풀이에 도움이 되었다(ⓑ)'고 한다. 적절한 전환 없이 대비되는 사실이 나와 흐름이 끊긴다.

| **5** 학습이 잘 일어나지 않는다 | ↔ | **6** 학습에 도움이 된다 |

★ 반대 내용인데 역접의 연결어가 없음

3 주어진 문장을 넣어 논리적 흐름 복구

주어진 문장 을 문장 **6** 앞에, 즉 (④)에 넣어보자.
주어진 문장 은 '풀어진 예제'를 제시해 학생들의 인지 부하를 줄여줬을 때 학습이 촉진되었다는 내용이다. 이제 But을 기준으로 내용이 자연스럽게 전환된다.

| **4 ~ 5** 인지 자원이 부족해 학습이 적게 일어남 | ↔ | **주어진 문장** '풀어진 예제'로 인지 부담이 줄어 학습이 촉진됨 |

★ 반대 어조가 But으로 잘 대비됨

[남은 내용 체크]

6, **7** '풀어진 예제'로 '진짜 학습'이 촉진되면서 추후 문제 풀이도 쉬워진 사례를 통해 '발판 놓기'의 효과를 알 수 있다는 흐름이다. **6** 의 this가 **주어진 문장** 의 'studying the worked-examples ~'를 가리킨다.

[최다 오답 체크]

③ **4** 에서 말하듯이 '실제적 학습이 잘 일어나지 않은' 까닭은 **5** 에 따르면 '인지적 자원이 부족했기' 때문이다. 즉 **4** 와 **5** 는 '사실-이유'의 흐름으로 자연스럽게 연결된다.

▶ **전문 해석** ◀ 학생이 복잡한 과제 수행을 학습할 때 인지 부하를 관리할 수 있도록 우리는 어떤 도움을 줄 수 있을까? 조사 연구에서 효과적이라고 입증된 한 가지 방법은 학생이 전체 과제를 수행할 때 복잡한 과제의 일부 측면을 지원해주는 것이다. 예를 들어, Swelter와 Cooper는 통계학부터 물리학에 이르는 다양한 정량적 분야에서 문제 풀이를 배우는 학생들을 통해 이를 입증했다. 이들이 알아낸 바에 따르면, 학생들에게 전형적인 문장제가 주어졌을 때, 그들은 실질적으로 많이 배우지 않고도 문제를 푸는 것이 가능했다. 문제 자체가 충분히 어려워서, 학생들은 자기가 한 일(문제 풀이)로부터 학습하는 데 이용할 수 있는 인지적 자원을 지니고 있지 않았기 때문이다. 하지만 학생들에게 풀어야 할 문제들 사이로 (미리 풀려 있는 문제들과 같이) '풀어진 예제들'을 주었을 때, 풀어진 예제를 공부하는 것은 인지적 자원을 이용할 수 있게 해줘서, 학생들이 문제의 핵심 특징을 보고 문제 해결 조처의 이면에 있는 단계와 이유를 분석하게 해주었다. 연구자들은 이것이 차후 문제 풀이에서 학생들의 수행 능력을 향상시켰음을 알아냈다. '풀어진 예제 효과'라 불리는 이런 결과는 '발판 놓기'라는 과정의 한 사례로, 이를 통해 교사는 인지 부하를 일시적으로 약간 덜어줘서 학생들이 학습의 특정 측면에 집중할 수 있게 해준다.

▶ **구문 분석** ◀ **주어진 문장** ... allowed students **to see the key features of the problem** and **to analyze the steps and reasons behind problem-solving moves.**
'allow+목적어+to부정사(~이 …하게 하다)'의 5형식 구문이다. 목적격보어에 해당하는 2개의 to부정사구가 'A and B' 형태로 연결되었다.

DAY **16** 기출 훈련 **A** 정답 ④　　① 5.8%　② 10.6%　③ 18.2%　✔ 46.1%　⑤ 18.2%

〔 해석·주요어구 〕

주어진 문장 By a fortunate coincidence, / elements and materials (that we use in large amounts) / need less natural concentration / than those (that we use in small amounts).

운 좋게도, / (우리가 다량으로 사용하는) 원소 및 물질들은 / 더 낮은 자연 농집을 필요로 한다 / (우리가 소량으로 사용하는) 원소 및 물질들보다.

1 Ore deposits represent work (that nature does for us). (①)

광상은 (자연이 우리를 위해 해주는) 일을 나타낸다. **Tip** 첫 문장이 매우 추상적이어서 바로 이해하기 어려웠을 것이다. 하지만 뒤따르는 문장 2, 3의 예시를 통해 이해하면 된다.

2 For instance, / Earth's crust contains an average of about 55 ppm (parts per million) of copper, / whereas copper ore deposits must contain about 5,000 ppm (0.5%) copper / before we can mine them. (②)

예를 들어, / 지각은 평균 약 55ppm(백만분율)의 구리를 함유한다, / 반면 구리 광상은 약 5,000ppm(0.5%)의 구리를 함유해야 한다 / 우리가 그것들을 채굴할 수 있기 전에.

3 Thus, / geologic processes need to concentrate the average copper content of the crust / by about 100 times / to make a copper ore deposit (that we can use). (③)

자연이 구리를 농축시켜주어야 우리가 구리 광상으로 채굴할 수 있다는 내용으로, 첫 문장의 의미와 연결된다. (광상 = 자연이 우릴 위해 해주는 일)

따라서, / 지질 작용은 지각의 평균 구리 함유량을 농집시켜야 한다 / 약 100배만큼 / (우리가 사용할 수 있는) 구리 광상을 만들기 위해.

4 We then use industrial processes / to convert copper ore into pure copper metal, / an increase of about 200 times. (④)

그 후 우리는 산업적 공정을 사용한다 / 구리 광석을 순수 구리 금속으로 가공하기 위해 / 이는 대략 200배의 증가이다.

5 **ⓐ** Thus, / we are likely to have larger deposits / of mineral commodities (that we use in large amounts). (⑤)

따라서, / 우리는 더 많은 광상을 가질 가능성이 있다 / (우리가 다량으로 사용하는) 광물 자원의.

6 As long as energy costs remain high, / the relation between work (that we can afford to do) and work (that we expect nature to do) / will control the lower limit of natural concentrations (that we can exploit), / and this puts very real limits / on our global mineral resources.

= 인간의 금속 가공
= 자연의 광상 형성

에너지 비용이 높게 유지되는 한, / (우리가 할 수 있는) 일과 (자연이 할 것으로 우리가 기대하는) 일 사이의 관계는 / (우리가 이용할 수 있는) 자연 농도의 하한선을 조절할 것이며, / 이는 매우 현실적인 제한을 둔다 / 우리 지구의 광물 자원에.

〔 풀이 과정 〕

1 / 논리적 흐름에 따라 내용 파악

1 광상 = 자연이 우리를 위해 해주는 일

2 지구 지각의 평균 구리 농도: 55ppm
광상으로 채굴되기 위한 구리 농도: 5000ppm

3 채굴용 구리 광상이 되기 위한 구리 농도의 농축: 약 100배　★55ppm → 5000ppm

4 채굴한 구리 광석을 순수 금속으로 가공할 때 농도 변화: 약 200배　★5000ppm(0.5%) → 100%

2 / 논리적 흐름이 이상한 곳 포착

문장 **5** 가 'ⓐ Thus'로 이어지는데, Thus는 인과의 흐름이나 재진술의 흐름을 연결하는 연결사다. 그런데 그 내용이 앞과 [원인→결과]로 연결되지도, [진술→재진술]로 연결되지도 않는다. 채굴 후 가공 과정에서의 구리 농도 변화와, 광상이 더 많아지는 것은 서로 관련이 없기 때문이다. 즉, **선후 관계에서 선행으로 나와야 할 내용이 아직 나오지 않았다.**

?　→　**5** 광상이 더 많아짐

3 / 주어진 문장을 넣어 논리적 흐름 복구

주어진 문장 을 문장 **5** 앞에, 즉 (④)에 넣어보자.
주어진 문장 은 '많이 필요한 원소의 경우, 낮은 자연 농도를 필요로 한다(낮은 농도여도 광상으로 채굴 가능하다)'는 내용이다. 이제 [원인→결과]의 흐름이 자연스럽게 이어진다.

주어진 문장 많이 필요한 원소들: 낮은 농도여도 채굴 가능　→　**5** (채굴 가능한) 광상이 더 많아짐

〔 **남은 내용** 체크 〕

6 우리가 하는 일(금속 가공을 통한 농도↑)과 자연이 하는 일(광상이 되도록 농도↑) 사이의 연관성에 관해 이야기한다. 이 둘에 따라 우리의 광물 사용이 최종적으로 결정된다는 내용이다.

〔 **최다 오답** 체크 〕

③, ⑤ '광상'이나 '금속 농도' 등에 대해 정확히 이해하지 못했기 때문에 틀렸을 가능성이 높다.

▶ **전문 해석** ◀ 광상은 자연이 우리를 위해 해주는 일을 나타낸다. 예를 들어, 지각이 평균 약 55ppm(백만분율)의 구리를 함유하는 반면, 구리 광상은 우리가 그것들을 채굴할 수 있기 전에[우리가 그것들을 채굴할 수 있으려면] 약 5,000ppm(0.5%)의 구리를 함유해야만 한다. 따라서, 지질 작용은 우리가 사용할 수 있는 구리 광상을 만들기 위해 지각의 평균 구리 함유량을 약 100배만큼 농집(농도 집중)시켜야 한다. 그 후 우리는 구리 광석을 순수 구리 금속으로 가공하기 위해 산업적 공정을 사용하는데, 이는 대략 200배의 증가이다. 운 좋게도, 우리가 다량으로 사용하는 원소 및 물질들은, 우리가 소량으로 사용하는 원소 및 물질들보다 더 낮은 자연 농집을 필요로 한다. 따라서, 우리는 우리가 다량으로 사용하는 광물 자원의 더 많은 광상을 가질 가능성이 있다. 에너지 비용이 높게 유지되는 한, 우리가 할 수 있는 일과 자연이 할 것으로 우리가 기대하는 일 사이의 관계는, 우리가 이용할 수 있는 자연 농도의 하한선을 조절할 것이며, 이는 우리 지구의 광물 자원[활용]에 매우 현실적인 제한을 둔다.

▶ **구문 분석** ◀ **3** Thus, geologic processes need to concentrate the average copper content of the crust **by about 100 times** to make a copper ore deposit that we can use.
밑줄 친 부분에서 전치사 by는 '~만큼'을 의미한다.

[**해석·주요어구**]

주어진 문장 To understand how human societies operate, / it is therefore not sufficient / to only look at their DNA, their molecular mechanisms and the influences from the outside world.

인간 사회가 어떻게 작동하는지 이해하려면, / 따라서 충분하지 않다 / 인간의 DNA, 그것의 분자적 메커니즘, 그리고 외부 세계로부터의 영향을 보는 것만으로는.

1 A meaningful level of complexity in our history / consists of culture: / information (stored in nerve and brain cells or in human records of various kinds).

우리 역사에서 의미 있는 수준의 복잡성은 / 문화로 구성된다: / (신경과 뇌세포 또는 다양한 종류의 인간 기록 안에 저장된) 정보 말이다.

2 The species (that has developed this capacity the most) is, of course, humankind. (①)

(이 능력을 가장 많이 발달시킨) 종은, 물론 인류다.

3 In terms of total body weight, / our species currently makes up / about 0.005 per cent of all planetary biomass. (②)

총 체중 면에서, / 우리 종은 현재 차지한다 / 전체 지구 생물량의 약 0.005%를.

4 If all life combined were only a paint chip, / all human beings today would jointly amount to / no more than a tiny colony of bacteria (sitting on that flake). (③)
인류가 양적으로는 매우 적다는 것을 강조하는 비유로, 가정법 과거 구문을 포함하고 있다.

모든 생명체를 합친 것이 벗겨진 페인트 조각에 불과하다면, / 오늘날의 모든 인간은 다 합쳐도 그 합계가 / (그 조각 위에 놓여 있는) 아주 작은 박테리아 군체에 불과할 것이다.

5 Yet / ~~through their combined efforts~~ / humans have learned to control a considerable portion of the terrestrial biomass, / today perhaps as much as between 25 and 40 per cent of it. (④)
= 문화를 이룸으로써

하지만 / 협력을 통해 / 인류는 지구 생물량의 상당 부분을 통제하게 되었다 / 오늘날에는 아마도 지구 생물량의 25%~40%나 되는 부분을.

6 In other words, / thanks to its culture / ~~this tiny colony of microorganisms~~ (residing on a paint chip) / has gained control over a considerable portion of that flake. (⑤)
= human beings
= all life combined

즉, / 그것의 문화 덕분에 / (페인트 조각 위에 살고 있는) 이 아주 작은 미생물 군체가 / 그 조각의 상당 부분에 대한 통제력을 얻었다.

7 We also need to study the cultural information / that humans have been using / for shaping their own lives (as well as considerable portions of the rest of nature).

우리는 문화적 정보 또한 연구해야 한다 / 인간이 사용해 온 / (나머지 자연의 상당 부분뿐만 아니라) 그들 자신의 삶을 형성하는 데.

[**풀이 과정**]

1 논리적 흐름에 따라 내용 파악

1~2	인류는 뛰어난 문화(ⓐ)적 역량을 통해 복잡한 역사를 형성해 옴
3~4	총 체중 면에서 인류는 보잘 것 없음
5~6	그러나 문화를 통해 인류는 위대해짐

2 논리적 흐름이 이상한 곳 포착

문장 **7** 이 'ⓑ also'로 이어지며 '~도 연구해야 한다'고 하는데, 앞에서 무언가 '연구해야 한다'고 이야기한 적이 없으므로 'also'의 사용이 자연스럽지 않다. 바꾸어 말하자면, [A → also B] 흐름에서 A가 없다.

| ? | → | **7** 문화적 정보도 연구해야 한다 |

3 주어진 문장을 넣어 논리적 흐름 복구

주어진 문장 을 문장 **7** 앞에, 즉 (⑤)에 넣어보자.
주어진 문장 은 'DNA만 연구하는 것은 부족하다' 내용이므로, 이제 [A → also B]의 흐름이 자연스럽다.

| **주어진 문장** DNA만 연구하는 것은 부족하다 | → | **7** 문화적 정보도 연구해야 한다 |

Tip 위의 단서를 통해 주어진 문장의 위치를 찾아 문장을 넣고 보면, 지문의 전체적인 흐름이 이해되어 더욱 정답을 확신할 수 있다. (문장5까지 인류 문화의 위대함을 서술한 후, 주어진 문장의 therefore을 통해 '따라서, DNA뿐만 아니라 문화도 연구해야 한다'고 서술하는 흐름)

[**최다 오답** 체크]

④ 문장 **5** 와 문장 **6** 사이의 비유를 이해하지 못했기 때문에 여기를 골라 틀렸을 가능성이 크다. 두 문장은 완전히 같은 내용이므로 'In other words'로 자연스럽게 연결된다.

▶ **전문 해석** ◀ 우리 역사에서 의미 있는 수준의 복잡성은 문화, 즉 신경과 뇌세포 또는 다양한 종류의 인간 기록 안에 저장된 정보로 구성된다. 이 능력을 가장 많이 발달시킨 종은, 물론 인류다. 총 체중 면에서, 우리 종은 현재 전체 지구 생물량의 약 0.005%를 차지한다. 모든 생명체를 합친 것이 벗겨진 페인트 조각에 불과하다면, 오늘날의 모든 인간은 다 합쳐도 그 합계가 그 조각 위에 놓여 있는 아주 작은 박테리아 군체에 불과할 것이다. 하지만 협력을 통해 인류는 지구 생물량의 상당 부분을 통제하게 되었고, 오늘날에는 아마도 지구 생물량의 25%~40%나 되는 부분을 통제하고 있을 것이다. 즉, 그것의 문화 덕분에 페인트 조각 위에 살고 있는 이 아주 작은 미생물 군체가 그 조각의 상당 부분에 대한 통제력을 얻었다. 따라서, 인간 사회가 어떻게 작동하는지 이해하려면, 인간의 DNA, 그것의 분자적 메커니즘, 그리고 외부 세계로부터의 영향을 보는 것만으로는 충분하지 않다. 우리는, 인간이 (그들을 제외한) 나머지 자연의 상당 부분뿐만 아니라 그들 자신의 삶을 형성하는 데에도 사용해 온 문화적 정보 또한 연구해야 한다.

▶ **구문 분석** ◀ **4** If all life combined **were** only a paint chip, all human beings today **would jointly amount** to no more than a tiny colony ...
현재 사실이 아니지만 '만일 사실이라면 어떻지' 가정하는 가정법 과거 구문이다. 'if+주어+과거시제 동사 ~, 주어+조동사 과거형+동사원형 ~'의 공식을 기억해 둔다.

[해석 · 주요어구]

[풀이 과정]

주어진 문장) As long as you do not run out of copies (before completing this process), / you will know / that you have a sufficient number (to go around).

(이 과정을 완료하기 전에) 복사본이 떨어지지 않는 한, / 당신은 알 것이다 / 당신에게 (사람들에게 돌아갈) 충분한 수의 복사본이 있다는 것을.

1 We sometimes solve number problems / almost without realizing it. (①)

우리는 가끔 숫자 문제를 풀기도 한다 / 이를 거의 깨닫지도 못한 채.

2 For example, / suppose you are conducting a meeting / and you want to ensure / that everyone there has a copy of the agenda. (②)

예를 들어, / 당신이 회의를 주관하고 있다고 가정하자 / 그리고 당신이 확실히 하고 싶어 한다고 / 그곳의 모든 사람들이 안건의 복사본을 갖도록.

3 You can deal with this / by labelling each copy of the handout (in turn) / with the initials of each of those (present). (③)

당신은 이것을 처리할 수 있다 / 그 유인물의 각 복사본에 (차례차례) 적음으로써 / (참석한) 사람들 각각의 이니셜.

4 You have then solved this problem / without resorting to arithmetic / and without explicit counting. (④)

이제 당신은 이 문제를 해결한 것이다 / 산수에 의존하지 않고 / 명시적인 계산 없이.

5 There are numbers at work for us here (all the same) / and they allow precise comparison of one collection with another, / even though the members (that make up the collections) could have entirely different characters, / as is the case here, / where one set is a collection of people, while the other consists of pieces of paper. (⑤)

여기에는 (여전히) 우리에게 영향을 미치고 있는 숫자들이 있다 / 그리고 그것들은 하나의 집합과 다른 집합을 정확히 비교할 수 있게 한다, / 비록 (그 집합들을 구성하는) 요소들이 완전히 다른 특징을 가질 수 있지만, / 여기에서의 경우처럼, / 한 세트는 사람들의 집합이고, 다른 세트는 종이로 구성된.

6 What numbers allow us to do is / to compare the relative size of one set with another.

숫자가 우리로 하여금 할 수 있게 하는 것은 / 한 세트의 상대적인 크기를 다른 세트와 비교하는 것이다.

---

1 논리적 흐름에 따라 내용 파악

1 숫자를 인식하지 않고 숫자 문제를 푼다(ⓐ)

2 숫자 문제의 예시(ⓑ): 안건 복사본을 모두에게 나눠줘야 하는 상황

3 안건 복사본마다 참석자 각각의 이니셜 적기

2 논리적 흐름이 이상한 곳 포착

문장 **4** 는 'ⓒ 이제, 명시적 숫자 계산 없이 문제를 해결했다'고 하는데, 이는 '명시적이진 않지만 어쨌든 수 개념을 써서' 문제를 해결했다는 뜻이다. (문장1, 5 참조) 그런데, '수 개념'으로 '해결했다'고 말하기에는 아직 설명이 부족하다. 복사본에 참석자 이니셜을 적은 것은 수 개념도, 문제의 최종적인 해결도 아니기 때문이다. 즉, [수 개념의 활용 → 해결] 과정에 대한 설명이 부족하다.

| ? | → | **4** 수 개념을 써서 문제를 해결했다 |

3 주어진 문장을 넣어 논리적 흐름 복구

주어진 문장 을 문장 **4** 앞에, 즉 (③)에 넣어보자.

주어진 문장 은 '이니셜을 다 적을 때까지 복사본이 있으면, 그 수가 충분'하다는 내용이다. 수 개념이 활용되면서 문제가 해결되는 과정이 자연스럽게 설명된다.

| **주어진 문장** 이니셜(사람)보다 복사본의 수가 더 많음을 확인 | → | **4** 수 개념을 써서 문제를 해결했다 |

Tip ▶ 위의 단서를 통해 주어진 문장의 위치를 찾아 문장을 넣고 보면, 또 다른 연결고리들이 있어 더욱 정답을 확신할 수 있다. (문장3에서 서술한 labelling 과정이 주어진 문장의 'this process'로 연결됨)

[남은 내용 체크]

5 , **6** 수 개념의 활용에 대해 더 구체적으로 설명한다.

[최다 오답 체크]

④ 문장 **4** 에서 문제의 해결을 "우선" 언급한 후 그 뒤에 주어진 문장을 넣어 부족한 설명을 덧붙이는 흐름으로 생각했을 것이다. 하지만, 주어진 문장이 문장4 뒤로 들어가게 되면, 주어진 문장의 'this process'가 애매해진다.

▶ **전문 해석** ◀ 우리는 가끔 거의 깨닫지도 못한 채 숫자 문제를 풀기도 한다. 예를 들어, 당신이 회의를 주관하고 있고, 그곳의 모든 사람들이 안건의 복사본을 갖도록 확실히 하고 싶어 한다고 가정하자. 당신은 그 유인물의 각 복사본에 참석한 사람들 각각의 이니셜을 차례차례 적음으로써 이것을 처리할 수 있다. 이 과정을 완료하기 전에 복사본이 떨어지지 않는 한, 당신은 당신에게 사람들에게 돌아갈 충분한 수의 복사본이 있다는 것을 알 것이다. 이제 당신은 산수에 의존하지 않고 명시적인 계산 없이 이 문제를 해결한 것이다. 여기에는 여전히 우리에게 영향을 미치고 있는 숫자들이 있고 그것들은 하나의 집합과 다른 집합을 정확히 비교할 수 있게 한다. 비록 그 집합들을 구성하는 요소들이, 한 세트는 사람들의 집합이고 다른 세트는 종이로 구성된 여기에서의 경우처럼 완전히 다른 특징을 가질 수 있지만 말이다. 숫자가 우리로 하여금 할 수 있게 하는 것은 한 세트의 상대적인 크기를 다른 세트와 비교하는 것이다.

▶ **구문 분석** ◀ **5** ..., **as is the case here, where one set is a collection of people, while the other consists of pieces of paper.**

'as is the case + 부사'는 '~에서의 경우와 마찬가지로'라는 의미로, as는 유사관계대명사이다. the case를 where ~ paper가 보충설명한다.

DAY 17 기출 훈련 **A** 정답 ②

① 6.6% ✔ 37.1% ③ 25.2% ④ 20.6% ⑤ 10.4%

〔 해석 · 주요어구 〕

주어진 문장 This contrasts with the arrival of the power loom, / which replaced hand-loom weavers (performing existing tasks) / and therefore prompted opposition / as weavers found their incomes threatened.

이는 동력 직조기의 등장과 대조적인데, / 그것은 (기존 작업을 수행하는) 수동 직조기 직조공들을 대체하였고, / 그 결과 저항을 유발하였다 / 직조공들이 자신들의 소득이 위협받는다는 것을 알게 되면서.

┄┄┄┄┄┄┄┄┄┄┄┄┄┄┄┄┄┄┄┄┄┄┄┄

1 Attitudes toward technological progress are shaped / by how people's(ⓑ) incomes are affected by it. (ⓐ)

기술 발전에 대한 태도는 형성된다 / 사람들의 소득이 그로부터 어떤 영향을 받느냐에 따라.

2 Economists think about progress / in terms of enabling and replacing technologies. (①)
Tip 이 두 가지로 (technological) progress를 구분한다는 것으로, 각각의 구체적 의미는 이후의 내용을 통해 이해할 수 있다.

경제학자들은 발전에 대해 생각한다 / 가능하게 하고 대체하게 하는 기술의 측면에서.

3 The telescope, whose invention allowed astronomers to gaze at the moons of Jupiter, / did not displace laborers in large numbers / — instead, it enabled us to perform new and previously unimaginable tasks. (②)
≒ replace

망원경은, 그 발명으로 천문학자들이 목성의 위성을 바라볼 수 있게 해 주었는데, / 노동자들을 대규모로 쫓아내지 않았다 / — 그 대신, 우리가 이전에 상상할 수 없었던 새로운 일들을 수행할 수 있게 해 주었다.

4 Thus, it stands to reason / that when technologies take the form of capital (that replaces workers), / they are more likely to be resisted. (③) ⓒ

그러므로, 이치에 맞다 / 기술이 (노동자를 대체하는) 자본의 형태를 취하면, / 저항받기 더 쉽다는 것이.

5 The spread of every technology is a decision, / and if some people stand to lose their jobs (as a consequence), / adoption will not be frictionless. (④)

모든 기술의 확산은 결정의 문제이고, / 만약 어떤 사람들이 (결과적으로) 그들의 직업을 잃게 된다면, / 채택은 마찰이 없을 수 없을 것이다..

6 Progress is not inevitable / and for some / it is not even desirable. (⑤)

발전은 불가피한 것이 아니며, / 어떤 사람에게는 / 바람직하지 않까지 하다.

7 Though it is often taken as a given, / there is no fundamental reason / why technological ingenuity should always be allowed to thrive.
= technological progress

비록 그것이 당연한 것으로 흔히 여겨지지만, / 근본적인 이유는 없다 / 기술적 창의성이 잘 자라나도록 항상 허용되어야 할.

정리 enabling technologies와 replacing technologies의 비교
enabling : 기술이 더 많은 일을 가능하게 하여, 더 많은 고용(소득) 창출
→ 사람들이 해당 기술의 도입에 긍정적인 태도를 보임
replacing : 기술이 기존 노동자의 일을 대신하여, 노동자의 고용(소득) 위협
→ 사람들이 해당 기술의 도입에 부정적인 태도를 보임

〔 풀이 과정 〕

1 / 논리적 흐름에 따라 내용 파악

1 기술에 대한 사람들의 태도(ⓐ)는 그 기술이 사람들의 소득(ⓑ)에 주는 영향에 따라 달라진다

2 기술은 enabling하거나 replacing하다

3 enabling한 기술의 예시:
망원경은 더 많은 일을 가능하게 했다

2 / 논리적 흐름이 이상한 곳 포착

문장 **4** 가 'ⓒ Thus'로 시작하는데, Thus는 인과의 흐름이나 재진술의 흐름을 연결하는 연결사다. 그런데 그 내용이 앞과 [원인 → 결과]로 연결되지도, [진술 → 재진술]로 연결되지도 않는다. '망원경이 enabling하다'고 해서 'replacing 기술이 저항받기 쉬운' 것은 아니기 때문이다. 즉, **선후 관계에서 선행으로 나와야 할 내용이 아직 나오지 않았다.**

| ? | → | **4**
replacing 기술은
저항받기 쉽다 |

3 / 주어진 문장을 넣어 논리적 흐름 복구

주어진 문장 을 문장 **4** 앞에, 즉 (②)에 넣어보자.
주어진 문장 은 '동력 직조기는 replacing 기술, 즉 기존 노동자들의 소득을 위협하는 기술이어서 반대를 유발했다'는 내용이다. 이제 [진술→재진술]의 흐름이 자연스럽게 이어진다.

| **주어진 문장**
동력 직조기(replacing 기술)는 노동자의 소득을 위협하여 반대를 유발한다 | → | **4**
replacing 기술은
저항받기 쉽다 |

Tip 위의 단서를 통해 주어진 문장의 위치를 찾아 문장을 넣고 보면, 또 다른 연결고리가 있어 더욱 정답을 확신할 수 있다. (문장3의 '망원경'이 주어진 문장의 'This'로 연결되어 '동력 직조기'와 대조됨)

〔 남은 내용 체크 〕
5 사람들의 직업을 뺏는 기술은 채택이 힘들다는 말이다.
6 누군가에겐 그 기술이 좋지 않다는 말이다.
7 기술이 항상 환영받을 이유는 없다는 말이다.

〔 최다 오답 체크 〕
③, ④ 주어진 문장이 replacing 기술에 대한 서술이고 따라서 글의 중·후반부와 어울린다는 것까지는 파악했지만, 더 구체적인 흐름은 파악하지 못해 틀렸을 가능성이 크다.

▶ 전문 해석 ◀ 기술 발전에 대한 태도는 사람들의 소득이 그로부터 어떤 영향을 받느냐에 따라 형성된다. 경제학자들은 발전에 대해, 가능하게 하고 대체하게 하는 기술의 측면에서 생각한다. 망원경은, 그 발명으로 천문학자들이 목성의 위성을 바라볼 수 있게 해 주었는데, 노동자들을 대규모로 쫓아내지 않고, 그 대신, 우리가 이전에 상상할 수 없었던 새로운 일들을 수행할 수 있게 해 주었다. 이는 동력 직조기의 등장과 대조적인데, 그것은 기존 작업을 수행하는 수동 직조기 직조공들을 대체하였고, 그 결과, 직조공들이 자신들의 소득이 위협받는다는 것을 알게 되면서 저항을 유발하였다. 그러므로, 기술이 노동자를 대체하는 자본의 형태를 취하면 저항받기 더 쉽다는 것이 이치에 맞다. 모든 기술의 확산은 결정의 문제이고, 만약 어떤 사람들이 결과적으로 그들의 직업을 잃게 된다면, 채택은 마찰이 없을 수 없을 것이다. 발전은 불가피한 것이 아니며, 어떤 사람에게는 바람직하지 않까지 하다. 비록 그것이 당연한 것으로 흔히 여겨지지만, 기술적 창의성이 잘 자라나도록 항상 허용되어야 할 근본적인 이유는 없다.

▶ 구문 분석 ◀ **4** Thus, **it** stands to reason **that when technologies take the form of capital (that replaces workers), they are more likely to be resisted.**
밑줄 친 it은 가주어로, 진주어는 뒤의 that절이다. that절은 'when이 이끄는 부사절 + 주절'로 이루어져 있다.

[해석 · 주요어구]

주어진 문장 Under such circumstances, / recycling previously composed music / was the only way (to make it more durable).

그러한 상황에서는, / 이전에 작곡된 음악을 재활용하는 것이 / (그것을 더 오래가게 하는) 유일한 방법이었다.

---

1 In the classical period of European music, / much musical material was (*de facto*) considered common property.─ⓐ (①)

유럽 음악의 고전 시대에는 / 많은 음악 자료가 (사실상) 공유물로 여겨졌다.

2 When Antonio Vivaldi presented (in Venice) his opera *Rosmira fedele*, / the score was actually a pastiche / in which, (among his own ideas,) musicologists later identified ideas (by George Frederic Handel, Giovanni Battista Pergolesi and Johann Adolph Hasse, among others). (②)
비발디가 다른 음악가들의 아이디어를 공유했음을 의미한다

Antonio Vivaldi가 (베네치아에서) 그의 오페라 'Rosmira fedele'를 공연했을 때, / 그 악보는 사실 혼성곡이었다 / (그의 악상들 사이에서) 음악학 연구가들이 나중에 (특히 George Frederic Handel, Giovanni Battista Pergolesi, Johann Adolph Hasse의) 악상들을 찾아 냈던.

3 As far as recycling of segments of music (initially written for other occasions) into new pieces is concerned, / it needs to be observed / how today composers are discouraged from doing so / for a number of reasons. (③)
= 음악적 공유

(처음에 다른 행사들을 위해 쓰인) 음악의 부분들을 새로운 작품으로 재활용하는 것에 관한 한, / 주목할 필요가 있다 / 오늘날 작곡가들이 그렇게 하는 것으로부터 어떻게 단념되는지 / 많은 이유들로 인해.

4 A practical one is / that each new piece is sure to remain available, / in score or as an audio file. (④)
= reason

한 가지 실질적인 이유는 / 각각의 새로운 작품이 확실히 접근 가능하게 남아 있다는 것이다 / 악보에 혹은 오디오 파일로.

5 In the 18th century, on the contrary, / once the particular occasion for performing a new piece was over, / it became almost impossible to ever hear it again. (⑤)

대조적으로, 18세기에는, / 일단 하나의 새로운 작품을 공연하기 위한 특정 행사가 끝나면 / 그것을 다시 듣는 것이 거의 불가능해졌다.

6 And / if new pieces also contained ideas from other composers, / that would re-enforce European musical traditions / by increasing the circulation of melodies and harmonic patterns (people loved to hear).
다른 작곡가들의 아이디어를 공유·재활용하는 것을 의미한다

그리고 / 만약 새로운 작품들이 다른 작곡가들의 아이디어 또한 포함했다면, / 그것이 유럽 음악의 전통들을 강화했을 것이다 / (사람들이 듣기 좋아했던) 선율과 화음 패턴의 보급을 늘림으로써.

[풀이 과정]

1 / 논리적 흐름에 따라 내용 파악

① 과거에는 음악이 사실상 공유물(ⓐ)이었다

② 예시: 비발디 곡에는 다른 많은 음악가들의 아이디어가 녹아 있다

③ 이러한 음악적 재활용(ⓑ)은 요즘엔 하지 않는다

④ 이유: (이제) 모든 작품이 남아 있기 때문이다

⑤ (현재와는 대조적으로) 과거에는 공연이 끝나면 작품이 남지 않았다

2 / 논리적 흐름이 이상한 곳 포착

문장 **6** 이 'ⓒ And'로 이어지며 '그리고, 음악적 아이디어를 공유한다면 음악적 전통이 강화될 것이라'고 하는데, 딱히 앞과 and로 이어지는 내용이 아니다. 바꾸어 말하자면, [A → and B]의 흐름에서 적절한 A가 필요하다.

?	→	**6** 음악적 전통을 강화할 것이다

3 / 주어진 문장을 넣어 논리적 흐름 복구

주어진 문장 을 문장 **6** 앞에, 즉 (⑤)에 넣어보자.
주어진 문장 은 '(공연이 끝나면 작품이 남지 않는 상황에서) 음악 재활용은 작품을 더 오래가게 한다'는 내용으로, 이제 [A → and B]의 흐름이 자연스럽게 이어진다.

주어진 문장 음악 재활용은 작품을 더 오래가게 만든다	→	**6** (재활용은) 음악적 전통도 강화할 것이다

Tip 위의 단서를 통해 주어진 문장의 위치를 찾아 문장을 넣고 보면, 또 다른 연결고리들이 있어 더욱 정답을 확신할 수 있다. (문장5에서 서술한 '18세기 상황'이 주어진 문장의 such circumstances로 연결됨)

[최다 오답 체크]

②, ③, ④ 오답이 고르게 분포한 것으로 보아, 이 문제를 틀린 학생들은 지문 내용을 전반적으로 이해하지 못했을 가능성이 크다.

▶ **전문 해석** 유럽 음악의 고전 시대에는 많은 음악 자료가 사실상 공유물로 여겨졌다. Antonio Vivaldi가 베네치아에서 그의 오페라 'Rosmira fedele'를 공연했을 때, 그 악보는 사실, 나중에 그의 악상들 사이에서 음악학 연구가들이 특히 George Frederic Handel, Giovanni Battista Pergolesi, Johann Adolph Hasse의 악상들을 찾아 냈던 혼성곡이었다. 처음에 다른 행사들을 위해 쓰인 음악의 부분들을 새로운 작품으로 재활용하는 것에 관한 한, 오늘날 작곡가들이 많은 이유들로 인해 그렇게 하는 것으로부터 어떻게 단념되는지 주목할 필요가 있다. 한 가지 실질적인 이유는, 각각의 새로운 작품이 악보에 혹은 오디오 파일로 확실히 접근 가능하게 남아 있다는 것이다. 대조적으로, 18세기에는, 일단 하나의 새로운 작품을 공연하기 위한 특정 행사가 끝나면 그것을 다시 듣는 것이 거의 불가능해졌다. 그러한 상황에서는, 이전에 작곡된 음악을 재활용하는 것이 그것을 더 오래가게 하는 유일한 방법이었다. 그리고 만약 새로운 작품들이 다른 작곡가들의 아이디어들 또한 포함했다면, 그것이 사람들이 듣기 좋아했던 선율과 화음 패턴의 보급을 늘림으로써 유럽 음악의 전통들을 강화했을 것이다.

▶ **구문 분석** **3** As far as **recycling of segments of music (initially written for other occasions) into new pieces** is concerned, **it** needs to be observed **how today composers are discouraged from doing so for a number of reasons.**

As far as가 이끄는 접속사절의 주어는 밑줄 친 recycling ~ pieces로, 'recycle A into B'의 명사구 형태이다. 여기서 과거분사구 ( )는 앞의 music을 수식한다. 주절의 it은 가주어로, 진주어는 how today ~ reasons이다.

{ 해석·주요어구 }

주어진 문장 In today's food chain, / customer feedback can, however, be used / by the processor or retailer / to develop product standards / which can then be passed back to the producer (as a future production requirement).

오늘날의 식품 유통에서, / 하지만, 소비자 피드백은 사용될 수 있다 / 가공업자나 소매업자에 의해 / 제품 표준을 개발하기 위해서 / (미래의 생산 요구 조건으로) 생산자에게 추후 다시 전달될 수 있는.

1 In a market situation, / the two-way exchange of information is important / to both customer and producer. (①)

시장 상황에서, / 양방향 정보 교환은 중요하다 / 소비자와 생산자 모두에게.

2 The simplest pathway — direct selling to a customer — / is the most useful for a producer / for obtaining feedback (concerning a product and production method). (②)

가장 단순한 경로는 — 소비자에게 직접 판매하는 것은 — / 생산자에게 가장 유용하다 / (제품과 생산 방식에 관한) 피드백을 얻는 데 있어서.

3 This pathway is not available to producers / supplying today's food chains / which typically pass through several intermediates (buyers, processors, wholesalers, retailers) before reaching the customer. (③)

이 경로가 생산자들에게는 이용 불가능하다 / 오늘날의 식품 유통망에 공급하는 / 일반적으로 소비자에게 도달하기 전에 여러 중개자(구매자, 가공업자, 도매업자, 소매업자)를 거치는.

4 Moreover, / because there are relatively few processors and retailers, / each handling a high volume of goods, / the provision of feedback from customers to individual producers (on their particular goods) / is impractical. (④) 중개자들이 바쁘다는 의미

더욱이, / 상대적으로 적은 수의 가공업자와 소매업자가 존재하기 때문에, / 그리고 이들 각자가 많은 양의 상품을 취급하기 때문에, / (그들의 특정 상품에 관한) 소비자로부터 각각의 생산자에게 이르는 피드백의 제공은 / 실제적이지 않다.

5 Thus, / information exchange on this pathway / can become a one-way flow (from customer to retailer/processor to producer) / rather than the two-way exchange (observed via direct selling). (⑤)

따라서, / 이 경로에서의 정보 교환은 / (소비자로부터 소매업자나 가공업자로, 그리고 생산자로의) 일방적 흐름이 될 수 있다 / (직접 판매를 통해 관찰되는) 양방향 교환이라기보다는.

6 This change diminishes the role of producers in the food chain, / undermining their autonomy / and limiting opportunities for innovation and experimentation (with new products or approaches).

이러한 변화는 식품 유통에서 생산자들의 역할을 감소시키고, / 그들의 자율성을 약화시키며 / (새로운 제품이나 접근법에 대한) 혁신과 실험의 기회를 제한한다.

{ 풀이 과정 }

1 논리적 흐름에 따라 내용 파악

1 소비·생산자의 양방향 정보 교환(@)은 중요하다

2 생산자가 소비자에게 직접 팔면, 생산자가 소비자에게 직접 피드백을 들어서 좋다

3 중개자들(ⓑ)을 거치는 오늘 식품 유통망에서는 이런 양방향 교환이 불가능하다

4 심지어, 중개자가 너무 바빠서 특정 제품에 대한 소비자의 피드백을 개별 생산자에게 전해줄 수 없다

2 논리적 흐름이 이상한 곳 포착

문장 **5** 가 'ⓒThus'로 이어지는데, Thus는 인과의 흐름이나 재진술의 흐름을 연결하는 연결사. 그런데 그 내용이 **앞과 [원인 → 결과]로 연결되지도, [진술 → 재진술]로 연결되지도 않는다.** '중개자가 소비자의 피드백을 생산자에게 전해주지 못한다'고 했는데 '소비자에서 중개자, 생산자로 이어지는 (일방적) 흐름'이라고 하면 모순적이기 때문이다. 즉, **선후 관계에서 선행으로 나와야 할 내용이 아직 나오지 않았다.**

| ? | → | **5** 소비자에서 중개자, 생산자로 이어지는 일방적 흐름이다 |

3 주어진 문장을 넣어 논리적 흐름 복구

주어진 문장 을 문장 **5** 앞에 즉 (④)에 넣어보자.

주어진 문장 은 '소비자 피드백이 (중개자가 생산자에게 요구할 기준, 조건의 형태로서) 생산자에게 전달될 수도 있다'는 내용으로, 이제 [진술→재진술]의 흐름이 자연스럽다.

| **주어진 문장** 소비자의 피드백이 중개자를 통해 생산자에게 전달될 수 있다 | → | **5** 소비자에서 중개자, 생산자로 이어지는 일방적 흐름이다 |

Tip 위의 단서를 통해 주어진 문장의 위치를 찾아 문장을 넣고 보면, 또 다른 연결고리들이 있어 더욱 정답을 확신할 수 있다. (문장4와 주어진 문장의 내용이 however을 기준으로 잘 대비됨)

[남은 내용 체크]

6 과거의 양방향 교환에서 중개자를 거치는 일방적 흐름으로의 변화에 대해 그 단점을 이야기한다.

[최다 오답 체크]

③ 문장 **3** 과 문장 **4** 의 연결성을 이해하지 못했기 때문에 여기를 골라 틀렸을 가능성이 크다.

▶ 전문 해석 ◀ 시장 상황에서, 양방향 정보 교환은 소비자와 생산자 모두에게 중요하다. 가장 단순한 경로는 — 소비자에게 직접 판매하는 것은 — 제품과 생산 방식에 관한 피드백을 얻는 데 있어서 생산자에게 가장 유용하다. 소비자에게 도달하기 전에 일반적으로 여러 중개자(구매자, 가공업자, 도매업자, 소매업자)를 거치는 오늘날의 식품 유통망에 공급하는 생산자들에게는 이 경로가 이용 불가능하다. 더욱이, 상대적으로 적은 수의 가공업자와 소매업자가 존재하고 이들 각자가 많은 양의 상품을 취급하기 때문에, 그들의 특정 상품에 관한 소비자로부터 각각의 생산자에게 이르는 피드백의 제공은 실제적이지 않다. 하지만, 오늘날의 식품 유통에서, 소비자 피드백은 가공업자나 소매업자에 의해 사용될 수 있다. 생산자에게 추후 미래의 생산 요구 조건으로 다시 전달될 수 있는 제품 표준을 개발하기 위해서 말이다. 따라서, 이 경로에서의 정보 교환은, 직접 판매를 통해 관찰되는 양방향 교환이라기보다는, 소비자로부터 소매업자나 가공업자로, 그리고 생산자로의 일방적 흐름이 될 수 있다. 이러한 변화는 식품 유통에서 생산자들의 역할을 감소시키고, 그들의 자율성을 약화시키며, 새로운 제품이나 접근법에 대한 혁신과 실험의 기회를 제한한다.

▶ 구문 분석 ◀ **4** ... there are relatively few processors and retailers, **each handling a high volume of goods** ...

콤마 뒷부분은 분사구문으로, 주어 each (processor and retailer)가 생략되지 않고 남아 있는 형태이다.

[해석·주요어구]

주어진글 ⓐ Regression fallacy is a mistake of causal reasoning / due to the failure to consider / how things fluctuate randomly, (typically around some average condition). // Intense pain, exceptional sports performance, and high stock prices / are likely to be followed by more subdued conditions / eventually / due to natural fluctuation. ⓑ

회귀 오류는 인과 추론의 실수이다 / 고려하지 못한 실패로 인해 발생하는 / 어떻게 상황이 (보통 어떤 평균적인 상태 주변에서) 무작위로 변동하는지. // 심한 통증, 스포츠에서의 특출난 활약, 그리고 높은 주가에는 / 더 약화된 상태가 뒤따를 것이다 / 결국 / 자연적인 변동에 의해.

(A)-1 During a period of very intense pain, / the patient decided to try alternative therapy / like putting a magnetic patch on his back. ⓒ

매우 심한 통증이 있는 기간 동안, / 환자는 대체 의학 치료법을 시도하기로 결정했다 / 허리에 자석 패치를 붙이는 것과 같은.

(A)-2 He felt less pain afterward / and concluded that the patch worked.

그는 이후에 통증을 덜 느꼈으며 / 패치가 효과가 있었다고 결론 내렸다.

(A)-3 But / this could just be the result of regression.

하지만 / 이것은 단지 회귀의 결과일 수 있다.

(B)-1 ⓓ Failure to recognize this fact / can lead to wrong conclusions about causation.

이 사실을 인식하지 못한 실패는 / 인과관계에 대한 틀린 결론으로 이어질 수 있다.

(B)-2 For example, / someone might suffer from back pain (now and then) / but nothing seems to solve the problem completely.

예를 들어, / 어떤 사람이 (가끔) 요통으로 고통받고 있는데 / 아무것도 그 문제를 완전히 해결할 수 없는 것처럼 보인다.

(C)-1 ⓔ If he sought treatment when the pain was very intense, / it is quite possible / that the pain has already reached its peak / and would lessen (in any case) as part of the natural cycle.

만약 그가 통증이 매우 심했을 때 치료법을 시도했다면, / 가능성이 꽤 있다 / 통증이 이미 절정에 도달했다가 / 자연스러운 주기의 일부로 (어쨌든) 줄었을.

(C)-2 Inferring that the patch was effective / ignored a relevant alternative explanation.
　　　　　　　　　　　　　　　　　　　　= the natural cycle

패치가 효과적이었다고 추론하는 것은 / 타당한 다른 설명을 무시한 것이다.

[풀이 과정]

1 / 주어진 글과 (A), (B), (C)의 대략적 내용 파악

주어진글 회귀 오류(ⓐ): 상황의 무작위 변동을 고려하지 못한 인과 추론의 실수
여러 상황은 자연적으로 변동한다(ⓑ)

(A) 환자가 허리에 자석 패치를 붙이는데(ⓒ) ~

(B) 이 사실(ⓓ)을 놓치면 잘못된 결론을 ~

(C) 통증이 심할 때 그가 치료받으면(ⓔ) ~

2 / 단락 간 연결고리 연결

주어진글 의 ⓑ가 **(B)-1** 의 ⓓ로 연결되면서, '회귀 오류'의 의미가 한 번 더 설명된다.

주어진글 여러 상황이 자연적으로 변동한다
↓
(B)-1 이 사실을 놓치면 잘못된 결론(오류)을 내린다

(B)-2 에서 관련 예시가 시작되는데 여기서 등장한 'someone'이 **(A)-1** 의 'the patient'로 연결된다.

(B)-2 예를 들어, 누군가 요통을 겪고 있다고 하자
↓
(A)-1 그 환자가 허리에 자석 패치를 붙여 본다

(A)-3 에서 '자석 패치가 효과적이라고 결론 내리면 그건 회귀 오류'라고 하는데, 그 이유가 **(C)** 에서 설명된다.

(A)-3 자석 패치가 효과적이라는 결론은 회귀 오류
↓
(C) 통증이 심할 때 패치를 붙이면, 그 패치에 의해서가 아니라 자연스러운 변동에 의해 통증이 줄어든다

Tip (A)에서는 'a magnetic patch', (C)에서는 'the patch'이므로 (A)→(C)의 흐름이 관사에서도 드러난다.

3 / 전체적 흐름 확인

완성된 흐름 [주어진 글→B→A→C]를 확인하자. 주어진 글과 (B)에서 '회귀 오류'에 대해 설명하고, (A)와 (C)에서 그 예시를 구체적으로 서술하는 흐름이다.

[최다 오답 체크]

③ (B)→(C)의 흐름으로 읽으면 (C) 두 번째 문장의 'the patch'가 뜬금없이 등장하게 되는데, 이 뜬금없음을 무시했기 때문에 틀렸을 것이다.

▶ **전문 해석** ◀ 회귀 오류는, 어떻게 상황이 보통 어떤 평균적인 상태 주변에서 무작위로 변동하는지를 고려하지 못한 실패로 인해 발생하는, 인과 추론의 실수이다. 심한 통증, 스포츠에서의 특출난 활약, 그리고 높은 주가에는, 결국 자연적인 변동에 의해 더 약화된 상태가 뒤따를 것이다. (B) 이 사실을 인식하지 못한 실패는, 인과관계에 대한 틀린 결론으로 이어질 수 있다. 예를 들어, 어떤 사람이 가끔 요통으로 고통받고 있는데 아무것도 그 문제를 완전히 해결할 수 없는 것처럼 보인다. (A) 매우 심한 통증이 있는 기간 동안, 환자는 허리에 자석 패치를 붙이는 것과 같은 대체 의학 치료법을 시도하기로 결정했다. 그는 이후에 통증을 덜 느꼈으며, 패치가 효과가 있었다고 결론 내렸다. 하지만 이것은 단지 회귀의 결과일 수 있다. (C) 만약 그가 통증이 매우 심했을 때 치료법을 시도했다면, 통증이 이미 절정에 도달했다가 자연스러운 주기의 일부로 어쨌든 줄었을 가능성이 꽤 있다. 패치가 효과적이었다고 추론하는 것은 타당한 다른 설명을 무시한 것이다.

▶ **구문 분석** ◀ **주어진글** ... due to the failure to consider how things fluctuate randomly, typically around some average condition.
전치사 due to 뒤에 명사구가 the failure부터 문장 끝까지 이어지고 있다. 밑줄 친 의문사절은 consider의 목적어이다.

〔 해석 · 주요어구 〕

주어진 글 Norms emerge in groups / as a result of people conforming to the behavior of others. // Thus, the start of a norm occurs / when one person acts in a particular manner in a particular situation / because she thinks she ought to.

규범은 집단 속에서 발생한다 / 사람들이 다른 사람들의 행동에 따르는 결과로. // 그러므로 규범의 시작은 일어난다 / 한 사람이 특정 상황에서 특정한 방식대로 행동할 때 / 자신이 마땅히 그렇게 해야 한다고 생각해서.

(A)-1, 2 Thus, she may prescribe the behavior to them / by uttering the norm statement in a prescriptive manner. // Alternately, / she may communicate that conformity is desired / in other ways, such as by gesturing.

그래서 그 사람은 이들에게 그 행동을 지시할지도 모른다 / 규범 진술을 지시하는 방식으로 말함으로써. // 그게 아니면 / 그 사람은 순응이 요망된다고 전달할 수도 있다 / 몸짓 등 다른 방식으로.

(A)-3 In addition, / she may threaten to sanction them / for not behaving as she wishes.

게다가, / 그 사람은 그들에게 제재를 가하겠다고 위협할지도 모른다 / 자기가 원하는 대로 행동하지 않으면.

(A)-4 This will cause some / to conform to her wishes and act as she acts.

이렇게 하면 어떤 사람들은 ~하게 될 것이다 / 그 사람의 바람에 순응하고 그 사람처럼 행동하게.

(B)-1~3 But some others will not need to have the behavior prescribed to them. // They will observe the regularity of behavior / and decide (on their own) that they ought to conform. // They may do so for either rational or moral reasons.

그러나 일부 다른 사람들은 그 행동을 지시받을 필요가 없을 것이다. // 이들은 행동의 규칙성을 관찰하고, / 따라야겠다고 (스스로) 결정할 것이다. // 이들은 합리적인 이유 또는 도덕적 이유로 그렇게 할 수도 있다.

(C)-1 Others may then conform to this behavior / for a number of reasons.

그리고 나서 다른 사람들이 이 행동에 순응할 수도 있다 / 여러 이유로.

(C)-2 The person (who performed the initial action) / may think / that others ought to behave as she behaves / in situations of this sort.

(최초의 행동을 한) 사람은 / 여길 수도 있다 / 다른 사람들이 자기가 행동하는 대로 행동해야 한다고 / 이런 식의 상황에서.

〔 풀이 과정 〕

1 / 주어진 글과 (A), (B), (C)의 대략적 내용 파악

주어진 글	규범은 집단 내 한 사람의 행동에서 시작(ⓐ) ~
(A)	그래서(ⓑ), 그들에게 규범을 지시 ~
(B)	하지만(ⓒ), 다른 일부 사람들은 지시가 필요 없는데 ~
(C)	그리고 나면, 이 행동(ⓓ)을 다른 사람들이 따른다 ~

2 / 단락 간 연결고리 연결

주어진 글 이후 상황을 **(C)-1** 에서 'ⓓ then, this behavior'로 설명한다.

주어진 글 집단 내 한 사람이 특정 상황에서 특정 행동을 한다
↓
(C)-1 그리고 나서, 이 행동(ⓓ)을 다른 사람들도 한다

(C)-2 와 **(A)-1** 은 'ⓑ Thus'에 의해 인과 관계로 연결된다.

(C)-2 행동을 시작한 사람은 남들도 자기처럼 행동해야 한다고 생각한다
↓
(A)-1 그래서, 그 행동을 남들에게 '지시'한다

(A)-4 의 some은 **(B)-1** 의 some others와 대비된다. 'ⓒ But'이 반대 맥락을 형성한다.

(A)-4 일부는 그 지시에 따른다
↓
(B)-1 하지만, 다른 일부 사람들은 지시받지 않아도 '관찰'을 통해 행동을 파악한다

3 / 전체적 흐름 확인

완성된 흐름 [주어진 글→C→A→B]를 확인하자. 주어진 글에서 '한 사람의 행동'을 언급하고, (C), (A)는 이것이 '지시'에 의해 규범이 되는 과정을 다룬다. (B)는 지시가 아닌 '관찰'에 의해서도 규범이 형성된다는 내용이다.

〔 **최다 오답** 체크 〕

⑤ (B) 첫 문장에서 But과 함께 '지시받을 필요가 없는 사람들이 있다'고 언급하려면 앞에 '지시'에 관한 내용이 있어야 한다. 하지만 (C)에는 그런 내용이 없다.

▶ **전문 해석** ◀ 규범은 집단 속에서 사람들이 다른 사람들의 행동에 따르는 결과로 발생한다. 그러므로 규범의 시작은 한 사람이 특정 상황에서 자기가 마땅히 그렇게 해야 한다고 여겨 특정한 방식대로 행동할 때 일어난다. (C) 그리고 나서 다른 사람들이 여러 이유로 이 행동에 순응할 수도 있다. 최초의 행동을 한 사람은 다른 사람들이 이런 식의 상황에서 자기가 행동하는 대로 행동해야 한다고 여길 수도 있다. (A) 그래서 그 사람은 규범 진술을 지시하는 방식으로 말하여 이들에게 그 행동을 지시할지도 모른다. 그게 아니면 몸짓 등 다른 방식으로 순응이 요망된다고 전달할 수도 있다. 게다가, 그 사람은 자기가 원하는 대로 행동하지 않으면 제재를 가하겠다고 위협할지도 모른다. 이렇게 하면 어떤 사람들은 그 사람의 바람에 따라 그 사람처럼 행동할 것이다. (B) 그러나 일부 다른 사람들은 그 행동을 지시받을 필요가 없을 것이다. 이들은 행동의 규칙성을 관찰하고, 따라야겠다고 스스로 결정할 것이다. 이들은 합리적인 이유 또는 도덕적 이유로 그렇게 할 수도 있다.

▶ **구문 분석** ◀ **주어진 글** Norms emerge in groups **as a result of people conforming to the behavior of others.**

as a result of에 연결되는 동명사구 목적어 앞에 의미상 주어 people이 표시되었다.

(B)-1 But some others will not need to **have the behavior prescribed to them.**

'사역동사 have+목적어+과거분사(~이 …되게 하다)'의 5형식 구문이다.

〔 해석 · 주요어구 〕

주어진 글 Experts have identified a large number of measures / that promote energy efficiency. // Unfortunately many of them are not cost effective. // This is a fundamental requirement for energy efficiency investment / from an economic perspective.

(ⓐ)
(cost effectiveness)

전문가들은 다수의 대책을 찾아냈다 / 에너지 효율을 증진하는. // 유감스럽게도 그중 많은 수는 비용 효율적이지 않다. // 이것은 에너지 효율을 위한 투자에 근본적인 필요조건이다 / 경제적 관점에서.

(A)-1 And this has direct repercussions at the individual level: / households can reduce the cost of electricity and gas bills, / and improve their health and comfort, / while companies can increase their competitiveness and their productivity.

(ⓑ)

그리고 이것은 개인적 차원에 직접적인 영향을 미친다: / 가정은 전기 비용과 가스 요금을 줄일 수 있고 / 그들의 건강과 안락함을 증진할 수 있다 / 그리고 회사는 경쟁력과 생산성을 증대시킬 수 있다.

(A)-2 Finally, / the market for energy efficiency could contribute to the economy / through job and firms creation.

결국, / 에너지 효율성에 대한 시장은 경제에 기여할 수 있다 / 일자리와 기업 창출을 통해.

(B)-1 There are significant externalities to take into account / and there are also macroeconomic effects.

(ⓒ)

고려해야 할 상당한 외부적 요소들이 있고 / 거시 경제적 효과도 있다.

(B)-2 For instance, / at the aggregate level, / improving the level of national energy efficiency / has positive effects on macroeconomic issues / such as energy dependence, climate change, health, national competitiveness and reducing fuel poverty.

(≒ macro)

예를 들어, / 집합적 차원에서, / 국가의 에너지 효율 수준을 높이는 것은 / 거시 경제적 문제에 긍정적인 영향을 미친다 / 에너지 의존도, 기후 변화, 보건, 국가 경쟁력, 연료 빈곤을 감소시키는 것과 같은.

(C)-1 However, / the calculation of such cost effectiveness is not easy: / it is not simply a case / of looking at private costs and comparing them to the reductions (achieved).

(ⓓ)

그러나, / 그러한 비용 효율성의 산정은 쉽지 않다: / 그것은 단순한 경우가 아니다 / 사적 비용을 살펴보고 (달성된) 절감액에 그것을 비교하는.

〔 풀이 과정 〕

1 주어진 글과 (A), (B), (C)의 대략적 내용 파악

주어진 글	에너지 효율성을 위한 대책에 있어서 비용 효과성(ⓐ)은 중요한 문제다
(A)	이게 개인에게 직접적 영향(ⓑ)을 미치는데 ~
(B)	외부적, 거시적인 것들(ⓒ)도 고려해야 ~
(C)	하지만, 그런 비용 효과성(ⓓ)은 계산하기 어려운데 ~

2 단락 간 연결고리 연결

'비용 효과성'으로 **주어진 글** 과 **(C)** 가 이어지면서, 비용 효과성의 계산이 쉽지 않음이 드러난다.

주어진 글 에너지 효율 대책의 비용 효과성은 중요한 문제
↓
(C) 하지만 그 비용 효과성은 계산하기 어렵다. 사적인 비용만 보는 것이 아니기 때문이다.

사적 비용'만' 보면 안 된다는 **(C)** 에, 외부적/거시적 요소들도 '또한' 고려해야 한다는 **(B)-1** 이 연결된다.

(C) 사적인 비용만이 문제가 아니다
↓
(B)-1 외부적, 거시 경제적 요소들도 고려해야 한다

지금까지 에너지 효율성의 비용 효과성과 관련하여 사적 요소와 거시적 요소를 모두 고려해야 한다고 하였다. 그 예시로 **(B)-2** 는 'improving ~ energy efficiency'의 거시적 영향을 서술하고, **(A)** 는 추가로(And) 그것(this)의 사적 영향을 서술한다.

(B)-2 에너지 효율성을 높이는 것의 거시적 영향
↓
(A) 그것의 개인적(사적) 영향

3 전체적 흐름 확인

완성된 흐름 [주어진 글→C→B→A]를 확인하자. 주어진 글과 (C)에서 비용 효과성이 중요하지만 계산하긴 복잡하다고 이야기한 뒤, (B), (A)에서 그것이 왜 복잡한지를 예시와 함께 설명하는 흐름이다.

〔 **최다 오답** 체크 〕

③ (C)에서 (B)로 연결되는 흐름(개인적 차원만이 문제가 아니고, 거시적 차원도 고려해야 함)을 이해하지 못했을 가능성이 크다.

▶ **전문 해석** ◀ 전문가들은 에너지 효율을 증진하는 다수의 대책을 찾아냈다. 유감스럽게도 그중 많은 수는 비용 효율적이지 않다. 경제적 관점에서, 이것은 에너지 효율을 위한 투자에 근본적인 필요조건이다. (C) 그러나, 그러한 비용 효율성의 산정은 쉽지 않다. 그것은 단순히 사적 비용을 살펴보고 달성된 절감액에 그것을 비교하는 경우가 아니다. (B) 고려해야 할 상당한 외부적 요소들이 있고, 거시 경제적 효과들도 있다. 예를 들어, 집합적 차원에서, 국가의 에너지 효율 수준을 높이는 것은 에너지 의존도, 기후 변화, 보건, 국가 경쟁력, 연료 빈곤을 감소시키는 것과 같은 거시 경제적 문제에 긍정적인 영향을 미친다. (A) 그리고 이것은 개인적 차원에 직접적인 영향을 미친다. 가정은 전기 비용과 가스 요금을 줄이거나, 그들의 건강과 안락함을 증진할 수 있다. 그리고 회사는 경쟁력과 생산성을 증대시킬 수 있다. 결국, 에너지 효율성에 대한 시장은 일자리와 기업 창출을 통해 경제에 기여할 수 있다.

▶ **구문 분석** ◀ **(C)-1** ... it is not simply a case of **looking at private costs** and **comparing them to the reductions (achieved)**.

밑줄 친 두 동명사구가 and로 병렬연결 되고 있다. 과거분사구 achieved는 the reductions를 수식한다.

DAY 20 기출 훈련 **A** 정답 ②   ① 6.2% ☑ 36.3% ③ 24.8% ④ 15.0% ⑤ 17.8%

[해석·주요어구]

주어진 글 In economics, / there is a principle (known as the *sunk cost fallacy*). **ⓐ** // The idea is / that when you are invested and have ownership in something, / you overvalue that thing.

경제학에서 / ('매몰 비용 오류'라고 알려진) 원리가 있다. // 이 개념은 / 여러분이 어떤 것에 투자하고 소유권을 가지면, / 여러분이 그것을 과대평가한다는 것이다.

(A)-1 Sometimes, / the smartest thing (a person can do) is quit. **ⓑ**

때로는, / (한 사람이 할 수 있는) 가장 현명한 일은 그만두는 것이다.

(A)-2 Although this is true, / it has also become a tired and played-out argument.

이것이 진실이더라도, / 이는 또한 낡고 진부한 주장이 될 수 있다.

(A)-3 Sunk cost doesn't always have to be a bad thing.

매몰 비용이 언제나 나쁜 것이어야 하는 것은 아니다.

(B)-1 This leads people to continue / on paths or pursuits (that should clearly be abandoned). **ⓒ**

이것은 사람들로 하여금 계속하도록 이끈다 / (분명히 포기되어야 하는) 경로나 추구를.

(B)-2 For example, / people often remain in terrible relationships / simply because they've invested a great deal of themselves into them.

예를 들어, / 사람들은 자주 끔찍한 관계에 남아 있다 / 그저 그들이 자신의 많은 부분을 그 관계에 투자했기 때문에.

(B)-3 Or / someone may continue pouring money into a business / that is clearly a bad idea in the market.

또는 / 누군가는 계속 사업에 돈을 쏟아부을지도 모른다 / 시장에서 분명히 나쁜 아이디어인.

(C)-1 Actually, / you can leverage this human tendency to your benefit. **ⓓ**

사실, / 여러분은 이 인간 경향성을 여러분에게 득이 되도록 이용할 수 있다.

(C)-2 Like someone invests a great deal of money in a personal trainer / to ensure they follow through on their commitment, / you, too, can <u>invest a great deal (up front)</u> / to ensure you stay on the path (you want to be on).
= (비용을 미리 지불하여) 매몰 비용을 만드는 것

많은 돈을 개인 트레이너에게 투자하는 사람처럼 / 그들이 자신의 약속을 완수하는 것을 확실히 하기 위해, / 여러분 또한 (선불로) 많은 것을 투자할 수 있다 / (여러분이 있고 싶은) 경로에 여러분이 있는 것을 확실히 하기 위해.

[풀이 과정]

1 주어진 글과 (A), (B), (C)의 대략적 내용 파악

주어진 글	매몰 비용 오류(ⓐ): 투자·소유한 것의 가치를 과대평가함
(A)	가장 현명한 행동은 그만두는 것(ⓑ)인데 ~
(B)	이것(ⓒ)은 사람들로 하여금 버려야 할 것을 계속 추구하게 하는데 ~
(C)	이 인간 경향성(ⓓ)을 유리하게 사용 ~

2 단락 간 연결고리 연결

주어진 글의 ⓐ가 **(B)-1**의 ⓒ로 이어지면서, '매몰 비용 오류'의 의미와 그 결과적 행동이 연이어 설명된다.

주어진 글 매몰 비용 오류: 투자·소유한 것을 과대평가
↓
(B)-1 이로 인해 사람들이 버려야 할 것을 계속 추구함

(B)-2, 3에 '버려야 할 것을 계속 추구하는' 예시 상황들이 서술되고, 그 후 **(A)-1**에서 (해당 상황에서 해야 할) 현명한 행동(ⓑ)이 서술되는 흐름이 자연스럽다.

(B) 사람들이 그만두어야 할 것을 계속 추구함
↓
(A)-1 (이 상황에서) 가장 현명한 행동은 그만두는 것

이어 **(A)-3**에서 매몰 비용의 긍정적 측면으로 포커스가 이동하는데, 이것이 **(C)**로 이어진다.

(A)-3 매몰 비용이 항상 나쁜 것만은 아님
↓
(C) 이 경향성을 유리하게 사용할 수 있음

3 전체적 흐름 확인

완성된 흐름 [주어진 글→B→A→C]를 확인하자. 주어진 글에서 '매몰 비용 오류'의 의미를 설명하고 (B), (A)에서 그 부정적 영향을 설명한 뒤, (A) 후반부 및 (C)에서는 이를 긍정적으로 활용하는 방법을 서술하는 흐름이다.

[최다 오답 체크]

③ (A) 첫 문장이 어느 상황과 연결되어야 하는지 제대로 파악하지 못해서 틀렸을 것이다. (C) 뒤에 (A)가 붙으면, '일부러 매몰 비용을 만들어 PT같은 과업을 지속시키려고 하는 상황'에서 '그만두는 것이 현명하다'는 이상한 흐름이 된다.

▶ **전문 해석** ◀ 경제학에서 '매몰 비용 오류'라고 알려진 원리가 있다. 이 개념은, 여러분이 어떤 것에 투자하고 소유권을 가지면 그것을 과대평가한다는 것이다. (B) 이것은 사람들로 하여금 분명히 포기되어야 하는 경로나 추구를 계속하도록 이끈다. 예를 들어, 사람들은 그저 그들이 자신의 많은 부분을 그 관계에 투자했기 때문에 자주 끔찍한 관계에 남아 있다. 또는, 누군가는 시장에서 분명히 나쁜 아이디어인 사업에 계속 돈을 쏟아부을지도 모른다. (A) 때로는, 한 사람이 할 수 있는 가장 현명한 일은 그만두는 것이다. 이것이 진실이더라도, 이는 또한 낡고 진부한 주장이 될 수 있다. 매몰 비용이 언제나 나쁜 것이어야 하는 것은 아니다. (C) 사실, 여러분은 이 인간 경향성을 여러분에게 득이 되도록 이용할 수 있다. 자신의 약속을 확실히 완수하기 위해 많은 돈을 개인 트레이너에게 투자하는 사람처럼, 여러분 또한 여러분이 있고 싶은 경로에 확실히 있기 위해 선불로 많은 것을 투자할 수 있다.

▶ **구문 분석** ◀ **(C)-2** Like someone ..., you, too, can invest a great deal up front **to ensure you stay on the path (you want to be on)**.
밑줄 친 명사절(ensure의 목적어)을 이끄는 접속사 that이 생략되어 있다. 그리고 괄호 친 관계대명사절에서도 목적격 관계대명사 that/which가 생략되어 있다.

[해석 · 주요어구]

주어진 글 Both ancient farmers and foragers suffered seasonal food shortages. // During these periods / children and adults alike would go to bed hungry some days / and everyone would lose fat and muscle.

고대 농부와 수렵 채집인 모두 계절에 따른 식량 부족을 겪었다. // 이 기간 동안 / 어린이와 어른 모두 어떤 날에는 배가 고픈 채 잠자리에 들었을 것이며 / 모두가 지방과 근육을 잃었을 것이다.

(A)-1 Typically, / in complex ecosystems / when weather (one year) proves unsuitable for one set of plant species, / it (almost inevitably) suits others.

일반적으로, / 복잡한 생태계에서 / (한 해의) 날씨가 한 집단의 식물 종에게 적합하지 않다고 판명될 때, / 그것은 (거의 필연적으로) 다른 식물들에게 적합하다.

(A)-2 But / in farming societies / when harvests fail as a result of, (for example), a sustained drought, / then catastrophe emerges.

그러나 / 농업 사회에서 / (예를 들어) 지속적인 가뭄의 결과로 수확이 실패할 때, / 그러면 참사가 일어난다.

(B)-1 This is firstly because foragers tended to live well / within the natural limits (imposed by their environments), / and secondly because / where farmers typically relied on one or two staple crops, / foragers (in even the harshest environments) relied on dozens of different food sources / and so were usually able to adjust their diets / to align with an ecosystem's own dynamic responses (to changing conditions).

이는 첫째로 수렵 채집인이 잘 사는 경향이 있었기 때문이다 / (자신들의 환경에 의해 부과된) 자연적 한계 내에서, / 그리고 둘째로 농부는 보통 한두 가지 주요 작물에 의존했던 데 반하여 / (심지어 가장 가혹한 환경에 있는) 수렵 채집인조차 수십 가지의 다른 식량 자원에 의존했기 때문이다 / 그리고 그래서 보통 자신들의 식단을 조정할 수 있었기 때문이다 / (변화하는 상황에 대한) 생태계 자체의 역동적인 반응에 맞추기 위해.

(C)-1 But / over longer periods of time / farming societies were far more likely to suffer / severe, existentially threatening famines / than foragers.

그러나 / 더 오랜 기간 동안 / 농경 사회는 시달릴 가능성이 훨씬 더 높았다 / 심각한, 존재적으로 위협적인 기근에 / 수렵 채집인보다.

(C)-2 Foraging may be much less productive / and generate far lower energy yields / than farming / but it is also much less risky.

수렵 채집은 훨씬 덜 생산적일 수도 있고 / 훨씬 더 낮은 에너지 생산량을 발생시킬 수도 있다 / 농업보다 / 하지만 그것은 또한 훨씬 덜 위험하다.

[풀이 과정]

1 / 주어진 글과 (A), (B), (C)의 대략적 내용 파악

주어진 글	고대 농부와 수렵 채집인 모두(ⓐ) 식량 부족을 겪었다
(A)	어떤 해의 날씨가 어떤 식물에 안 맞으면, 다른 식물에는 적합하고(ⓑ) ~
(B)	왜냐하면(ⓒ) 수렵 채집인들이 잘 사는 경향이 ~
(C)	하지만(ⓓ) 농부들이 더 극심한 식량 부족을 겪었는데 ~

2 / 단락 간 연결고리 연결

주어진 글 이후 **(C)-1** 이 'ⓓ But'으로 적절히 대비된다.

주어진 글 고대 농부와 수렵 채집인은 모두 식량 부족을 겪었다
↓
(C)-1 하지만, 농부들이 더 극심하게 겪었다

(C)-2 에서도 수렵 채집 방식의 리스크가 훨씬 적다고 하고, 그 이유가 **(B)-1** 에서 이어 서술된다.

(C)-2 수렵 채집 방식의 리스크가 훨씬 적다
↓
(B)-1 왜냐하면, 수렵 채집인은 자연의 한계 내에서, 더 다양한 식량 자원에 의존했기 때문이다. 그래서 변화하는 생태계에 대한 적응력이 좋았다.

변화하는 생태계에 대한 적응력이 좋았다는 이야기가 **(A)-1** 의 ⓑ에서 반복, 구체화된다.

(B)-1 변화하는 생태계에 대한 적응력이 좋았다
↓
(A)-1 어떤 해의 날씨가 어떤 식물에 안 맞으면, 다른 식물에는 적합하다 (날씨가 변해도, 수렵 채집인이 먹는 다양한 식물 중 적어도 하나는 잘 자람)

3 / 전체적 흐름 확인

완성된 흐름 [주어진 글→C→B→A]를 확인하자. 주어진 글에서 농부와 수렵 채집인이 '모두' 식량 부족을 겪었다고 한 것을 (C)에서 농부에 비해 수렵 채집인이 리스크가 '덜했다'며 차이를 밝힌 뒤, (B), (A)에서 그 이유를 설명하는 흐름이다.

[최다 오답 체크]

②, ③, ④ 공통적으로 '(C)→(B)'의 흐름을 파악하지 못했다. 즉, (B)가 무엇의 이유를 서술하는 것인지 제대로 이해하지 못한 것이다.

▶ 전문 해석 ◀ 고대 농부와 수렵 채집인 모두 계절에 따른 식량 부족을 겪었다. 이 기간 동안, 어린이와 어른 모두 어떤 날에는 배가 고픈 채 잠자리에 들었을 것이며, 모두가 지방과 근육을 잃었을 것이다. (C) 그러나, 더 오랜 기간 동안 농경 사회는 심각한, 존재적으로 위협적인 기근에 시달릴 가능성이 수렵 채집인보다 훨씬 더 높았다. 수렵 채집은 농업보다 훨씬 덜 생산적일 수도, 훨씬 더 낮은 에너지 생산량을 발생시킬 수도 있지만, 그것은 또한 훨씬 덜 위험하다. (B) 이는 첫째로, 수렵 채집인이 자신들의 환경에 의해 부과된 자연적 한계 내에서 잘 사는 경향이 있었기 때문이다, 그리고 둘째로, 농부는 보통 한두 가지 주요 작물에 의존했던 데 반하여, 심지어 가장 가혹한 환경에 있는 수렵 채집인조차 수십 가지의 다른 식량 자원에 의존했기 때문이다. 그리고 그래서, 변화하는 상황에 대한 생태계 자체의 역동적인 반응에 맞추기 위해 보통 자신들의 식단을 조정할 수 있었기 때문이다. (A) 일반적으로, 복잡한 생태계에서 한 해의 날씨가 한 집단의 식물 종에게 적합하지 않다고 판명될 때, 그것은 거의 필연적으로 다른 식물들에게 적합하다. 그러나 농업 사회에서 예를 들어 지속적인 가뭄의 결과로 수확이 실패하면, 참사가 일어난다.

▶ 구문 분석 ◀ **(B)-1** This is firstly because ... and secondly because **where farmers typically relied on one or two staple crops**, foragers in even the harshest environments relied on dozens of different food sources ...

밑줄 친 where절은 대조의 의미를 갖는 부사절로, 여기서 where(=whereas)은 단순 접속사(~하는 반면에)이다. where절의 내용은 뒤따르는 foragers in even ~의 내용과 대비된다.

[해석·주요어구]

주어진 글 Plants show finely tuned adaptive responses / when nutrients are limiting. // Gardeners may recognize yellow leaves / as a sign of poor nutrition and the need for fertilizer.
ⓐ
식물은 정교하게 조정된 적응 반응을 보인다 / 영양분이 제한적일 때. // 정원사는 노란 잎을 인식할 수도 있다 / 영양이 부족하고 비료가 필요하다는 신호로.

(A)-1 In contrast, / plants (with a history of nutrient abundance) / are risk
ⓑ
averse and save energy.
반면, / (영양분이 풍부했던 이력을 가진) 식물은 / 위험을 회피하고 에너지를 절약한다.

(A)-2 At all developmental stages, / plants respond to environmental changes or unevenness / so as to be able to use their energy for growth, survival, and reproduction, / while limiting damage and nonproductive uses of their valuable energy.
모든 발달 단계에서 / 식물은 환경 변화나 불균형에 반응하면서 / 성장, 생존, 번식에 에너지를 사용할 수 있도록 / 동시에 귀중한 에너지의 손상과 비생산적인 사용을 제한한다.

(B)-1 Research in this area has shown / that plants are constantly aware of their
ⓒ
position in the environment, / in terms of both space and time.
이 분야의 연구에서 보여주기로, / 식물은 자신의 환경 속 위치를 지속적으로 인식한다 / 공간과 시간 모두의 측면에서.

(B)-2 Plants (that have experienced variable nutrient availability in the past) / tend to exhibit risk-taking behaviors, / such as spending energy on root lengthening / instead of leaf production.
(과거 다양한 영양 가용성을 경험한) 식물은 / 위험을 감수하는 행동을 보이는 경향이 있다 / 뿌리 길이 연장에 에너지를 소비하는 등 / 잎 생산 대신

(C)-1 But if a plant does not have a caretaker (to provide supplemental
ⓓ
minerals), / it can proliferate or lengthen its roots and develop root hairs / to allow foraging in more distant soil patches.
그러나 식물에 (보충하는 미네랄을 공급해 줄) 관리자가 없다면, / 그것은 뿌리를 증식하거나 길게 늘리고 뿌리털을 발달시킬 수 있다 / 먼 토양에서 구하러 다닐 수 있도록.

(C)-2 Plants can also use their memory / to respond to histories of temporal or
ⓔ
spatial variation / in nutrient or resource availability.
또한 식물은 기억을 사용해서 / 시간적 또는 공간적 변화의 역사에 대응할 수 있다 / 영양 혹은 자원 가용성의.

[풀이 과정]

1/ 주어진 글과 (A), (B), (C)의 대략적 내용 파악

주어진 글 영양분 부족에 관한 식물의 신호
→ 정원사가 있으면 보고 인식(ⓐ)

(A) 반대로(ⓑ), 영양분이 풍부한 환경에서 자랐던 식물은 ~

(B) 식물은 환경 속 자기 위치를 계속 파악(ⓒ) ~

(C) 하지만, 관리자가 없으면(ⓓ) ~

2/ 단락 간 연결고리 연결

주어진 글과 **(C)-1**은 'ⓓ But'에 의해 '관리자 존재 ↔ 부재'로 대비된다.

주어진 글 식물은 환경에 반응하여 신호(노란 잎)를 내보내서, 정원사가 있으면 보고 파악 가능

(C)-1 하지만, 관리자가 없으면 식물은 알아서 생장 방식 조절

(C)-2는 식물이 환경 변화에 대처하고자 '기억도 활용한다(ⓔ)'고 언급하고, **(B)-1**은 이것이 연구로도 뒷받침된다고 한다.

(C)-2 또한, 기억을 사용해서 영양분/자원 가용성 변화에 대처

↓

(B)-1 연구에 따르면, 식물은 환경 속 자기 위치를 계속해서 파악함

(B)-2와 **(A)-1**은 'ⓑ In contrast'에 의해 '영양분 부족 ↔ 풍부'의 경우로 대비된다.

(B)-2 과거 다양한 영양분 상황을 경험한 식물들은 위험을 더 감수

↓

(A)-1 반대로, 영양분이 풍부한 환경에서 자란 식물들은 위험을 회피

3/ 전체적 흐름 확인

완성된 흐름 [주어진 글→C→B→A]를 확인하자. 주어진 글에서 식물은 환경 상황을 인지할 수 있다고 하고, (C)는 이 과정에서 식물이 '기억'도 사용한다는 내용으로 논의를 확장한다. (B), (A)는 기억 이용의 예시이다.

[최다 오답 체크]

②, ③, ④ 오답이 고르게 분포한 것으로 보아, 이 문제를 틀린 학생들은 지문 내용을 전반적으로 이해하지 못했을 가능성이 크다.

▶ 전문 해석 ◀ 식물은 영양분이 제한적일 때 정교하게 조정된 적응 반응을 보인다. 정원사는 (식물의) 노란 잎을 영양이 부족하고 비료가 필요하다는 신호로 인식할 수 있다. (C) 그러나 식물에 보충하는 미네랄을 공급해 줄 관리자가 없다면, 먼 토양에서 (미네랄을) 구하러 다닐 수 있도록 뿌리를 증식하거나 길게 늘리고 뿌리털을 발달시킬 수 있다. 또한 식물은 기억을 사용해서 영양 혹은 자원 가용성의 시간적 또는 공간적 변화의 역사에 대응할 수 있다. (B) 이 분야의 연구에서 보여주기로, 식물은 공간과 시간 모두의 측면에서 자신의 환경 속 위치를 지속적으로 인식한다. 과거 다양한 영양 가용성을 경험한 식물은 잎 생산 대신 뿌리 길이 연장에 에너지를 소비하는 등, 위험을 감수하는 행동을 보이는 경향이 있다. (A) 반면, 영양분이 풍부했던 이력을 가진 식물은 위험을 회피하며 에너지를 절약한다. 모든 발달 단계에서 식물은 성장, 생존, 번식에 에너지를 사용할 수 있도록 환경 변화나 불균형에 반응하면서, 동시에 귀중한 에너지의 손상과 비생산적인 사용을 제한한다.

▶ 구문 분석 ◀ **(A)-2** ... while **limiting** damage and nonproductive uses of their valuable energy.
'접속사+현재분사' 형태의 분사구문으로, '~하는 동시에'라는 의미이다.

DAY **21** 기출 훈련 **A** 정답 ②   ① 6.5% ✓ 42.4% ③ 10.9% ④ 22.9% ⑤ 14.5%

[해석 · 주요어구]

주어진 글 ⓐ Notation was more than a practical method / for preserving an expanding repertoire of music.

악보 표기법은 실용적인 방법 이상이었다 / 음악의 확장되는 레퍼토리를 보존하기 위한.

(A)-1 Written notes freeze the music / rather than allowing it to develop (in the hands of individuals), / and it discourages improvisation. ⓑ

악보로 쓰인 음표들은 음악을 굳힌다 / 음악이 (개인들의 손에서) 발전하도록 허용하기보다는, / 그리고 즉흥 연주를 억제한다.

(A)-2 Partly because of notation, / modern classical performance lacks the depth of nuance / that is part of aural tradition.

악보 표기가 부분적인 이유가 되어, / 현대의 클래식 공연은 뉘앙스의 깊이가 결여된다 / 청각적 전통의 일부인.

(A)-3 Before notation arrived, / in all history / music was largely carried on as an aural tradition.

악보 표기법이 등장하기 전에, / 역사 내내 / 음악은 대체로 청각적 전통으로 전승되었다.

(B)-1, 2 It changed the nature of the art itself. // To write something down means / that people (far away in space and time) can re-create it. ⓒ

그것은 그 예술 자체의 본성을 바꾸었다. // 뭔가를 적는다는 것은 의미한다 / (공간과 시간에서 멀리 떨어져 있는) 사람들이 그것을 재창조할 수 있다는 것을.

(B)-3 At the same time, there are downsides.

동시에, 단점이 있다.

(C)-1 ⓓ Most world music is still basically aural, / including sophisticated musical traditions such as Indian and Balinese.

대부분의 세계 음악은 여전히 기본적으로 청각적이다 / 인도와 발리 음악과 같이 정교한 음악적 전통을 포함하여.

(C)-2 Most jazz musicians can read music / but often don't bother, / and their art is much involved with improvisation.

재즈 음악가 대부분은 악보를 읽을 수 있지만 / 보통은 굳이 읽지 않는다 / 그리고 그들의 예술은 즉흥 연주와 많은 연관을 맺고 있다.

(C)-3 Many modern pop musicians, / one example being Paul McCartney, / can't read music at all.

많은 현대 대중 음악가들은, / 폴 매카트니가 한 예인데, / 악보를 전혀 읽지 못한다.

[풀이 과정]

1 주어진 글과 (A), (B), (C)의 대략적 내용 파악

주어진 글	악보 표기법(ⓐ) = 실용+α
(A)	악보(음표) 쓰기는 즉흥 연주를 못 하게 하고, 뉘앙스의 깊이가 결여되고(ⓑ) ~
(B)	그것은 예술의 본성 자체를 바꾸고, 재창조도 할 수 있지만(ⓒ) ~
(C)	대부분의 음악이 아직 청각적인데(ⓓ) ~

2 단락 간 연결고리 연결

'악보 표기법의 기능(장점)'과 관련하여, **주어진 글** 과 **(B)-1, 2** 가 이어진다.

주어진 글 악보 표기법은 실용+α
↓
(B)-1, 2 그것은 예술의 본성 자체를 바꾸고, 언제 어디서든 음악을 재창조할 수 있게 한다

이번에는 '단점'으로 **(B)-3** 와 **(A)-1, 2** 가 이어진다.

(B)-3 (악보 표기법에는) 단점도 있다
↓
(A)-1, 2 즉흥 연주를 못 하고, 깊이도 결여된다

(A)-3 에서 (악보 표기법과 대비되는) '청각적' 전승으로 포커스가 이동하고, 그것이 **(C)** 에서 부연 설명된다.

(A)-3 악보 표기법 이전에는, 음악이 대체로 (뉘앙스의 깊이가 있는) 청각적 전통으로 전승되었다
↓
(C) 지금도 대부분의 음악이 청각적이다. 예를 들어, 재즈의 즉흥 연주와, 폴 매카트니 등이 그렇다.

3 전체적 흐름 확인

완성된 흐름 [주어진 글→B→A→C]를 확인하자. 주어진 글과 (B)에서 악보 표기법의 장점을 이야기하다가, (A)에서 그 단점을 이야기하고, 이를 청각적 전승 방식과 비교하며 (C)로 넘어가는 흐름이다.

[**최다 오답** 체크]

④ 완전히 반대의 흐름으로 이해한 것으로 보아, 'notation' 'written notes' 와 같은 주제 단어들의 의미를 아예 몰랐을 가능성이 크다.

▶ **전문 해석** ◀ 악보 표기법은 음악의 확장되는 레퍼토리를 보존하기 위한 실용적인 방법 이상이었다. (B) 그것은 그 예술 자체의 본성을 바꾸었다. 뭔가를 적는다는 것은, 공간과 시간에서 멀리 떨어져 있는 사람들이 그것을 재창조할 수 있다는 것을 의미한다. 동시에, 단점이 있다. (A) 악보로 쓰인 음표들은, 음악이 개인들의 손에서 발전하도록 허용하기보다는 음악을 굳히고, 즉흥 연주를 억제한다. 악보 표기가 부분적인 이유가 되어, 현대의 클래식 공연은 청각적 전통의 일부인 뉘앙스의 깊이가 결여된다. 악보 표기법이 등장하기 전에, 역사 내내 음악은 대체로 청각적 전통으로 전승되었다. (C) 인도와 발리 음악과 같이 정교한 음악적 전통을 포함하여, 대부분의 세계 음악은 여전히 기본적으로 청각적이다. 재즈 음악가 대부분은 악보를 읽을 수 있지만 보통은 굳이 읽지 않으며, 그들의 예술은 즉흥 연주와 많은 연관을 맺고 있다. 많은 현대 대중 음악가들은, 폴 매카트니가 한 예인데, 악보를 전혀 읽지 못한다.

▶ **구문 분석** ◀ **(C)-3** Many modern pop musicians, **one example being Paul McCartney**, can't read music at all.
밑줄 친 부분은 분사구문으로, 주어(one example)가 생략되지 않고 남아있는 형태이다.

[해석 · 주요어구]

주어진 글 ⓐ The fruit ripening process brings about / the softening of cell walls, sweetening and the production of chemicals / that give colour and flavour. // The process is induced / by the production of a plant hormone (called ethylene).
과일이 익는 과정은 유발한다 / 세포벽의 연화, 달게 함, 그리고 화학 물질의 생산을 / 색과 맛을 주는. // 그 과정은 유도된다 / (에틸렌이라고 불리는) 식물 호르몬의 생산에 의해.

(A)-1 ⓑ If ripening could be slowed down / by interfering with ethylene production or with the processes (that respond to ethylene), / fruit could be left on the plant until it was ripe and full of flavour / but would still be in good condition when it arrived at the supermarket shelf.
익는 것을 늦출 수 있다면 / 에틸렌 생산을 혹은 (에틸렌에 반응하는) 과정을 방해함으로써, / 과일은 익어서 맛이 가득 찰 때까지 식물에 붙어 있을 수 있다 / 그래도 슈퍼마켓 선반에 도착했을 때 여전히 좋은 상태를 유지할 것이다.

(B)-1 ⓒ In some countries / they are then sprayed with ethylene / before sale to the consumer / to induce ripening.
일부 국가에서는 / 그 후 그것들에 에틸렌을 살포한다 / 소비자에게 판매하기 전에 / 익는 것을 유도하기 위해.

(B)-2 However, / fruit (picked before it is ripe) / has less flavour than fruit (picked ripe from the plant).
그러나, / (익기 전에 수확된) 과일은 / (식물에서 익은 상태로 수확된) 과일보다 맛이 덜하다.

(B)-3 Biotechnologists therefore saw an opportunity / in delaying the ripening and softening process in fruit.
따라서 생명공학자들은 기회를 엿보았다 / 과일이 익고 연해지는 그 과정을 늦출.

(C)-1 The problem for growers and retailers is / that ripening is followed (sometimes quite rapidly) by deterioration and decay / and the product becomes worthless. ⓓ
재배자와 소매업자에게 문제는 / 익은 뒤에 (때로는 아주 빠르게) 품질 저하와 부패가 뒤따른다는 것이다 / 그리고 제품이 가치 없게 된다는 것이다.

(C)-2 Tomatoes and other fruits are, therefore, / usually picked and transported / when they are unripe.
그러므로, 토마토와 다른 과일은 / 보통 수확되어 운송된다 / 익지 않았을 때.

[풀이 과정]

1 / 주어진 글과 (A), (B), (C)의 대략적 내용 파악

주어진 글	과일이 익는 과정(ⓐ)의 결과와 원인
(A)	에틸렌을 방해해서 익는 것을 늦추면, 과일이 식물에 남아있을 수 있는데(ⓑ) ~
(B)	그 후, 팔리기 전 에틸렌을 뿌리는데(ⓒ) ~
(C)	문제는, 익은 후에 과일이 썩는데(ⓓ) ~

2 / 단락 간 연결고리 연결

'과일이 익어서 생기는 결과'로서, **주어진 글** 의 긍정적 결과와 **(C)-1** 의 부정적 결과가 이어진다.

> **주어진 글** 과일이 익어서 맛과 색이 듦
> ↓
> **(C)-1** 문제는, 익은 후에 과일이 빨리 썩음

(C)-2 에서 문제에 대한 해결책을 제시하기 시작하는데, 이것이 **(B)-1** 로 이어진다.

> **(C)-2** (과일이 익은 후 썩는 것을 방지하기 위해) 익기 전에 미리 따서 운송함
> ↓
> **(B)-1** 그 후, 팔기 직전에 에틸렌을 뿌려 익게 함

(B)-2, 3 는 위 방법의 단점을 짚으면서 다른 해결책의 필요성을 제시하고, **(A)** 에 최종적 해결책이 등장한다.

> **(B)-2, 3** 과일이 익기 전에 따서 나중에 익히면 맛이 없음 → 익는 걸 늦출 (다른) 방법 모색
> ↓
> **(A)** 에틸렌 반응을 방해하여 익는 것을 늦추면, 익기 전에 따지 않아도 맛도 좋고 썩지도 않음

3 / 전체적 흐름 확인

완성된 흐름 [주어진 글→C→B→A]를 확인하자. 주어진 글과 (C) 첫 문장에서 과일이 익어서 생기는 결과들을 서술한 뒤, 그 중 부정적인 결과를 해결하기 위한 방법을 (C), (B)에서 서술하고, 그 해결책의 단점까지 해결하는 '궁극적인' 해결책을 (A)에서 서술하는 흐름이다.

[**최다 오답** 체크]

②, ③ 단어 'ethylene'이 주어진 글과 (B)에 있어서 '기계적으로' 둘을 연결했을 것이다. 하지만 [주어진 글→B]의 흐름은 '내용적으로' 이상하다. 특히, (B) 두 번째 문장에서 '익기 전에 수확된 과일'이 뜬금없는 내용이 된다.

▶ **전문 해석** ◀ 과일이 익는 과정은, 세포벽의 연화, 달게 함, 그리고 색과 맛을 주는 화학 물질의 생산을 유발한다. 그 과정은 에틸렌이라고 불리는 식물 호르몬의 생산에 의해 유도된다. (C) 재배자와 소매업자에게 문제는, 익은 뒤에 때로는 아주 빠르게 품질 저하와 부패가 뒤따라 제품이 가치 없게 된다는 것이다. 그러므로, 토마토와 다른 과일은 보통 익지 않았을 때 수확되어 운송된다. (B) 일부 국가에서는, 그 후 소비자에게 판매하기 전에 익는 것을 유도하기 위해 그것들에 에틸렌을 살포한다. 그러나, 익기 전에 수확된 과일은, 식물에서 익은 상태로 수확된 과일보다 맛이 덜하다. 따라서 생명공학자들은 과일이 익고 연해지는 과정을 늦출 기회를 엿보았다. (A) 에틸렌 생산 혹은 에틸렌에 반응하는 과정을 방해함으로써 익는 것을 늦출 수 있다면, 과일은 익어서 맛이 가득 찰 때까지 식물에 붙어 있을 수 있다. 그래도 슈퍼마켓 선반에 도착했을 때 여전히 좋은 상태를 유지할 것이다.

▶ **구문 분석** ◀ **(A)-1** If ripening could be slowed down by interfering **with ethylene production** or **with the processes (that respond to ethylene)**, ...
밑줄 친 두 전치사구가 or로 연결된 병렬 구조이다. 두 번째 전치사구에서 관계대명사절 ( )는 processes를 수식한다.

[해석 · 주요어구]

주어진 글 Traditionally, Kuhn claims, / the primary goal of historians of science was / 'to clarify and deepen an understanding of *contemporary* scientific methods or concepts / by displaying their evolution'.

전통적으로, Kuhn이 주장하기를, / 과학 역사학자들의 주요 목표는 / '당대의 과학적 방법이나 개념에 대한 이해를 분명히 하고, 깊게 하는 것'이다 / '그 발전 과정을 보여 줌으로써.'

(A)-1 Some discoveries seem to entail numerous phases and discoverers, / none of which can be identified as definitive.—ⓑ

몇몇 발견은 무수한 단계와 발견자들을 수반하는 것처럼 보이는데, / 그 중 아무것도 확정적인 것으로 확인될 수 없다.

(A)-2 Furthermore, / the evaluation of past discoveries and discoverers according to present-day standards / does not allow us to see / how significant they may have been in their own day.

게다가, / 현재의 기준에 따라 과거의 발견과 발견자들을 평가하는 것은 / 우리로 하여금 알 수 없게 한다 / 그것이 당시에 얼마나 중요했을지.

(B)-1, 2 This entailed / relating the progressive accumulation of breakthroughs and discoveries. // Only that (which survived in some form in the present) was considered relevant.—ⓒ

이것은 수반했다 / 획기적인 발전과 발견의 진보적 축적과 관련되는 것을. // (어떤 형태로든 현재에 살아남은) 것만이 유의미한 것으로 여겨졌다.

(B)-3 In the mid-1950s, however, / a number of faults in this view of history / became apparent. 하지만 1950년대 중반에, / 역사에 대한 이러한 관점에서 많은 결함이 / 분명해졌다.

(B)-4 Closer analysis of scientific discoveries, for instance, / led historians to ask / whether the dates of discoveries and their discoverers can be identified precisely.

예를 들어, 과학적 발견에 대한 더 면밀한 분석은 / 역사가들로 하여금 묻게 했다 / 발견 날짜와 발견자들이 정확하게 확인될 수 있는지.

(C)-1 Nor does the traditional view recognise the role / that non-intellectual factors, especially institutional and socio-economic ones, play in scientific developments.
'Nor ~'앞에는 다른 부정문이 있어야 한다.

또한 전통적인 관점은 역할을 인식하지 못한다 / 비(非)지성적인 요인들, 특히 제도적이고 사회경제적인 요인이 과학 발전에서 맡고 있는.

(C)-2 Most importantly, however, / the traditional historian of science seems blind to the fact / that the concepts, questions and standards (that they use to frame the past) are themselves subject to historical change.

하지만 가장 중요한 것은, / 전통적인 과학 사학자가 그 사실을 모르는 것처럼 보인다는 것이다 / (과거를 틀에 맞추려 사용하는) 개념, 질문, 기준들이 그 자체로 역사적 변화의 영향을 받는다는.

[풀이 과정]

1 주어진 글과 (A), (B), (C)의 대략적 내용 파악

주어진 글	과학의 역사를 연구하는 목적은 '당대의' 과학을 더 잘 이해하기 위함이었다(ⓐ)
(A)	발견들이~ 아무것도 확정적이지 않고(ⓑ)~
(B)	이것은 진보적 축적~ 현재 살아남은 것만 의미가 있는데(ⓒ) ~
(C)	또한 전통적 관점은 ~도 인식 못해(ⓓ) ~

2 단락 간 연결고리 연결

과학 역사를 연구하는 주목적이 '당대(현대)' 과학이라는 내용으로 **주어진 글** 과 **(B)-1, 2** 가 이어진다.

주어진 글 과학 역사를 연구하는 목적은 '당대의' 과학을 더 잘 이해하기 위함이었다
↓
(B)-1, 2 이것은 진보적 축적과 관련되는데, 즉 현재 살아남은 과학만이 의미가 있다는 것이다

(B)-3 에서 위 관점의 문제를 지적하기 시작하고, **(B)-4** 의 '정확성'에 대한 논란이 **(A)-1** 으로 이어진다.

(B)-4 발견의 날짜나 발견자를 정확히 파악할 수 있는가
↓
(A)-1 발견 단계나 발견자가 확정적으로 확인될 수 없다

이어서 **(A)-2** 는 '과거를 현재 기준으로 평가하면 ~를 알 수 없다'고 하고, 이것이 **(C)-1** 의 'Nor ~'로 이어진다.

(A)-2 과거의 발견들을 현재 기준으로 평가하면 과거에 어땠는지를 제대로 알 수 없다
↓
(C)-1 또한, 전통적 관점은 사회적 요인들이 과학 발전에 미친 영향(역할)을 제대로 고려하지 않는다

3 전체적 흐름 확인

완성된 흐름 [주어진 글→B→A→C]를 확인하자. 주어진 글과 (B) 전반부에서 '과학사 연구의 목적'을 서술한 뒤, 왜 그것이 문제인지를 (B), (A), (C)의 흐름으로 여러 이유를 들어 서술하는 흐름이다.

[**최다 오답** 체크]

③, ④, ⑤ 오답이 고르게 분포한 것으로 보아, 이 문제를 틀린 학생들은 지문을 전반적으로 이해하지 못한 듯하다.

▶ **전문 해석** ◀ 전통적으로, Kuhn이 주장하기를, 과학 역사학자들의 주요 목표는 '당대의 과학적 방법이나 개념의 발전 과정을 보여 줌으로써 그에 대한 이해를 분명히 하고, 깊게 하는 것'이다. (B) 이것은, 획기적인 발전과 발견의 진보적 축적과 관련되는 것을 수반했다. 어떤 형태로든 현재에 살아남은 것만이 유의미한 것으로 여겨졌다. 하지만 1950년대 중반에, 역사에 대한 이러한 관점에서 많은 결함이 분명해졌다. 예를 들어, 과학적 발견에 대한 더 면밀한 분석은, 역사가들로 하여금 발견 날짜와 발견자들이 정확하게 확인될 수 있는지 묻게 했다. (A) 몇몇 발견은 무수한 단계와 발견자들을 수반하는 것처럼 보이는데, 그 중 아무것도 확정적인 것으로 확인될 수 없다. 게다가, 현재의 기준에 따라 과거의 발견과 발견자들을 평가하는 것은, 우리로 하여금 그것이 당시에 얼마나 중요했을지를 알 수 없게 한다. (C) 또한 전통적인 관점은, 비(非)지성적인 요인들, 특히 제도적이고 사회경제적인 요인이 과학 발전에서 맡고 있는 역할을 인식하지 못한다. 하지만 가장 중요한 것은, 전통적인 과학 사학자가, 과거를 틀에 맞추려 사용하는 개념, 질문, 기준들이 그 자체로 역사적 변화의 영향을 받는다는 사실을 모르는 것처럼 보인다는 것이다.

▶ **구문 분석** ◀ **(C)-1** Nor does the traditional view recognise the role ...
부정어 Nor이 문두에 오면서 'do동사-주어'의 어순이 되었다. 밑줄 친 부분이 주어이다.

DAY **22** 기출 훈련 **A** 정답 ①　　✔11.5% ② 35.0% ③ 16.3% ④ 16.4% ⑤ 20.7%

[해석·주요어구]

주어진 글 Wildfire is a natural phenomenon in many Australian environments. // The intentional setting of fire (to manage the landscape) / was practised by Aboriginal people for millennia. **ⓐ**

산불은 호주의 많은 환경에서 자연스러운 현상이다. // (경관을 관리하기 위한) 의도적 불 지르기는 / 수천 년 동안 호주 원주민들에 의해 행해졌다.

(A)-1, 2 **ⓑ** However, / the pattern of burning (that stockmen introduced) / was unlike previous regimes. // When conditions allowed, / they would set fire to the landscape / as they moved their animals out for the winter.

하지만 / (목축업자들이 도입한) 불 지르기 방식은 / 이전 양식과는 달랐다. // 여건이 허락되면, / 그들은 경관에 불을 지르곤 했다 / 그들이 겨울에 자기 가축을 외부로 이동시켜 두었을 때.

(A)-3 This functioned to clear woody vegetation / and also stimulated new plant growth in the following spring. **ⓒ**

이는 숲이 우거진 초목을 없애는 역할을 했고, / 또한 이듬해 봄에 새로운 식물의 성장을 촉진했다.

(B)-1 Although grasses were the first kinds of plants (to recolonize the burnt areas) / they were soon succeeded by further woody plants and shrubs.

(불에 탄 지역에 다시 대량 서식한) 첫 번째 식물류는 풀이었지만, / 목본성 식물과 관목이 곧 그것들의 뒤를 이었다. **ⓓ**

(B)-2 About the only strategy (to prevent such regrowth) / was further burning / — essentially using fire to control the consequences of using fire.

(그러한 재성장을 막기 위한) 거의 유일한 전략은 / 불을 더 지르는 것이었다 / 본질적으로는 불을 이용해 불을 사용한 결과를 다스리는 것.

(C)-1 The young shoots were a ready food source for their animals / when they returned. **ⓔ**

어린 새싹은 그들의 동물들에게 있어 준비된 식량원이었다 / 그들이 돌아왔을 때.

(C)-2 However, / the practice also tended to reinforce the scrubby growth (it was intended to control). **ⓕ**

하지만, / 그 관행은 또한 (그것이 통제하고자 했던) 우거진 관목의 성장을 강화하는 경향도 있었다.

[풀이 과정]

1 / 주어진 글과 (A), (B), (C)의 대략적 내용 파악

주어진 글	산불 지르기는 호주 원주민들의 관행이었다(**ⓐ**)
(A)	하지만(**ⓑ**), 목축업자들의 불 지르기는 ~
(B)	풀이 다시 대량 서식하긴 했어도 ~
(C)	어린 싹(**ⓔ**)은 그들의 동물을 위한 먹이 ~

2 / 단락 간 연결고리 연결

주어진 글 의 원주민과 **(A)-1** 의 목축업자가 '**ⓑ** However' 로 대비된다.

주어진 글 호주 원주민들이 일부러 산불을 내는 것은 오랜 관행이었다

↓

(A)-1 하지만(**ⓑ**), 목축업자들의 방식은 이들과 달랐다

(C) 는 **(A)** 에서 목축업자들이 불을 지르고 난 뒤의 결과를 설명한다.

(A)-2~3 목축업자들은 (불을 지를 곳에서 키우던) 동물들을 외부로 빼놓고 불을 질러 그 자리에 초목이 새로 자라게 했다(**ⓒ**)

↓

(C)-1 (그 결과) 어린 싹이 새로 나면 동물이 다시 왔을 때 먹을 식량이 되었다(**ⓔ**)

(C)-2 에서 관목이 또 자랄 수 있다고 말한 후, **(B)-1** 에서 같은 설명을 반복한다.

(C)-2 산불로 관목 성장이 오히려 강화되기도 한다(**ⓕ**)

↓

(B)-1 처음에는 풀이 나지만, 곧 (불을 지르기 전에 있었던) 목본성 식물과 관목이 다시 자란다(**ⓓ**)

3 / 전체적 흐름 확인

완성된 흐름 [주어진 글→A→C→B]를 확인하자. 산불이 소재로 제시된 후, (A)에서 특히 '목축업자들의 방식'을 언급한다. (C)는 불을 지른 뒤의 상황을 말하고, (B)는 불 지르기가 '더' 필요해지는 상황을 말하며 관행의 반복을 암시한다.

[최다 오답 체크]

② 글을 전체적으로 이해하지 못한 채 주어진 글의 The intentional setting of fire와 (B)의 the burnt areas만 연결 지었을 가능성이 크다. 순서는 ①이 답일 리 없다는 편견을 버리자.

▶ 전문 해석 ◀ 산불은 호주의 많은 환경에서 자연스러운 현상이다. 경관을 관리하기 위해 의도적으로 불을 지르는 일은 수천 년 동안 호주 원주민들에 의해 행해졌다. (A) 하지만 목축업자들이 도입한 불 지르기 방식은 이전 양식과는 달랐다. 여건이 허락되면, 그들은 겨울에 자신들의 가축을 외부로 이동시켜 두면서 경관에 불을 지르곤 했다. 이는 숲이 우거진 초목을 없애는 역할을 했고, 또한 이듬해 봄에 새로운 식물의 성장을 촉진했다. (C) 어린 새싹은 그들의 동물들이 돌아왔을 때 (먹도록) 준비된 식량원이었다. 하지만, 그 관행은 또한 (불로) 통제하고자 했던 우거진 관목의 성장을 강화하는 경향도 있었다. (B) 불에 탄 지역에 다시 대량 서식한 첫 번째 식물류는 풀이었지만, 목본성 식물과 관목이 곧 그것들의 뒤를 이었다. 그러한 재성장을 막는 거의 유일한 전략은 불을 더 지르는 것이었는데, 이는 본질적으로는 불을 이용해 불을 사용한 결과를 다스리는 것이었다.

▶ 구문 분석 ◀ **(C)-2** ... the practice also tended to reinforce the scrubby growth [(that) it was intended to control].

[ ]는 the scrubby growth를 꾸미는 관계절로, 목적격 관계대명사가 생략되어 있다.

[해석·주요어구]   **[풀이 과정]**

주어진 글 In a process (called *seeding*), / you need to have a time frame / in mind. // Start telling your family / how you feel about your current job. // Tell them / how you get frustrated and bored with this job.—ⓐ

('씨뿌리기'라고 불리는) 과정에서, / 당신은 시간의 틀을 가질 필요가 있다 / 마음속에. // 가족들에게 말하기 시작하라 / 당신이 현재 직업에 대해 어떻게 느끼는지. // 그들에게 말하라 / 당신이 이 일에 대해 얼마나 좌절감을 느끼고 지루해하는지.

(A)-1 ⓑ These stories will make them realise / that you are meant to follow your passion.

이 이야기들은 그들로 하여금 깨닫게 할 것이다 / 당신이 열정을 따르게 되어 있다는 것을.

(A)-2 At times / they need to be surprised with your small achievements, / which could be some additional skills (you acquired), or some awards (you won in your field of passion).

때때로 / 그들은 당신의 작은 성과에 놀랄 필요가 있는데, / 그것은 (당신이 습득한) 몇 가지 추가 기술일 수도, (당신이 당신의 열정 분야에서 받은) 몇 개의 상일 수도 있다.

(B)-1 Discuss this / almost twice a week.—ⓒ

이것에 대해 논의하라 / 일주일에 거의 두 번씩.

(B)-2 Then / start doing work (related to your passion) on the side / and let them see and experience / how happy you are while doing this.

그 후 / (열정과 관련된) 일을 추가로 하기 시작하라 / 그리고 그들이 보고 경험하게 하라 / 이 일을 하는 동안에 당신이 얼마나 행복한지.

(B)-3, 4 Find a way / to get your family and friends involved in your passion. // The more they see / you doing your passion, / the more they connect with you emotionally.

방법을 찾아라 / 당신의 가족과 친구들이 당신의 열정에 관여하게 할. // 그들이 더 많이 볼수록 / 당신이 열정을 쏟는 것을, / 그들은 당신과 감정적으로 더 많이 연결된다.

(C)-1 Tell them stories / of how you are inspired by the passion / and how it makes a difference (not only to you but also to others).—ⓓ

그들에게 이야기하라 / 당신이 그 열정에 어떻게 영감을 받는지에 대해 / 그리고 그것이 (당신뿐만 아니라 다른 사람들에게도) 어떻게 변화를 주는지에 대해.

(C)-2 Give examples / of how someone (living a similar passion) started his or her life / and today how he or she is living happily.

예를 들어 주어라 / (비슷한 열정을 갖고 사는) 사람이 어떻게 그 사람의 삶을 시작했는지에 대해 / 그리고 오늘날 그 사람이 어떻게 행복하게 살고 있는지에 대해.

---

1 주어진 글과 (A), (B), (C)의 대략적 내용 파악

주어진 글 가족들에게 일이 재미없다고 말하라(ⓐ)

(A) 이 이야기들(ⓑ)은~ 당신의 열정을~

(B) 이걸 자주 말하고(ⓒ), 열정을 보여줘라

(C) 당신의 열정에 대해 이야기(ⓓ)하라

2 단락 간 연결고리 연결

'재미없다고 말하라'는 **주어진 글** 과 **(B)-1** 가 연결된다.

주어진 글 가족들에게 일이 재미없다고 말하라
↓
(B)-1 이걸 일주일에 거의 두 번씩 말해라

(B)-2, 3, 4 는 '그 후, 다른 분야에 열정적으로 임하는 모습을 보이라'고 하고, **(C)-1** 에서는 그 효과에 대해 이야기하라고 한다.

(B)-2, 3, 4 그 후, 당신의 열정을 보여라
↓
(C)-1 열정의 효과에 대해 이야기하라

(C) 의 '열정에 대한 이야기'가 **(A)-1** 의 ⓑ로 연결되면서, 이 모든 행동과 이야기들의 결과가(목적이) 드러난다.

(C) 열정에 대해 이야기하라
↓
(A)-1 이 이야기들은 가족들로 하여금 당신이 열정을 따르게 되어 있다는 것을 깨닫게 할 것이다

3 전체적 흐름 확인

완성된 흐름 [주어진 글→B→C→A]를 확인하자. 주어진 글과 (B), (C)에서 가족들에게 본인의 열정을 설득하는 'seeding' 과정에 대해 서술하고, (A)에서 그 결과를 서술하는 흐름이다.

[최다 오답 체크]

④ (C)→(A)의 흐름은 맞췄지만, (B)의 위치를 제대로 찾지 못했다. (B)의 '열정과 관련된 일을 시작하라'는 이야기가 가장 먼저 나와야 비로소 (C), (A)의 관련 이야기들이 파생될 수 있다. (열정 관련 이야기들: 열정의 효과, 그 분야의 작은 성과들)

▶ **전문 해석** ◀ '씨뿌리기'라고 불리는 과정에서, 당신은 마음속에 시간의 틀을 가질 필요가 있다. 가족들에게 당신이 현재 직업에 대해 어떻게 느끼는지 말하기 시작하라. 그들에게 당신이 이 일에 대해 얼마나 좌절감을 느끼고 지루해하는지 말하라. (B) 일주일에 거의 두 번씩 이것에 대해 논의하라. 그 후, 열정과 관련된 일을 추가로 하기 시작하고, 이 일을 하는 동안에 당신이 얼마나 행복한지 그들이 보고 경험하게 하라. 당신의 가족과 친구들이 당신의 열정에 관여하게 할 방법을 찾아라. 당신이 열정을 쏟는 것을 그들이 더 많이 볼수록, 그들은 당신과 감정적으로 더 많이 연결된다. (C) 당신이 그 열정에 어떻게 영감을 받는지, 그리고 그것이 당신뿐만 아니라 다른 사람들에게도 어떻게 변화를 주는지에 대해 그들에게 이야기하라. 비슷한 열정을 갖고 사는 사람이 어떻게 그 사람의 삶을 시작했는지, 그리고 오늘날 그 사람이 어떻게 행복하게 살고 있는지에 대해 예를 들어 주어라. (A) 이 이야기들은 그들로 하여금 당신이 열정을 따르게 되어 있다는 것을 깨닫게 할 것이다. 때때로 그들은 당신의 작은 성과에 놀랄 필요가 있는데, 그것은 당신이 습득한 몇 가지 추가 기술일 수도, 당신이 당신의 열정 분야에서 받은 몇 개의 상일 수도 있다.

▶ **구문 분석** ◀ **(B)-4** **The more** they **see you doing** your passion, **the more** they connect with you emotionally.

'The 비교급, the 비교급' 구문으로, 첫 번째 절에 5형식 동사 see가 쓰였다. (see+목적어+목적보어)

〔 해석·주요어구 〕

주어진 글 The most commonly known form of results-based pricing / is a practice (called *contingency pricing*), (used by lawyers). ⓐ

결과 기반 가격 책정 방식 중 가장 흔히 알려진 형태는 / (변호사가 사용하는) (contingency pricing이라고 불리는) 관행이다.

(A)-1 Therefore, / only an outcome (in the client's favor) / is compensated. ⓑ

따라서, / (고객에게 유리한) 결과만 / 보수가 지불된다.

(A)-2 From the client's point of view, / the pricing makes sense / in part because / most clients in these cases are unfamiliar with and possibly intimidated by law firms.

고객의 관점에서 보면, / 이러한 가격 책정 방식은 타당한데 / 그 부분적인 이유는 / 이러한 소송의 고객 대부분이 로펌에 익숙하지 않고, 아마도 로펌에 겁을 먹을 수 있기 때문이다.

(A)-3 Their biggest fears / are high fees for a case (that may take years to settle).

그들의 가장 큰 두려움은 / (마무리하는 데 몇 년이 걸릴 수 있는) 소송에 대한 높은 비용이다.

(B)-1 By using contingency pricing, / clients are ensured / that they pay no fees / until they receive a settlement. ⓒ

contingency pricing을 사용함으로써 / 고객은 보장받는다 / 비용을 지불하지 않도록 / 합의금을 받을 때까지.

(B)-2 In these and other instances of contingency pricing, / the economic value of the service / is hard to determine before the service, / and providers develop a price / that allows them to share the risks and rewards (of delivering value to the buyer).

contingency pricing의 이런 경우와 여타 경우에서, / 서비스의 경제적 가치는 / 서비스 이전에 결정하기 어렵고, / 공급자는 가격을 형성한다 / 그들이 (구매자에게 가치를 전달하는 것에 대한) 위험과 보상을 분담할 수 있게 하는.

(C)-1 Contingency pricing is the major way / that personal injury and certain consumer cases are billed. ⓓ

contingency pricing은 주요 방식이다 / 개인 상해 및 특정 소비자 소송에 대해 비용이 청구되는.

(C)-2 In this approach, / lawyers do not receive fees or payment until the case is settled, / when they are paid a percentage of the money (that the client receives).

이 방식에서, / 변호사는 소송이 마무리될 때까지 비용이나 보수를 받지 않는데, / 소송이 마무리되면 그들은 (고객이 받는) 금액의 일정 비율을 받는다.

Tip contingency pricing은 '승소 시 보수 약정(성공 보수)'을 의미하는데, 해당 용어를 미리 알 수도, 알 필요도 없었다. 이렇게 생소한 용어가 등장하는 경우, 주변 맥락을 통해 의미를 유추하고 문제를 풀어야 한다. 그러므로 뜻을 모르는 용어가 등장했을 때 당황하지 말고 차분히 지문을 읽도록 하자.

〔 풀이 과정 〕

1 주어진 글과 (A), (B), (C)의 대략적 내용 파악

주어진 글 contingency pricing(ⓐ)이라는 결과 기반 가격 책정 방식이 흔히 알려져 있다

(A) 따라서(ⓑ), 고객에게 유리한 결과만 보수를 받는데, ~

(B) contingency pricing에서, 고객은 합의금을 받을 때까지 비용을 지불하지 않아도 되는데(ⓒ) ~

(C) contingency pricing이란(ⓓ) ~

2 단락 간 연결고리 연결

주어진 글 의 'contingency pricing'이 **(C)** 에서 정의된다.

주어진 글 contingency pricing이 흔히 알려져 있다
↓
(C) contingency pricing이란, 소송이 마무리되고 나서야 변호사가 보수를 받는 방식으로, 고객이 (승소하여) 받을 금액의 일부를 보수로 받는다

(C) 에 따르면 고객이 (합의 상대에게) 받을 금액이 변호사의 보수를 결정하게 되는데, 이는 **(A)-1** 의 결과로 이어진다.

(C) 고객이 받을 금액의 일부를 보수로 받는다
↓
(A)-1 따라서, 고객에게 유리한 결과에 대해서만 보수가 지불된다 (즉, 고객이 패소하면 보수가 없다)

(A)-2,3 에서는 contingency pricing이 고객에게 타당한 이유를 설명하기 시작하는데, 이것이 **(B)-1** 으로 이어진다.

(A)-2,3 고객은 로펌, 소송 기간, 비용 등을 두려워한다
↓
(B)-1 (그런데) contingency pricing을 사용하면, 합의금을 받을 때까지 비용(보수)을 지불하지 않아도 된다

3 전체적 흐름 확인

완성된 흐름 [주어진 글→C→A→B]를 확인하자. 주어진 글과 (C)에서 contingency pricing을 소개하고, 그것이 왜 고객에게 좋은지를 중심으로 (A), (B)가 이어지는 흐름이다.

〔 최다 오답 체크 〕

⑤ [주어진 글 → C]는 파악했지만 [A → B]는 파악하지 못했다. [C → B의 첫 문장]이 자연스러워 더욱 헷갈렸을 것이다. 그러나 [B → A]가 어색하기 때문에 이는 답이 될 수 없다. (B)의 마지막 문장은 contingency pricing에 대한 최종적 정리로서, Therefore로 시작하는 (A)와 인과 관계가 이어지지 않는다.

▶ 전문 해석 ◀ 결과 기반 가격 책정 방식 중 가장 흔히 알려진 형태는, 변호사가 사용하는, contingency pricing이라고 불리는 관행이다. (C) contingency pricing은 개인 상해 및 특정 소비자 소송에 대해 비용이 청구되는 주요 방식이다. 이 방식에서, 변호사는 소송이 마무리될 때까지 비용이나 보수를 받지 않는데, 소송이 마무리되면 그들은 고객이 [소송 상대에게 합의금으로] 받는 금액의 일정 비율을 받는다. (A) 따라서, 고객에게 유리한 [소송] 결과에 대해서만 보수가 지불된다. 고객의 관점에서 보면 이러한 가격 책정 방식은 타당한데, 그 부분적인 이유는 이러한 소송의 고객 대부분이 로펌에 익숙하지 않고, 아마도 로펌에 겁을 먹을 수 있기 때문이다. 그들의 가장 큰 두려움은, 마무리하는 데 몇 년이 걸릴 수 있는 소송에 대한 높은 비용이다. (B) contingency pricing을 사용함으로써, 고객은 합의금을 받을 때까지 비용을 지불하지 않도록 보장받는다. contingency pricing의 이런 경우와 여타 경우에서, 서비스의 경제적 가치는 서비스 이전에 결정하기 어렵고, 공급자는 그들이 구매자에게 가치를 전달하는 것에 대한 위험과 보상을 분담할 수 있게 하는 가격을 형성한다.

▶ 구문 분석 ◀ **(A)-2** ... because most clients in these cases **are unfamiliar with** and possibly **intimidated by law firms.**

be동사 뒤에서 밑줄 친 unfamiliar with과 intimidated by가 and로 병렬연결되고 있다. 전치사 with과 by는 (전치사의) 목적어로 law firms를 공유한다.

DAY **23** 기출 훈련 **A** 정답 ⑤　　　① 4.8%　② 34.4%　③ 21.8%　④ 12.8%　✓ 26.3%

[**해석 · 주요어구**]

주어진 글 A firm is deciding whether to invest in shipbuilding. // If it can produce at sufficiently large scale, / it knows the venture will be profitable.
생산 비용이 절감됨을 의미한다
한 회사가 조선업에 투자할지를 결정하고 있다. // 만약 그 회사가 충분히 대규모로 생산할 수 있다면, / 회사는 그 모험이 수익성이 있을 거라는 것을 알고 있다.

(A)-1, 2 There is a "good" outcome, / in which both types of investments are made, / and both the shipyard and the steelmakers end up profitable and happy. // Equilibrium is reached.
'좋은' 결과가 있는데, / 그 결과 내에서는 두 가지 투자 형태가 모두 이루어지고, / 조선소와 제강업자 모두 결국 이득을 얻고 만족하게 된다. // 균형이 이루어지는 것이다.

(A)-3, 4 Then there is a "bad" outcome, / in which neither type of investment is made. // This second outcome also is an equilibrium / because the decisions (not to invest) reinforce each other.
그 다음에 '나쁜' 결과가 있는데, / 그 결과 내에서는 두 가지 투자 형태 모두 이루어지지 않는다. // 이 두 번째 결과 또한 균형인데, / 왜냐하면 (투자하지 않겠다는) 결정이 서로의 결정을 강화하기 때문이다.

(B)-1 Assume / that shipyards are the only potential customers of steel.
가정해보자 / 조선소가 강철의 유일한 잠재적 소비자라고.

(B)-2 Steel producers figure / they'll make money / if there's a shipyard to buy their steel, / but not otherwise.
강철 생산자들은 계산한다 / 자신이 돈을 벌 것이라고 / 자신의 강철을 구매할 조선소가 있으면, / 하지만 그렇지 않으면 돈을 못 벌 것이라고.

(B)-3 Now we have two possible outcomes / — what economists call "multiple equilibria." 이제 우리는 두 가지 가능한 결과를 갖게 된다 / — 경제학자들이 '복수 균형'이라고 부르는 것.

(C)-1 But / one key input is low-cost steel, and it must be produced nearby.
But 문장이 항상 앞과 '반대'인 것은 아니다. 관점의 '전환'이나 '추가' 로도 쓰인다.
그런데, / 한 가지 핵심 투입 요소는 저가의 강철이고, 그것은 근처에서 생산되어야 한다.

(C)-2 The company's decision boils down to this: / if there is a steel factory close by, / invest in shipbuilding; / otherwise, don't invest.
회사의 결정은 결국 이것이다: / 만약 근처에 강철 공장이 있다면, / 조선업에 투자하라. / 그렇지 않으면, 투자하지 마라.

(C)-3 Now consider the thinking of potential steel investors in the region.
이제 그 지역에 있는 잠재적 강철 투자자들의 생각을 고려해 보자.

[**풀이 과정**]

1 / 주어진 글과 (A), (B), (C)의 대략적 내용 파악

주어진 글 조선업에 투자할지 결정할 때(ⓐ), 대규모 생산이 가능하면 투자할 만하다

(A) 두 가지 투자(ⓑ)가 모두 되면 좋은 결과 ~

(B) 조선소가 강철의 유일한 소비자라면(ⓒ) ~

(C) 하지만, 저가의 강철이 근처에서 생산되는지도 중요하다(ⓓ)

2 / 단락 간 연결고리 연결

'조선업에 투자할 때 고려할 것'과 관련하여, **주어진 글** 과 **(C)-1** 이 다음과 같이 연결된다.

주어진 글 대규모 생산이 가능하면 투자할 만하다
↓
(C)-1 그런데, 저가의 강철이 (즉, 재료가) 주변에서 생산되는지도 중요한 투자 결정 요소이다

(C)-3 에서 '강철 투자자'의 입장으로 포커스가 바뀌고, 이는 **(B)** 의 관련 가정으로 이어진다.

(C)-3 이제, 잠재적 강철 투자자 입장에서 보자
↓
(B)-1, 2 조선소가 강철의 유일한 소비자라면, 조선소가 (주변에) 있는지가 강철 투자를 결정한다

(B)-3 에서 '두 가지 가능한 결과(균형)'를 언급하고, **(A)** 가 이를 구체적으로 설명한다. 참고로, ⓑ는 지금까지 서술된 '조선업 투자'와 '강철 투자'다.

(B)-3 이제 '두 가지 가능한 결과'가 있다
↓
(A) 좋은 결과(조선업, 강철 모두 투자)와 나쁜 결과(조선업, 강철 모두 투자하지 않음)가 있다

3 / 전체적 흐름 확인

완성된 흐름 [주어진 글→C→B→A]를 확인하자. 주어진 글과 (C)에서 조선업 투자에 대해 설명하고, (B)에서 강철 투자에 대해 설명한 뒤, (A)에서 이 투자들이 모두 이루어지거나 모두 이루어지지 않는 결과를 설명한다.

[**최다 오답** 체크]
② (C)에 대한 이해가 부족했기 때문에 [주어진 글 → C → B]의 흐름을 놓쳤을 가능성이 크다.

▶ **전문 해석** ◀ 한 회사가 조선업에 투자할지를 결정하고 있다. 만약 그 회사가 충분히 대규모로 (선박을) 생산할 수 있다면, 회사는 그 모험이 수익성이 있을 거라는 것을 알고 있다. (C) 그런데, (조선업의) 한 가지 핵심 투입 요소는 저가의 강철이고, 그것은 근처에서 생산되어야 한다. 그 회사의 결정은 결국 이것이다: 만약 근처에 강철 공장이 있다면, 조선업에 투자하라. 그렇지 않으면, 투자하지 마라. 이제 그 지역에 있는 잠재적 강철 투자자들의 생각을 고려해 보자. (B) 조선소가 강철의 유일한 잠재적 소비자라고 가정해보자. 강철 생산자들은, 내 강철을 구매할 조선소가 있으면 내가 돈을 벌 것이지만, 그렇지 않으면 돈을 못 벌 것이라고 계산한다. 이제 우리에게는 두 가지 가능한 결과, 경제학자들이 '복수 균형'이라고 부르는 것이 있다. (A) (일단) '좋은' 결과가 있는데, 그 결과 내에서는 두 가지 투자 형태가 모두 이루어지고, 조선소와 제강업자 모두 결국 이득을 얻고 만족하게 된다. 균형이 이루어지는 것이다. 그 다음에 '나쁜' 결과가 있는데, 그 결과 내에서는 두 가지 투자 형태 모두 이루어지지 않는다. 이 두 번째 결과 또한 균형인데, 왜냐하면 투자하지 않겠다는 결정이 서로의 결정을 강화하기 때문이다.

▶ **구문 분석** ◀ **(B)-2** ... they'll make money if there's a shipyard to buy their steel, but **not otherwise**.
밑줄 친 not otherwise는 풀어 쓰면 'they will **not** make money **if** there is **no** shipyard to buy their steel' 이다.

[해석·주요어구]

주어진 글 A sovereign state is usually defined / as one / whose citizens are free
to determine their own affairs / without interference from any agency (beyond
its territorial borders).

주권 국가는 보통 정의된다 / 국가로 / 그 시민들이 자신들의 일을 결정할 자유가 있는 / (국경 너머의) 그 어떤 기관
으로부터도 간섭받지 않고.

(A)-1 No citizen could be a full member of the community / so long as she was
tied to ancestral traditions (with which the community might wish to break) /
— the problem of Antigone in Sophocles' tragedy.

그 어떤 시민도 공동체의 완전한 구성원이 될 수 없을 것이다 / (공동체가 끊기를 소망할지도 모르는) 조상의 전통
에 묶여 있는 한 / ─ Sophocles 비극의 Antigone 문제.

(A)-2 Sovereignty and citizenship thus require / not only borders in space, but
also borders in time.

주권과 시민권은 따라서 요구한다 / 공간의 경계뿐만 아니라 시간의 경계 또한.

(B)-1 Sovereignty and citizenship require freedom from the past / at least as
much as freedom from contemporary powers.

주권과 시민권은 과거로부터의 자유를 요구한다 / 최소한 동시대 권력으로부터의 자유만큼.

(B)-2 No state could be sovereign / if its inhabitants lacked the ability / to
change a course of action (adopted by their forefathers in the past), or even one
(to which they once committed themselves). *course of action*

그 어떤 국가도 자주적일 수 없을 것이다 / 국민들이 능력이 없다면 / (과거에 조상들에 의해 채택된) 행동 방침을,
또는 (한때 그들 스스로 전념했던) 행동 방침조차 바꿀.

(C)-1 But / freedom in space (and limits on its territorial extent) / is merely one
characteristic of sovereignty.

하지만 / 공간적 자유는 (그리고 영토 범위의 제한은) / 주권의 단지 한 가지 특징일 뿐이다.

(C)-2 Freedom in time (and limits on its temporal extent) / is equally important
and probably more fundamental.

시간적 자유가 (그리고 시간 범위의 제한이) / 동등하게 중요하며 아마 더 근본적일 것이다.

[풀이 과정]

1 / 주어진 글과 (A), (B), (C)의 대략적 내용 파악

주어진 글	주권 국가(ⓐ)의 핵심은 국경 밖 기관으로부터 간섭 받지 않는 것(ⓑ)
(A)	~하는 한 공동체의 완전한 구성원(ⓒ)이 될 수 없는데 ~
(B)	주권은 과거로부터의 자유(ⓓ)를 요구하고 ~
(C)	주권에는 공간적 자유(ⓔ)와 시간적 자유(ⓕ) 가 모두 필요하다

2 / 단락 간 연결고리 연결

주어진 글 의 'ⓑ 국경 밖 기관으로부터의 자유'가, **(C)-1** 의
'ⓔ 공간적 자유'로 연결된다.

> **주어진 글** 주권 국가의 핵심은 국경 밖 외부 기관으로부터 간섭받지 않는 것이다
> ↓
> **(C)-1** 공간적 자유만 주권에 필요한 것이 아니다

(C)-2 에서 주권의 조건으로 'ⓕ 시간적 자유'가 추가되는
데, 이것이 **(B)-1** 의 'ⓓ 과거로부터의 자유'로 연결된다.

> **(C)-2** 주권에는 시간적 자유도 필요하다
> ↓
> **(B)-1** 주권과 시민권은 과거로부터의 자유를 요구한다

(B)-2 에서 '과거로부터 자유'가 무엇인지 구체적으로 설명
하는데, **(A)-1** 가 똑같은 내용으로 연결된다.

> **(B)-2** 과거와 달라질 수 없다면 주권 국가가 아니다
> ↓
> **(A)-1** 조상들의 전통에 묶여 있는 한 공동체의 완전한 구성원이 될 수 없다

3 / 전체적 흐름 확인

완성된 흐름 [주어진 글→C→B→A]를 확인하자. 주어진 글에
서 주권 국가의 공간적 자유를 언급한 뒤, (C)에서 시간적 자
유 또한 중요하다고 하면서, (B), (A)를 통해 이를 구체적으
로 설명하는 흐름이다.

[최다 오답 체크]

②, ③ 공간적 자유와 시간적 자유를 구분하지 못하고 지문을
전반적으로 이해하지 못했을 가능성이 크다.

▶ **전문 해석** ◀ 주권 국가는 보통, 그 시민들이 국경 너머의 그 어떤 기관으로부터도 간섭받지 않고 자신들의 일을 결
정할 자유가 있는 국가로 정의된다. (C) 하지만, 공간적 자유는 (그리고 영토 범위의 제한은) 주권의 단지 한 가지 특징
일 뿐이다. 시간적 자유가 (그리고 시간 범위의 제한이) 동등하게 중요하며 아마 더 근본적일 것이다. (B) 주권과 시민권
은, 최소한 동시대 권력으로부터의 자유만큼 과거로부터의 자유를 요구한다. 국민들이 과거에 조상들에 의해 채택된 행
동 방침 또는 한때 그들 스스로 전념했던 행동 방침조차 바꿀 능력이 없다면, 그 어떤 국가도 자주적일 수 없을 것이다
(A) 공동체가 끊기를 소망할지도 모르는 조상의 전통에 묶여 있는 한, 그 어떤 시민도 공동체의 완전한 구성원이 될 수
없을 것이다. 이것은 Sophocles 비극의 Antigone 문제다. 따라서, 주권과 시민권은 공간의 경계뿐만 아니라 시간의
경계 또한 요구한다.

▶ **구문 분석** ◀ **(B)-2** ... its inhabitants lacked the
ability to change **a course of action (adopted by
their forefathers in the past)**, or even **one (to
which they once committed themselves)**.
밑줄 친 두 명사구가 or로 연결된 병렬구조다. 또한, 두 명사구
는 각각 분사구(　)와 관계절(　)의 수식을 받고 있다.

[해석·주요어구]

주어진 글 Green products involve, in many cases, / higher ingredient costs than those of mainstream products.

많은 경우, 친환경 제품은 수반한다 / 주류 제품보다 더 높은 원료비를.

(A)-1 They'd rather put money and time / into known, profitable, high-volume products (that serve populous customer segments) / than into risky, less-profitable, low-volume products (that may serve current noncustomers).

그들은 돈과 시간을 투자하고 싶어 한다 / (다수의 고객 계층의 요구를 충족하는) 이미 알려져 있는, 수익성 있는, 대량의 제품에 / (현재 고객이 아닌 사람들의 요구를 충족할 수 있는) 위험한, 수익성 낮은, 소량의 제품보다는,

(A)-2 Given that choice, / these companies may choose to leave the green segment of the market / to small niche competitors.

그런 선택을 고려하자면, / 이들 기업은 시장의 친환경 부문을 남겨두기로 선택할 수 있다 / 소규모 틈새 경쟁업체들에게.

(B)-1 Even if the green product succeeds, / it may cannibalize the company's higher-profit mainstream offerings.

친환경 제품이 성공하더라도, / 그 기업의 고수익 주류 제품을 잡아먹을 수도 있다.

(B)-2 Given such downsides, / companies (serving mainstream consumers with successful mainstream products) / face what seems like an obvious investment decision.

이런 부정적인 면을 고려하자면, / (성공적인 주류 제품으로 주류 소비자의 요구를 충족하는) 기업들은 / 마치 뻔한 투자 결정처럼 보이는 것에 직면한다.

(C)-1 Furthermore, / the restrictive ingredient lists and design criteria (that are typical of such products) / may make green products inferior to mainstream products / on core performance dimensions (e.g., less effective cleansers).

게다가, / (그런 제품에서 일반적인) 제한적 원료 목록과 디자인 기준이 / 친환경 제품을 주류 제품보다 더 열등하게 만들 수 있다 / 핵심 성능 측면에서 (예를 들어, 덜 효과적인 세척제).

(C)-2 In turn, / the higher costs and lower performance of some products / attract only a small portion of the customer base, / leading to lower economies of scale (in procurement, manufacturing, and distribution).

규모의 경제 : 한 번에 많이 만들수록 비용이 낮아지고 수익성이 높아지는 것

결과적으로, / 일부 제품의 더 높은 비용과 더 낮은 성능은 / 고객층의 오직 적은 부분만 유인해서, / (조달, 제조, 유통에서) 더 낮은 규모의 경제를 초래한다.

[풀이 과정]

1 주어진 글과 (A), (B), (C)의 대략적 내용 파악

주어진 글 친환경 제품의 단점: 높은 원료비(ⓐ)

(A) 그들은 돈과 시간을 투자하는데(ⓑ) ~

(B) 친환경 제품은 성공해도 안좋은데(ⓒ) ~

(C) 게다가 제한적인 원료(ⓓ)~

2 단락 간 연결고리 연결

친환경 제품이 '원료' 측면에서 단점이 있다는 내용으로 **주어진 글** 과 **(C)-1** 이 이어진다.

주어진 글 친환경 제품은 원료비가 높다

↓

(C)-1 원료의 제한도 친환경 제품을 열등하게 한다

(C)-2 에서 이로 인해 친환경 제품이 시장성이 없음을 지적하고, 그 부정적 어조가 **(B)-1** 으로 연결된다.

(C)-2 친환경 제품은 많은 소비자들의 선택을 받지 못해 (회사 입장에서) 경제적이지 못하다

↓

(B)-1 설령 친환경 제품이 성공해도, 회사엔 안 좋다

(B)-2 에서 주류 제품 회사들이 결국 어떤 '결정'을 하게 된다고 하는데, **(A)** 가 그 회사들(They)의 결정 사항을 설명한다.

(B)-2 주류 제품을 파는 회사들은 결정하게 된다

↓

(A) 친환경 제품보다 기존의 주류 제품에 투자한다

3 전체적 흐름 확인

완성된 흐름 [주어진 글→C→B→A]를 확인하자. 주어진 글과 (C), 그리고 (B) 첫 문장까지 친환경 제품이 별로임을 서술한 뒤, (B) 두 번째 문장과 (A)에서 따라서 주류 제품 회사가 어떤 결정을 하는지를 설명하는 흐름이다.

[최다 오답 체크]

②, ③ 주어진 글과 (B)가 모두 친환경 제품의 단점을 다루고 있는 것을 보고 주어진 글과 (B)를 일단 연결했을 것이다. 하지만 (C)를 읽고 생각을 바꾸었어야 했다. 주어진 글과 (C)가 더 정확하고 세부적인 차원에서 먼저 연결되어야 한다. (단점 중에서도 '원료' 측면의 단점으로 연결됨)

▶ **전문 해석** ◀ 많은 경우, 친환경 제품은 주류 제품보다 더 높은 원료비를 수반한다. (C) 게다가, 그런 제품에서 일반적인 제한적 원료 목록과 디자인 기준이, 친환경 제품을 주류 제품보다 핵심 성능 측면에서 더 열등하게 만들 수 있다. (예를 들어, 덜 효과적인 세척제처럼 말이다.) 결과적으로, 일부 제품의 더 높은 비용과 더 낮은 성능은 고객층의 오직 적은 부분만 유인해서, 조달, 제조, 유통에서 더 낮은 규모의 경제를 초래한다. (B) 친환경 제품이 성공하더라도, 그 기업의 고수익 주류 제품을 잡아먹을 수도 있다. 이런 부정적인 면을 고려하자면, 성공적인 주류 제품으로 주류 소비자의 요구를 충족하는 기업들은 마치 뻔한 투자 결정처럼 보이는 것에 직면한다. (A) 그들은, 현재 고객이 아닌 사람들의 요구를 충족할 수 있는 위험하고 수익성 낮은 소량의 제품보다는, 다수의 고객 계층의 요구를 충족하는 이미 알려져 있고 수익성 있는 대량의 제품에 돈과 시간을 투자하고 싶어 한다. 그런 선택을 고려하자면, 이들 기업은 시장의 친환경 부문을 소규모 틈새 경쟁업체들에게 남겨두기로 선택할 수 있다.

▶ **구문 분석** ◀ **(B)-2** Given such downsides, **companies (serving mainstream consumers with successful mainstream products)** face **what seems like an obvious investment decision.**

주어 companies가 현재분사구 ( )의 수식을 받고 있다. 밑줄 친 관계대명사 what절은 동사 face의 목적어이다.

DAY **24** 기출 훈련 **A** 정답 ⑤　　　① 3.9%　② 13.1%　③ 24.7%　④ 22.3%　☑ 36.0%

[**해석 · 주요어구**]　　　　　　　　　　　[**풀이 과정**]

주어진 글 The fossil record provides evidence of evolution. // The story (the fossils tell) is one of change. // Creatures existed in the past (that are no longer with us). // Sequential changes are found in many fossils / showing the change of certain features (over time) (from a common ancestor), / as in the case of the horse.

화석 기록은 진화의 증거를 제공한다. // (화석이 전하는) 이야기는 변화에 관한 것이다. // (더는 우리와 함께하지 않는) 생물들이 과거에는 존재했다. // 일련의 변화가 많은 화석에서 발견된다 / 특정 특징들의 (시간이 지남에 따른) (공통 조상으로부터의) 변화를 보여주는, / 말의 경우에서처럼.

(A)-1 If multicelled organisms were indeed found / to have evolved before single-celled organisms, / then the theory of evolution would be rejected.

다세포 생물이 정말로 밝혀진다면 / 단세포 생물보다 먼저 진화한 것으로, / 그럼 진화론은 거부될 것이다.

(A)-2, 3 A good scientific theory always allows for the possibility of rejection. // The fact (that we have not found such a case in countless examinations of the fossil record) / strengthens the case for evolutionary theory.

좋은 과학 이론은 항상 거부의 가능성을 허용한다. // (화석 기록에 대한 수많은 조사에서 그러한 경우를 발견하지 못했다는) 사실은 / 진화론의 논거를 강화한다.

(B)-1 The fossil record supports this prediction / — multicelled organisms are found in layers of earth / millions of years after the first appearance of single-celled organisms.

화석 기록은 이 예측을 뒷받침한다 / — 다세포 생물은 지구 지층에서 발견된다 / 단세포 생물의 최초 출현보다 수백만 년 이후의.

(B)-2 Note / that the possibility always remains (that the opposite could be found).

주목하라 / (그 반대가 발견될) 가능성은 항상 남아 있다는 점에.

(C)-1 Apart from demonstrating / that evolution did occur, / the fossil record also provides tests of the predictions / made from evolutionary theory.

증명하는 것 이외에도 / 진화가 일어났다는 것을, / 화석 기록은 또한 예측에 대한 테스트를 제공한다 / 진화론에서 만들어진.

(C)-2 For example, / the theory predicts / that single-celled organisms evolved before multicelled organisms.

예를 들어, / 진화론은 예측한다 / 단세포 생물이 다세포 생물 이전에 진화했다고.

---

1 주어진 글과 (A), (B), (C)의 대략적 내용 파악

주어진 글 화석(ⓐ)은 진화·변화의 증거이다

(A) 다세포 생물이 단세포 생물보다 먼저 진화한 것으로 발견되었다면(ⓑ) ~

(B) 화석이 이 예측(ⓒ)을 지지한다. 다세포 생물이 단세포 생물보다 후대 층에서 발견 ~

(C) 화석은 또한(ⓓ) 예측을 테스트하는데 ~

2 단락 간 연결고리 연결

주어진 글 바로 뒤에 무슨 단락이 와야 하는지 명확하게 판단하기 어렵다. (무슨 단락이 와야 하는지 의심되는 바가 있었을 수도 있지만, 확신하지 못했을 상황을 가정하여 풀어보자.)

(A), (B), (C)끼리의 연결고리에 집중하여 각 단락을 좀더 꼼꼼히 읽어보면, **(C)-2** 의 내용이 **(B)-1** 의 ⓒ로 이어짐을 알 수 있다.

(C)-2 진화론은 '단세포 생물이 다세포 생물보다 먼저 진화했다'고 예측한다
↓
(B)-1 화석이 '이 예측'을 지지한다. 다세포 생물이 단세포 생물보다 후대 층에서 (화석으로) 발견된다.

(B)-2 의 'the opposite'이 **(A)-1** 의 ⓑ로 이어진다.

(B)-2 '그 반대'가 발견될 가능성도 있다
↓
(A)-1 '다세포 생물이 단세포 생물보다 먼저 진화'한 것으로 발견되었다면, 그 이론(예측)은 거부될 것이다

3 전체적 흐름 확인

주어진 글에 완성된 흐름 [C→B→A]를 붙여보자. 주어진 글에서 화석의 첫 번째 역할(진화를 증명함)을 서술한 후, (C), (B), (A)의 '단세포·다세포 생물' 관련 내용을 통해 화석의 두 번째 역할(진화론적 예측을 테스트함)을 서술하는 흐름이다.

[**최다 오답 체크**]

③, ④ (C)→(B)의 흐름이나 (B)→(A)의 흐름 중 아무것도 일치하는 것이 없는 선지들이다. 즉, 글을 전반적으로 아예 이해하지 못했을 가능성이 크다.

▶ **전문 해석** ◀ 화석 기록은 진화의 증거를 제공한다. 화석이 전하는 이야기는 변화에 관한 것이다. 더는 우리와 함께하지 않는 생물들이 과거에는 존재했다. 일련의 변화가, 시간이 지남에 따른 특정 특징들의 공통 조상으로부터의 변화를 보여주는 많은 화석에서 발견된다. 말의 경우에서처럼 말이다. (C) 진화가 일어났다는 것을 증명하는 것 이외에도, 화석 기록은 또한 진화론에서 만들어진 예측에 대한 테스트를 제공한다. 예를 들어, 진화론은 단세포 생물이 다세포 생물 이전에 진화했다고 예측한다. (B) 화석 기록은 이 예측을 뒷받침하는데, 즉 다세포 생물은 단세포 생물의 최초 출현보다 수백만 년 이후의 지구 지층에서 발견된다. 그 반대가 발견될 가능성은 항상 남아 있다는 점에 주목하라. (A) 다세포 생물이 정말로 단세포 생물보다 먼저 진화한 것으로 밝혀진다면, 그럼 진화론은 거부될 것이다. 좋은 과학 이론은 항상 거부의 가능성을 허용한다. 화석 기록에 대한 수많은 조사에서 그러한 경우를 발견하지 못했다는 사실은, 진화론의 논거를 강화한다.

▶ **구문 분석** ◀ **(A)-1** If multicelled organisms **were indeed found to have evolved** before single-celled organisms, then the theory of evolution would be rejected.
발견(were found)의 시점보다 진화(to have evolved)의 시점이 더 과거이기 때문에 'to have p.p.'의 시제가 쓰였다.

【 **해석 · 주요어구** 】　　　　【 **풀이 과정** 】

주어진글 Today, / historic ideas (about integrating nature and urban/suburban space) / find expression in various interpretations of sustainable urban planning.
오늘날 / (자연과 도시/교외 공간의 통합에 대한) 역사적인 생각들은 / 지속 가능한 도시 계획에 대한 여러 해석으로 나타난다.

(A)-1 But Landscape Urbanists find / that these designs do not prioritize the natural environment / and often involve diverting streams and disrupting natural wetlands.
그러나 경관 도시론자들은 알게 되었다 / 이런 설계가 자연환경을 우선시하지 않으며 / 흔히 하천 우회와 자연 습지 파괴를 수반한다는 것을.

(A)-2 Still others, / such as those (advocating for "just sustainabilities" or "complete streets,") / find / that both approaches are overly idealistic / and neither pays enough attention to the realities of social dynamics and systemic inequality.
한편 또 다른 이들 / 가령 ('정당한 지속 가능성'이나 '완전 도로'를 주장하는) 이들은 / 여긴다 / 두 접근 방식 모두 지나치게 이상주의적이며, / 둘 다 사회적 역학 관계와 구조적 불평등의 현실에 충분한 주의를 기울이지 않는다고.

(B)-1 However, / critics claim / that Landscape Urbanists prioritize aesthetic and ecological concerns over human needs.
그러나 / 비판가들은 주장한다 / 경관 도시론자들이 인간의 필요보다는 미적 및 생태적 관심사를 우선시한다고.

(B)-2 In contrast, / New Urbanism is an approach (that was popularized in the 1980s) / and promotes walkable streets, compact design, and mixed-use developments.
이와 반대로, / 신도시론은 (1980년대에 대중화된) 접근법이며 / 걸을 수 있는 거리, 고밀도 디자인, 그리고 복합 용도 개발을 장려한다.

(C)-1 However, / the role of social justice (in these approaches) / remains highly controversial.
그러나 / (이러한 접근 방식에서) 사회 정의의 역할은 / 여전히 논란의 여지가 크다.

(C)-2 For example, / Landscape Urbanism is / a relatively recent planning approach {that advocates for native habitat designs [that include diverse species and landscapes (that require very low resource use)]}.
예를 들어, / 경관 도시론은 ~이다 / {[다양한 종과 (자원 이용도가 매우 낮은) 경관을 포함하는] 자연 서식지 설계를 옹호하는} 비교적 최근에 나온 계획 접근 방식.

---

1 / 주어진 글과 (A), (B), (C)의 대략적 내용 파악

흐름 전환을 예고하는 신호어가 너무 많아서 오히려 전체적인 흐름을 잡기 어렵다. 또한, 주어진 글의 핵심 표현이 (A)~(C)에서 그대로 반복되지도 않기에, (A)~(C) 각 단락에 더욱 집중해야 한다.

주어진글 지속 가능한 도시 계획에 대한 여러 해석(ⓐ)

(A) 그러나(ⓑ), 경관 도시론자들에 따르면 ~

(B) 그러나(ⓒ), 비판가들에 따르면 경관 도시론은 ~

(C) 그러나, 이런 접근법들(ⓔ)에서 ~

2 / 단락 간 연결고리 연결

(C)-2 에서 예시(ⓕ)로 언급된 경관 도시론(Landscape Urbanism)을 (B)-1 에서 바로 비판하고 있다.

(C)-2 경관 도시론은 자연 서식지 설계를 옹호하는 도시 설계 방식이다
↓
(B)-1 하지만(ⓒ), 경관 도시론은 인간의 필요보다 다른 것을 우선시한다는 비판이 있다

(B)-2 에 새로 등장하는 신도시론(New Urbanism)에 관해 (A)-1 에서 다시 비판하고 있다.

(B)-2 (경관 도시론과) 반대로(ⓓ), 신도시론은 인간의 용도를 중시한다
↓
(A)-1 그러나, 경관 도시론자들에 따르면 이런 디자인(ⓑ)은 자연환경을 파괴한다고 한다

3 / 전체적 흐름 확인

주어진 글에 완성된 흐름 [C→B→A]를 붙여보자. 주어진 글에서 언급된 '지속 가능한 도시 계획에 관한 여러 해석'을 (C)에서 '이런 접근법들'로 칭한 후, (C)-(B)에서 Landscape Urbanism, (B)-(A)에서 New Urbanism을 각각 소개하고 비판하는 흐름이다.

【 **최다 오답 체크** 】
④ (C)→(A)가 연이어서 '도시 경관론자들'에 관해 언급하기는 하지만, (A)는 이들이 '비판하는' 대상에 관한 설명이다. 따라서 (B)에서 '도시 경관론'과 상반되는 '신도시론'을 소개한 후, '이 신도시론의 디자인'을 도시 경관론자들이 비판한다는 흐름으로 이어져야 알맞다.

▶ **전문 해석** ◀ 오늘날 자연과 도시/교외 공간의 통합에 대한 역사적인 생각들은 지속 가능한 도시 계획에 대한 여러 해석으로 나타난다. (C) 그러나 이러한 접근 방식에서 사회 정의의 역할은 여전히 논란의 여지가 크다. 예를 들어, 경관 도시론은 다양한 (생물) 종과 자원 이용도가 매우 낮은 경관을 포함하는 자연 서식지 설계를 옹호하는, 비교적 최근에 나온 계획 접근 방식이다. (B) 그러나 비판가들은 경관 도시론자들이 인간의 필요보다는 미적 및 생태적 관심사를 우선시한다고 주장한다. 이와 반대로, 신도시론은 1980년대에 대중화된 접근법으로, 걸을 수 있는 거리, 고밀도 디자인, 그리고 복합 용도 개발을 장려한다. (A) 그러나 경관 도시론자들은 이런 설계가 자연환경을 우선시하지 않으며, 흔히 하천 우회와 자연 습지 파괴를 수반한다는 것을 알게 되었다. 한편 또 다른 이들, 가령 '정당한 지속 가능성'이나 '완전 도로(보행, 자전거, 자동차 등이 모두 안전하게 통행하도록 설계된 도로)'를 주장하는 이들은 두 접근 방식 모두 지나치게 이상주의적이며, 사회적 역학 관계와 구조적 불평등의 현실에 충분한 주의를 기울이지 않는다고 여긴다.

▶ **구문 분석** ◀ **(C)-2** … a relatively recent planning approach **that advocates for native habitat designs that include diverse species and landscapes [that require very low resource use].**
a relatively recent planning approach를 꾸미는 that절 안에, native habitat designs를 꾸미는 밑줄 부분과 landscapes를 꾸미는 [ ]이 중첩되어 있다.

〔 해석 · 주요어구 〕

주어진 글 ⓐSpatial reference points are larger than themselves. // This isn't really a paradox: / landmarks are themselves, / but they also define neighborhoods around themselves.

공간 기준점은 자기 자신보다 더 크다. // 이것은 그다지 역설이 아니다: / 랜드마크는 그 자체이기도 하지만, / 또한 자기 주변 지역을 정의하기도 한다.

(A)-1 In a paradigm (that has been repeated on many campuses), / ⓑresearchers first collect a list of campus landmarks from students.

(많은 대학 캠퍼스에서 반복되어온) 한 패러다임에서, / 연구원들은 먼저 학생들에게서 캠퍼스 랜드마크의 목록을 수집한다.

(A)-2 ⓒThen / they ask another group of students / to estimate the distances between pairs of locations, / some to landmarks, some to ordinary buildings on campus.

랜드마크와 평범한 건물 사이의 정해진 거리를 물어보는데, 목적지를 달리하여 두 가지 방식으로 물어본 것이다.

그런 다음, / 그들은 다른 학생 집단에게 요청한다 / 각각 쌍으로 이루어진 장소들 사이의 거리를 추정하라고, / 일부는 랜드마크로의 거리를, 일부는 캠퍼스의 평범한 건물로의 거리를.

(B)-1 ⓓThis asymmetry of distance estimates / violates the most elementary principles of Euclidean distance, / that the distance (from A to B) must be the same as the distance (from B to A).

거리 추정에 관한 이러한 비대칭은, / 가장 기초적인 유클리드 거리 법칙에 위배된다 / (A에서부터 B까지의) 거리는 (B에서부터 A까지의) 거리와 같아야 한다는.

(B)-2 Judgments of distance, then / are not necessarily coherent.

그러니까, 거리에 관한 판단이 / 반드시 일관적인 것은 아니다.

(C)-1 ⓔThe remarkable finding is / that distances from an ordinary location to a landmark / are judged shorter / than distances from a landmark to an ordinary location.

주목할 만한 결과는 / 평범한 장소에서 랜드마크까지의 거리가 / 더 짧게 판단된다는 것이다 / 랜드마크에서 평범한 장소까지의 거리보다.

(C)-2 So, people would judge / the distance from Pierre's house to the Eiffel Tower / to be shorter / than the distance from the Eiffel Tower to Pierre's house.

그러니까, 사람들은 추정할 것이다 / Pierre의 집에서 에펠탑까지의 거리가 / 더 짧다고 / 에펠탑에서 Pierre의 집까지의 거리보다.

(C)-3 Like black holes, / landmarks seem to pull ordinary locations toward themselves, / but ordinary places do not.

블랙홀처럼, / 랜드마크는 평범한 장소들을 자기 방향으로 끌어들이는 것처럼 보인다, / 하지만 평범한 장소들은 그렇지 않다.

〔 풀이 과정 〕

1 / 주어진 글과 (A), (B), (C)의 대략적 내용 파악

주어진 글이 너무 추상적이어서 이해하기 어려웠을 것이다. (바로 이해되는 학생도 있었겠지만, 주어진 글의 내용이 어려웠을 상황을 가정하여 풀어보자.)

주어진 글	공간적 기준점(ⓐ)이 ..?

이럴수록 처음부터 (A), (B), (C)를 꼼꼼히 읽으면서 (A), (B), (C)끼리의 연결고리를 최대한 찾아야 한다.

(A)	연구자들이 일단(ⓑ) 캠퍼스 랜드마크 목록을 모으고, 그 후(ⓒ) 학생들에게 장소들 사이의 거리를 물어보았다
(B)	거리 추정의 비대칭(ⓓ): 같은 거리를 다르게 느낌
(C)	놀라운 결과(ⓔ): ~보다 ~가 짧게 인식됨

2 / 단락 간 연결고리 연결

(A) 는 연구자들이 무언가 조사하는 과정이고, **(C)-1** 의 ⓔ 는 그 연구 결과인 듯하니 둘을 연결해서 읽어본다.

(A) 랜드마크와 평범한 건물 사이의 거리를 두 가지 방식으로 물어보았다
↓
(C)-1 그 결과, 평범한 건물에서 출발해 랜드마크에 도착하는 거리를 반대 방향의 거리보다 짧게 인식했다

(C)-2 는 연구 결과를 구체적인 예시로 재진술한 것이고, **(C)-3** 은 연구 결과를 비유로 재해석한 것이다. 그리고 이 모든 내용이 **(B)-1** 의 ⓓ로 연결된다.

(C) 랜드마크가 목적지일 때 거리를 더 짧게 인식한다
↓
(B)-1 거리 추정에 관한 이러한 비대칭

3 / 전체적 흐름 확인

주어진 글에 완성된 흐름 [A→C→B]를 붙여보자. 다시 읽어보면, 주어진 글의 'Spatial reference points'는 랜드마크였고, 주어진 글은 '사람들이 랜드마크를 실제보다 가깝게 느낀다'는 것을 비유적으로 표현한 주제문이었다. (A)에서 관련 연구 과정을, (C)에서 연구 결과를 서술하고, (B)에서 연구 결과를 재진술한다.

〔 최다 오답 체크 〕

④, ⑤ 랜드마크와 관련해서 정확히 어떤 연구가 이루어지고 있는지 파악하지 못하고 [연구 과정 - 연구 결과]의 흐름을 놓쳐서 틀렸을 가능성이 크다.

▶ **전문 해석** ◀ 공간 기준점은 자기 자신보다 더 크다. 이것은 그다지 역설이 아니다. 랜드마크는 그 자체이기도 하지만, 또한 자기 주변 지역을 정의하기도 한다. (A) 많은 대학 캠퍼스에서 반복되어온 한 패러다임에서, 연구원들은 먼저 학생들에게서 캠퍼스 랜드마크의 목록을 수집한다. 그런 다음, 그들은 다른 학생 집단에게 각각 쌍으로 이루어진 장소들 사이의 거리를 추정하라고 요청하는데, 일부 경우에는 랜드마크로의 거리를 추정하라고 하고, 일부 경우에는 캠퍼스의 평범한 건물로의 거리를 추정하라고 한다. (C) 주목할 만한 결과는, 평범한 장소에서 랜드마크까지의 거리가 랜드마크에서 평범한 장소까지의 거리보다 더 짧게 판단된다는 것이다. 그러니까, 사람들은 Pierre의 집에서 에펠탑까지의 거리가 에펠탑에서 Pierre의 집까지의 거리보다 더 짧다고 추정할 것이다. 블랙홀처럼, 랜드마크는 평범한 장소들을 자기 방향으로 끌어들이는 것처럼 보인다. 하지만 평범한 장소들은 그렇지 않다. (B) 거리 추정에 관한 이러한 비대칭은, A에서부터 B까지의 거리는 B에서부터 A까지의 거리와 같아야 한다는 가장 기초적인 유클리드 거리 법칙에 위배된다. 그러니까, 거리에 관한 판단이 반드시 일관적인 것은 아니다.

▶ **구문 분석** ◀ **(A)-2** ... they ask another group of students to estimate the distances between pairs of locations, **some to landmarks, some to ordinary buildings on campus.**

밑줄 친 부분에서 some은 내용상 some distances를 의미한다.

매일 3개씩 푸는

고난도
집중대비
★

개씩 푸는

영어독해

빈순삽
칸 서 입

실전 TEST 정답

01 정답 ④

2015 10월 38번 변형

해석 거짓말 탐지기 검사는 진실과 거짓을 구별하기 위해 혈압, 맥박, 호흡, 목소리 높낮이와 같은 생리학적 지표에 의존하며, 이 목적을 위해 오랫동안 사용되었다. 그러나 이 검사들은 거짓을 정확히 탐지하는 데 있어 그 신뢰성이 제한적이었다. 이 문제에 대응하여, 법 집행 기관들은 거짓을 탐지하는 새로운 방안을 모색했는데, 심문을 받고 있는 사람들의 설명 속에 있는 세부사항의 수준을 분석하는 것이었다. 최근 연구들에 따르면, 사람들이 거짓말을 할 때는 인지 부하를 최소화하기 위해 불필요한 미화와 맥락에 대한 해설을 피하면서 간결하고 대본화된 설명을 고수하는 경향이 있다. 반면 진실된 내용을 이야기할 때, 사람들은 주변 맥락 및 사건의 다른 관계자들과 같은 측면까지 망라해서 다루기 때문에 통상적으로 세부사항을 20~30% 더 현저히 포함시켜서 말한다. 연구자들에 따르면, 이처럼 진실된 발언 시 상세한 설명을 하려는 경향은 맥락 단서의 정신적 복원이라는 자연스러운 과정에서 비롯되는데, 이는 추가적인 외부 세부사항의 회상을 용이하게 한다.

해설 거짓보다 진실을 말할 때 이야기 속에 세부사항을 더 끼워넣게 된다는 내용이므로, 빈칸에는 '세부사항'과 같은 의미의 ④ '상세한 설명'이 들어가야 적절하다.

① 간결성 ▶ '세부사항을 더 많이 포함'시킨다는 설명과 반대된다.
② 애매모호함
③ 회의론
⑤ 일반화

구문 풀이

... when recounting truthful accounts, individuals typically include a notable 20% to 30% increase in detail, **encompassing aspects** ...

▶ 주절 앞뒤로 분사구문이 연결되어 주절을 보충 설명한다.

02 정답 ①

2017 4월 35번 변형

해석 여러분이 방금 'Happy Birthday'를 튜바로 연주했다고 상상해 보라. 그러고 나서, 그것을 높은 음조의 바이올린으로 연주해본다. 튜바 소리 중 어느 것도 바이올린으로 똑같이 만들어지지는 않는다. 하지만 우리는 흥미로운 것을 발견하는데, 음들 사이의 '관계'가 동일하게 유지되는 한 그 멜로디를 여전히 알아차릴 수 있다는 것이다. 이제 여러분이 'Happy Birthday'의 음들을 올바른 순서로 음 하나당 한 시간의 속도로 연주하면 어떤 일이 일어날까? 무엇을 얻게 될까? 아무것도 얻지 못한다! 분리된 음들은 더 이상 멜로디가 아닐 것이다. 인지적으로, 그 멜로디는 어쨌든 그것을 규정하는 개별 음들 이상의 것이다. 바로 이러한 관찰 결과가 Gestalt 학파를 출범시켰다. 독일어 단어인 'Gestalt'는 '형태, 양식 또는 전체'를 뜻한다. 전체가 부분의 합보다 더 크다는 믿음에 기반해, Gestalt 심리학자들은 경험들을 부분으로 분석하는 대신, 전체 단위에서 사고, 학습 그리고 인지를 연구했다.

해설 멜로디를 파악할 때는 음을 하나하나 분리하는 것보다도 음 사이의 전체적 관계가 중요하다는 예시에 이어, Gestalt 학자들은 '전체' 단위로 인지 작용을 연구했다는 주제가 제시된다. 이때 not 뒤의 빈칸은 주제와 반대되는 내용이다. 즉 전체보다 '개별 요소'에 집중한다는 의미로, 빈칸에는 ① '경험들을 부분으로 분석하는'을 넣어야 한다.

② 식별 가능한 패턴에 집착하는
③ 요소의 정확한 복제를 보장하는

④ 부분들 사이 본질적인 연결고리를 강조하는 ▶ 주제와 부합하는 설명이지만, 이 말을 not 뒤의 빈칸에 넣으면 전체적으로 주제와 반대되는 진술이 되어버린다.
⑤ 모여 있는 음들에서 멜로디를 분리하는 ▶ 부분(음)에서 전체(멜로디)를 '분리해낸다'는 내용은 글에서 언급되지 않았다. 전체를 분석해 부분으로 살펴보는지, 아니면 전체 단위로 통합적인 시각에서 보는지에 관해서만 다루고 있다.

구문 풀이

Now, **what would happen if you played** the notes of "Happy Birthday" in the correct order, ...?

▶ 현재 사실이 아닌 것을 가정하는 가정법 과거 구문으로, '주어+조동사 과거형+동사원형 ~, if+주어+과거시제 동사 ~' 형태이다.

03 정답 ③

2015 3월 32번 변형

해석 인간의 도구 사용을 논의할 때, 과학자들은 전통적으로 날카로운 부싯돌 날 또는 전기 드릴과 같은 기계적 도구에 집중해 왔다. 이러한 도구는 미리 결정된 기능만을 제한적으로 수행하는 수동적인 도구로 종종 인식된다. 그러나 디지털 혁명의 도래로 인해 이러한 패러다임이 크게 변화했다. 현대의 도구는 고정된 기능에 얽매이는 대신 보편적인 목적을 염두에 두고 설계되었지만, 그 작동 방식은 미리 정해지지는 않았다. 따라서 이러한 도구를 사용하는 결과는 쉽게 예측할 수 없다. 개인용 컴퓨터를 예로 들어보자. 컴퓨터의 주된 기능은 정보를 관리하고 처리하는 것이지만, 사람들이 컴퓨터를 사용하는 구체적인 방식은 대단히 다양하다. 어떤 사람들에게는 커뮤니케이션 도구의 역할을 하고, 다른 어떤 사람들에게는 정교한 회계 시스템이나 엔터테인먼트 허브의 역할을 한다. 이러한 범용성은 현 시대에서 도구 사용 (방식)의 진화하는 특성을 강조한다.

해설 디지털 혁명 이후 현대의 도구는 '고정된 기능에 얽매이지 않고, 보편적 목적을 염두에 두어' 설계되기에 '범용성'을 띤다는 것이 주된 내용이다. 이때 However 앞에 있는 빈칸은 디지털 혁명 '이전'의 도구를 설명하고 있다. 따라서 핵심 소재인 현대 도구와는 반대로 '범용성을 갖지 못하고, 용도가 고정되어 있었다'는 내용이 적합하다. 따라서 빈칸에 가장 적절한 것은 ③ '미리 결정된 기능만을 제한적으로 수행하는 수동적인 도구'이다.

① 소수의 장인들이 만든 독특한 도구
② 상당한 물리적 노력을 요하는 수동 조작 장치
④ 무수한 상황에서 사용할 수 있는 기능성 장치 ▶ '무수한 상황'을 위해서가 아닌, '제한된 목적'으로 쓰일 수 있다는 내용이어야 한다.
⑤ 다수의 어려운 작업을 처리할 수 있는 혁신적인 장비 ▶ '다수의' 작업이 아닌, '고정된' 작업을 중심으로 처리할 것이다.

구문 풀이

Instead of **being bound by fixed functionalities, modern tools** are designed ...

▶ 동명사의 의미상 주어 modern tools가 '얽매이는' 대상이므로, Instead of 뒤에 동명사의 수동태인 being p.p.가 쓰였다.

04 정답 ④

해석 사람들은 시간이 지나면서 흔히 더 좋은 쪽으로 변한다. 성숙, 지혜, 인내, 그리고 다른 많은 장점은 삶의 경험이 조금씩 축적되면서 나오는 것이다. 하지만 이런 자질이 천천히 발전해야만 하는가? 이 질문에 대한 답을 찾기 위해, 연구자 Timothy Carey와 동료들은 심리 치료를 막 끝낸 사람들과 구조화된 면접을 했다. '아하'의 순간(깨달음의 순간)에 대한 보고는 많았다. 한 면접 대상자는 자신이 변했던 '순간을 마음속에 그려볼' 수 있다고 말했고, 또 다른 면접 대상자는 "나는 실제로 그것의 소리를 들을 수 있었습니다."라고 말했다. 그들 중 많은 이들은, 배우자와 수영장에 있었을 때 또는 치료사와 만났던 어떤 때와 같이, 깨달음을 얻었던 순간을 식별할 수 있었다. 몇몇 사람들은 친숙한 은유를 사용해 '아하'를 묘사했는데, 전등이 켜지는 것, 버튼이 눌리는 것, 딸깍하는 소리, 또는 "'핑'한 다음 상황이 명확하게 보였다"라는 식이었다. 이런 보고로 보아, 한순간의 통찰력이 평생의 경험에 견줄 만하다.

해설 변화나 깨달음은 오랜 시간에 걸쳐 일어날 필요 없이 '한순간에' 찾아올 수 있으며, 그리하여 사람들이 '특정한 어느 순간'이었다고 짚어내는 일도 가능하다는 내용의 글이다. 빈칸에는 이러한 요지가 잘 나타나야 하므로, 정답으로 가장 적절한 것은 ④ '한순간의 통찰력이 평생의 경험에 견줄 만하다'이다.

① 치료의 근본적 효과는 흔히 미묘하게 나타난다
② 깨달음은 단 한 순간으로 압축될 수 없다 ▶ 어느 한 순간으로 특정될 수 '있다'는 것이 글의 주제이다.
③ 갑작스러운 행동 변화는 지속적인 강화를 필요로 한다 ▶ 지속적인 강화보다도 한순간의 깨달음으로 변화가 이뤄질 수 있다는 것이 요지이다.
⑤ 개인의 성장은 효과적인 시각화를 통해 점진적으로 전개된다 ▶ 시각화가 성장의 수단이라는 내용은 언급되지 않았다.

구문 풀이

Many of them could identify the moment **at which they had their realizations**, …

▶ '전치사+관계대명사' 뒤로 완전한 절이 연결되어 시간 선행사 the moment를 보충 설명한다. 이때 at which는 관계부사 when으로 바꿀 수 있다.

05 정답 ④

해석 수필가인 Nassim Taleb은 자신의 고질적인 과체중을 해결하기 위해 무언가 해야겠다고 결심하며 다양한 스포츠를 시작하는 것을 고려했다. 그러나 조깅하는 사람들은 비쩍 마르고 행복하지 않아 보였으며, 테니스를 하는 사람들은? 너무도 상위 중산층 같았다!

(C) 그러나 수영을 하는 사람들은 체격이 좋고 체형이 날씬하여 그의 흥미를 끌었다. 그는 동네에 있는 수영장에 등록하기로 결정했다. 얼마 후, 그는 자신이 착각에 사로잡혀 있었음을 깨달았다. 프로 수영 선수들은 엄청나게 훈련하여 완벽한 몸을 갖게 된 것이 아니다.

(A) 되려 그들은 그들의 (탁월한) 체격 때문에 좋은 수영 선수인 것이다. 비슷한 예로, 여성 모델들이 화장품을 광고하고, 그래서 많은 여성 소비자들은 이러한 상품들이 자신을 아름답게 만들어준다고 믿는다. 그러나 이 여성들을 모델답게 만들어주는 것은 화장품이 아니다.

(B) 아주 간단하게도, 모델들은 태어날 때부터 매력적이었으며, 오로지 이 이유로 화장품 광고를 위한 후보가 된 것이다. 수영 선수의 몸과 같이, 아름다움은 선택을 위한 하나의 요인이지 결과는 아니다. Taleb은 위 사례와 같은 혼동을 '수영 선수의 몸에 대한 착각'이라 부른다.

해설 Nassim Taleb이 과체중을 해결하고자 조깅, 테니스 등 운동을 알아보았다는 주어진 글 뒤로, '수영'이 Taleb의 흥미를 끌었다는 내용의 (C)가 먼저 연결된다. 한편 (C)의 후반부는 수영을 하면 몸매가 완벽해질 것이라는 Taleb의 기대가 '착각'이었다는 내용인데, (A)는 '오히려' 완벽한 몸매가 수영에 거꾸로 도움이 되었던 것임을 지적한다. 이어서 (A) 후반부는 '화장품 모델'에 관한 사례를 추가하고, (B)는 모델의 예시를 마무리한다. 따라서 글의 순서로 ④ '(C)-(A)-(B)'가 가장 적절하다.

06 정답 ③

해석 오늘날의 디지털 환경에서, 주류 뉴스에 등장하는 것은 시민들이 사건과 이슈에 관해 더 광범위한 공동체와 소통할 수 있는 여전히 중요한 방법이다.

(B) 기자들은 많은 시민들이 다른 어떤 방법으로도 얻을 수 없다고 느끼는 신뢰성, 지위, 보장된 많은 청중을 제공할 수 있다. 하지만, 그런 혜택을 얻으려면 취재 대상들은 자신들의 이야기가 대중에게 어떻게 전달되는지에 관한 통제권을 기자들에게 양도해야 한다.

(C) 그것은 큰 위험인데, 뉴스 기사는 청중에게 엄청난 신뢰를 받기 때문이다. 즉 취재 대상들은 본인이 뉴스 보도가 정확하다고 느끼든 그렇지 않든, 많은 사람들이 그 뉴스 보도를 믿는다는 결과에 대처해야 한다. 만약 뉴스 보도가 그들이 사회적으로 일탈했다거나, 아니면 도덕적으로 부적절하다고 묘사한다면, 그 결과로 인한 오명은 심각하고 오래갈 수 있다.

(A) 그럼에도 불구하고, 많은 잠재적 취재 대상들에게 기자와 협력하는 것은 여전히 해볼 가치가 있는 거다. 대규모 뉴스 독자에게 이야기하는 것, 혹은 그냥 자신을 보여주기만 하는 것의 이점이 매우 클 수 있어서, 많은 취재 대상은 (언론에 의해) 왜곡될 위험을 감수할 가치가 있다고 결론을 내린다.

해설 뉴스 출연이 여전히 사건에 관해 소통하는 중요한 방법이라는 주어진 글 뒤로, 이것이 다른 매체에 비해 독보적인 신뢰성을 확보할 수 있는 방식이라고 설명하는 (B)가 이어진다. 한편 (B) 후반부에서는 이 신뢰성이라는 '혜택'을 보장받으려면 기자에게 메시지 전달의 주도권을 넘겨야 한다고 설명하는데, (C)는 이것(That)이 왜 '위험'한지를 설명한다. 마지막으로 (A)는 '그런 위험에도 불구하고' 왜 뉴스 출연이 여전히 가치 있는 방식인지 언급하며 글을 마무리한다. 따라서 글의 순서로 가장 적절한 것은 ③ '(B)-(C)-(A)'이다.

구문 풀이

That is a big risk, **since** news stories have a great deal of credibility with their audiences: {**whether subjects themselves feel the news coverage is accurate or not**}, they will have to deal with the consequences **of many people believing it**.

▶ since는 여기서 이유의 접속사이다(~ 때문에).
▶ { }는 '~이든 아니든'이라는 의미의 부사절이다.
▶ 전치사 of의 목적어로 동명사구인 believing it이 연결된다. many people은 동명사의 의미상 주어이다.

구문 풀이

Taleb calls **the confusions (like the cases above) the** *swimmer's body illusion*.

▶ 'call A B(A를 B라고 부르다)' 구문으로, ( )는 A에 해당하는 the confusions를 수식한다.

07 정답 ④

해석 영화감독과 작곡가의 협업에서 가장 두드러진 예 중 하나는 <Alexander Nevsky>(1938)를 제작하는 과정에서 있었던 Eisenstein과 Prokofiev의 협업이다. <Film Sense>라는 책에서, Eisenstein은 영상과 음악의 구조적 조화를 이루어 내고자 작곡가와 감독이 얼마나 긴밀하게 작업했는지를 설명한다. 가장 먼저 영화 각 섹션의 의도와 구성에 대한 긴 논의가 있었다. 이러한 논의 뒤에, 작곡가는 이따금씩 한 장면 또는 시퀀스(일련의 연속된 장면)에 맞는 악절을 대충 쓰고 녹음하곤 했다. 그리고 나서 감독은 이 섹션을 촬영하고, 음악적 구성에 맞추어서 그것을 편집하는 시도를 하곤 하였다. 다른 경우, 반대의 과정이 펼쳐지기도 했다. 최종 영상 '편집본' 초안에 맞추기 위해서, 한 시퀀스가 촬영되고 편집된 이후에 음악이 작곡되기도 했다. (이런 과정들의) 목표는 청각 및 시각적 구조의 동일한 흐름대로 음악과 영상을 연결짓는 것이었다.

해설 ④ 앞의 두 문장은 음악을 먼저 만들고 영상을 제작했다는 내용인데, ④ 뒤는 영상에 맞춰 음악을 만들었다는 내용이다. 두 내용이 서로 반대되는데 적절한 역접어가 없으므로 흐름이 어색하게 끊긴다. 이때 주어진 문장을 보면, At other times나 a reverse procedure 등 앞과 '반대되는' 내용이 나올 것임을 예고하는 표현이 있다. 따라서 주어진 문장은 ④에 들어가야 한다.

구문 풀이

One (of the most notable examples of the collaboration of film director and composer) was **that** of Eisenstein and Prokofiev …

▶ 'one of the+최상급+복수명사(가장 ~한 …들 중 하나)' 주어는 단수 취급한다 (was).

▶ that은 collaboration을 받는 지시대명사이다.

---

08 정답 ② 　　　　　　2015 3월 37번 변형

해석 대량 주문 제작은 제조업자나 소매상이 개개인의 요구에 맞추어 만든 제품을 소비자들에게 제공할 수 있게 하는 전략이다. 오늘날의 의류 공급 회사는 고객들에게 최고 품질의 상품을 매우 경쟁력 있는 가격으로 제공할 새로운 방법을 찾아야 한다. 소비자들은 크기나 모양에 대한 선호도, 색상 선택사항, 직물 선택사항, 혹은 디자인 특성을 통해 개인의 요구에 맞추어질 수 있는 상품을 원한다. 크기나 모양에 대한 선호도에 대한 한 가지 해결책은 디지털 방식으로 고객의 치수를 측정하는 전신 스캐너 혹은 발 스캐너인데, 이것은 디지털 쌍둥이라고 불리는 것을 만들어낸다. 그 정확한 이미지에 기초하여, 이어서 신체를 스캔하는 소프트웨어가 실제로 옷이나 신발을 제조하는 데 필요한 모든 치수를 확정하고 (그 치수 데이터를) 입력한다. 이 데이터는 제조업자에게 온라인으로 전송되고, 이들의 제조 기술이 (의류가) 몸에 꼭 들어맞게 해 준다. 그러면 고객은 이내 곧 완성된 제품을 받는다. 비록 흔히 소수 고객에 한정되기는 해도, 이런 맞춤 제작은 오늘날 몇몇 패션 회사들에 의해 사용되고 있다.

해설 ② 앞은 오늘날 소비자들이 저마다의 요구에 맞춰질 수 있는 상품을 원한다는 내용인데, ② 뒤에서는 앞에서 언급되지 않은 '그 정확한 이미지'를 언급하므로 흐름이 어색하게 끊긴다. 이때 주어진 문장을 보면, 디지털 방식으로 치수를 측정하는 스캐너를 통해 만들어지는 '디지털 쌍둥이'를 언급하는데, 이것이 ② 뒤의 the exact image로 연결된다. 따라서 주어진 문장은 ②에 들어가야 적절하다.

구문 풀이

This data is forwarded online to **the manufacturer**, **whose** production technologies ensure an exact fit.

▶ 콤마 뒤에서 계속적 용법으로 쓰인 whose가 선행사 the manufacturer의 소유격을 나타낸다.

01 정답 ①

2018 3월 35번 변형

해석 독서는 관점 취하기를 위한 기술이다. 다른 누군가의 생각이 머릿속에 있을 때, 여러분은 그 사람의 관점에서 세상을 바라보는 것이다. 여러분은 직접 경험할 수 없을 장면과 소리를 접하고 있을 뿐 아니라, 그 사람의 마음속에 들어가 잠시나마 그 사람의 태도와 반응을 공유하고 있는 스스로의 모습을 발견하게 된다. 타인의 관점을 취한다는 의미의 '공감'은 그 사람을 향해 연민을 느낀다는 의미의 '공감'과는 같지 않지만, 전자는 자연스런 경로로 후자로 이어질 수 있다. 따라서 타인의 관점으로 발을 들여놓는 것은 그 사람이 여러분과 매우 흡사하지만 똑같지는 않은 1인칭 현재시제의 지속적인 의식 흐름을 갖고 있다는 사실을 상기시킨다. 다른 사람의 글을 읽는 습관이 그 사람의 기쁨과 고통을 포함한 ~~마음속으로 들어가는 습관을 길러줄~~ 수 있다고 생각하는 것은 지나친 비약이 아니다.

해설 독서는 타인의 관점을 취하고 나아가 타인의 태도나 반응을 공유하는 '공감'의 과정이 될 수 있다는 내용이다. 따라서 빈칸에 들어갈 말로 ① '(타인의) 마음속으로 들어가는 습관을 길러줄'이 가장 적절하다.

② 그들의 글감과 문체를 모방하게 해줄
③ 다른 사람들의 감정적 면모를 무시하게 해줄 ▶ 독서를 통해 타인인 필자의 마음속 태도와 반응을 '공유'할 수 있다는 내용과 반대된다.
④ (독자) 본인의 경험과 감정으로부터 분리시킬
⑤ 다양한 관점을 이해하는 능력을 제한시킬 ▶ 독서를 통해 타인의 관점을 취하다 보면, 다양한 관점을 이해하는 능력은 오히려 '향상될' 것이다.

구문 풀이

Not only are you taking in sights and sounds that you could not experience firsthand, …
▶ 부정어구가 문장 맨 앞에 나오면 뒤따르는 주어와 동사는 의문문 어순으로 도치되므로, 'be동사+주어+현재분사(진행시제)'의 어순이 되었다.

02 정답 ③

2016 10월 34번 변형

해석 기술은 은유 형성과 생각의 궤적에 영향을 주는 데 근본적인 역할을 한다. 은유는 디자인 과정 및 과학 기술의 진화와 복잡하게 얽혀 있으며, 은유가 기술 발전에 기여하고 새로운 기술 발전이 다시 참신한 은유를 불러일으키는 순환적 관계를 형성한다. 말이 끄는 마차에서 자동차로의 전환과 같이, 중대한 변화가 주기적으로 발생한다. 후자(자동차)에 대한 최초의 묘사는 자연스레 은유를 취했는데, '말 없는 마차(자동차)'와 같은 표현이 그 증거이다. 이처럼 (당대 기술을) 선행 기술과 은유적으로 연관짓는 행위는 언어적일 뿐만 아니라 시각적이기도 하다. 자동차의 초기 디자인은 종종 말이 끄는 마차를 연상시키는 시각적 요소를 유지했다. 말이 끄는 마차와 말 없는 마차는 모두 기술 혁신을 나타내는데, 이는 새로운 발명품을 개발할 때 기존 개념에 기반하려는 인간의 경향을 반영한다. 또한 인간은 종종 새로운 발명품을 친숙한 체제 및 지식과 연결하여 설명하고 이해하려고 한다.

해설 새로운 기술이 출현하면 새로운 은유가 생기는데, 이때 은유는 '기존 개념에 바탕을 두는' 경향이 있다는 내용이다. 자동차가 새로 개발되었을 때 '마차'라는 기존의 대상을 활용한 비유(발 없는 마차)가 만들어졌던 사례로 주제를 뒷받침하고 있다. 따라서 빈칸에 들어갈 말로 가장 적절한 것은 ③ '새로운 발명품을 친숙한 체제 및 지식과 연결'이다.

① 새로운 발명을 단순한 (일시적) 유행이나 새로움으로 치부
② 현대적인 디자인으로 상품성을 제고
④ 과거 기술 대비 새로운 발명의 독특함을 강조 ▶ 기존 개념(과의 유사성)에 바탕을 둔다는 내용과 반대된다.

⑤ 보다 광범위한 수용을 위해 새로운 발명의 기능을 단순화

구문 풀이

… creating **a cyclic relationship** [where metaphors contribute to the development of technology], …
▶ [ ]은 밑줄 친 선행사를 꾸미는 관계부사절이다.

03 정답 ①

2018학년도 9월 21번 변형

해석 사람들은 때때로 하향 비교, 즉 열등하거나 상황이 더 나쁜 다른 사람들과 본인을 비교하여 본인에 대해 더 좋게 느끼려고 한다. 이는 자기 고양감이 작동하는 것이다. 그러나 우리가 이용할 수 있는 유일한 비교 대상이 우리보다 우월하거나 상황이 더 나을 때는 어떤 일이 생기는가? 그런 상황에서도 자기 고양감의 동기가 여전히 도움이 될까? 그렇다, 자기평가 유지 모형으로 포착된 바에 의하면 그럴 수 있다. 이 이론에 따르면 우리는 유리한 자기관을 유지시켜 주는 방식으로 반영과 비교라는 두 가지 과정 사이를 오간다. 자기 인식에 특별히 관련되지 '않은' 영역에서는 우리는 '반영'을 하고, 그렇게 해서 자기 자신을 타인의 성취와 연관지어 치켜세운다. 여러분이 본인의 운동 실력에 신경을 거의 쓰지 않는다고 가정하자, 그럼에도 여러분의 친구가 중요한 축구 시합에서 결승골을 넣으면, 여러분은 마치 그게 또한 여러분의 승리인 것처럼 자랑스럽게 활짝 웃는다.

해설 우월한 타인과 스스로를 비교할 때 인간 심리가 작동하는 방식을 설명하는 지문이다. 마지막에서 두 번째 문장에 따르면, 사람들은 자기 인식과 무관한 영역에서는 타인의 성취를 본인에게 '반영'해 스스로를 치켜세운다. 빈칸이 포함된 마지막 문장은 이에 대한 예문이다. 즉, 운동 실력에 별 관심이 없는 사람은 친구가 운동 경기에서 성과를 보이면 '이를 자신에게도 반영시켜 자랑스러워한다'는 내용이 빈칸에 들어가야 한다. 따라서 정답은 ① '마치 그게 또한 여러분의 승리인 것처럼 자랑스럽게 활짝 웃는다'이다.

② 스스로 아무것도 성취하지 못했다고 느낀다 ▶ 친구의 승리로 '자기 자신도 고양된다'는 결론과 반대된다.
③ 본인의 운동 기술을 키워야 한다는 암묵적인 압박을 받는다
④ 친구가 받는 관중의 관심을 참지 못한다 ▶ 결국 '질투한다'는 의미이므로 '자기 의식을 높인다'는 내용과 모순된다.
⑤ 친구에게 조언을 구하여 배우겠다는 의욕이 생긴다

구문 풀이

Suppose you care very little about your own athletic skills, …
▶ suppose/imagine/consider/think about으로 시작하는 명령문(~라고 생각해 보라)은 보통 주제에 대한 예시를 든다.

04 정답 ②

2018학년도 6월 22번 변형

해석 상대방에게 공세적 위치를 넘겨주는 것은 전술상 실수이다. 상대는 어쨌든 분명 공격하고, 비판하고, 비난할 것이기 때문에, 상황을 미리 주도하여 자신의 '치부'를 발표하고 '스스로의 잘못을 고자질하는 것'의 이점은 너무 중요해서 무시할 수 없다. 이러한 이점 가운데 주된 것은 최초의 메시지 내용과 이야기가 처음 표현되는 방식을 조절할 수 있다는 것이다. 그것은 타인이 여러분에게 반응해야만

하게 만든다, 반대 상황(여러분이 타인에게 반응) 대신 말이다. 이런 접근법은 '선수 친다'라는 표현으로 적절히 일컬어진다. 어떤 조직이 선수를 칠 때, 그 조직은 내부 위기 상황이 매체나 다른 이해관계자에 의해 발견되기 전에 그 소식을 알린다. Arpan과 Roskos-Ewoldsen에 의한 실험 연구에서, 위기 상황에서 선수를 치는 것은 정보가 다른 당사자에 의해 먼저 폭로되도록 허용하는 경우와는 정반대로, 대체로 더 높은 신뢰성 점수로 이어졌다. 저자들이 밝히기로, '선수 치는 것과 관련된 신뢰성 평가는 위기가 덜 심각하게 인지될 것을 직접적으로 예측했다'.

해석 조직의 치부가 상대편에 의해 폭로되기 전에 먼저 밝혀버리는 '선수 치기' 전략에 관해 설명하는 글이다. 'When an organization steals thunder, ~' 이하로 조직의 약점이나 위기에 관해 스스로 먼저 말하는 것이 오히려 조직에 대한 신뢰나도 위기 인식 차원에서 더 유리한 결과를 가져올 수 있다고 한다. 이때 빈칸 문장을 보면, 전략적 '실수'에 관해서 언급하고 있다. 즉 '스스로 고자질할' 기회를 놓쳐버리고, '상대가 먼저 약점을 폭로하게 하여 유리한 위치를 점하게 했을 때' 그것이 곧 실수가 된다고 지적하는 문맥인 것이다. 따라서 빈칸에는 ② '상대방에게 공세적 위치를 넘겨주는'이 들어가는 것이 가장 적절하다.
① 통계를 조작하여 신뢰도를 부풀리는
③ 언론을 유리한 방식으로 장악하려고 시도하는
④ 외부 위협에 대응하기 위한 예방 조치를 하는
⑤ 약점이 대중에 공개되지 않도록 숨기는 ▶ '먼저 약점을 드러낸다'는 내용과 반대된다.

구문 풀이

That **leaves others having to respond to you** instead of the other way around.
▶ 'leave+목적어+현재분사(~이 …하도록 두다)' 형태의 5형식 구문이다.

---

05 정답 ⑤
2018학년도 6월 38번 변형

해석 성숙한 시장에서는 경쟁적 지위의 대대적 변화 및 시장의 성장으로 이어지는 돌파구를 발견하기 어렵다.
(C) 따라서, 경쟁은 한 조직이 다른 조직을 희생시켜야만 이길 수 있는 제로섬 게임이 된다. 그러나 경쟁의 강도가 특히 심할 경우, 제로섬 게임은 순식간에 네거티브섬 게임이 될 수 있으며, 이 경우 시장 참여자들은 추가적인 비용 부담에 직면하게 된다.
(B) 예컨대 영국의 주요 은행 중 한 곳이 (평일뿐만 아니라) 토요일 아침에도 문을 열어 경쟁 우위를 점하고자 했을 때, 이곳은 월요일부터 금요일까지의 관습적 은행 영업 시간을 제약으로 여기던 신규 고객 다수를 확보하였다. 그러나 경쟁사 역시 고객 감소를 맞닥뜨리자 토요일에도 영업을 개시하는 방식으로 대응했다.
(A) 이것의 순효과는, 고객은 혜택을 보았고 은행은 비용이 증가함에 따라 손해를 봤으나, 그럼에도 불구하고 전체 고객 수는 그대로였다는 것이다. 이러한 점에서 이는 본질적으로 네거티브섬 게임으로 판명되었다.

해설 주어진 글에서 성숙한 시장에서의 경쟁을 화제로 제시하고, (C)는 이와 인과관계(Therefore)로 연결된다. 성숙한 시장에서는 경쟁 구도의 변화를 이끌 돌파구가 나오기 어렵고, '따라서' 경쟁이 서로를 희생시키려는 제로섬 게임으로 번진다는 것이다. 이어서 For instance로 시작하며 은행들의 예시를 처음 언급하는 (B)가 먼저 연결되고, (A)는 (B)에서 제시한 상황의 결과(The net effect)를 정리한다. 따라서 ⑤ '(C)-(B)-(A)'가 가장 자연스러운 순서이다.

구문 풀이

… it is rather difficult to discover **breakthroughs [that lead to a major change in competitive positions and to the growth of the market]**.
▶ 선행사가 복수명사이므로 주격 관계대명사 that 뒤의 동사 또한 복수형(lead)으로 쓰였다.

---

06 정답 ②
2014 4월 23번 변형

해석 '엔트로피'는 계(界) 내의 무질서도 또는 무작위도에 대한 정량 척도 역할을 한다.
(B) 물리학자들은 엔트로피의 포괄적인 정의를 고안하여, 수치를 통해 엔트로피의 규모를 특징지을 수 있게 되었다. 즉, 수치가 높으면 엔트로피가 크다는 것을 의미하고, 반대로 수치가 낮으면 무질서도가 작다는 것을 의미한다.
(A) 이 개념이 복잡해서 주눅들 수도 있겠지만, 이것은 기본적으로 특정 물리적 실체의 전체적 구성이 유지되는 한편으로 그 안에서 잠재적으로 재배열될 수 있는 구성 요소들의 수를 반영한다. 꼼꼼하게 정리된 책상을 생각해보자. 신문, 책, 또는 펜의 배열을 어떤 식으로든 변경하면 꼼꼼하게 정리된 배치가 흐트러져서, 엔트로피가 낮아진다.
(C) 반대로 어수선한 책상은 높은 엔트로피를 보이는데, 종이, 기사, 여러 물건의 무수히 많은 순열이(물건을 무수히 다양하게 배열해 봐도) 그 혼란스러운 모습을 유의미하게 바꿔놓지 못하기 때문이다. 요컨대 엔트로피는 계(界)가 질서 상태에서 무질서 상태로 이행하려는 본질적인 경향을 요약해서 보여주며, 계(界)의 동적 거동에 대한 대단히 유용한 통찰을 제공한다.

해설 엔트로피가 '정량 척도' 역할을 한다고 언급한 주어진 글에 이어, (B)는 엔트로피 '수치'가 높고 낮을 때 각각 어떤 의미인지 설명한다. (A)는 복잡해보이는 '이 개념'을 쉽게 알아보기 위한 예로 잘 정리된 책상을 제시한다. (C)는 (A)와 반대되는(Conversely) 사례로 어수선한 책상을 언급한다. 따라서 글의 순서로 ② '(B)-(A)-(C)'가 가장 적절하다.

구문 풀이

… it basically reflects the count of potential rearrangements of constituent components within a given physical entity **while preserving** its overall configuration.
▶ '접속사+현재분사' 형태의 분사구문이다(~하면서, ~하는 동안).

---

07 정답 ④
2015 4월 31번 변형

해석 호기심은 무엇을 의미하고, 왜 그것은 그렇게 중요한가? 우리는 호기심을 탐구로, 즉 배우고 이해하려고 하면서 알고 싶어 하는 것으로 여긴다. 어떤 사람들은 호기심을 참견하기 좋아하는 것과 연관시킨다. 결국에는, 우리는 다른 사람들에 관해 호기심이 있는 경우 그들에게 사적인 질문을 물으면서 참견하기 좋아하지 않는가? 우리는 그 둘 간에 차이가 있다고 믿는다. 참견하기 좋아하는 사람들은 질문을 하고 나아가 주어진 답변들에 대해 저울질을 시작한다. 그들의 의도는 상대방에 관해 배워가는 것이 아니라, 어쩌면 누가 더 낫고 못한지 못한지를 판단하고 싶어 하면서 비교를 하는 것이다. 반면에 진정한 호기심은 그 어떤 판단도 내포하지 않는다. 이것은 더 큰 이해라는 목표를 갖고 탐구하고 배워가는 것으로, 가치를 정하는 것으로부터 벗어나 있다. 호기심 많은 사람이 질문을 할 때, 이들의 유일한 의도는 더 깊은 탐구에 대한 흥미를 자아내는 다른 사람, 생각, 장소, 출처, 혹은 그 어떤 것이든 간에 그것을 더 잘 이해하는 것이다.

해설 ④ 앞에서 참견하기 좋아하는 것은 진짜 알기 위해서가 아니라 사실 더 낫고 못한 것을 판단하고 비교할 목적으로 질문하는 것이라고 하는데, ④ 뒤에는 가치를 정하는 것으로부터 '벗어나 있는' 다른 행위를 언급한다. 즉, ④ 앞뒤로 적절한 역접어 없이 [가치를 정한다↔정하지 않는다]라는 상반된 내용이 나와 흐름이 어색하게 끊긴다. 이때 주어진 문장을 보면, In contrast라는 역접어와 함께 '참견하기 좋아하는 것'과 반대되는 소재로 '진정한 호기심'을 언급한다. 이 true curiosity가 ④ 뒤의 It으로 연결되는 것이므로, 주어진 문장은 ④에 들어가야 적절하다.

구문 풀이

Their intention is **not to learn** about the other person, **but to compare**, perhaps **wanting to determine who is better or worse**.

▶ is의 보어인 to부정사구가 'not A but B(A가 아니라 B인)' 형태로 병렬 연결되었다.

▶ 밑줄 친 부분은 주절 내용을 보충 설명하는 분사구문이다.

---

08 정답 ④ 2014년 10월 41~42번 변형

해석 벤처 투자가인 Ben Horowitz는 이른바 '괴짜 금요일 관리 기법'이라는, 인사 관리에 관한 흥미로운 일화를 공유한다. 그가 회사를 경영할 때, 그는 고객 지원 부서와 영업 엔지니어링 부서 사이의 마찰에 직면했다. 두 팀 모두 우수한 인재들로 구성되어 있었지만, 협력을 하지 못해서 생산성이 저하되었고, 회사의 성공도 위태로워졌다. Horowitz는 등장인물이 서로 몸을 바꾸고 서로가 처한 어려움에 관해 통찰력을 얻는 영화인 <Freaky Friday>에서 영감을 받아 비슷한 전략을 시행하기로 결정했는데, 즉 영업 엔지니어링 부서장과 고객지원 부서장에게 직무를 서로 바꾸라고 지시한 것이었다. (부서장들은) 처음에는 대단히 경악했지만, 이 실험적 아이디어는 극적인 결과를 냈다. 일주일 안에 두 간부들은 갈등을 야기한 기저 요인들을 명확히 파악한 후 해법을 신속히 실행하여, 각 팀에 새로운 조화(안정)를 조성했다. 그 뒤로, 한때 어려움을 겪던 이들 조직은 시너지 효과를 발휘하면서 번창했다.

해설 대명사 힌트와 더불어, 일반적 진술 다음에 구체적 진술이 위치한다는 논리적 원칙을 참고하면 쉽게 풀 수 있다. 우선 ④ 앞에 역할을 바꾸라고 지시했다는 내용이고, 주어진 문장은 이 지시를 this experimental invention으로 가리키며 부서장들의 반응(dismay)을 설명한다. ④ 뒤는 주어진 문장의 '극적인 결과'를 상술하는 문장으로, 역할을 실제로 바꾼 뒤 조화로운 해결책이 도출되었음을 말한다. 따라서 주어진 문장이 들어가기에 가장 적절한 곳은 ④이다.

구문 풀이

Met with fierce initial dismay, though, **this experimental invention** yielded dramatic results.

▶ 'Met ~ dismay'는 밑줄 친 의미상 주어를 수동의 의미(~된 채)로 보충 설명하는 분사구문이다.

01 정답 ①

2014 7월 34번 변형

해석 여러분이 프랑스 파리의 북적이는 인도를 따라 걷고 있는데, 그때 갑자기 다른 보행자가 반대편에서 다가오고 있는 것을 알아차린다고 해보자. 두 사람 모두 충돌을 피하려면 옆으로 틀어야 한다. 본능적으로 여러분은 오른쪽으로 움직이는데, 이는 수많은 유사한 마주침을 통해 (머릿속에) 새겨진 문화적 규범이다. 이 상황을 여러 아시아 지역에서 일어나는 비슷한 상황과 비교해보면, 여기서는 아마 왼쪽으로 걷는 게 (사람들의 행동) 경향일 것이다. 이런 식의 방향적 선호는 명백한 지시에 의해 정해지는 것이 아니고, 그보다는 확률적 추론으로부터 발생한다. 심리학자 Mehdi Moussaid는 두 사람이 서로의 움직임을 정확하게 예측할 때 이것이 공유된 행동 패턴을 강화한다고 설명한다. 시간이 지나면서, 더 많은 사람들이 이런 편향을 채택하고, 그리하여 (타인과의) 마주침을 성공적으로 탐색할 가능성을 높이며 주된 방향적 선호를 강화한다. 왼쪽인지 오른쪽인지가 중요한 게 아니다. 중요한 건 그것이 다수의 암묵적 합의를 반영한다는 것이다.

해설 나라마다 사람들이 어느 쪽으로 피해서 걸을 것인지 정하는 것은 많은 비슷한 마주침을 겪으며 각인된 문화적 규범이라고 한다. 처음에는 확률적 추론으로 시작되지만, 서로 예측이 맞는 경우가 축적되면서 어느 한 방향으로 집단적 행동 패턴이 굳어진다는 것이다. 이를 근거로 볼 때, 결국 사람들이 명시적으로 어떻게 하자고 합의한 것은 아니지만, '암묵적으로' 이뤄진 합의가 곧 규범이 된다는 결론을 유추할 수 있다. 따라서 빈칸에는 ① '다수의 암묵적 합의'가 가장 적절하다.
② 관계 당국에 의해 마련된 명확한 지침 ▶ 관계 당국이 지침을 마련하지 않아도, 사람들의 예측이 쌓이면서 그게 집단적 규칙으로 굳어진다는 것이 핵심이다.
③ 정확한 수치 데이터에 대한 선호 ▶ 글에서 '확률적 추론'이 언급되기는 하지만, 이것이 엄격한 수치 데이터에 근간을 둔 것은 아니다. 머릿속에서 가능성을 따진다는 것이다.
④ 보행자 갈등을 피하려는 경향
⑤ 기존의 문화적 편향에 대한 저항 ▶ '저항'한다기보다는, 집단적으로 '채택하고 강화해가는' 과정을 설명하는 내용이 주를 이룬다.

구문 풀이

... various parts of Asia, **where the tendency would likely be to step to the left**.
▶ where는 장소 선행사 various parts of Asia를 보충 설명하는 계속적 용법의 관계부사로, '그리고 이곳에서는 ~'의 의미이다.
▶ 밑줄 친 to부정사구는 where가 이끄는 문장의 주격 보어이다(~하는 것).

02 정답 ③

2018 10월 37번 변형

해석 여러분이 새로 알게 된 사람들과 식사하고 있다가 소금 쪽으로 손을 뻗을 때, 그들 중 한 명이(이름이 Joe라고 하자) 여러분을 퉁명스럽게 쳐다보더니 소금을 낚아채고는 여러분의 손에 닿지 않는 곳으로 옮긴다고 상상해보라. 나중에 여러분이 식당을 나설 때, Joe가 먼저 급히 가더니 바깥에서 출입구를 막아버린다. Joe의 행동은 명백히 무례하다. 우리가 다른 사람이 뭘 하려는지 알고 있을 때, 그들더러 그렇게 하지 못하게 하면 이는 (그들의) 기분을 상하게 한다. 하지만 다른 상황에서, 예컨대 똑같은 사람들과 보드게임을 하고 있는 상황이라면, Joe가 여러분의 승리를 막는 것은 완벽히 용인될 수 있을 것이다. 식당에서든 게임에서든, Joe는 여러분의 의도를 알고 있고, 여러분이 이를 달성하지 못하게 막는 것이다. 이 행동이 식당에서는 무례하게 여겨질지라도, 게임이라는 맥락에서는 예상되고 허용 가능하다. 분명하게도, 게임은 우리에게 갈등에 관여하고 다른 사람들의 목표를 방해할 자유를 준다.

해설 실제 상황에서 '타인의 의도를 고의적으로 막는' 일은 무례하게 여겨지

지만, 게임에서는 이것이 타당한 행위로 허용된다는 것이 주된 내용이다. 따라서 빈칸에는 ③ '갈등에 관여하고 다른 사람들의 목표를 방해할'이 가장 적절하다.
① 다른 사람들의 행동을 면밀히 관찰하고 모방할
② 아무런 자제 없이 진짜 감정을 표현할
④ 합의된 규칙 안에서 집단의 이득을 우선시할 ▶ '공동의' 이득이나 목표가 아닌, '개인의' 목표를 최우선으로 추구해도 된다는 결론이어야 한다.
⑤ 사회적 장벽에 저항하고 규범을 재정의할

구문 풀이

... it would be perfectly acceptable **for Joe to prevent you from winning**.
▶ to prevent you from winning(~이 …하지 못하게 하는 것)이 문장의 진짜 주어이고, 'for+목적격'은 이 to부정사구의 의미상 주어를 나타낸다. it은 아무런 의미가 없는 가주어이다.

03 정답 ⑤

2016 4월 37번 변형

해석 부정적인 관계를 원상태로 돌리는 것은 '공정한 거래'를 요구하는 것보다는, 가치 있는 뭔가를 포기하는 것에서 시작된다. 만일 당신이 주고 나서 즉시 보답으로 어떤 것을 요구한다면, 당신은 관계를 구축하는 게 아니고, 거래를 하는 것이다. 올바르게 행해지면 상호 의존 관계는 펌프를 (작동하도록) 준비시키는 것과 같다. 옛날에 펌프는 조금의 물이라도 나오게 하려면 많은 노력을 필요로 했다. 당신이 반복해서 레버를 움직여 관 속의 빈 공간을 제거하고 나서야 물이 흐를 수 있었다. 그렇지만 당신이 처음에 관 속으로 약간의 물을 부어줬다면, 그 빈 공간은 금세 제거되었고, 이로 인해 힘을 덜 들이고도 물이 흐를 수 있었다. 경쟁자와의 상호 의존 관계도 대단히 유사한 방식으로 작동한다. 당신이 무엇을 주어야 하는지를 신중히 생각해보고, 이상적으로는 상대방이 보답을 위해 거의 노력할 필요가 없는 무언가를 선택하라.

해설 글에 따르면, 펌프로 물을 퍼내려고 할 때 펌프 공간이 빈 상태로 무턱대고 사용하고자 한다면 반복해서 레버를 움직이며 더 많은 힘을 써야 하지만, 관 안에 오히려 약간의 물을 넣어주고 나면 힘을 덜 들이고도 물이 흐르게 된다고 한다. 이 비유를 '경쟁자와의 상호 의존 관계'에 적용하면, 경쟁자가 관계 참여에 힘을 '덜' 들일 수 있도록 무언가 먼저 해주어야 한다는 결론을 유추할 수 있다. 따라서 빈칸에 들어갈 말로 가장 적절한 것은 ⑤ '상대방이 보답을 위해 거의 노력할 필요가 없는'이다.
① 수혜자에게 장기적 의무를 발생시키는 ▶ 보답의 의무를 요구하지 '말고' 먼저 뭔가 해주어야 관계가 형성된다는 글의 요지와 반대된다.
② 그들에게는 큰 가치를 지니지만 당신에게는 그렇지 않은 ▶ '자신에게 가치 있는 것을 포기해야' 부정적이던 관계도 복구할 수 있다는 첫 문장의 진술과 반대된다.
③ 공정한 거래의 기본 원칙을 따르는 ▶ 관계는 거래와는 '다르다'는 것이 글의 핵심이다.
④ 상대방이 자신의 숨겨진 욕망을 추구하도록 동기를 부여하는

구문 풀이

When (it is) done correctly, reciprocity is like getting the pump ready.
▶ 부사절의 '대명사 주어+be동사'가 생략된 축약 구문이다. 혹은 이를 '접속사+과거분사' 형태의 분사구문으로 봐도 된다.

04 정답 ③

해석 과학에서, 하나의 실험은 논리적으로는 이론상 무한한 연속 안에서 또 다른 실험으로 이어진다. 현대 과학의 근본적인 통념에 따르면, 이 연속은 과거의 더 작은 지식을 현재의 더 큰 지식으로 항상 대체하고 있으며, 이것(현재의 지식)은 미래의 한층 더 큰 지식에 의해 대체될 것이다. 반면, 예술에서는 <u>작품의 무한한 연속이 결코 암시되거나 추구되지 않는다</u>. 한 작품이 본질적으로 더 나은 제2의 작품으로 저절로 이어지지는 않는다는 것이다. 과학의 방법론을 고려해 보면, 중력의 법칙과 게놈은 누군가에 의해 반드시 발견되게 마련이었고, 발견자의 신원은 그 사실에 부수적이다. 그러나 예술에 있어 제2의 기회란 없다. 우리는 <신곡>과 <리어 왕>이 (단 한 번 나올 수 있는) 고유한 작품이라고 추정해야 한다. 단테와 셰익스피어가 그 작품을 쓰기 전에 사망했다면, 누구도 결코 그것을 쓰지 못했을 것이다.

해설 과학은 진보의 연속인 반면, 예술에서는 연속되는 제2의 기회가 '없다'는 내용이다. 즉, 마지막 세 문장에서 언급하듯이 예술에서는 모든 작품이 하나뿐인 '고유한' 산물이라는 것이다. 따라서 빈칸에 들어갈 말로 가장 적절한 것은 ③ '작품의 무한한 연속이 결코 암시되거나 추구되지 않는다'이다.

① 미래 경향을 예측하는 것이 모든 작품에 있어 중요하다
② 과거 작품이 미래에 도래할 작품에 대한 단서를 제공할 수 있다 ▶ 예술 작품은 과거로부터 현재나 미래로 '진보하는' 것이 아니기 때문에, 과거 작품을 근거로 미래까지 연속될 흐름을 예측할 수 '없다'는 것이 주제이다.
④ 작품의 질과 가치는 주관적이고 각기 다르다 ▶ 작품이 '고유하다'는 진술은 작품의 질이나 가치보다는, '창작 기회'와 관련된 진술이다.
⑤ 예술의 가치는 후속작이 창작되면 하락한다 ▶앞으로 나올 작품 때문에 지금 또는 과거의 작품 가치가 '떨어진다'는 내용은 언급되지 않았다.

구문 풀이

If Dante and Shakespeare **had died** before they wrote those works, nobody ever **would have written** them.

▶ 'if+주어+had p.p. ~, 주어+would have p.p. …' 형태의 가정법 과거완료 문장이다. 이는 과거 사실이 아니었던 상황이 '만일 사실이었더라면 어떠했을지' 가정하는 표현이다.

05 정답 ⑤

해석 흔히들 활동적인 사람은 부끄럼이 많은 사람보다 친구를 더 쉽게 사귈 수 있고, 성실한 사람은 성실하지 않은 사람보다 마감 기한을 맞추는 경우가 더 많을 것이라고 믿는다.
(C) 하지만 성격 특성과 행동 사이의 전형적인 상관관계가 그리 크지 않다는 것이 보고된다. Walter Mischel의 이 발견은 성격 심리학자들에게 충격이었는데, 왜냐하면 그들이 측정하고 있던 특성이라는 것이 행동을 예측하는 데 있어서 별자리 점성술보다 약간 더 나을 뿐임을 시사했기 때문이었다.
(B) 그 연구자는 그 문제점을 지적하기만 한 것이 아니라 그 이유를 진단했다. 그는 성격 심리학자들이 사람들의 성격과는 별개로 사회적 상황이 사람들의 행동을 결정하는 정도를 과소평가했다고 주장했다.
(A) 예를 들어, 어떤 사람이 마감 기한을 맞출 것인지 예측하려면 성실성 평정에서 그 사람이 받은 점수보다도 (그 사람이 처한) 상황에 관한 뭔가를 아는 게 더 유용할 수 있다. 상황적 영향이라는 것은 매우 강력해서 때로 개인의 성격 차이를 압도할 수 있다.

해설 성격 특성과 행동에 대한 통념(It is often believed)을 제시하는 주어진 글 뒤로, Walter Mischel의 발견을 들어 이 통념을 반박하는(But) (C)가 연결된다. (B)는 (C)에 언급된 Mischel을 the researcher로 가리키며 그가 발견의 '이유'도 제시했다는 내용으로 연결되는데, 특히 후반부에 따르면 그는 상황이 개인 행동에 미치는 영향이 과소평가되었음을 주장했다고 한다. (A)는 '상황'이 행동을 판단하는 데 중요하게 작용하는 구체적인 상황을 예로 들어준다(for example). 따라서 글의 순서로 가장 적절한 것은 ⑤ '(C)-(B)-(A)'이다.

구문 풀이

Not simply did the researcher point out the problem; he also diagnosed the reasons for it.

▶ 부정어구 Not simply가 문장 맨 앞에 나오므로, 뒤따르는 주어와 동사가 의문문 어순으로 도치되었다.

06 정답 ⑤

해석 E-prime 이론은 영어 의사소통 안에 'be동사'가 없다면 설명의 정확성이 향상된다고 상정한다. 'is', 'are', 'am'과 같은 형태를 없애면, 영속성과 주관적 평가를 시사하는 것을 피할 수 있다.
(C) 'Johnny는 실패자이다.'라는 문장을 생각해보라. 이는 실패라는 자질이 Johnny에게 본질적으로 내재한다는 것을 시사하고, 그리하여 영속성을 투영한다. 반면 'Johnny는 지난 두 번의 수학 시험에서 낙제했다.'와 같은 더 정확한 진술은 실패를 Johnny의 본질적 특성에 귀착시키는 것을 피한다.
(B) 마찬가지로, 사람들이 '나는 사람들 앞에서 말하는 데 능숙지 않아', '나는 인기가 없어', 혹은 '나는 게을러'와 같은 (be동사가 들어간) 진술을 사용해 자기 자신에 관한 신념을 표현할 때, 그들은 의도치 않게 그런 평가를 본질적 특성으로 고착시킨다. 하지만 이런 주장은 단지 현재에 대한 평가를 반영할 뿐이다.
(A) 이것들은 변하기 쉽고, 개인의 능력과 상황을 온전히 포착하지 못할 수 있다. 따라서, E-prime의 원칙을 수용하는 것은 자기 지각에 대해 더 자세한 이해를 촉진하며, 개인의 성장과 발달을 향해 열린 사고방식을 장려할 수 있다.

해설 E-prime 이론의 개념을 설명하는 주어진 글 뒤로, Johnny라는 사람에 관해 기술하는 상황을 예로 드는 (C)가 먼저 연결되고, 이어서 비슷한 예시를 추가하는(By the same token) (B)가 연결된다. 마지막으로 (A)는 (B) 말미의 current assessments를 They로 받아, 자기 자신에 관한 평가가 '변할' 수 있으며 그렇기에 영속성을 나타내는 be동사로 기술하기에 부적합할 수 있음을 상기시킨다. 따라서 글의 순서로 가장 적절한 것은 ⑤ '(C)-(B)-(A)'이다.

구문 풀이

… adopting the principles of E-Prime **encourages** a more nuanced understanding of self-perception and **fosters** a mindset open to personal growth and development.

▶ 주어인 동명사구 뒤로 2개의 단수동사가 'A and B' 형태로 병렬 연결되었다.

07 정답 ④

해석 새롭고 신기한 소비재를 소비하여 느끼는 주관적 행복은 적어도 어느 정도는 일시적이다. 즐거움은 익숙한 소비 흐름에 좌우되는 불변의 요소를 갖고 있지만, 변화에 좌우되는 요소를 가지기도 한다. 일단 변화가 일어나서 그 새로운 소비 품목이 일상의 소비재 묶음의 일부가 되면, 참신함에 대한 즐거움은 사라지고 전반적인 만족감은 원래의 수준으로 되돌아간다. 아침 식사로 먹는 새로운 종류의 시리얼이 일시적으로는 우리의 즐거움을 더하겠지만, 결국 아침 식사에 대한 우리의 즐거움은 평상시의 수준으로 되돌아갈 것이다. 또한, 우리의 소득과 물질적인 수준이 상승하면서 우리의 기대치 또한 상승한다. 소득이 늘어나면서 새로운 자동차를 구매할 수 있게 되면 우리의 주관적 행복이 증가하지만, 그와 동시에 우리의 목표가 커져 두 번째 차는 우리의 기대 소비 범주의 일부가 된다. 우리의 기대와 실현 사이의 간격이 축소되면 우리의 주관적 행복은 평상시의 수준으로 되돌아간다.

해설 ④ 앞까지는 전체적으로 새로운 소비재를 처음 쓰면 참신함으로 인해 즐겁다가 그 즐거움이 원래 수준으로 돌아온다는 내용이다. 특히 ④ 바로 앞의 문장에서 새로운 시리얼을 아침 식사로 먹기 시작하며 상승했던 즐거움이 도로 감소하는 예시를 들고 있다. 이때 ④ 뒤에서는 '소득 증가'와 '기대 소비 범주'라는 새로

운 소재를 언급하므로, 첨가의 연결어 Also로 시작하는 주어진 문장이 이보다 먼저 나와야 한다. 즉 주어진 문장에서 '수입이 늘면 소비 기대치가 높아진다'는 일반적인 내용을 제시한 후, ④ 뒤의 문장은 '늘어난 소득으로 차를 추가 구입해서' 즐거움이 커졌다가 도로 줄어드는 구체적인 예를 보여주는 것이다. 따라서 주어진 문장은 ④에 들어가야 적절하다.

구문 풀이

The shrinkage (in the gap between our expectations and realizations) returns our subjective well-being to its normal amount.

▶ 핵심 주어인 The shrinkage가 단수명사이므로, 동사 returns도 단수형으로 쓰였다. (　)는 주어를 꾸민다.

08　정답 ⑤

2016 7월 21번 변형

해석 인터넷 출현 이전에는, (전문직) 일자리를 가지려면 통상 수년 혹은 심지어 수십 년의 경험으로 구축된 방대한 지식의 저장고가 필요했다. 반면 현대 디지털 시대에는 확실한 비판적 사고력을 갖춘 사람들이 개인적 기억력에 의지하는 대신 온라인상의 방대한 정보 저장고에 신속히 접근할 수 있다. 그럼에도 불구하고, 방해 요인에 취약한 사람들은, 이전에는 일에 몰두하면서 집중할 수 있었지만, 이제 인터넷의 끊임없는 매력과 씨름하고 있다. 인터넷은 친구들의 활동 관련 새 소식부터 유명인 관련 입소문과 수많은 방해 요소들에 이르기까지 다양한 방해 요인들을 제시한다. 따라서 이제는 직원의 집중력 유지 역량이 지식의 깊이보다 중요할 수 있다. 과거에는 지식이 주로 (개인의) 내적 자산으로 간주된 한편, 외적인 조치로 할당된 업무에 대한 집중을 강제할 수 있었다. 이에 반해 인터넷 시대에는 외부에서 쉽게 지식을 얻을 수 있으므로, 집중력 유지를 위한 내적 규율(마음가짐)이 필요해지고 있다.

해설 ⑤ 뒤에 in contrast가 나오므로 ⑤ 앞뒤는 서로 반대되는 내용이어야 하는데, 앞뒤 모두 '현대에는 집중력을 유지하는 능력이 중요하다'는 동일한 의미이다. 이때 주어진 문장을 보면 '과거'를 다시 언급하며, 이때는 지식 자체를 자산으로 갖추고 있는 게 중요했다고 설명하고 있다. 따라서 [과거↔현재]가 in contrast로 자연스럽게 대비되도록, 주어진 문장을 ⑤에 넣어야 한다.

구문 풀이

... **individuals (equipped with strong critical thinking abilities) can swiftly access** vast information repositories online instead of relying solely on personal memory.

▶ (　)는 주어인 individuals를 꾸미는 과거분사구이다. 술어는 can swiftly access이다.

01 정답 ①

2016 10월 40번 변형

해석 위도가 더 높은 지방에서보다 열대 지방에서 무서운 질병이 더 흔하다는 사실은 언어가 분포된 방식의 한 가지 특이한 특징을 어느 정도 설명할 수도 있다. 즉, 위도가 더 높은 지역에 비해 적도 근처에서는 언어 밀도(단위 면적당 언어의 수)가 훨씬 더 높고, 언어 공동체(특정 언어를 말하는 사람들의 수)는 매우 훨씬 더 작다는 것이다. 이에 대한 한 가지 설명은, 그것이 병원균이 더 조밀하게 밀집된 지역에서 교차 감염의 위험을 줄일 목적으로 문화적으로 진화된 전략이라는 것일 수 있다. 언어 장벽은 서로 다른 인구 집단 간 접촉 기회를 상당히 줄여서 감염 위험을 최소화한다. 그리하여 외부인을 두려워하는 더 작은 규모의 사회(집단)들을 만들어내는 것은 자연적인 면역력이 없는 질병에 대한 노출을 줄이는 데 도움이 될 수도 있다.

해설 병원균 밀도가 높아서 교차 감염의 위험이 더 큰 적도 부근 사회에서는 사회 간 교차 감염을 피하고자 서로 간의 접촉을 '줄이게' 되었고, 이에 따라 '더 작은' 집단마다 각자 사용하는 언어의 종류도 다양해졌다는 내용이다. 빈칸은 이 내용을 토대로 내리는 결론에 해당하므로, 답으로 적절한 것은 ① '외부인을 두려워하는 더 작은 규모의 사회들을 만들어내는 것'이다.

② 열대 지역의 인구 밀도를 높이는 것
③ 집단 간 광범위한 교역 네트워크를 유지하는 것 ▶ 집단 간 접촉을 '줄이는' 것이 교차 감염을 피하기 위한 전략이라는 내용과 모순된다.
④ 감염 관리를 위해 공통의 언어를 채택하는 것 ▶ 작은 인구 집단별로 각기 '다른' 언어를 사용하게 된다는 내용과 모순된다.
⑤ 언어 장벽에 맞춰 의료 자원을 배치하는 것

구문 풀이

The fact [that dreaded diseases are more common in the tropics than at higher latitudes] may in part explain a curious feature of how languages are distributed: ...

▶ [ ]은 주어 The fact의 내용을 보충 설명하는 동격의 명사절이다.

02 정답 ②

2016 3월 36번 변형

해석 뉴욕의 어느 명망 있는 법률회사에서 일하는 한 여성 변호사가 한번은 복잡한 거래를 성사시키기 위해 중대 고객사의 남성 CEO와 라틴 아메리카까지 동행했다. 그들이 도착한 직후, 사업 파트너가 될 수도 있는 라틴 아메리카 업체의 책임자는 자신과 그 CEO가 자리를 떠서 사업 논의를 할 동안 자기 아내와 변호사는 쇼핑을 가 있으라고 제안했다. 이것이 라틴 아메리카의 성 (차별) 편견일 거라고 여긴 그 변호사는 격분했다. 하지만 이의를 표시하기 전에, 그녀는 뉴욕에 있는 한 동료에게 전화했는데, 그 남성 동료는 자기도 지난번 그 나라에 갔을 당시 사전 면담에서 제외당했었다는 말을 그녀에게 해주었다. 그 라틴 아메리카 경영자는 그녀가 여성이라서가 아니라 '변호사'이기에 상황에서 빠지게 할 외교적인 방법을 모색하고 있었던 것뿐이었다. 그 동료가 말하기를, 변호사들은 오로지 다른 변호사들과만 협상하고, 사업가들과는 협상하지 않는 것이 현지의 관행이라고 했다. 만일 그 여성 변호사가 (논의에) 참석하겠다고 고집했다면, 그녀는 그 거래를 망치고 자신의 신뢰도를 해쳤을 것이다.

해설 글에 따르면 변호사는 처음에 자신이 '여성'이라는 이유로 협상에서 배제된다고 여겨 분노했지만, 동료와의 전화를 통해 변호사는 변호사끼리만 협상하고 사업가와는 협상하지 않는 것이 현지의 관행임을 알게 되었다고 한다. 이때 빈칸은 변호사가 만일 회의에 참석하겠다고 고집했다면 어떤 상황이 빚어졌을지 가정하는 부분이다. 이 경우 변호사는 현지 관행을 '무시하는' 사람으로 여겨져 협상

을 '위기에 빠뜨렸을' 가능성이 크므로, ② '그 거래를 망치고 자신의 신뢰도를 해쳤을 것이다'를 빈칸에 넣어야 한다.

① 젠더 규범을 깬 것으로 인정받았을지도 모른다 ▶ 변호사가 협상에서 배제된 것은 젠더 규범에 관한 문제가 아니었으므로, 이를 '깨는' 것도 아니고, 깼다고 '인정을 받지도' 못했을 것이다.
③ 화가 나서 불필요한 갈등을 만드는 상황을 피했을지도 모른다 ▶ 부정적 결과보다는 긍정적 결과에 해당하므로 답으로 부적절하다.
④ 라틴 아메리카 문화에 대한 귀중한 통찰력을 얻었을 것이다 ▶ 협상에 참여하지 '않는' 것이 현지의 관행이므로, 참여하면 오히려 현지 문화를 존중하지 않는다는 평가를 받았을 것이다.
⑤ 쇼핑을 네크워킹 기회로 바꾸지 못했을지도 모른다

구문 풀이

Had the woman lawyer insisted on participating, she would have spoiled the deal and destroyed her credibility.

▶ 'if+주어+had p.p. ~, 주어+would have p.p. ~' 형태의 가정법 과거완료 문장에서 종속절의 접속사 if가 생략되면 조동사 had와 주어가 도치된다.

03 정답 ⑤

2015 10월 41~42번 변형

해석 우리 몸이 잠재적으로 유해한 극단에 도달하지 못하도록 혈압을 부지런히 조절하는 것처럼, 인간의 감정 또한 자연스러운 균형 작용의 대상이 된다. 환경에 대한 감정적 반응을 경험하는 것도 분명 유익하지만, 건강한 정서적 균형을 유지하는 것이 다른 무엇보다 중요하다. 결혼식이나 아이의 탄생과 같은 깊은 행복의 순간들을 예로 들면, 감정은 (격렬하게) 밀려들고 육체적 감각은 고조된다. 그러나 격렬한 감정 상태가 장기간 지속되면 심리적 안녕에 부담을 줄 수 있으며, 집중력과 새로운 감정 자극을 처리하는 능력을 잠재적으로 손상시킬 수 있다. 따라서, 혈압이 안전 범주 내에 유지되도록 보장하는 복합적 메커니즘과 유사한 원리로, 우리의 감정은 장기화된 감정적 극단 상태에서 발생하는 위험을 완화하도록 조절됨으로써, 전반적인 정신 건강과 안녕을 보호한다.

해설 신체가 장기적인 극단적 상태로 인한 악영향을 피하기 위해 끊임없이 균형 작용을 하듯이, 감정도 '비슷하게' 작용한다는 내용이다. 즉 극단의 상태가 지속되지 않고 '완화될' 수 있도록 노력한다는 의미로, 빈칸에는 ⑤ '장기화된 감정적 극단 상태에서 발생하는 위험을 완화하도록'을 넣어야 한다.

① 신체 건강에 미치는 악영향을 회피하도록 ▶ 신체 건강 대신 '정신 건강'을 언급해야 문맥에 맞다.
② 그 어떤 정서적 기복의 강도도 낮추도록 ▶ 글에서 말하는 균형 작용은 모든 정서 기복 자체를 통제하기보다는, 이 기복이 '극단'에 달하는 상황을 막는 것이다.
③ 감성 지능의 발달을 지원하도록
④ 감정 상태에 대한 인식 고조를 경험하도록

구문 풀이

... similarly to the intricate mechanisms [that ensure (that) blood pressure remains within a safe range] ...

▶ [ ]은 선행사 the intricate mechanisms를 꾸민다. that은 여기서 주격 관계 대명사이다.
▶ ensure의 목적절을 이끄는 명사절 접속사 that은 생략되었다.

04 정답 ③

해석 문학에서 가장 유능한 작가들은 절대 이야기의 기본 뼈대가 독자를 설득하기에 충분할 수 있다고 생각지 않을 것이다. 그들은 (이야기 속) 폭행이나 홍수나 절도가 그 자체로 독자를 적절히 감동시키거나 격분하게 할 어느 정도의 본질적 흥미를 분명 포함하고 있다고 믿지 않을 것이다. 이런 작가들은 그 어떤 사건도 아무리 충격적일지언정 (독자의) 몰입을 절대 보장하지 못함을 알고 있다. 이 후자의 목적(독자의 몰입)을 위해서는, 그들은 독특한 기술을 갈고닦으며 더 열심히 노력해야 하는데, 이는 언어에 주의를 기울이고 (이야기의) 속도와 구성을 엄격하게 통제한다는 뜻이다. 어떤 상황에서는, 창의적인 작가들은 심지어 엄격한 정확성을 희생하기로 선택할 수도 있는데, 그렇게 하여 그들은 범죄를 저지르고 있다는 기분을 느끼기보다는, 그 대신 정확성보다 훨씬 더 높은 목표를 위해 가끔 곡해가 이뤄질 필요가 있음을 파악할 것이다.

해설 빈칸 뒤 두 문장에 따르면, 유능한 문학 작가들은 이야기 속 사건 내용이 아무리 충격적일지라도 그 자체로 독자의 몰입을 보장할 수 '없다'는 것을 알고 있다고 한다. 그리하여 때로는 이야기의 정확성을 고수하기보다도, 디테일이나 사실의 적절한 '왜곡'이 필요하다는 점을 인지하고 있다고 한다. 이때 빈칸 앞에 부정어인 never가 있으므로, 빈칸에는 주제와 반대되는 내용이 들어가야 한다. 따라서 답으로 ③ '이야기의 기본 뼈대가 독자를 설득하기에 충분할 수 있다'가 가장 적절하다.

① 보다 생생하고 상세한 묘사를 위해 정확성이 간과될 수 있다 ▶ 이를 빈칸에 넣으면 정확성이 간과될 수 있다고 '절대 생각지 않는다'는 의미가 완성된다. 이는 주제와 반대로 '이야기가 왜곡 없이 정확해야 한다'는 입장인 것이다.

② 모든 독자가 (작가가) 의도한 바대로 이야기를 해석할 것이다 ▶ 이야기에 대한 '해석'이 아닌, '몰입'이 주된 쟁점이다.

④ 이야기의 감정적 영향이 이야기의 복잡성보다 중요하다

⑤ 인물 구상의 정교함은 줄거리에 비해 부차적이다

구문 풀이

They will not suppose that an attack or a flood or a theft must (in and of itself) carry some intrinsic degree of interest [which will cause the reader to be appropriately moved or outraged].

▶ ( )은 '그 자체로'라는 의미의 재귀대명사 관용표현이다.

▶ [ ]은 선행사 some intrinsic degree of interest를 꾸미는 관계절로, 'cause+목적어+to부정사(~이 …하게 하다)' 구문을 포함한다.

05 정답 ②

해석 20,000,000℃에 달하는 온도의 크기를 이해하는 것은 상당히 어려운 도전을 제기한다.

(B) 만약 태양 표면이 그렇게 극도의 열에 도달한다면, 그 결과로 우주로 방출되는 복사열은 압도적일 것이고, 아마 단 몇 분 내로 지구의 기화를 초래할 것이다. 예를 들어, 상상 속 우주 거인이 마치 오렌지 껍질을 벗겨내듯이 태양의 외층을 벗겨내는 상황을 상상해보라.

(A) 극도로 뜨거운 (태양의) 내부 영역이 맨 상태로 노출될 것이고, 재앙과 같은 결과를 초래할 것이다. 다행히도, 이런 상황은 순전히 이론적인 것으로 남아 있는데, 태양의 외부 층은 태양 내부의 불로부터 마치 편안한 담요처럼 우리를 보호해주는 방패 역할을 하기 때문이다.

(C) 그럼에도 불구하고, 이러한 보호층이 있음에도 태양 중심부에서 바깥쪽 영역으로 점진적인 에너지 누출이 여전히 발생하고 있다. 놀랍게도 이런 누출은 태양 표면에 의해 주변 우주 공간으로 방출되는 복사선과 정확히 균형을 유지하며, 지구의 생명체들을 지탱하는 섬세한 균형을 보장한다.

해설 섭씨 2천만 도라는 엄청난 온도가 언급되는 주어진 글 뒤로, 태양이 '이런 극도의 열'에 이른 상황을 가정하는 (B)가 먼저 연결된다. (B)의 후반부에서는 태양의 외피가 벗겨지는 것을 상상해보라고 하는데, (A)는 그 경우 엄청나게 뜨거운 태양 내부가 노출되고 재앙 같은 결과가 따를 것이라고 한다. 한편 (A) 말미에서 '다행히도' 태양 외피가 우리를 보호하는 역할을 해준다고 언급한 후, (C)에서

는 '이런 외피층'이 있음에도 불구하고 누출되는 복사열이 있어 역설적으로 지구의 생태계를 위한 균형 상태가 확보된다고 한다. 따라서 글의 순서로는 ② '(B)-(A)-(C)'가 가장 적절하다.

구문 풀이

If the solar surface **were to attain** such extreme heat, **the resulting radiation** emitted into space **would be** overwhelming, …

▶ 'if+주어+were to+동사원형 ~, 주어+would+동사원형 ~'은 가정법 미래 구문으로, 일어날 가능성이 사실상 거의 없는 일을 가정한다.

06 정답 ④

해석 기획을 위한 토론은 꽤 복잡하고 빠를 수 있고, 잠재적인 기억 실수를 야기할 수 있다. 잠시 시간을 갖고 논의된 것의 개요를 잡아보는 것이 중요하다.

(C) 여기에는 과업과 마감을 확인하는 등 핵심 사항을 요약하는 일이 포함될 수 있다. 아마 이런 식으로 이야기할 수 있을 것이다. "그저 확인차 묻는 건데요, Bill, 당신은 화요일 오후 2시 미팅에 보고서 9부를 회사 표준 표지로 철해서 준비해 오는 걸 맡아주는 거죠, 그렇죠?"

(A) 뒤따르는 확인은 나중에 문제를 일으킬 수도 있는, 혹시라도 놓친 세부사항을 다룰 기회를 제공한다. 명확함을 보장하는 것 이상으로, 이 질문은 책임 확인이라는 더 근본적인 목적에 도움이 될 수 있다.

(B) 상대방에게 과업에 대해 명확하게 동의하도록 촉구하여, 여러분은 그들이 책무에 헌신할 가능성을 높이게 된다. 막연한 끄덕거림에 만족하여 중대한 대면을 피하지 말고, 상대방이 특정한 행동 방침에 동의할 기회를 주어서 책임과 상호 이해를 높이라.

해설 토론 후 논의한 것의 개요를 다시 잡아보라는 주어진 글에 이어, 여기(This)에 과업과 기한을 체크하는 일이 포함된다는 내용의 (C)가 먼저 연결된다. (C) 말미에는 구체적으로 어떻게 말할 수 있는지 예시가 나오는데, (A)는 '그 뒤에 이어지는' 확인이 상대방으로 하여금 '책임을 확인'케 하는 역할도 할 수 있다고 설명한다. 마지막으로 (B)는 '과업에 대한 명확한 동의'라는 말로 (A)의 '책임 확인'을 풀어 설명하며, 이 확인으로 직무에 대한 책임 의식과 상호 이해가 증진될 수 있다는 결론을 제시한다. 따라서 ④ '(C)-(A)-(B)'가 가장 자연스러운 글의 순서이다.

구문 풀이

By prompting the other person to explicitly agree to the task, …

▶ 'by+동명사(~함으로써)' 구문이 수단의 의미를 나타낸다.

▶ 'prompt+목적어+to부정사(~이 …하도록 촉구하다)'의 5형식 구문이 포함되어 있다.

07 정답 ④

해석 메시지 전달자의 신뢰성은 의사소통 효과에 중대한 역할을 한다. Kelman과 Hovland는 세 사람이 청소년 범죄에 관해 연설하는 연구를 수행했다. 화자들 중 한 명은 청소년 법원 판사라고 주장했고, 그리하여 신뢰성이 높다고 여겨졌다. 또 다른 화자는 스튜디오 청중 중 무작위로 선발된 사람이라고 설명되었고, 그리하여 신뢰성이 중간 정도로 여겨졌다. 그리고 세 번째 화자는 '소매치기'라고 묘사되었고, 그리하여 신뢰성이 낮다고 여겨졌다. 결과에 따르면, 화자의 신뢰성이 높을수록, 연설의 영향력이 청자에게 더 큰 영향을 미쳤다. 하지만 4주 뒤 참가자들을 다시 테스트하자 출처(화자) 효과가 사라졌다. 참가자들은 메시지의 내용은 기억했지만, 화자의 신분에 대해서는 더 이상 기억하지 못했다. 이는 화자에 대한 신뢰성이 아마 단기적으로만 유의미할 것임을 시사한다.

해설 ④ 앞은 화자가 누구인지에 따라 판단된 신뢰도가 높을수록 그 말의 영

향력도 커졌다는 내용이다. 하지만 ④ 뒤는 이와 모순되게도 사람들이 화자가 누구였는지를 잘 기억하지 못했다는 내용이다. 이때 주어진 문장에는 However가 있으므로, 주어진 문장을 ④에 넣으면 [화자의 신원이 중요했다↔중요하지 않았다]의 대비가 자연스러워진다. 따라서 답으로 적절한 것은 ④이다.

구문 풀이

... **the more credible** the communicator was, **the more influence** their talk had exerted on the listeners.

▶ 'the+비교급 ~, the+비교급 …(~할수록 더 …하다)' 구문이다.

08 정답 ⑤

2017학년도 9월 22번 변형

해석 두려움은 인류 진화에서 변화의 동인(動因)이자 장애물이며, 종 보존의 핵심 요소라는 복잡한 역할을 한다. 이는 인간 경험의 근본적인 측면으로, 안정성에 대한 필요와 마찬가지로 중요한 생존 체계로 기능한다. 안정성은 질서를 가져오고 혼란을 방지하지만, 또한 구태의연한 습관을 굳어지게 할 수 있고, 도움이 되지 않거나 건강하지 못한 행동을 버리기 어렵게 만들 수 있다. 마찬가지로 두려움도 우리가 필요한 변화를 받아들이지 못하게 할 수 있는데, 특히 미지의 대상을 직면하는 것이 현재의 불만족을 참아내는 것보다 더 벅찰 때 그렇다. 이는 사람들이 불확실성을 더 크게 두려워해서 만족스럽지 못한 직업이나 건강하지 못한 관계를 지속할 때를 보면 분명하다. 다른 한편으로, 두려움은 조상의 경험을 잠재적으로 되풀이하는 것일 수도 있는, 특히 요절과 같이 심각한 결과를 피하는 데 있어 변화의 동기를 부여할 수도 있다. 실로, (변화의) 장벽이자 동기 부여 요인이기도 한 두려움의 양면성은 인간의 행동과 의사 결정에 영향을 주는 데 있어 두려움의 중추적인 역할을 강조한다.

해설 변화를 막을 수도 있고 장려할 수도 있는, 두려움의 '양면적인' 역할을 설명하는 글이다. ⑤ 앞까지는 두려움이 변화를 받아들이지 '못하게' 하는 상황을 일관되게 설명한다. 하지만 ⑤ 뒤는 갑자기 두려움의 양면성(the duality)을 언급한다. 이때 주어진 문장을 보면, On the flip side라는 역접 표현으로 글의 흐름을 전환하며 두려움이 변화의 '동기를 부여할' 수도 있음을 설명하고 있다. 즉 ⑤ 앞과 주어진 문장 내용을 종합할 때 '양면성'이라는 ⑤ 뒤의 결론으로 나아갈 수 있으므로, 주어진 문장은 ⑤에 들어가야 가장 적절하다.

구문 풀이

... making it hard to abandon unhelpful or unhealthy behaviors.

▶ 'make+가목적어+형용사+to부정사' 형태의 5형식 구문이다. 'to abandon ~'이 진짜 목적어이며, 가목적어 it은 아무런 의미를 나타내지 않는다.

01 정답 ②

2016 4월 41~42번 변형

해석 디지털 저장이 기억 및 정보 관리에 대한 우리의 접근법을 어떻게 변화시켰는지 밝히려면, 여러분이 디지털 카메라로부터 컴퓨터로 이미지를 옮기고 있다고 가정해보라. 보통 여러분에게는 한 가지 선택권이 주어진다. 여러분은 어떤 이미지를 올릴지를 수동으로 고르거나, 컴퓨터가 자동으로 모든 이미지를 복사하도록 선택할 수 있다. 사람들 대부분은 나중에 샅샅이 살펴보고 원치 않는 이미지를 지우면 된다는 생각으로 안도하면서 후자를 선택한다. 경제적인 관점에서 보건대, 이는 이치에 맞다. 각 이미지를 평가하고 보존할지 정하는 데 단 3초가 걸린다고 가정하고, 사람들의 시간 가치를 평균 임금대로 산정해보면, 이 의사결정에 드는 '비용'은 저장의 비용을 초과한다. 저렴한 저장 선택권이 많아지면서, 무엇을 기억하고 잊을지에 관해 숙고하는 것은 더 이상 비용 면에서 효율적이지 않다. 본질적으로, 단지 결정에 3초가 드는 망각이라는 행위가 사람들에게 **낭비스러운** 고려 사항으로 변해버렸다.

해설 디지털 카메라 속 이미지를 컴퓨터로 옮기는 상황을 예로 들어, 무엇을 저장하고 지울지 정하려고 찰나의 시간을 들이는 것조차 그냥 저장하기로 선택하는 경우에 비해 비용 면에서 효율적이지 '않다'는 것을 설명하는 글이다. 즉, 망각할지 말지 고민하는 그 3초조차 '너무 큰 비용이 되었다'는 의미로, 빈칸에는 ② '낭비스러운'을 넣어야 한다.

① 직관적인
③ 합리적인 ▶ 비용 면에서 효율적이지 '못하다'는 설명과 반대되는 표현이다.
④ 위안을 주는
⑤ 세련된

구문 풀이

… you **can manually select which images to upload** or **(can) opt** for your computer to automatically copy all images.

▶ 2개의 동사구가 'A or B' 형태로 병렬 연결된다.
▶ 'which A to-V(어떤 A를 ~할지)' 형태의 명사구가 can select의 목적어 역할을 한다.

02 정답 ②

2018학년도 6월 20번 변형

해석 실로, '당신의 열정을 따르라'는 친숙한 조언은 흔히 우리에게 반향을 불러일으킨다. 이상적으로, 사람들은 오늘날의 경쟁적인 직업 시장의 요구를 충족시키면서도 자기 강점과 열정 모두에 부합하는 직업을 추구할 것이다. 그러나 만약 궁극적인 목표가 고용 확보라면, 자신의 학과 전공, 개인적인 관심사, 개인적인 강점, 그리고 선택한 진로를 구별하는 것이 필수적이다. 특히, 강점은 열정보다 더한 중요성을 지닌다. 연구에 따르면, 최적의 진로 결정은 보통 관심사와 열정에만 바탕을 두기보다는, 숙련된 분야에 근거를 두고 있다. 이상적인 상황에는 강점과 가치관, 그리고 원하는 진로 사이의 조화로운 교차점을 발견하는 일이 포함된다. 관심사는 시간이 흐르며 변동할 수 있지만, 강점은 변함없이 유지되어 직업적 성공에 필수적인 내재적 자산 역할을 한다.

해설 직업 선택 시 열정보다도 전문 분야나 강점을 고려해서 직업을 선택해야 한다는 글이다. 특히 마지막 문장에서 관심사는 시간이 가면서 변할 수 있지만 강점은 타고난 자산으로서 변함없이 유지되어 직업적 성공에 일조할 수 있다고 한다. 따라서 빈칸에는 ② '강점은 열정보다 더한 중요성을 지닌다'가 들어가야 한다.

① 개인의 열정은 직업 성취감과 자기 효능감으로 이어진다 ▶ 열정보다 '강점'의 중요성을 주장하는 글이다.

③ 고용 트렌드가 개인의 흥미와 강점보다 더 중요하다
④ 사람들의 직업 선택은 그들이 가장 가치를 두는 것과 부합해야 한다 ▶ 글 후반부에서 가치관을 언급하기는 하나, '강점'에 비하면 부수적인 비중이다.
⑤ 미래 전망이 학과 전공 선택을 인도해야 한다

구문 풀이

While interests may fluctuate over time, one's strengths remain consistent, **serving as hardwired assets crucial for professional success.**

▶ 분사구문 'serving ~'은 '~ and serve ~'로 바꿀 수 있다.

03 정답 ①

2015학년도 수능 40번 변형

해석 플라톤과 톨스토이 모두, 특정 작품이 특정한 영향을 끼친다는 점이 확실히 규명될 수 있다고 생각한다. 플라톤이 확신하기로, 비겁한 사람들에 대한 표현은 우리를 비겁하게 만들며, 이러한 영향을 막을 유일한 방법은 그런 표현들을 억누르는 것이다. 톨스토이는 진정 자부심을 표현해내는 예술가라면 우리에게 그 감정을 전달할 것이고, 우리는 마치 전염병을 피할 수 없듯이 (그 감정으로부터) 헤어날 수 없다고 확신한다. 하지만 실은, 예술의 영향이란 그렇게 확실하지도 않고 직접적이지도 않다. 사람들은 예술에 대한 반응의 강도와 그 반응이 취하는 형식 둘 다의 면에서 아주 다양하다. 어떤 사람들은 실제 삶에서 폭력에 대한 판타지를 실행하는 대신 그저 영화를 보면서 그 공상을 탐닉할 것이다. 다른 사람들은 심지어 폭력에 대한 매력적인 표현에도 불쾌감을 느낄 것이다. 또 다른 이들은 아무 감흥도 없이, 매력을 느끼지도 않고 혐오감도 느끼지도 않을 것이다.

해설 빈칸 뒤의 핵심 내용은 작품에 대한 반응은 '개인마다 다르다'는 것이다. 이를 근거로 할 때, 빈칸에는 한 작품에 대한 반응이 '고정되어 있지 않다'라는 의미의 ① '예술의 영향이란 그렇게 확실하지도 않고 직접적이지도 않다'를 넣어야 한다.

② 예술의 영향은 물리학 법칙만큼이나 예측 가능하다 ▶ 사람들이 한 예술 작품에 대해 '고정되거나 정형화된' 반응을 보일 때 예술 작품의 영향을 '예측할 수 있을' 것이다. 따라서 글의 요지와 반대되는 진술이다.

③ 예술의 주된 목적은 특정한 감정을 주입하는 것이다 ▶ 특정 감정을 주입한다면, 사람마다 작품에 대해 비슷한 반응을 보일 것이다. 따라서 주제와 부합하지 않는다.

④ 예술적 형태와 관객의 반응 간에 연관성이 있다
⑤ 예술의 영향은 주로 그 예술적인 질에 따라 결정된다

구문 풀이

… we can **no more** escape **than** we could escape an infectious disease.

▶ 'no more A than B(B가 아니듯이 A도 아니다)' 구문이다. A와 B를 비교하여 A가 B만큼이나 불가능함을 나타내는 표현이다.

04 정답 ①

2017 10월 31번 변형

해석 1972년의 어느 고전적인 실험에서, 참가자들은 두 집단으로 나뉘었다. 첫 번째 집단 사람들은 약한 전기 충격을 받게 될 것이라는 말을 들었다. 두 번째 집단에서 대상자들은 이 일이 일어날 위험이 50%에 불과하다는 이야기를 들었다.

연구자들은 시작하기 직전 신체적 불안(심박수, 초조함, 땀 등등)을 측정했다. 결과는 충격적이었는데, (두 집단 사이에) 차이가 전혀 없었다. 두 집단의 참가자들 모두 똑같이 스트레스를 받았다. 다음으로, 연구자들은 두 번째 집단을 대상으로 쇼크의 발생 확률에 일련의 감소가 있을 것임을 알렸다. 즉 50퍼센트에서 20퍼센트로, 10퍼센트로, 이어서 5퍼센트(로 감소하는 식이었다). 그 결과, 여전히 아무 차이가 없었다! 하지만 이들(연구자들)이 예고된 전류 강도를 높일 것임을 선언하자, 두 집단의 불안 수준이 다시금 동일한 정도로 증가했다. 이것은 우리가 사건이 일어날 가능성이 아닌, 그것의 예상 강도에 반응한다는 것을 분명히 보여준다.

해설 실험 결과에 따르면, 전기 충격의 발생 확률보다 '강도'가 달라진다는 정보에 따라 사람들의 신체적 불안 징후가 변화할 수 있다고 한다. 따라서 글의 결론을 요약하는 빈칸에는 ① '우리가 사건이 일어날 가능성이 아닌, 그것의 예상 강도에 반응한다'가 들어가야 적절하다.
② 신체적 스트레스 징후는 우리의 주관적 불안감을 직접적으로 증가시킨다
③ 참혹한 사건의 인지된 가능성이 높을수록, 불안 수준이 더 커진다 ▶ 사건의 가능성보다는 '강도'가 중요한 요소라고 한다.
④ 사람들은 스트레스가 큰 사건의 심각성과 빈도에 모두 민감하다 ▶ 빈도나 발생 확률보다 '강도, 심각성'에 더 민감하다는 것이 핵심 내용이다.
⑤ 우리가 어떤 사건에 더 많은 두려움을 느낄수록, 우리는 그것이 일어날 확률을 과대평가할 가능성이 더 크다

구문 풀이

The members of the first group **were told that they would receive a small electric shock.**

▶ tell은 목적어를 2개 취하는 4형식 동사이므로, 수동태로 전환하더라도 뒤에 목적어가 이어질 수 있다. 여기서도 that절이 were told의 목적어이다.

해석 2000년대 중반, 우리의 무의식이 얼마나 강력해질 수 있는가를 밝히기 위한 연구가 이루어졌다.
(B) 참가자들은 과거의 심한 잘못, 즉 그들이 저지른 부도덕한 무언가를 기억해 보도록 요청받았다. 연구자들은 그들에게 그 기억으로 인해 어떤 기분이 드는지를 설명해 보라고 요청했다. 그런 다음 그들은 이들 절반에게 손을 씻을 기회를 주었다.
(A) 그들은 절박한 처지에 놓인 한 대학원생에게 호의를 베풀어 무상으로 후속 연구에 참여해줄 것인지를 참가자들에게 물어보았다. 손을 씻지 않은 사람들은 이 상황에서 74퍼센트가 돕겠다고 동의하였으나, 손을 실제 씻은 사람들은 이 상황에서 41퍼센트만이 동의했다.
(C) 조사자들에 따르면, 한 집단은 무의식적으로 죄책감을 씻어버렸고, 자기 잘못에 빚을 갚아야 한다는 필요를 덜 느꼈다. 이 연구에 참여한 사람들은 손 씻는 행동을 그와 관련된 온갖 청결의 개념으로 연결시켰고, 이후 이러한 연상이 그들의 행동에 영향을 주었다.

해설 무의식의 힘에 관한 연구를 언급하는 주어진 글 뒤로, 연구 과정을 설명하는 (B)가 먼저 연결된다. (A)는 (B)의 '연구자들'을 They로 가리키며 연구의 후속 과정을 제시한다. (C)는 연구 결과를 소개하므로 마지막에 온다. 따라서 ② '(B)-(A)-(C)'가 가장 자연스럽다.

구문 풀이

They asked subjects **if they would be willing to take part in later research** …

▶ 접속사 if가 이끄는 명사절로, '~인지 아닌지'의 의미이다.

해석 영화 산업은 개인의 추천에 의해 크게 좌우된다. 새로운 개봉작을 위한 홍보 활동에 연간 10억 달러 이상이라는 막대한 투자(가 있음)에도 불구하고, 정말로 중요하고 제일 큰 힘을 지닌 것은 사람들이 (다른) 사람들에게 말해주는 것이다.
(B) Universal Pictures의 마케팅 책임자인 Marvin Antonowsky는 '입소문은 들불과 같다'라는 말로 이 현상을 적절히 표현하며, 개인 홍보의 강력한 영향력을 강조한다. 이러한 관찰은 몇몇 고예산 제작물의 실패와 나란히 놓고 비교할 때, 최소 또는 전무한 광고로도 수많은 저예산 영화들이 성공해온 예시로 입증된다.
(A) 책 출판 부문 또한 광고에 대한 지출이 상당하지만, 친구들 사이의 입소문 추천의 영향력에 비하면 미미하다. 두드러지는 예시는 정신과 의사인 M. Scott Peck의 <The Road Less Traveled>이다.
(C) 처음에는 선반에서 먼지를 뒤집어쓰던 이 책은 탄력을 받지 못하다가, 몇몇 사람이 그것을 발견하고, 친구들과 그 (책에 대한) 열정을 공유하고, 추천의 연쇄 반응을 촉발해 비로소 인기가 계속해서 이어지게 되었다. 오늘날 200만 부 이상 유통되는 이 책은 '입소문'이 소비자의 선택을 형성하는 데 지속적인 영향을 미친다는 증거이다.

해설 주어진 글에서 개인의 추천이 영화 홍보에 큰 영향을 미친다는 주제를 제시하고, (B)는 이 주제를 부연한다. (A)는 첨가의 연결어 also와 함께 영화에서 '책 출판'으로 화제를 전환하므로 (B) 뒤에 온다. 마지막으로 (C)는 (A) 말미에 언급된 <The Road Less Traveled>를 첫 문장의 it으로 받아 예시를 상술한다. 따라서 글의 순서로 ② '(B)-(A)-(C)'가 가장 적절하다.

구문 풀이

… it **did not gain** momentum **until** a few people **discovered** it, **shared** their enthusiasm with friends, and **ignited** a chain reaction of recommendation that continues to propel its popularity.

▶ 'not A until B(A하고 나서야 비로소 B하다)' 구문이다. until이 이끄는 부사절의 동사가 'A, B, and C' 형태로 병렬 연결되었다.

해석 인간은 참신하거나 예상치 못한 자극에 선천적으로 끌리는데, 이것들이 안전하고 예측 가능한 현재 상태를 교란시켜 생존에 위협을 가할 수 있는 잠재력을 지닌 까닭이다. 예를 들어 여러분이 텔레비전이 배경으로 재생되는 방에서 대화를 시도해본 적이 있다면, 아마 간헐적으로 화면을 응시하는 것을 거부하기 힘들었을 것이다. 이러한 성향은 환경의 어떤 변화든 생존에 중대한 영향을 미칠 수 있기에 뇌가 끊임없이 변화하는 이미지 흐름에 자연스럽게 끌리기 때문에 나타난다. 우리의 초기 아프리카 조상은 이러한 본능적인 반응을 잘 보여주는데, 새로 익은 과일 또는 다가오는 포식자에 주의를 기울이는 능력이 이들의 생존과 번식을 보장하는 데 중요한 역할을 했기 때문이다. 마찬가지로, 전쟁 지대와 같은 고위험 환경에서, 변칙이나 불규칙성에 민감한 사람은 뚜렷한 이점을 지닌다. 군인의 경우, 기준치에서의 미묘한 이탈을 빠르게 감지하는 능력은 생사(生死)를 가르는 의미일 수 있다. 또한 교통을 탐색하거나 정보를 처리하는 것과 같은 일상 상황에서는 사소해 보이는 세부사항을 간과하지 않는 것이 필수적인데, 이것(세부사항)이 안전이나 의사 결정에 중요한 영향을 미칠 수 있기 때문이다.

해설 ④ 앞에서 아프리카 조상들의 예를 들어 우리가 본능적으로 끊임없이 변화하는 이미지 흐름에 끌린다고 설명하는데, 주어진 문장은 '마찬가지로' 그런 특성이 '전쟁 지대' 같은 고위험 환경에서도 도움이 된다는 내용을 추가한다. ④ 뒤를 보면, 미묘한 기준 이탈을 감지하는가에 따라 군인들의 생사가 갈릴 수 있다고 하는데, 이는 주어진 문장의 '전쟁과 같은 고위험 환경'에 관한 부연 설명이다. 따라서 주어진 문장은 ④에 들어가야 적절하다.

구문 풀이

… you likely **found it challenging to resist glancing at the screen intermittently.**

▶ 'find+가목적어+형용사+to부정사' 형태의 5형식 구문이다. 'to resist ~'가 문장의 진목적어이다.

해석 세계의 거의 모든 지역에 사망자가 가장 적은 '최적' 기온이 있다. 이 기온에서 어느 쪽이 되든, 즉 더 추워지든 더워지든 두 경우 다 사망률이 증가한다. 하지만, 최적 기온이 무엇인지는 다른 문제이다. 만약 여러분이 헬싱키에 산다면 최적 기온은 약 화씨 59도인 반면, 아테네에서는 화씨 75도에서 가장 잘 지낸다. 주목할 중요한 점은 최적 기온이 일반적으로 평균 여름 기온과 매우 유사하다는 것이다. 따라서, 실제 기온은 최적 기온을 매우 드물게 웃돌지만, 매우 흔히 그 밑으로 내려가기 마련이다. 헬싱키에서 최적 기온은 (실제 기온에 의해) 보통 해마다 단 18일 정도만 초과되지만, 312일은 내내 기온이 그 온도(최적 기온) 밑이다(헬싱키에서 실제 기온이 최적 기온보다 높은 때는 1년에 18일 정도에 불과하지만, 무려 312일은 그보다 낮다). 연구에 따르면 Helsinki에서 매년 추가로 55명이 너무 더워서 사망하지만, 1,655명 정도는 너무 추워서 사망한다.

해설 ③ 앞에서 헬싱키와 아테네의 예를 들어 지역마다 최적 기온이 다를 수 있다고 언급하는데, 주어진 문장은 이때 '주목할 점'이 바로 최적 기온이 평균 여름 기온과 비슷하다는 점임을 상기시킨다. ③ 뒤의 Thus는 주어진 문장과 인과관계를 형성한다. 최적 기온과 평균 여름 기온은 서로 비슷하고, '그래서' 실제 기온은 최적 기온보다 높기는 어렵지만 낮기는 쉽다는 것이다. 따라서 주어진 문장은 ③에 들어가야 적절하다.

구문 풀이

However, {what the optimal temperature is} is a different issue.

▶ what이 이끄는 명사절이 주어로 나오면 단수 취급한다(is).

… although 55 extra people die each year from it being too hot in Helsinki, some 1,655 people die from it being too cold.

▶ 전치사 from의 목적어로 동명사구 being too hot과 being too cold가 각각 연결되고, 의미상 주어인 it이 별도로 앞에 명시되었다. 이 it은 날씨를 표현하는 비인칭 주어이다.